Translation and Localization Project Management

翻译与本地化项目管理

[美] 凯瑞 · J. 邓恩　埃琳娜 · S. 邓恩 主编

王华树　于艳玲　译

知识产权出版社
全国百佳图书出版单位

图书在版编目（CIP）数据

翻译与本地化项目管理 / （美）凯瑞 • J. 邓恩（Keiran J.Dunne），（美）埃琳娜 • S. 邓恩（Elena S.Dunne）主编；王华树，于艳玲译. —北京：知识产权出版社，2017.5

书名原文：Translation and Localization Project Management

ISBN 978-7-5130-4854-5

Ⅰ. ①翻… Ⅱ. ①凯… ②埃…③王…④于… Ⅲ. ①翻译-项目管理 Ⅳ. ①H059

中国版本图书馆 CIP 数据核字（2017）第 073527 号

责任编辑：田 姝 彭喜英 **责任出版**：刘译文

翻译与本地化项目管理

FANYI YU BENDIHUA XIANGMU GUANLI

［美］凯瑞 • J. 邓恩 埃琳娜 • S. 邓恩 主编

王华树 于艳玲 译

出版发行：	知识产权出版社有限责任公司	**网 址**：	http://www.ipph.cn
电 话：	010-82004826		http://www.laichushu.com
社 址：	北京市海淀区气象路 50 号院	**邮 编**：	100081
责编电话：	010-82000860 转 8539	**责编邮箱**：	pengxyjane@163.com
发行电话：	010-82000860 转 8101	**发行传真**：	010-82000893
印 刷：	三河市国英印务有限公司	**经 销**：	各大网上书店、新华书店及相关专业书店
开 本：	720mm×1000mm 1/16	**印 张**：	27.5
版 次：	2017 年 5 月第 1 版	**印 次**：	2017 年 5 月第 1 次印刷
字 数：	423 千字	**定 价**：	98.00 元

ISBN 978-7-5130-4854-5

京权图字 01-2017-3519

序　言

翻译学界青年学者王华树博士来信托我为他和管理学博士于艳玲老师合译的《翻译与本地化项目管理》作序，我欣然应允。我与华树相知多年，深知他在该领域的造诣，近几年他笔耕不辍、硕果累累，去年又被推选为中国翻译协会本地化服务委员会副秘书长，可喜可贺。回想起来，2013年他与王华伟先生合著的国内第一本翻译管理著作——《翻译项目管理实务》，也是由我作序。而今，经过几年沉淀，华树在本研究领域再攀新高，与学界同人一道译介国外学术前沿专著。作为同行，我祝贺他们取得的成就，也借此机会谈谈我对本领域和本书的看法。

全球化、国际化、本地化与翻译（GILT）是全球化产品生命周期的关键过程。其中，本地化服务是在全球化和信息化时代背景下，对产品或服务进行语言和文化适应以满足不同区域市场的过程，具有“经济驱动”“区域内核”“全程管理”和“技术支撑”四大特征。就其内部结构关系而言，经济利益是本地化产生的内在动力，区域语言和文化是本地化发展的外部需求，全程管理是本地化的实施保证，技术发展是本地化的重要支撑。从实施方式来看，本地化引入了更规范的业务流程、更完善的管理手段、更严格的质量控制措施、更先进的技术工具。国际化和本地化成为全球化的两翼，发挥着关键和枢纽作用，本地化已经成为工业界和学术界共同关注、研究和应用的专业领域。因此，本地化比翻译具有更广泛的视角，更丰富的内容，更复杂的要求，也代表着未来翻译产业和语言服务业发展的方向之一。

近年来，随着经济全球化的深入发展，跨国公司业务及产品在全球范围内的流动持续加速，对语言服务的需求不断增长，因此语言服务市场规模逐渐扩大，语言服务对象、内容和形式不断更新。网站本地化、多媒体本地化、游戏软件本地化、移动应用本地化等多样化的本地化业务大量涌现并持续增长；在大数据和移动互联网的推动下，市场和用户对多语种、专业化、持续交付、同步发布的要求不断增加。为此，本地化机器翻译和云翻译技术在提高本地化服务生产效率方面发挥了积极作用，也促进了翻译与本地化服务管理方式的变革。翻译服务逐渐从传统的个人或小作坊式的手工翻译转向规模化、流程化、协作化、敏捷化模式，翻译活动向现代工业模式的转变促使翻译项目管理需求更加急迫，翻译实施主体由此前的译者转变为以翻译项目管理者为核心的语言服务团队。

翻译项目管理者包括项目经理（Project Manager，PM）、项目协调员（Project Coordinator，PC）和项目助理（Project Assistant，PA）等，其中，PM 是翻译项目管理者的核心代表。对于项目经理来说，项目管理能力是职业经理人必备的核心能力，它决定着项目的成败。对于语言服务企业来说，项目管理能力影响着企业生产及运营的成本、质量、交付进度和客户满意度，制约公司的发展潜力和服务能力。当前，我国正在全面推进“一带一路”发展战略，积极推动中国文化“走出去”，加快落实中国企业“全球化”进程，本地化先进的项目管理理念和成熟的项目管理经验对于国家语言服务能力建设、企业参与国际竞争与合作、高等院校国际化管理人才培养的意义深远。在这样的背景下，培养专业的本地化管理人才势在必行。

本地化项目管理是项目管理科学在本地化领域的专项应用，涉及众多的关联领域，内涵丰富，外延广阔，具有明显的跨学科特征。目前，国外本地化研究主要是本地化翻译、全球化、标准化、技术传播、网站本地化、翻译技术、跨文化交际等，国内的研究更多的是针对本地化行业概况、特征属性、本地化技术和本地化教学的描述。整体来看，国内外对本地化项目管理的研究相对缺乏。

面对新的时代背景、新需求、新技术挑战，如何厘清本地化和项目管理之间的关系、如何将项目管理理念融入本地化实践之中，如何科学地管控项目质量和项目风险，如何通过跨文化沟通实现高效的本地化管理，如何构建面向市场需求的本地化项目管理课程体系，如何培养符合语言服务市场需求和国家语言能力建设的本地化管理人才等，都是亟须解决的问题。为此，我们要深入研究本地化项目管理理论，逐步落实本地化项目管理的教学，不断强化本地化项目管理实践，最终促进本地化项目管理人才培养机制的完善和本地化项目管理的产学研一体化发展。

本书首次提出了本地化项目管理的理论框架及其实践应用，尝试将项目管理知识体系（PMBOK）项目管理理念与翻译和本地化活动密切融合，深入阐述翻译与本地化项目管理的流程和领域，透彻分析并解答常见问题，讨论常用的技术工具，分享业内人士的最佳实践经验。全书宏观与微观相结合，理论与实践相互统一，切合企业需求和高校翻译研究与教学的需要，有助于丰富本地化研究主题，拓宽本地化研究视野，提升国内学者对本地化研究的整体认知，促进国内本地化学科的系统构建与健康发展。

杨柳吐翠，迎春花开。今天是 2017 年 3 月 12 日，是全国植树节。十年树木，百年树人。希望这本著作的出版，能有效推动我国语言服务管理人才的培养，加快本地化管理实践的传播。一年之计在于春，春天是播种的季节，也是充满希望的季节，在植树节这样一个特别的节日，为《翻译与本地化项目管理》译著作序，令人充满喜悦与希望。

是为序。

崔启亮

中国翻译协会本地化服务委员会副主任

对外经济贸易大学国际语言服务与管理研究所副所长

2017 年 3 月 12 日

目　录

未知领域的愿景图：翻译研究学科中的项目管理

凯瑞·J. 邓恩　埃琳娜·S. 邓恩

不联系实践的理论是空洞的，
无理论指导的实践是盲目的。

翻译研究的往世今生

1972年，翻译学者詹姆斯·霍姆斯（James Holmes）发表了一篇题为《翻译研究的名与实》的演讲（后编辑成文出版），对“翻译研究”这门当时的新兴学科进行了初步的定义，并为其规划了路线图。霍姆斯借鉴了传统实证研究分类学的方法，将这一学科分成两大分支，也就是所谓的“‘纯’翻译研究”和“应用型翻译研究”（参见图1）。

他进一步将“纯”翻译研究划分为两个次级分支，即理论性翻译研究和描述性翻译研究，又在其下定义了许多细分领域。如图1所示，霍姆斯对于理论性翻译研究和描述性翻译研究的学科领域界定，远比应用型翻译研究的界定要详尽得多。不过，这正是他当时所展望的翻译研究的学科发展轨迹。

然而，接下来的几十年间，世界发生了众多变革。数字化革命促使翻译跳出了“印刷文本”的单一领域，拓展到软件、网站、多媒体内容和数据库，催生了本地化的概念和实践。同时，随着信息经济和知识经济（Drucker，1988）的到来，以及全球化贸易速度和总量的攀升，对翻译及其相关服务的需求也在以惊人的速度增长。

“在经济因素的推动下，翻译这个职业的结构产生了变革。过去以个人为主的职业模式向家庭作坊模式转型，也就是变成一群专业人士或小型代理商通过内部经营联合而成的专业公司，并最终发展为一个成熟完备的服务产业”（Shreve，1998：6）。❶

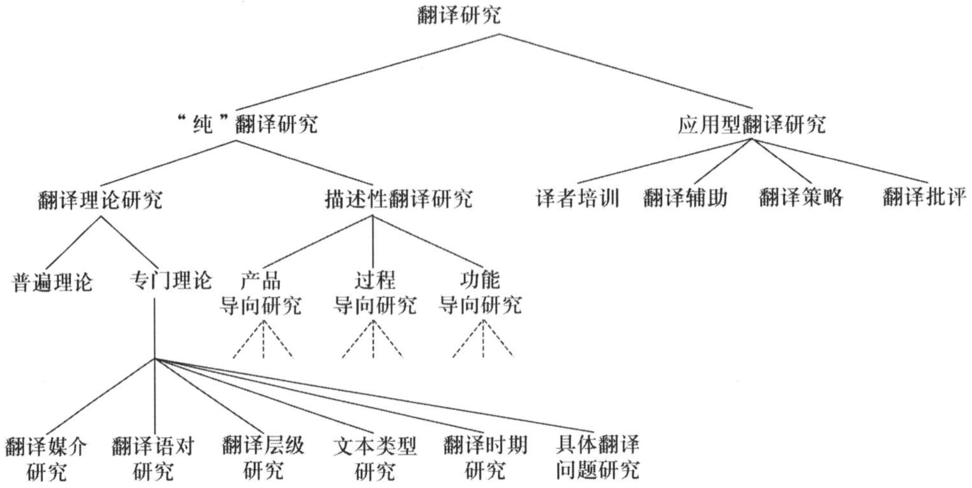

图 1 霍姆斯的翻译研究结构图（引自 Toury，1995：10）

早在 20 世纪 80 年代后期，许多大软件出版商就采用将专业翻译外包的商业策略；而在 20 世纪 90 年代早期，专业翻译外包已经成为普遍的行业惯例。专业翻译外包很大程度上促进了语言行业的迅猛发展和演变（Esselink，2003a：83），其中互联网的诞生起到不可磨灭的作用。事实上，在新千年里，大约九成的翻译服务客户将其全部或大部分的翻译任务进行了外包（Beninatto，2006：4）。最终，互联网作为商务出版平台出现，极大地增加了大型商务翻译项目的复杂程度，复杂到绝大多数的自由职业译员已经无法独自胜任。艾斯林克（Esselink）注意到，“网站内容翻译项目通常被视作本地化项目。原因很简单，网站内容所涉及的环境极其复杂，包括创作、管理、存储、发布等一系列环节”（2003b：6-7）。随着语言行业的不断壮大和演变，

❶ 美国、加拿大和墨西哥在 1997 年将翻译认定为一个独特的产业分类（US OMB，1997），之后欧盟在 2008 年也做出如此认定（Eurostat，2008：81）。今天，外包语言服务市场价值约 315 亿美元（Kelly & Stewart，2011：6）。

语言行业公司的业务范围也相应得到拓展。今天，翻译公司不仅提供翻译服务，还提供编辑、术语管理、本地化、国际化、校对、测试、跨文化设计、文化评估和项目管理等服务。

在过去的几十年间，尽管专业翻译经历了深刻的变革，翻译研究学科的发展却很大程度上仍停留在霍姆斯描述的“纯翻译”领域。实际上，霍姆斯之前并没有预见到，由于专业化的兴起和语言产业的出现，“应用型翻译”领域已急剧扩展，以下几点可以证明：

- 行业必需的技能日益多样化，且在快速更新换代，给译员培训带来巨大挑战；
- 翻译辅助工具持续演变，包括从霍姆斯所说的词汇、术语和语法方面的辅助到计算机辅助翻译工具等翻译技术的演变，以及此后工作平台由单机桌面办公到公司服务器再到云平台的演变；
- 翻译批评的范围日益扩大，逐步涵盖翻译质量的评价和评估。语用翻译质量评估是当今行业中的主要难点所在；
- 制定标准成为行业应用焦点的一个重要方面；[1]
- 外包翻译团队在地理上分布不一，翻译项目在流程和技术上日益复杂，因此急需专门的项目管理。

尽管学术界开始在学历教育和证书课程中提供计算机辅助翻译、本地化、专业翻译和项目管理等相关课程，以满足语言产业日益增长的需求，但是在研究文献中，与上述课程相关的理论性和描述性翻译研究著作却十分缺乏。自霍姆斯模型提出已逾 40 载，此时正当拓展翻译研究范畴之时，正视应用型翻译这一日益错综复杂的领域，将翻译纳入职业化、商业化和产业化的考量。本书遵循这一方向提出一己薄见，着重阐述翻译和本地化项目管理这一翻译研究学科必要的——也是“久未归宗”的组成部分。

---

[1] 关于语言行业标准的详细概述，请参阅莱特的相关论著（Wright，2006）。

为何需要项目管理

项目管理的必要性有诸多依据，最主要的一点就是翻译工作在现实中通常是以“项目”（即“翻译项目”）的形式开展。美国项目管理协会将“项目”定义为：为了创造一个独特的产品、服务和结果所采取的临时性计划安排（PMI，2008：434）。项目管理专家罗伯特·威索基（Robert Wysocki，2007：4）给出了一个更具体的定义：项目是指“一系列独特的、复杂的，并相互关联的活动，具有明确的目标或目的，且必须在特定的时间内、根据限定的预算、依据一定的规范完成”。项目的两个最基本的特征就是临时性和独特性。首先，项目的临时性并不一定是指持续的时间短。例如，泰姬陵项目的建造就历时 20 年。“临时性”指的是项目有一个明确的起始和终止的日期。换句话说，项目都得有始有终，不可能无限期进行下去。其次，项目的独特性是指一个既定的新项目也许和之前的项目有类似的地方，但是新项目一定在某个或者某些方面与众不同。最后，项目都处于一定的限制条件之下，包括范围（涉及的工作量）、质量（项目的完成质量符合项目要求的程度）、时间（完成项目所需的时间）、资源（完成项目的开销和参与项目所需的人力）以及风险（项目的挑战和机遇）（Marasco，2004）。既然专业翻译是最典型的项目驱动型工作，那么，学者、教师、培训师和普通从业者就有必要去研究和了解项目环境对翻译实践造成的影响，以及翻译和项目管理结合在一起时的实际操作变量和因素，这样才能改善翻译的完成情况和今后译员的培训。

前文提到，专业的翻译很大一部分都被外包处理了。商界中普遍认为，一个特定行业的竞争优势乃至长期的生存，都取决于一个或者几个核心竞争力（Prahalad & Hamel，1990）。客户之所以选择外包，是因为翻译并非他们的核心竞争力。在语言行业的外包模式下，需要将源语翻译为一种或多种目标语的组织公司，会与语言服务提供商（LSP）签订分包合同，而后者进而将翻译和与其他语言相关的服务项目再分包给自由译者（参见图 2）。[1]语言服务提供商也可以将和语言相关的服务分包给提供单一语言服务的供应商（即雇有专职译员从事某一特定目标语翻译服务的公司），或者本国语言服务承包商。最后，语言服务提供商也可能将某些服务，如桌面排版业务，外包给专业服务提供商。不过，外包也带来了一个主要的后果：在当今的语言行业，翻译专业技能是必需的，但却不足以保证长足的发展。在多元文化和成员往往分散在世界各地的环境下，译员和其他行业的专业人员作为职业人士还必须以团队成员的身份取得工作上的成功。

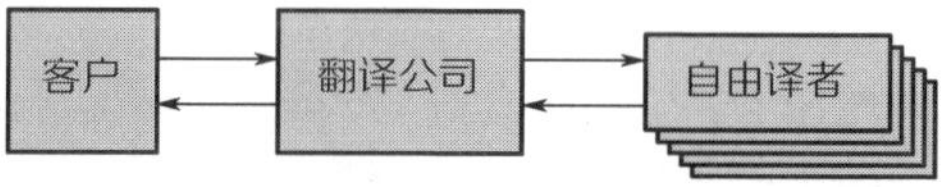

图 2　语言行业外包模型

（客户将项目分包给翻译公司，而翻译公司转而将工作分包给

自由译者和/或单语供应商与专业服务提供商，后两者图中未显示）

图 2 的外包模式道出了当前翻译行业的一个悖论，那就是绝大多数的翻译公司并不直接进行翻译工作，而是将其转包给第三方。这个结论引发了另一思考：倘若翻译公司不直接处理翻译工作，那么他们的工作内容到底是什么呢？很简单，这些翻译公司的存在是确保客户委托外包的翻译或本地化项目在预算范围内、按照客户规范要求如期完成。也就是说，他们负责**管理项目**。因此，所谓的“翻译公司”和“翻译服务提供商”都算是用词不当，因为这两个名称都不能准确地反映一家语言行业公司的核心能力，包括销售与营销、供应商管理以及最为重要的项目管理（参见图 3）。具体而言，销售与营销包括对于某个客户群体的获取、开发和保留。供应商管理包括对于翻译资源的鉴别和资质认证，例如，译员、校对员等（在翻译行业中一般称为“供应商”）。衡量供应商的标准包括翻译语言对、擅长翻译的领域、相关专业知识、工具使用、特定服务的质量等。而项目管理指“在项目活动中运用知识、技能、工具和技术达到项目要求”（PMI，2008：6），也就是按时、按预算、按客户规范要求交付

---

[1] 为方便说明，图 2 所示的模型已特意进行了简化。往往还有其他的实体参与进来。

项目。换言之，翻译公司的核心竞争力就是项目管理，这是翻译和本地化活动的“重中之重”（Stoeller，2004）。

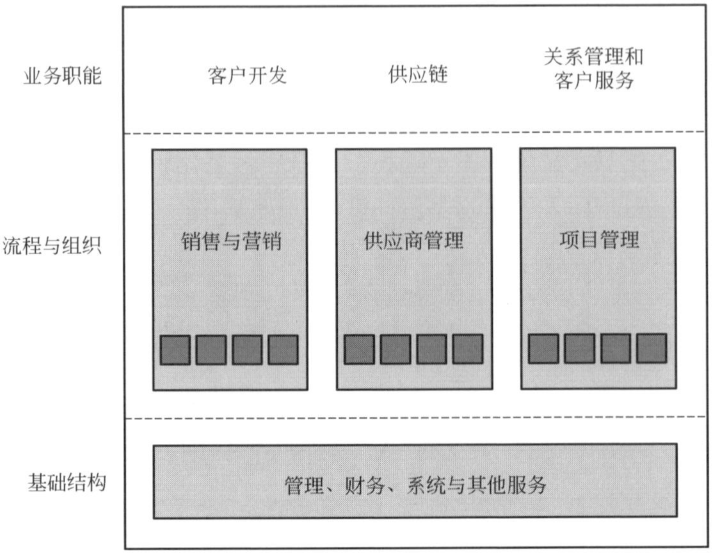

图 3 典型语言服务提供商的三大核心能力模型示意图（改编自 Beninatto，2005：9）

（图中深色小方块代表三大流程领域之下的子流程）

虽然我们可以说项目管理是语言行业的基石，但在翻译研究领域的学术性探讨和批判性教学反思中，项目管理在很大程度上还是被忽略了。现在，一些学者开始意识到培养项目管理能力的重要性[1]，不少人也注意到项目管理在翻译和本地化项目中扮演的中心角色（如 Esselink，2000，2003b；Bowker，2002：131；Hagan & Ashworth，2002：18；Mackiewicz，2009：10；Pym，2010：51-52）。尽管如此，仍极少有专著对这一主题做深入的探讨，大多都比较粗略草率。[2]同样地，虽然关于项目管理的书籍有成千上万本，但还没有出版一本关于语言行业项

[1] 例如，参见 Shreve（1998，2000）；Anderman & Rogers（2000：66）；Fraser（2000：117）；Kiraly（2000：121）；Baer & Koby（2003：ix）；Pym（2003：494-495 nn2）；Robinson（2003）；Gerzymisch-Arbogast（2005：2）；Malmkjær（2006：4）；Samuelsson-Brown（2006：33-35，51-52 和 57-58）；Gouadec（2007：117-119）；Olohan（2007：58）；Sandrini（2008：188）& Maia（2010：450）。

[2] 较明显的例外有 Esselink（2000：427-466）；Rico Pérez（2002）；Stoeller（2004）；Elena Dunne（2011）& Keiran Dunne（2011）。另外，Kiraly（2000）& Washbourne（2009）倡导以项目和团队为基础的翻译教学法。

目管理的。本书希望能填补这方面的空白。

缩小"'纯'翻译研究"和"应用型翻译研究"的差距

在学科界定上，尽管存在着是否应当扩大翻译研究的范围并使之涵盖翻译和本地化项目管理方面的争论，但这不意味着翻译研究领域之前取得的成果可以或应当忽略不计，也并不意味着翻译和本地化项目管理就只限于应用型翻译研究。相反，鉴于项目管理的方法都是建立在流程之上，那么，从举例的角度而言，翻译和本地化项目管理就是面向流程的描述性翻译研究的理想研究对象。此外，通过项目管理这块"棱镜"来考察翻译，能够缩小"'纯'翻译研究"和"应用型翻译研究"的差距。专注于翻译和本地化项目管理不失为连接既有翻译学术体系和当前专业实践，为未来研究提供沃土的有效途径。

因此，检视项目管理中的沟通管理和利害关系管理领域有助于我们更好地看待翻译事务中的权力与政治、意识形态与操控。对此，勒弗菲尔（Lefevere，1992）、斯皮瓦克（Spivak，1992）、尼南贾纳（Niranjana，1992）和韦努蒂（Venuti，1986，1995）等诸多学者多有论述。功能翻译理论学者的著作，如赖斯（Reiss，1980）、赖斯和弗米尔（Reiss & Vermeer，1984）以及诺德（Nord，1997），都着重提到了翻译的文本类型和功能目的（skopos）这两个概念，这对于理解和描述翻译流程，帮助翻译和本地化项目经理确定项目的目标、决定项目范围都是大有裨益的。要研究翻译和本地化项目质量管理，需要明确译文应达到何种程度的质量期望和质量特征，翻译和本地化质量评估与质量控制（Dunne，2009），以及豪斯（House，1997）和威廉姆斯（Williams，2004）等学者的翻译质量理论应能帮助达成上述质量期望和质量特征。

在项目人力资源管理中，团队遴选（资质和专业能力评估）和团队建设（团队成员的学习和在职培训管理）特别重要。研究学者如基拉伊（Kiraly，2000）、柯利纳（Colina，2003）、凯利（Kelly，2005）、安格雷利（Angelelli，2009）有关翻译教学的著作，是译员或编辑人员在职培训以及特定项目的团队候选成员资质评定等方面的奠基之作。忽略翻译教学和翻译培训现有的知识与完备的相关理论，有可能、也往往会导致“弃轮造轮”，白费力气做重复建设。例如，施里夫（Shreve，2002）及施里夫和安吉洛恩（Shreve & Angelone，2010）关于翻译流程和翻译专业能力发展的认知性基础的著作都强调了许多因素的重要性，如有意练习、习得历史、知识积累过程、学习过程中的认知变化以及新手和专家之间的异同等。理解这些因素不仅对于研究有效的翻译教学和译员培训方法至关重要，而且还可以提供各种具有采用价值的策略建议，帮助项目经理取得丰硕的项目成果。例如，提供反馈回路和在团队成员之间建立联系可以让每一位项目参与者不断获得有关其项目表现的实用反馈，并且在项目进行的过程中提高绩效。这种持续改进的理念是美国项目管理协会（PMI）和国际标准化组织（ISO）所共同倡导的质量管理原则的基石。管理学习过程和项目中的知识使项目经理得以更好地掌控项目，减少项目固有的不确定性因素，从而也能够改进风险的管理。

现行的项目管理标准，例如，美国项目管理协会所制定的《项目管理知识体系指南》（PMBOK®），为项目管理确立了通用框架，可以运用于任一行业。例如，《项目管理知识体系指南》所建立的框架将项目管理流程分为五个流程组（即启动、计划、实施、监控和完成）和九个知识领域（PMI，2008：43），如下所示：

1．项目整合管理；

2．项目范围管理；

3．项目时间管理；

4．项目成本管理；

5．项目质量管理；

6．项目人力资源管理；

7．项目沟通管理；

8．项目风险管理；

9．项目采购管理。

一个特定领域的项目管理需要借鉴《项目管理知识体系指南》(或者其他标准)中所列的通用项目管理知识、技能、工具和技术。很多的行业，如建筑和软件工程，有许多信息可供借鉴，因为项目管理在这些领域已经发挥了很广泛的作用。然而，在现有的文献中对翻译和本地化的项目管理却鲜有提及。所以，语言行业的专业人士如果想要运用《项目管理知识体系指南》中的部分要素或者完整框架，或将其他项目管理标准应用于日常的工作，很大程度上就只能“自食其力”“自行其道”了。

例如，一个翻译项目需要脑力劳动和创造性劳动去完成。那么，要估算和管理项目的时间和成本，就会衍生出很多问题。如何才能估算出一个具体的翻译任务会花费多长时间，耗费多少成本？在建立翻译定价体系的时候，应当以什么作为计费单位呢：单词数、字符数、句子数、小时数、页数、行数，还是其他?要回答这些问题,就必须确定哪些变量会影响到一个特定翻译项目或任务的完成周期。同时，也需要研究出一种方法来预估上述翻译项目或任务的复杂程度。对于这些问题的理论或者实证研究,将会对翻译和本地化项目管理产生直接而深远的影响,随之也会启发语言行业，并使之趋于专业化。

总之，对翻译实践中项目环境的影响评估亟须更多的研究和探讨，本书即代表着该发展方向的第一步。本书的作者均是经验丰富的从业者和学者，提出了项目管理在当今语言行业中扮演着核心角色，并讨论了将通用项目管理知识、技能、工具和技术运用到翻译和本地化项目的最佳实践方案。事实上，需要强调的是，正如特定文本的正确译文不止一种，特定产品的本地化可行方案并非唯一一种，也不存在唯一正确的翻译和本地化项目管理方法。鉴于任何项目都存在独特性和不确定性，也就不可能通过检查清单、决策树或者流程图等方法对所有的问题都做到对症下药。项目经理应当运用深思熟虑的判断和专业能力去权衡相互冲突的限制条件，如范围、成本、时间、质量、资源等，以尽可能取得最佳的结果。正是由于这些原因，翻译和本地化项目管理可以称得上是一种“无限可能的艺术”。

本卷文集共分为四个部分。第一部分主要讲翻译和本地化业务中的项目管理。萨瓦托·加姆玛瑞斯（Salvatore Giammarresi）认为，要想让本地化项目成功，需要从战略层面上将本地化视作产品开发不可分割的一部分。他详尽地讨论了全球产品开发进程和参与者，强调了确定、记录和管理利益相关者、业务、市场和产品要求的重要性。同时，他将产品开发和本地化置于一种更大的组合管理情境之下，并检测这种战略性的方法（或其缺失）对翻译和本地化的效度，以及对业务、从业者、学生和教师的影响。艾兰·查姆斯（Alain Chamsi）从语言服务提供商的角度来考量项目管理。他认为，一个组织实体从创建之初到最终成熟，会经历如下的一个转型模式，即“无管理、临时管理、正式确立管理和良好管理”这几个阶段。随着语言服务提供商的不断发展，配套的支持工具和技术也应当持续更新。最终，各语言服务提供商应对各自的项目管理工具和技术进行评估，判断它们是否满足公司需求，是应淘汰还是升级。查姆斯提出了一种确定项目管理系统需求的方法，以决定是应自行构建还是购置项目管理系统，或选用何种现成的系统。

第二部分探究项目管理知识领域的运用，也就是美国项目管理协会出版的《项目管理知识体系指南》（PMBOK®）所列的管理项目所需的分析方法、人际方法和相关知识。亚历山德拉·佐恩库瑞德斯-拉尔（Alexandra Zouncourides-Lull）探讨了美国项目管理协会提出的流程在翻译和本地化项目中的应用，其中侧重介绍了项目集成管理领域的知识，并运用实例与图提供了各种最佳实践指南。娜塔莉娅·列维蒂娜（Natalia Levitina）认识到，在项目目标和任务确定之前，项目预算、进度、资源和风险都无法决定。基于这个认识，她论述了项目范围管理及其在本地化情境下的构成流程。她着重强调了项目需求对形成项目范围所起的根本性作用，并特别关注了需求的收集整理。凯瑞·J. 邓恩（Keiran Dunne）探讨了翻译和本地化项目中的时间和进度管理。他从描述性与前瞻性项目执行模式的角度分析了“进度”这一概念，然后讨论了美国项目管理协会的时间管理框架，并借一个假设的翻译项目对其应用进行说明。在随后的一节中，凯瑞·J. 邓恩审视了翻译和本地化项目中的质量管理。鉴于当前最佳实践方法是通过客户满意度来衡量质量好坏的，他认为质量无法精确定义，而必须根据客户的需求建立质量模型。在探讨了以客户为中心的质量管理中固有的一些困难以及可以运用传统项目管理方法解决这些困难的途径之后，邓恩认为，解决这些问题可采用“敏捷方法”原则，同时他也提出一个以客户为中心的翻译质量管理的量化模型。随后，娜塔莉娅·茨维特科夫（Natalia Tsvetkov）和维罗妮卡·茨维特科夫（Veronica Tsvetkov）探讨了项目沟通管理这一问题。他们认为，优秀的沟通技巧对任何项目的项目经理都至关重要，对翻译和本地化项目经理来说尤其如此。这不仅仅是因为他们可能会与拥有不同文化背景的其他部门同事交流，还因为翻译和本地化项目的本质就是跨文化交流。两位学者借助迈尔斯-布里格人格类型指标（Myers-Briggs Type Indicator，MBTI）、Hall 的“语境”观点和 Hofstede 的文化维度理论来判断人格和文化的差异。马克·拉莫斯（Mark Lammers）探讨了外包本地化项目中风险管理带来的挑战。在给本地化项目风险分类的过程中，他提出了本地化“风险分解结构法”（Risk Breakdown Structure，RBS）。之后，他讨论了美国项目管理协会的风险管理框架，并说明其在本地化项目中的应用，最后以常见风险应对方法作结。

既然项目经理实际上并未管理项目，而是管理执行项目的人员，那么第三部分主要讨论的是在翻译和本地化项目中人力资源及其他组织因素的管理。理查德·塞克斯（Richard Sikes）认为，绝大多数公司都在纠结于理解本地化、国际化和全球化三者之间的关系，而本地化项目经理（LPM）是减少这三种业务流程之间摩擦的理想角色，但这却需要传统培训课程和学术课程未涉及的额外知识和技能。他提出了若干策略，本地化项目经理可借助这些策略，并通过提高个人意识、向同行普及相关知识和进一步采用最佳实践，缩小这一差距，提升职业前景。只有通过引领公司向国际成熟的公司靠拢，本地化项目经理才可能开拓自己的职业前景。埃琳娜·S. 邓恩（Elena Dunne）另辟蹊径，不过多关注组织公司本身项目经理与同事之间的互动，而是关注项目团队成员之间的交流。项目的独特性和不确定性历来都有，项目环境本身也在不断地变化，所以她认为适应性学习对于项目的成功十分关键。随后，她又解释了如何运用支架式教学法来培养项目经理在项目环境中进行适应性学习。之后，威勒姆·斯托拉（Willem Stoeller）集中探讨了全球虚拟团队。虚拟团队中的成员不受地理、国籍、时间、文化乃至语言等的限制。本地化之所以成为一个产业，是因为全球虚拟团队的存在为其奠定了基础。他探讨了管理虚拟团队的内在挑战，包括沟通不畅、缺乏信任以及目标各异等带来的风险。他提出了解决这些挑战的策略，并对管理翻译和本地化项目全球虚拟团队时常用的通信技术进行了批评性概述。最后，凯伦·R.库姆（Karen R.Combe）观察到本地化项目的成功在很大程度上由参与项目的个人和团队所决定，而这些人员可能并没有意识到自身在项目流程中也是利益的相关者。所以，她着重考察了在外包本地化项目中关系管理的重要性。在对比了本地化项目经理面临的客户组织和供应商组织挑战与限制之后，她提出了解决这些问题的策略和可用于改善关系管理的工具和流程。

第四部分是全书的终章，探讨了翻译和本地化项目管理的策略、工具、技巧和技术的一体化。周萍（Ping Zhou）探讨了游戏本地化快节奏和多变化的环境。她讨论了典型的多平台项目所包括的活动以及不同项目团队成员的角色和责任。然后她分析对比了当今游戏本地化最主要的两种手段，即后补推出（post-release）本地化项目和同步翻译（simship）项目。接着，她举例分析如何将沟通、范围、风险和变更的管理结合在一起，最大限度地实现项目的成功。唐纳德·A. 德帕尔玛（Donald A.DePalma）和娜塔莉·凯利（Nataly Kelly）讨论了如何在翻译中运用“社区化模式”或者“众包模式”。他们将这一专门研究成果应用于产业实践，并提供分别记录 Facebook（脸书）、微软、Plaxo & Sun Microsystems 四家公司相关经验的案例研究，同时明确地指出各家公司所遭遇的问题及相应的解决方案。通过分析社区翻译项目中有效项目管理的重要性，德帕尔玛和凯利得出结论，为寻求可重复运营众包业务的公司提出了一个“三步计划”。

将翻译和本地化项目管理列入翻译研究版图正当其时。通过项目管理这块“棱镜”来考察翻译研究，或者换一种说法，以现今翻译研究中的成果为“跳板”去研究翻译和本地化项目管理，不仅开辟了新的探究之大道，为新的研究提供了肥沃的土壤，也为理论和实践的结合建造了一座更为牢固的桥梁。研究当今翻译和本地化行业中的久病痼疾（本书论及了其中的一部分），并设想其解决方案，需要学者、研究人员、教师、培训师、学生和从业者之间建立高效高产的共栖关系。在翻译和本地化项目这一领域，需要运用各式各样的项目管理知识、技能、工具、技术，这是一个庞大而复杂的问题，本书也不可能面面俱到。竭诚希望这本书能够开启翻译研究者和学者、教师、培训师、学生、从业者和语言行业相关人士之间的对话，惠及众人。

参考文献

Anderman,Gunilla and Rogers, Margaret.2000."Translator training between academia and profession: A European perspective." In *Developing Translation Competence*,Christina Schäffner and Beverly Adab(eds),63-73.Amsterdam/Philadelphia: John Benjamins.

Angelelli, Claudia V. 2009. "Using a rubric to assess translation ability: Defining the construct."In *Testing and assessment in translation and interpreting studies*, Claudia Angelelli and Holly Jacobson (eds), 13–47. Amsterdam/Philadelphia: John Benjamins.

Baer, Brian James and Koby, Geoffrey S. 2003. "Introduction." In *Beyond the Ivory Tower:Rethinking Translation Pedagogy*, Brian James Baer and Geoffrey S. Koby (eds), vii–xv.Amsterdam/Philadelphia: John Benjamins.

Beninatto, Renato. 2005. "The general theory of the translation company." 46th Annual Conference of the American Translators Association, Seattle, WA, Nov. 10.

——. 2006. "A review of the global translation marketplace." Association of Translation Companies Conference, London, UK, Sep. 21. http://www.atc.org.uk/RenatoBenitatto 2006.ppt.

Bowker, Lynne. 2002. *Computer-Aided Translation Technology: A Practical Introduction.*Ottawa: University of Ottawa Press.

Colina, Sonia. 2003. *Translation Teaching, from Research to the Classroom: A Handbook for Teachers*. Boston: McGraw-Hill.

Drucker, Peter F. 1988. "The coming of the new organization." *Harvard Business Review* 66 (1):45–53.

Dunne, Elena. 2011. "Managing risk in translation and localization projects." In

Translationsforschung.Tagungsberichte der LICTRA 2010 IX. Leipzig International Conference on Translation and Interpretation Studies, 19.–21. 5. 2010, Peter A. Schmitt, Susann Herold and Annette Weilandt (eds), Vol. 1, 171–182. Frankfurt am Main: Peter Lang.

Dunne, Keiran J. 2009. "Assessing software localization: For a valid approach." In *Testing and Assessment in Translation and Interpreting Studies*, Claudia Angelelli and Holly Jacobson (eds), 185–222. Amsterdam/Philadelphia: John Benjamins.

——. 2011. "Integrating project management into translation curricula: The Kent State University experience." In *Translationsforschung. Tagungsberichte der LICTRA 2010 IX. Leipzig International Conference on Translation and Interpretation Studies, 19.–21. 5. 2010*, Peter A. Schmitt, Susann Herold and Annette Weilandt (eds), Vol. 1, 183–195. Frankfurt am Main: Peter Lang.

Esselink, Bert. 2000. *A Practical Guide to Localization*. Amsterdam/Philadelphia: John Benjamins.

——. 2003a. "Localisation and translation." In *Computers and Translation: A Translator's Guide*, Harold L. Somers (ed.), 67–86. Amsterdam/Philadelphia: John Benjamins.

——. 2003b. "The evolution of localization." *The Guide to Localization. Supplement to Multi-Lingual Computing & Technology* 14 (5): 4–7. http://www.multilingual.com/downloads/screenSupp57.pdf.

Eurostat [Statistical Office of the European Communities]. 2008. *NACE Rev. 2. Statistical Classification of Economic Activities in the European Community.* Luxembourg: Office for Official Publications of the European Communities. http://epp.eurostat.ec.europa.eu/cache/ITY_OFFPUB/KS-RA-07-015/EN/KS-RA-07-015-EN.PDF.

Fraser, Janet. 2000. "What do real translators do? Developing the use of TAPs from professional translators." In *Tapping and Mapping the Processes of Translation and Interpreting: Outlooks on Empirical Research*, Sonja Tirkkonen-Condit and Riitta

Jääskeläinen (eds), 111–120.Amsterdam/Philadelphia: John Benjamins.

Gerzymisch-Arbogast, Heidrun. 2005. “Introducing multidimensional translation.” In *MuTra 2005 – Challenges of Multidimensional translation: Conference Proceedings*, Heidrun Gerzymisch-Arbogast and Sandra Nauert (eds), 2–15. N.p.: MuTra.

Gouadec, Daniel. 2007. *Translation as a Profession*. Amsterdam/Philadelphia: John Benjamins.

Holmes, James S. 2004. “The name and nature of translation studies.” In *The Translation Studies Reader*, 2nd ed., Lawrence Venuti (ed.), 180–192. New York/London: Routledge. Rpt. Of Holmes, James S. “The name and nature of translation studies.” In *Translated! Papers on Literary Translation and Translation Studies*, 67–80. Amsterdam: Rodopi, 1988.

House, Juliane. 1997. *Translation Quality Assessment: A Model Revisited.* Tübingen: Gunter Narr Verlag.

Kelly, Dorothy. 2005. *A Handbook for Translator Trainers: a Guide to Reflective Practice.* Manchester:St. Jerome.

Kelly, Nataly and Stewart, Robert. 2011. *The Top 50 Language Service Providers*. Lowell, MA:Common Sense Advisory.

Kiraly, Donald C. 2000. *A Social Constructivist Approach to Translator Education: Empowerment from Theory to Practice.* Manchester: St. Jerome.

Lefevere, André. 1992. *Translation, Rewriting, and the Manipulation of Literary Fame.* New York/ London: Routledge.

Mackiewicz, Wolfgang. 2009. “Eröffnungsreden” [Opening remarks]. In *CIUTI-Forum 2008:Enhancing Translation Quality: Ways, Means, Methods,* Martin Forstner, Hannelore Lee-Jahnke and Peter A. Schmitt (eds), 8–11. Bern: Peter Lang.

Maia, Belinda. 2010. “The role of translation theory in the teaching of general and non-literary translation – revisited.” In *Meaning in Translation*, Barbara Lewandowska-Tomaszczyk and Marcel Thelen (eds), 437–456. Frankfurt-am-Main: Peter Lang.

Malmkjær, Kirsten. 2006. "Translation programmes and the market." Paper delivered at workshop on teaching translation, Subject Centre for Languages, Linguistics and Area Studies, University of Wales, Swansea, Jan. 20. http://www.llas.ac.uk/resourcedownloads/2421/malmkjaer.doc.

Marasco, Joe. 2004. "The project pyramid." *IBM developerWorks*. http://www.ibm. com/developerworks/rational/library/4291.html.

Niranjana, Tejaswini. 1992. *Siting Translation History, Post-Structuralism, and the Colonial Text*.Berkeley, CA: University of California Press.

Nord, Christiane. 1997. *Translating as a Purposeful Activity: Functionalist Approaches Explained*.Manchester: St Jerome.

O'Hagan, Minako and Ashworth, David. 2002. *Translation-Mediated Communication in a Digital World: Facing the Challenges of Globalization and Localization*. Clevedon, UK:Multilingual Matters.

Olohan, Maeve. 2007. "Economic trends and developments in the translation industry." *The Interpreter and Translator Trainer* 1 (1): 37–63.

Prahalad, C. K. and Hamel, Gary. 1990. "The core competence of the corporation." *Harvard Business Review* 68 (3): 79–91.

Project Management Institute. 2008. *A Guide to the Project Management Body of Knowledge(PMBOK® Guide)*. 4th ed. Newtown Square, PA: Project Management Institute.

Pym, Anthony. 2003. "Redefining translation competence in an electronic age. In defence of a minimalist approach." *Meta* 48 (4): 481–497.

——. 2010. *Exploring Translation Theories*. New York/London: Routledge.

Reiss, Katharina. 1980. *Translation Criticism, the Potentials and Limitations: Categories and Criteria for Translation Quality Assessment*. Trans. Erroll F. Rhodes. Manchester: St. Jerome.

Reiss, Katharina, and Vermeer, Hans J. 1984. *Grundlegung einer allgemeinen Translationstheorie*.Tübingen: Niemeyer.

Rico Pérez, Celia. 2002. "Translation and project management." *Translation Journal* 6 (4).http://translationjournal.net/journal//22project.htm.

Robinson, Douglas. 2003. *Becoming a Translator: An Introduction to the Theory and Practice of Translation*. 2nd ed. New York/London: Routledge.

Samuelsson-Brown, Geoffrey. 2006. *Managing Translation Services*. Clevedon, UK: Multilingual Matters.

Sandrini, Peter. 2008. "Localization and translation." In *LSP Translation Scenarios*, Heidrun Gerzymisch-Arbogast, Gerhard Budin and Gertrud Hofer (eds), 167–191. Norderstedt:ATRC Group.

Shreve, Gregory M. 1998. "The ecology of the language industry: Prospects and problems."Keynote address of the Language in Business/Language as Business Conference. Institute for Applied Linguistics, Kent State University, Kent, Ohio, USA. Oct. 8, 1998. Accessed Sep. 1, 2006. http://appling.kent. edu/ResourcePages/ Conferencesand WorkshopsPast/LanguageinBusiness/Thursday/01-Shreve.pdf.

——. 2000. "Translation at the millennium: Prospects for the evolution of a profession." In *Paradigmenwechsel in der Translation. Festschrift für Albrecht Neubert zum 70. Geburtstag*,Peter A. Schmitt (ed.), 217 –234. Tübingen: Stauffenburg.

——. 2002. "Knowing translation: Cognitive and experiential aspects of translation expertise from the perspective of expertise studies." In *Translation Studies: Perspectives on an Emerging Discipline*, Alessandra Riccardi (ed.), 150–171. Cambridge: Cambridge University Press.

Shreve, Gregory M. and Angelone, Erik (eds). 2010. *Translation and Cognition*. Amsterdam/Philadelphia: John Benjamins.

Spivak, Gayatri. 1992. "The politics of translation." In *Destabilizing Theory: Contemporary Feminist Debates*, Michèle Barret and Anne Phillips (eds), 177–200. Stanford, CA: Stanford University Press.

Stoeller, Willem. 2004. "The hub of the wheel." *The Guide to Project Management*.

Supplement to *MultiLingual Computing & Technology* 15 (4): 3–6.

Toury, Gideon. 1995. *Descriptive Translation Studies and Beyond.* Amsterdam/ Philadelphia: John Benjamins.

U.S. Office of Management and Budget (US OMB). 1997. "1997 North American Industry Classification System – 1987 Standard Industrial Classification replacement." Washington, DC:OMB. http://www.census.gov/epcd/naics/naicsfr8.pdf.

Venuti, Lawrence. 1986. "The translator's invisibility." *Criticism* 28 (Spring): 179–212.

——. 1995. *The Translator's Invisibility: A History of Translation.* New York/London: Routledge.

Washbourne, Kelly. 2009. *Instructor's Resource Manual for Manual of Spanish-English Translation.*Englewood Cliffs, NJ: Prentice-Hall.

Williams, Malcolm. 2004. *Translation Quality Assessment: An Argumentation-Centered Approach.*Ottawa: University of Ottawa Press.

Wright, Sue Ellen. 2006. "The creation and application of language industry standards." In *Perspectives on Localization*, Keiran J. Dunne (ed.), 241–278. Amsterdam/Philadelphia: John Benjamins.

第一部分

商业背景下的翻译与本地化项目管理

本地化项目管理的战略视角：全球产品和项目组合管理的重要性

萨瓦托·加姆玛瑞斯

本文分析了本地化管理在高科技软件和网络公司的需求开发、需求管理、产品开发、项目组合管理等各个阶段中的战略地位。文章首先分析了将想法转变为成功本地化商品的策略与计划制订中的三个功能单元：全球产品管理、本地化项目管理和项目组合管理。其次，文章探讨了产品开发过程和其中的参与者，强调了解客户需求与相关利益人的重要性，并且详细分析了业务需求文档（BRD）、市场需求文档（MRD）和产品需求文档（PRD）在产品开发过程中的作用。最后，把本地化管理置于项目组合管理下，总结了其对从业者、学生和教师的影响。

引言

当一家公司对一个或多个产品进行本地化，通常出于两个原因：要么是国际客户对某一公司本地化版本的产品表达了采购意向（回应手段），要么是公司决定打入一个或多个新的国际市场（战略手段）。无论推动本地化进程的是哪种原因，公司本地化起步阶段都往往是艰辛的。本地化的困难程度并非让人一目了然。它不是从无到有创造新的产品，而是对现有产品进行适应性修改，使其能在一个或多个地区投入使用。众所周知，公司经营最不容易的地方就在于生产的产品既要满足市场现有的需要，又要能够持续带来收入："90%的成套产品会失败，约三分之二的高科技产品注定是要失败的。工业产品的失败率高达 50%"（Hodock，2007）。人们多半会想，开发一个成功的新产品比为国际市场改造一个成功的产品要难得多。

然而，本地化要想成功，说起来容易做起来难。本地化项目成功与否，很大程度上取决于产品根据其他区域的特点进行调整的难易程度。但问题在于，先前缺乏本地化经验的公司，为了更快地将产品投入市场，很少花时间（如果有花时间的话）正确认识和分析全球产品需求。这种做法基于一种假设，即一个产品拥有一系列的独立功能，可以随时添加或去掉，却对产品整体没有太大影响。这个假设可能是真的，但要看是什么产品，在某些情况下，去掉一些产品功能或减少使用范围甚至可以加快上市。不幸的是，公司倾向于把这一做法应用到 GILT（全球化、国际化、本地化、翻译）项目上。本地化被看作产品的另一种独立功能，可以随意增减，但公司却没有意识到本地化意味着重新考虑产品设计和开发的所有方面。[1]确实，本地化经常需要大量的重构工作，甚至会有大批产品要重新设计，比如产品不能支持显示非拉丁字母（如斯拉夫字母或简体汉字），或不支持像阿拉伯语和希伯来语那样从右向左的阅读习惯。本地化项目的难度依重构和/或重新设计的程度而定，目的是建立一个可用的本地化版本的产品。

在一步步积累本地化经验后，公司颇费一番艰辛才会认识到软件、网站和电子文档设计的重要性。设计得当，无须再造工程就可以实施本地化，这一流程亦称为国际化。[2]卡诺（Kano，1995：12）说："最轻松的本地化过程，是产品团队在最初的功能和代码设计阶段，就考虑到了国际化问题。"本地化行业标准协会（Localization Industry Standards Association，LISA）告诫说，"如果产品一开始没有适当地进行国际化设计，那么产品的本地化就需要双倍的时间和成本去完成。这完全就是经验之谈哪!"（Lommel，2003：14）。

本着促进未来本地化工作的原则，公司一般通过解决所遭遇的全球化问题来尝试减轻本地化的困难。然而，虽然公司采取了"治标性的"手段，以解决漏洞

---

[1] 本地化行业标准协会（Localization Industry Standards Association，LISA）将全球化、国际化、本地化和翻译的业务流程统称为缩略语 GILT（Lommel，2003：6；Lommel，2007：53）。

[2] 欲更详尽地了解国际化，请参见 Urien，Howard & Perinotti（1993）；Kano（1995）；Luong，Lok，Taylor & Driscoll（1995）；Esselink（2000：25-55）；Deitsch & Czarnecki（2001）；Savourel（2001）；Symmonds（2002）；Rätzmann，Manfred & De Young（2003）& Smith-Ferrier（2007）的相关论述。

百出的国际化所引发的各个独立的“症状”，却没有在源头上加以根治。正如奥斯内斯（Asnes）所观察到的：

> 大多数出版的国际化资料只关注国际化中“治标性的”、基于代码的问题。这些技术技巧和说明当然很重要，然而我注意到，在全球化软件开发的业务流程中，当公司对新地区新客户的需求做出反应或采取全球战略措施时才是组织最混乱、延误最严重、成本最巨大的时候。

正如本地化项目进行得异常艰难，就证明国际化出了问题一样，国际化方面的问题本身，也是更深层次、更系统性顽疾的表现。

在商业领域，产品或服务代表的是解决客户问题、满足客户需求的一种方法或手段。确定客户的问题或需求，以经济可行的方式构思解决该问题或满足客户需求，是开发所有产品、开展所有服务的先决条件。但是，即使满足了这些先决条件后，缺乏适当详细的发展计划，产品和服务也无法成功推向市场。这些商业“规律”也适用于本地化产品。此外，因为本地化产品必须跨越地理、语言和文化边界，因此本地化产品的开发必须把语言、文化以及当地市场需求作为国际化变量纳入考量范围，予以解决。国际性需求必须在产品开发的过程之中，而不是之后予以确认和解决。总而言之，成功的本地化离不开制定合适的公司战略并予以执行，在预算内准时开发并推出每项本地化产品，借此满足目标用户的语言和文化期望，并符合每个目标市场法律和监管的要求。

本文将会从战略角度分析本地化，并讨论本地化项目管理、全球产品管理和组合管理在成功的本地化工作中所扮演的角色。有些读者可能会有疑问，为何在一本关于翻译和本地化项目管理的书中，要用一整个章节介绍全球产品管理和项目组合管理。原因有三：首先，在当今经济中，专职翻译和本地化越来越罕见。根据本地化市场研究公司卡门森斯顾问公司（Common Sense Advisory）的统计，87%的公司选择把大部分或所有的翻译和本地化项目外包（DePalma & Beninatto，2003：11）。在这种高度外包化环境中，当一家公司决定将一个国际化不充分的产品予以本地化时，问题就会产生。本地化服务提供商的项目经理往往第一个发现并面对这些问题。事实上，在翻译和本地化项目管理实践中，更关键的一个方面是确定源语材料的编写在多大程度上遵循了国际化最佳做法。如果源材料并未按此编写，那么就会对本地化版本所需的工作量以及范围，以及上文所述的项目成本和时间期限产生重大影响。其次，很多公司将外包视作解决本地化问题的途径，因为这样就把本地化项目相关的风险转移给外部供应商。然而，只有商业策略有效，基于该商业策略的外包才有效。如果全球产品开发和/或组合管理策略本身就没有效果，外包并不能解决其问题，也无法替代该策略。这就是为什么在许多公司的眼中，本地化过程及其外包是一大麻烦，而不是一个能够利用现有产品投资来拓展新市场的高性价比的方式。最后，根据戴思奇和恰尔内茨基（Deitsch & Czarnecki，2001：1）的观察，在21世纪的扁平世界里，“随着公司的全球化进程持续不断，以及更多的国家连接到互联网，对公司来说，确保其生产和销售的产品能够适应全球市场变得越来越重要”。戴思奇和恰尔内茨基（2001：1-2）还指出，软件工程在这方面已经落后于更为传统的工程实践。例如，汽车制造商根据不同的道路通行方向惯例（也就是说，在英国汽车靠道路左侧行驶，方向盘设在车辆的右侧；而在欧洲大陆则正好相反）生产左侧或右侧驾驶的汽车。同样，软件应用生产商需要把他们的产品设计成可以适应不同的语言、文化和当地习俗。本地化和国际化并不是可以事后改进到产品设计中的“功能”。翻译和本地化项目管理的学生、教师、学者和从业者要认识到在全球产品管理和项目组合管理中应采用何种方式才最有可能实现本地化项目的成功。这一点非常重要。

本地化策略和组织结构

将一个想法转化为成功的本地化产品的策略和计划是——并且也应当是——由一家公司三个不同的职能小组制定，它们分别是全球产品管理、本地化项目管理和项目组合管理（参见图1-1）。[1]尽管这三个小组管理侧重的策略和计划不同，但它们的方法具有互补性，可以形成一个连贯的全球产品策略。

---

[1] 通常也涉及产品营销，但对产品营销的讨论超出了本文的范围。

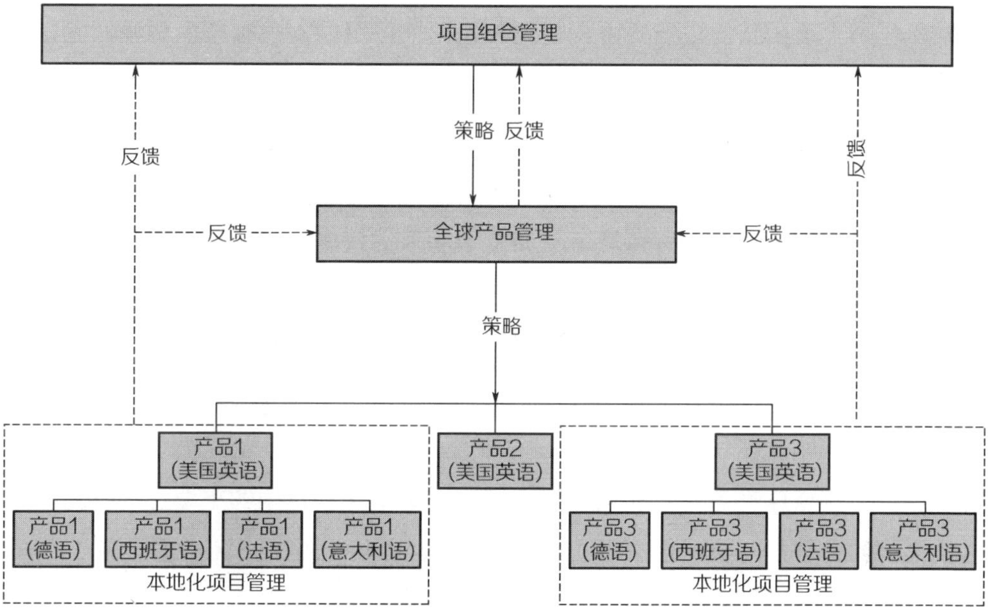

图 1-1 本地化项目管理、全球产品管理和项目组合管理对于本地化工作的成功均具有重要的战略意义

全球产品管理为每一个独立的产品制定整套策略，并传达给所有的相关小组，包括开发、营销、发布和售后支持等部门。通常，产品管理以广泛的视角看待开发，侧重于以何种方式让产品构思响应客户的需求。产品管理团队不仅要进行产品构思，还要策划出从设计、开发、测试到成功上市、按区域销售的最佳方案。产品管理是公司职能小组中同外部联系最多的部门之一，它要依赖客户直接间接的反馈，进行产品构思并予以验证，确立财务可行性并细化产品要求，并且在这个过程中，将竞争性的大环境纳入考虑之中。需要注意的是，职位头衔以及组织中角色和职责分配的方法可能多种多样。产品经理的职能应该（通常也确实）带有不同的头衔标签，也可能由头衔上看并不承担此类产品管理职责的人（如“首席执行官”或者“程序经理”）负责。然而，总要有专人负责产品管理。考虑到不同公司的头衔种类各不相同，本文所提及的“项目经理”“产品经理”或者“项目组合经理”都基于其各自职责而并非头衔本身。

本地化项目管理（亦常称作本地化管理）是从纯工程和操作角度对产品本地化策略的实施进行管理和监督。本地化项目管理注重选择最有效的管理，能根据区域和产品管理团队的特殊要求，使用公司内外可用的人力和技术资源，确保本地化产品能够及时推出，并具备一流的语言质量。

项目组合管理采取整体战略，将公司的产品和资源视为一体。在项目组合管理中，必须考虑公司整体的产品策略、资源配置、风险、价值以及其他要素，才能取得最优化的结果。只有在这个层面上不断筛选改进产品和项目，在决策的基础上分配财力和人力资源，才能保证公司项目组合在遵循战略目标的过程中实现产品的最优组合。

考虑到对全球产品管理和项目组合管理的分析不在本文的范围之内，我们的重点还是放在刚起步的中小型软件和网络公司上。[1]这些公司提供了一个理想平台，可以考察全球产品管理和项目组合管理在本地化项目中的重要性。一方面，它们提供的通常是一个或至多一小部分产品，拥有的专业知识和市场具备“利基”性质。对它们来说，靠推出新产品获利成本高、耗时长。而本地化可以加强它们的市场地位，在向全球扩张的同时增加收益（DePalma，2004）。另一方面，尽管这些公司受益于本地化，但它们并没有做好准备。它们通常缺少本地化项目经理、产品经理，更别说负责产品的副总裁或其他高级主管，也往往在没有定型的开发流程下进行操作。这种精细产品管理与流程的缺乏，反映出小公司一般人手缺乏，每位员工要负责多个项目，有些项目甚至还缺少专门人员的问题。在这样的公司里，决定对哪些产品实行本地化往往是一项极大的挑战。公司高级管理层常常无法意识到，其实本地化本身并不是问题，只是在全球产品集中管理和产品组合集中管理的愿景、战略、流程和监督上，它仅仅凸显了组织性结构与能力之间的现有差距。

最后，在本文中，小型公司指拥有 100 名员工，年收入约 3000 万美元，产品种类为 1～3 种的公司；中型公司指拥有 2000 名员工，年收入约 5 亿美元，产品种类不超过 10 种，平均产品开发周期大约是 3～6 个月。

本地化：既是艺术，又是科学

有人说，本地化既是一种艺术，又是一门科学（DePalma，2004；Giammarresi，

---

[1] 后文将要讨论的大部分内容，来源于笔者过去 20 年间在软件、硬件和网络行业大中小型国际公司工作的一手经验。尽管如此，这些内容仍然适用于其他公司和其他产品类型。

2005；Dunne，2006a）。[1]一方面，个人的经验和众人共享的经验，以及此前开发和推出的类似本地化产品形成了一个整体，为本地化提供了“科学”的依据。也就是说，已知的事实和本地化过程能够产生重复效应。另一方面，每个项目都是独一无二的。任何本地化产品开发都离不开一系列的规范，包括公司文化和惯例、可获取的人力和财务资源、市场环境、开发的产品种类等。这些可变因素的管理就成了本地化产品开发的“艺术”。

本地化产品开发的“科学”包含以下最佳实践：

● 使用CAT（计算机辅助翻译）工具和TMS（翻译管理系统），在加强一致性的同时减少翻译的时间和成本[2]；

● 利用源语文件将可显示的文本从源代码中分离出来；

● 在开始翻译帮助文档或手册前，创建一个产品术语表，将其本地化，并通过审阅和批准。这一术语表涵盖了用户界面所显示的全部文本；

● 确保日期、时间、数字、货币、地址、称谓和电话号码这类不同地区有不同格式的内容能够正确显示；

● 确保图形文件不包含嵌入文本，如果必须在图形中嵌入文本，应确保存储和追踪分层的源语文件，方便进行本地化处理。

上述列举并不能涵盖一切。不过，这些最佳实践都有一个基本特征：即可由本地化专业人士进行传授，并可以通过有抱负的本地化专家进行实施。

本地化产品开发的“艺术”包含以下最佳实践：

● 根据公司的文化、产品、市场环境、竞争者及其产品等，决定产品合适的本地化范围；

● 确认、收集、记录一个特定产品的具体需求，需要考虑成本、质量、时间、范围以及许多其他的因素，例如，公司在每个区域的形象以及对产品和商标的洞察力；

● 把各种大小不一的项目分解为有限的交付成果，以便进行追踪、监控、分析，并制定和执行合适的产品策略；

---

[1] 对于产品管理（Mironov，2008）、项目管理（Heerkens，2002）、产品组合管理（Brentani，2004），以及更广泛一些的公司运营，也都可以这么说。

[2] 如果使用得当，翻译辅助工具能够提高一致性，但一致性好并不一定就意味着质量好。如果译文意思偏差，也会偏差得前后一致。

● 设计可让公司从产品本地化中获得最大收益的策略与执行方案。

同样地，上述只不过略举一隅，并且这些做法很大程度上取决于特定的本地化产品。不过，这些最佳实践都有共同的关键特点，就是教授起来并不容易。因为它们所依赖的及时、独有的动态数据会随新信息的获取和任务的完成而发生变化。数据变化日新月异，本地化场景多种多样，使其无法形成固定的准则，因此也不可能去传授几乎无限的案例，或教授其中可能发生的相关性。这些最佳实践也要求所分析的人员和本地化流程应在同一个组织公司的环境之中。项目发生变化，本地化流程就可能需要修订；如果没有现成的本地化流程，还需要进行定义与实施。这项任务并不简单，可能十分棘手。[1]

因为可变因素的具体构成随着项目变化而变化，不可能按照公式化、流水线的形式发展。产品经理、项目经理和项目组合经理必须平衡开发过程中的艺术与科学，使本地化产品能够满足特定业务需求，实现公司目标。

产品开发过程和参与者

本地化是一个随产品生命周期逐步实施的过程（参见图 1-2），一旦构思出新产品，第一项任务就是引入、分析以及记录用户的需求，并确定为正式要求。在产品生命周期的这一阶段中，用户类型和使用场景分析称为需求开发，用以确定市场的类型和产品最终适合的区域。如果产品在国外市场上市销售，那么就必须在需求开发阶段咨询该区域的用户和利益相关者。在需求开发中，所有目标用户的需求和期望程度应清晰、全面地予以记录，其完整程度对后续本地化工作的成功与否发挥着极大的作用。产品生命周期的第二个阶段是设计，即详细说明满足需求的方式。程序员会运用设计规范在功能性的软件应用程序中实现这些需求。然后，也会对应用程序进行国际化、调试和测试，确保所有潜在的国际化问题都得到处理，且产品能够满足特定需求。产品生命周期到了这一阶段，应用程序已做好本地化准备。在本地化完成后，是对产品目标语版本进行测试，确保要求的所有功能都一一实现。接

[1] 本地化成熟度模型（DePalma、Beninatto & Sargent，2006）为一家公司当前本地化业务状况的评估提供了一个框架，并概括了公司为提高其本地化投资回报而进行的各种步骤和流程。

下来，启动产品的发布，例如，投放到市场，进入维护阶段，随新用户的需求而做出调整。最后，当产品寿命已尽，支持停止，产品随之正式退出舞台。

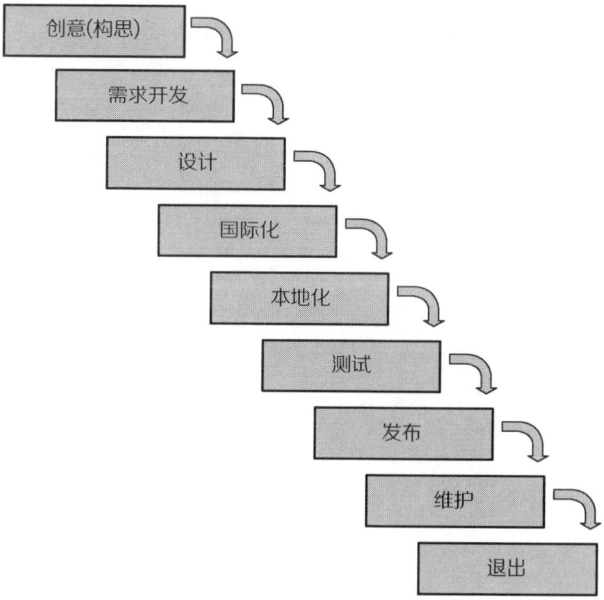

图 1-2　基于传统瀑布式方法的通用模型

（该模型描述了本地化软件开发生命周期的不同阶段）[1]

图 1-3 全面展示了参与完成本地化产品的职能小组，也就是全球产品管理、产品利益相关者、工程、本地化管理、质量保证（内部和外包）以及本地化供应商和国内语言专家或审阅人员。图 1-3 说明了完成本地化产品所需职能之间的相互作用。本地化产品诞生于某一创意，并形成了商业、市场和产品需求形式的概念。尽管通常可将本地化理解为包含国际化软件的开发、术语表、用户界面字符串与文档的翻译以及本地化测试。但如果没有明确完整的要求，这些活动便不能有一个好的开始。在产品开发过程中，达不到产品市场要求会导致产品的本地化“不充分”“预算超支”和“延误”（Asnes，2007：34）。

[1] 顾名思义，瀑布式方法由一个阶段到另一个阶段的向下流程组成。每个阶段必须先完结，下一个阶段才能够开始。这一方法的好处是在上游资源未完成其任务前，资源无须往下游输送。其主要的劣势在于瀑布式方法相对来说缺乏灵活性。在过去的十年中，新的“敏捷”开发方法出现了，并缓慢地取代瀑布式方法。这些方法的进一步论述请参见 Highsmith（2004）。

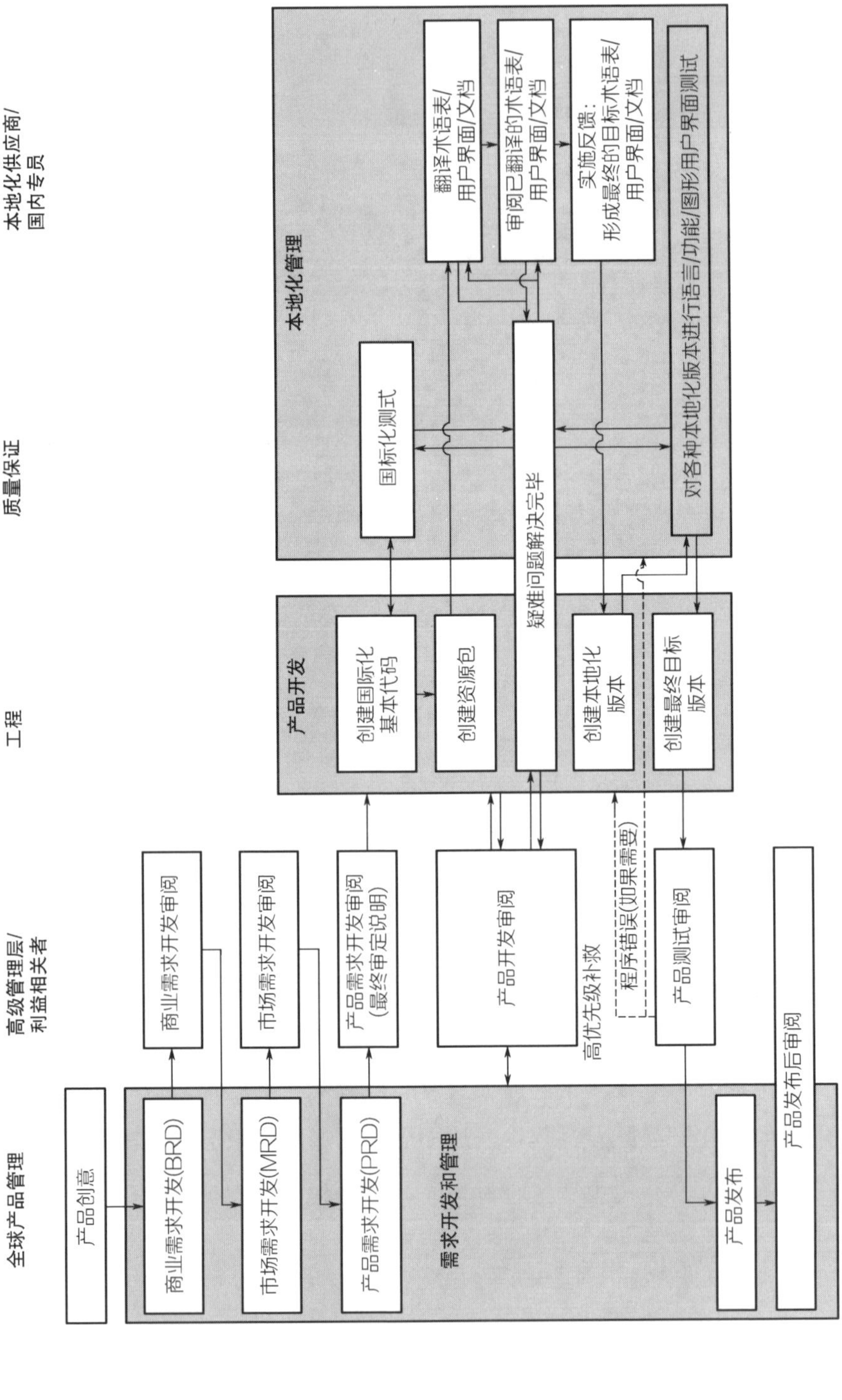

图 1-3 本地化产品开发流程图

需求至关重要

学者和业界人士（Bacon 等，1994；Iansiti，1995；Bhattacharya，Krishnan & Mahajan，1998；Cooper、Edgett & Kleinschmidt，2001；Giammarresi，2005；DePalma、Beninatto & Sargent，2006；Dunne，2006b）都强调了这样一个事实，即尽早定义产品的要求和规格，可提高产品规划、开发、实施、测试和推广的效率，并直接影响产品的质量，降低整体成本，提高总体投资回报（ROI），同时缩短上市时间。

本地化经理通常不负责批准或保存产品需求文档，但没有这些文件他们就不清楚需要本地化的对象是什么，无法履行职责。尽管撰写需求文档通常被认为是浪费时间，但有人认为软件中出现的 40%～60%的错误都是需求文档不完整造成的。高达 65%的软件错误源于软件开发生命周期（参见图 1-2）需求和设计阶段。缺乏适当的需求文档对工程和质量保证（QA）都有影响。波姆（Boehm，1981：40）引用之前自己（1976，1980）、戴利（Daly，1977）、费根（Fagan，1976）和斯蒂芬森（Stephenson，1976）的研究成果时指出：“在大项目的维护阶段修改错误，通常比在需求阶段要贵 100 多倍。”韦斯特兰（Westland，2002）做出了一个实证研究，是一家软件出版商负责的软件本地化项目，其在全球 31 个市场供应产品。他指出：“本地化成本中比例最大的一个来源就是对错误的检测和校正。”并且，他支持波姆的结论：“未纠正的错误所经历的阶段越多，成本就越高。”

产品需求文档是流程的产物，在这期间产品经理需要：

- 考虑各利益相关者的利益；
- 在不同的目标中识别和解决争端；
- 尽可能多地记录潜在用例场景[1]；
- 列出产品支持的所有功能，协助工程确认用例场景已没有收集的需求；
- 列出产品的所有组成部分，分配每个组成部分的相对优先权及案例。把许

[1] 软件工程用例场景描述了用户如何同软件某个具体功能进行互动，用户可以取得什么结果以及用户将采用哪些步骤来完成该目标。简单而言，用例场景就是描述利用所说的系统，“谁”可以做“什么”以及“怎么”做。软件产品一般含有数百个用例场景。例如，在文字处理软件中，描述用户需要采取哪些步骤才能进行拼写检查，这就是典型的用例场景。

多业务的内外部假设、现有的业务规则、质量需求和各种内外部的因素以及限制考虑在内。

根据所开发的产品类型、公司类型和规模以及涉及的利益相关者数量，对需求进行管理可能是一项非常复杂和耗时的任务，需求工程本身已经成为一门学科（Kotonya & Sommerville，1998），也是日益关键的一个产品开发领域。

需求工程

需求工程包括两个不同的过程：需求开发和需求管理（Wiegers，2003）。这两个过程通常由同一个人或小组执行，通常是在产品管理团队中执行。在需求开发中，产品经理对产品需求进行构思、引导、分析、定义和验证。而在需求管理阶段，随着产品经过设计、产品工程、质量保证和各种审查的各个阶段，产品经理会引导和监督需求的演变，直到产品面市（参见图 1-4）。启发是需求开发过程中特别关键的一步，其中涉及收集内部利益相关者和外部客户的反馈。产品经理会直接（通过开会和调查）或间接（通过市场调查和竞争格局分析）地收集信息，保证需求的全面性。

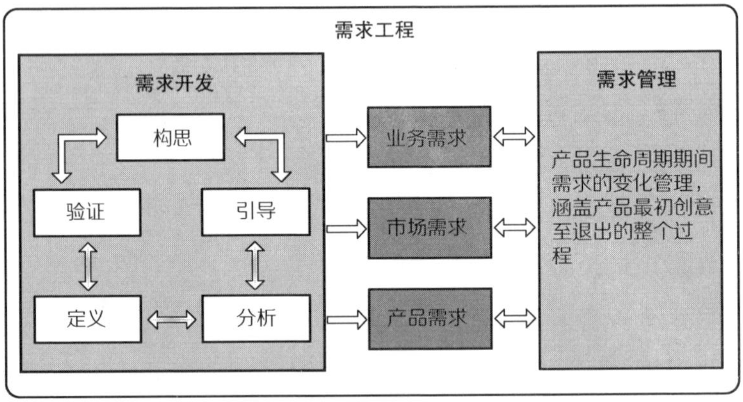

图 1-4　需求工程、需求管理以及需求开发子过程之间的关系

在每个需求开发的阶段后期，例如，在业务需求、市场需求和产品需求开发

之后，应进行审核（Cooper、Edgett & Kleinschmidt，2001，参见图 1-3 和图 1-4），保证项目符合整体产品策略，配备和优先处置得当。这种阶段后期的审核工作需要产品组合经理（有时是高级管理人员和关键利益相关者）做出两个决定。首先决定是否批准、取消或搁置项目。此项评估会根据一组参数、可接受的结果和已知的事实单独进行。如果项目通过了，第二个决定是将项目的优先级调至高于其他进行或待办的项目，并考虑所需的内外部资源和财务影响等。设计阶段后期的审核是为了决定是否可以达到项目目标。如果能够完成，项目就继续；如果不能，项目就终止。在进入项目的下一阶段之前，也会进行阶段性审查，以检查和纠正错误。

在需求开发中，产品经理和所有利益相关者需牢记很重要的一点，“成功的产品管理意味着在正确的时间将正确的产品投放到正确的市场”（Ebert，2009）。因此，在公开交换意见的同时，角度和意见尤为必要，需求开发过程绝不应因为分析而瘫痪。好的方法可以分辨出哪些是有经验的产品经理，他们能够捕获“足够的需求”信息（Davis，2005），能发布其他人不能做出的成功产品。

需求管理在这方面十分关键。由于需求会不断变化，管理永远不可能真正完成。在每个阶段和阶段后期的审核中，一旦获取新的信息就需要更新审视之前的需求，产品经理将继续根据利益相关者的建议修改需求，直到（最好是在产品开发之前）最终确定产品的功能集。事实上，产品在正式发布之前需求都还会不断变化。产品发布之后，需求管理还会继续，产品经理还要处理来自不同场合实际用户的要求、反馈和意见。而当产品经理开始为产品的后续版本列出需求时，也往往会考虑各种反馈。

需求开发和需求管理都面临着特有的挑战。通常，产品经理掌握不了要做出最终决定的所有信息。随着需求数量的增多，彼此冲突加深的复杂性，会形成新的需求，这会扩大产品的范围，从而需要更多的时间和/或资源。产品经理的职责是应对这些挑战；在利益相关者的帮助下找出、提供或者协商出解决方案；随时将情况通知高级经理。

需求开发和利益相关者的认定

需求开发最重要的方面是确认和确保所有利益相关者的参与，确保引导和分析的需求是全面的。确认利益相关者并确定其参与需求开发的限度是一项重要的任务，且富有挑战。如果有太多或者不合适的参与者，满足需求会更加困难。不过，反过来，如果没有这些参与者的加入，产品开发得到的就是不完整的需求，其风险也会增大。例如，国内经理和销售经理需要参与到需求开发过程中（尽管情况并非如此），确保推广销售产品的主要参与方在功能集、期望和投资回报率方面能达成统一。从国内办事处与公司总部交流合作的类型来看，会在产品开发的过程中征求国内经理的意见。但这时基础业务和工程决策都已完成，对产品做出重大改变成本大、耗时长，甚至根本实现不了。下面是利益相关者参与产品需求开发的一个列表。

● 全球产品经理负责产品需求开发和产品管理。因此，在默认情况下，他们是所有利益相关者会议和决议的主要协调人。如果缺少指定的产品经理，管理利益相关者之间的协商就基本不可能实现。

● 工程总经理负责指导所有的工程工作。由于组织的不同，这一责任会落在负责产品的总工程经理或者项目团队经理的身上。多个工程经理还会参与复杂产品的开发，包括前端组成部分（对用户可见或对信息展示产生影响）和后端组成部分（幕后过程和计算）、硬件和软件的开发。工程经理要管理软件开发生命周期的开发阶段（参见图 1-2），并提供准时的信息和资源评估，所以说他们是主要的利益相关者。这样的评估在国际化的环境中尤为重要。

● 本地化经理（或者说本地化项目经理）决定本地化是否可行，管理本地化进程、本地化供应商及内外部资源，属于核心利益相关者。

● 全球用户界面设计师负责产品的视觉效果和感觉效果。本地化大多处理的是可视化的数据和信息，因此设计师会与团队其他成员一起定义需求。如果需求开发过程中没有设计师，那么整个开发过程将会被推迟。

● 文档经理或主要文档专家负责记录产品中所有的副本，包括帮助文件和用户指南，有时也会让团队来负责完成。当公司没有本地化经验，或者开发需要同时发布的项目和产品，通常会建议项目经理能够尽早参与，包括创建主产品的术语表、计划文件授权和时间进度，以更好地符合本地化的整体时间进程。文档经理和作者还需要熟悉面向全球读者创作的概念，这有助于提高本地化文档的语言质量并缩短翻译时间。

● 本地化质量保证经理应监督质量保证工程师的工作，负责产品的功能和语言质量，必须参与产品开发的早期阶段，以便提供时间和资源估算，并为整个本地化测试阶段提供相关信息。这一利益相关者在产品测试后期审核阶段尤为重要（参见图 1-2 和图 1-3）。

● 顾名思义，当地[1]总经理通常负责公司在某一特定国家/地区的业务。他们的视角不容忽视，否则会导致产品的开发无法满足当地市场客户的需求。当地经理同样需要参与到产品整体策略和发布时间进度的计划中，为当地试生产做准备，并为投放市场后的推广和销售提供支持。

● 全球产品市场经理负责特定地区的产品营销。他们提供咨询，确定初始产品同市场其他竞争产品的定位，确保每个市场、每个小组或整个市场都有特定的市场和宣传计划。

● 当地销售经理的任务是在一个特定的国家销售产品。他们需要以自己的视角来看待功能集，使得产品能够最大限度地吸引客户。在中小型公司，当地总经理通常就担任这种角色。

● 法律顾问负责确定和记录特定地区的初步法律要求；产品的使用条款和法律支持文件要遵守每个国家不同的法律规定。如果准备的产品不能通过当地的法律规定，产品的发布就会延迟或终止。在某些情况下，公司也会求助于国内的法律顾问。

● 公司高级管理层也需要参与进来。既然他们所领导的职能小组将受到产品的影响，他们就应当在需求开发过程的早期提供反馈。高级经理也需要参与进来，确保产品反映公司的优先战略。高级经理需要做更好的准备，在后续的产品组合审核中对财务和人力资源的配置进行审核。如果公司高级管理层经常拒绝参与需求开发的利益相关者会议，不理解其价值，只是在产品开发周期的后期提供反馈，那么后期进行变更时有可能需要返工和消耗资源。

● 最后，尽管公司往往声称“了解”客户想要什么，却并不试图找出答案，客户也是产品的关键利益相关者，他们的反馈是有价值的。产品经理的工作是在公司内部提交客户反馈、意见和要求；这就是米罗诺夫（Mironov，2008）在产品

[1] 译者注：英文原文是“in-country”，即公司或其分支机构所在的国家/地区。

管理方面所描述的“局外人的思考”。

产品经理应能够识别，并在整个产品生命周期安排适当的相关人员参与，同时确定哪些人应参与哪些阶段(核心利益相关者),哪些人只需知道产品的进展(普通利益相关者)。对于本地化的产品，核心利益相关者一般包括产品经理、工程总经理和本地化经理。根据本地化工作外包的程度，本地化供应商在产品开发过程中的参与越早越好。在本地化工作大量外包的情况下，本地化供应商就成了核心利益相关者。虽然把外部供应商当作核心利益相关者在许多行业是普遍的做法，但这种做法在翻译和本地化项目中是比较罕见的，因为开发公司往往要考虑供应商作为局外人而不是作为需要参与到过程中的业务合作伙伴的情况。供应商的看法会有缺陷，并往往导致项目延迟，因为供应商参与本地化过程较晚，不能有效地解决相关设计和/或实施，造成了本地化方面的阻碍。

需求开发过程：业务需求、市场需求和产品需求

需求开发包括三个阶段，分别集中于业务需求、市场需求和产品需求（参见图 1-5)。需求开发的输出包括三个文件：业务需求文档（BRD)、市场需求文档（MRD）和产品需求文档（PRD)。一些公司仅仅选择创建需求文档，以节省时间。在小型项目中，这种方法或许可行；然而，在大型项目中，笔者仍建议使用三种文档的方法。此外，建议把每个文档的审阅当作一个确定尽可能多的用户需求的机会，检查项目的状态和监控其可行性，并由高级管理人员和关键利益相关者通过对产品想法或需求文档的回顾进行彻底审阅，确定该公司是否应进一步跟进此项目。

业务需求文档

业务需求文档（BRD）中应描述产品的初始想法，产品经理和高级管理人员可以共享该文档，并将其用于进一步讨论。在大多数公司，第一个文档被称为业务需求文档（参见图 1-5)。威格斯（2003）称为远景和范围文档。而不同的公司和作者可能使用不同名称。且不论名称如何，产品管理专业人士和学者一致认为，第一个文档的作用是识别业务需求，并概要介绍以一种可行的业务操作形式满足

该需求的产品。由于业务需求文档可能缺少一些信息，所以，应把它作为讨论的起点，换句话说，是一份供公司不同的人和小组进行分析的文档（主要是高级管理人员和这个阶段的核心利益相关者），以获得反馈，并确立是否值得跟进产品发现过程、修改一些最初的假设或直接取消该项目。根据产品类型的不同，业务需求文档的完整和详尽程度也不等，可能会有1～10页。

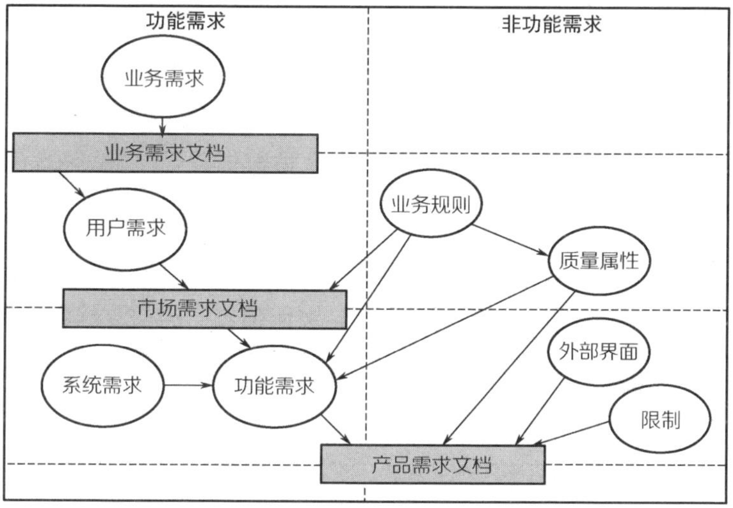

图 1-5　需求开发过程的输入和输出

（输入以椭圆表示，输出以矩形表示；水平虚线代表进程结束时的审阅，参见图 1-3）

业务需求文档的目的是初步概述产品轮廓，并确定帮助客户、融入公司的产品线和竞争格局的方式。业务需求文档提出的解决方案可能是一个新产品，或计划给现有产品添加的功能。此外，BRD应对支持业务数据进行初步概括介绍如收入预测、市场分析和产品策略。业务需求文档通常是由人数不多的产品开发团队撰写。尽管公司的人能够以某种方式收集和讨论典型的业务需求文档所包含的信息，但一些公司仍不愿使用正式的业务需求文档。虽然撰写文档、审阅文档，开展一个初步的头脑风暴会议会花一些时间，但这是值得的。在产品开发的早期阶段不肯花时间的公司最终着手的项目往往禁不住细看，因为偏离了产品套件或公司的核心竞争力，或者不能提供足够的投资回报率，这些项目最终只会浪费时间和资源。本地化的产品尤其如此，因为它们有着波及全公司的影响力（参见图1-3）。

业务需求文档也应提出一个初步的产品策略。例如，如果一家公司想将应用程序本地化为巴西葡萄牙语，并且已经有了针对欧洲葡萄牙语市场的葡萄牙语版本的产品，业务需求文档就应列出一个大纲，概括公司和应用程序如何为使用目标语的客户服务，如通过提供完整的翻译用户文档，在公司的网站上设置本地化的帮助板块以及对目标语的客户服务的访问。在这个例子中，虽然巴西客户可以很容易地获取葡萄牙语手册和帮助文件，但鉴于产品的类型和目标受众不同，如果直接给巴西葡萄牙客户使用欧洲葡萄牙语版本，就可能发生业务错误，因为在葡萄牙本土语和巴西葡萄牙语口语之间存在发音上的差异。如果在业务需求文档的起初阶段不考虑这种差异，最终可能延迟产品推出、隐藏整个项目的真实成本或机会，或掩盖了雇用关键领域专业人士或转包的必要性。在这个假设的场景中，业务需求文档中应对下列两个方案进行成本/效益分析，一个是在巴西设立客户服务办事处；另一个是雇用本地巴西葡萄牙语人士在公司的中欧欧洲客户服务办事处工作，判断哪个方案更好。争取早日确定这些问题和项目，并尽早决定是否将公司资源分配给这些项目。

业务需求文档和 GILT 需求的重要性

在产品全球化的情况下，业务需求文档应包含一些成功发布产品所需的 GILT［Globalization（全球化）、Internationalization（国际化）、Localization（本地化）和 Translation（翻译）的合称］需求的高级指标。业务需求文档应回答以下问题：是不是所有文档和在线帮助文件都应在各个地区本地化?各个区域的客户支持是如何处理的?各个地区将接受什么形式的付款?为了在各个地区开拓市场和销售产品，公司应履行什么类型的法律要求?这些和许多其他类似问题的答案能让提问者尽早对每个地区所需的本地化的范围有一个认识。许多希望对产品进行本地化的公司在第一步没有创建一个成功的业务需求文档，加之该公司的产品经理又没有国际产品经验，就会影响后续的本地化工作。在这种情况下，业务需求文档可能很少或根本无法满足 GILT 在类型和程度上所需的信息，如果这些信息在产品开发周期的后期才被提出，将很难解决特定的本地化问题。

经验丰富的全球产品经理能够在就业务需求文档与本地化经理协商的工作中

发现高级 GILT 需求。一个全球产品的业务需求文档至少应当载明产品计划发布的目标地区以及每个地区所需的 GILT 范围。例如，业务需求文档指定的新产品可以供在美国和西班牙的西班牙语用户使用。在这种情况下，业务需求文档可以进一步明确美国用户将同时收到英语和西班牙语的 PDF 手册，也可以通过一个使用相同顶级域名（.com）且外观和体验类似美国英语的网站访问美国的客户服务中心，然而西班牙语用户只会收到西班牙语的 PDF 手册，访问使用西班牙顶级域名后缀（.es）且外观和体验不同于美国英语的网站，以及访问阿姆斯特丹的欧洲客户主服务中心。

如果产品从来没有进行相应的国际化，业务需求文档应概括说明所需的国际化范围。然后，与工程小组协商，进一步完善这些初步的国际化需求。例如，如果产品是一个只针对西欧市场客户的关系管理系统，那么就不需要启用双字节字符支持，应用程序只需支持公历纪年。但是，如果产品打算应用于日本和韩国市场，那么就应能够正确地支持和显示双字节字符，并能够转换日本天皇年号和韩国的檀君纪年（Tangun Era）方式。在这种情况下，通过业务需求文档审核就能很好地判断将同一版本的产品国际化和本地化是否具有现实意义。

国际化经验少的公司应专门确定一个产品发布周期，实现核心代码的国际化，在后续版本中，再根据业务和市场机遇针对特定语言地区进行阶段本地化。阶段本地化（Phase Localization）也被称为交错本地化或试点本地化，即针对一个或两个语言区域进行的产品本地化，通常是最具有经济可行性和/或能够发现国际化问题的语言区域（例如阿拉伯语，以便测试双向支持）。阶段本地化具有双重目标。第一，它可让公司验证是否已正确实施国际化。第二，它提供了一次测试本地化流程的机会，检测其中各种内部小组以及与本地化供应商之间的协同情况。执行一种或两种语言环境的本地化可使公司在全面生产前发现并修正问题，因为全面生产期间出现的错误和问题的影响将扩大到更多的语言环境。如果不提前执行这一阶段，那么在一个发布周期内同时尝试进行产品的国际化和本地化风险将会很大，这会导致产品难以按时推出以及产品的软件漏洞百出。业务需求文档完成后，应由高级管理人员和核心利益相关者进行阶段后期审核。不幸的是，很多公司，尤其是初创公司，在产品开发的初始阶段，并不进行适当的阶段后期审阅和/或优先审阅虽然在产品生命周期的早期，信息的不完备可能确实会妨碍做出充分知情的决定，但这也是一个停止开发不符合公司整体战略的产品的理想时机。

在业务需求文档的第一个版本提供给利益相关者之后，才正式开始产品需求管理（参见图 1-4）。并且，从此时起，直到产品需求文档的最终版本获批，产品经理将基于所有的反馈、局限性、约束和许多不可预见的问题，继续调整需求开发和需求管理，这将贯彻整个产品生命周期，甚至到产品发布到市场上之后。

市场需求文档

如果高级管理层批准了业务需求文档，产品管理团队就要准备市场需求文档（MRD），也称为用例文档（参见图 1-5）。市场需求文档通常是进一步细化该产品要解决的业务问题细节，包含产品功能集详情，对市场细分、竞争、功能和非功能性需求等的分析，对产品全部预期功能优先次序的首次概要性介绍以及用例场景。在 GILT 项目中，市场需求文档还应包含更多的信息，如支持的平台（操作系统和/或浏览器版本）和所需的本地化范围（即需要面向每个语言区域推出和本地化的产品功能）。

同业务需求文档一样，市场需求文档也应在完成后进行阶段后期审阅。此时，市场需求文档中的附加信息将帮助高级管理人员和其他利益相关者在更了解产品需求特征的影响和后果后，更好地做出关于是否要跟进产品开发的决定。通常，利益相关者提供的市场需求文档输入与业务需求文档是一样的。这个时候应该也让客户支持主管参与进来，具体依产品而定。在很多公司，需求阶段并未将客户支持经理纳入利益相关者之列，而只是在所有要求获批后，才开始介入。然而，当一个公司开发的产品很大程度上需要依赖客户支持（如移动设备）时，或者正为管理多语种客户支持中心的大规模公司开发产品时，市场需求文档阶段就需要客户支持经理的参与。

在市场需求文档阶段，每个利益相关者需要根据新的可用信息进一步定义和完善他或她的反馈、可交付成果、时间估计和依赖关系。产品经理还需在考虑预先存在的业务规则和其他利益相关者反馈的基础上，完成用户需求的审核，并确定哪些可以在产品中实现。公司在这个阶段容易犯的最大错误是未能充分调查和搜寻所有相关的使用案例场景，导致在数据不足的情况下批准或否决市场需求文档。用例场景可让产品经理发现一些并非显而易见的产品要求，目的是通过模拟特定的语言区域环境和一般用户将在本地化产品版本上执行的任务，提供一个全功能的本地化产品。例如，如果产品要求用户安装一个浏览器插件，使用案例场景分析可以揭示出，是否可在所有提供该本地化产品的语言环境中使用这样一个插件。

许多网络和软件公司将业务需求文档和市场需求文档合并成一个文件，共享一个名称或其他名称。如果由产品管理团队中的同一个人同时写业务需求文档和市场需求文档，并希望进一步降低在制定计划和出席会议上的时间成本时，这种情况就会经常发生。如上所述，虽然业务需求文档和市场需求文档可以合二为一，但在较大和更复杂的项目中应避免，以保证在早期的产品开发阶段至少有两次阶段后期审阅。需要注意的是，虽然产品经理可能同时是业务需求文档和市场需求文档的作者，但不可也不能孤立地工作。相反，正如我们所看到的，市场需求文档、产品需求文档和业务需求文档是许多正式和非正式讨论的结果，这些讨论的内容非常广泛，包括客户的业务需求、公司可提供的解决方案、哪些是可行的以及哪些是不可行的。虽然表面上的作者可能是产品经理，但最终文件反映的应是所有利益相关者的意见。

产品需求文档

需求开发过程第三阶段的输出通常称为产品需求文档（PRD）或软件需求规范（SRS）（Wiegers，2003）（参见图 1-5），这个名称非常恰如其分。在简单的小型本地化项目中，可能只需创建一个产品需求文档。产品需求文档侧重于描述产品的全部功能，并为市场需求文档和业务需求文档中概述的业务、用户和功能需求提供更多的细节。产品需求文档应包含针对各种屏幕或（带图形用户界面的）产品部分的模拟设计，以便消除需求上的歧义，更准确地说明用户界面的工作流程、选项和功能。许多软件公司会让工程团队在产品需求文档阶段建立一个工作原型，通过模拟产品面向用户的各个层面，帮助团队直观地调查需要加以改进或修改的产品需求。其他公司则让产品经理和设计师配对工作，以便拿出一套完整的实物模型，直观展示图形用户界面的各个方面，并说明用户与软件或网页的各个组成部分进行交互的方式。正确的信息可视化处理一般是软件产品的关键组成部分，尤其是本地化产品的关键组成部分。通常情况下，虽然各个语言区域的用户界面会设计成相同的样式，并且兼容以各种支持语言显示的文本，但仍存在使用单一的、独立于语言环境的界面无法满足需求场景的情况。在这些情况下，可能需要缩小、重新定位和/或改变文字、图形和图像。在一些情况下，改变特定语言的用户界面可能会更有意义。开发人员和临时的内部测试人员可能识别不出准确性、拼写错误、文字截断之类的问题，除非他们精通目标语，并且知道要寻找什么问题。无论是原型还是模拟设计，在本地化过程中都是非常重要的工具，最终会纳入提供给外部供应商的本地化工具包中。通过观察文本的使用语境（上下文）、使用方式以及消费者在产品的各种菜单、页面、窗口或对话框中的体验，本地化人员和本地化质量保证工程师就可以获取更多的信息，从而做出更好的本地化选择。在本地化及其质量保证（QA）工作外包给外部承包商的情况下，此类信息尤其显得重要。

在将业务需求文档和市场需求文档合为一个文档的公司里，产品需求文档应包含业务需求文档和市场需求文档中发现的所有要素，如业务背景和使用案例场景以及详细的功能性产品的需求。全球产品的产品需求文档中包含更详细的 GILT 要求，包括如下详细规范：

● 在哪个环节确定产品的区域，包括安装期间、每个操作系统启动时、应用程序启动时以及用户改变语言设置时；

● 支持哪些字符和字符集；

● 哪些用户界面元素需要进行本地化；

● 为使产品适应各区域的文化，用户界面（图标、颜色、图像）的非文本元素应进行怎样的修改；

● 帮助和文档需要进行何种程度的本地化；

● 需要翻译或本地化哪些与产品相关的其他文件或资料（供培训、市场营销、销售、客户服务等使用）；

● 支持何种输入法编辑器及其功能；

- 支持何种日期、时间、日历、数字、货币、地址、称谓和电话号码的格式；
- 如何处理每个区域设置的文本搜索、排序、换行和断字；
- 支持什么尺寸的纸张显示和打印；
- 支持什么字体、字体大小和样式；
- 哪些键盘快捷键应进行本地化（如果有的话），如何针对每个区域进行本地化；
- 如何处理每个区域的错误信息；
- 支持哪些操作系统和浏览器；
- 每个区域支持哪些软件和硬件；
- 哪些文件名需要显示在目标语中（如果有的话）；
- 将在产品的不同本地化版本中提供哪些文件（如果有的话）；
- 跨语言支持哪些升级路径（如果有的话）；
- 支持哪些网站与该产品链接，反之亦然；
- 提供哪些特定区域的技术支持和销售联系信息；
- 为支持本地化产品的语言环境，应本地化公司网站的哪些部分（如果有的话）；
- 应翻译哪些发行说明和自述文件；
- 翻译和/或调整哪些特定区域的最终用户许可协议，以符合特定语言环境的法律；
- 每个区域导入的文件支持什么文件编码；
- 每个区域支持哪些特定区域的数据库及其版本；
- 如何处理与调整国际版权声明和问题；
- 每个区域将使用哪些特定的区域示例、演示、音频和视频；
- 复制和粘贴文本的特定区域设置要求是什么；
- 关于音频、视频和动画的特定区域设置要求是什么；
- 基于当地商业规则、法律、文化、惯例、税收和金融惯例的特定区域设置要求是什么；
- 文件导入和导出的特定区域要求是什么；

- 屏幕布局的特定区域要求是什么。

上述清单并不详尽，会因本地化产品的范围、功能集和类型而大相径庭。

在产品需求文档完成后，应对产品进行第三阶段和最后阶段后期审阅，以解释利益相关者已在产品需求文档阶段发现的、会阻碍公司进一步开发产品的问题。由于产品需求文档是最后的正式文件，是产品管理人员在需求文档发送给项目管理团队或工程团队成员前撰写的文档，且后续环节会把它变成一个行动计划，以便确定项目交付成果，所以，产品经理的首要任务是明确地指出可解决客户业务问题的所有关键产品部分。在产品需求文档批准后，产品需求上的任何变更都会演变成产品返工率呈指数级增长，从而导致出现延迟、较高的本地化成本并增加出现软件漏洞的可能性，因为产品正式发行前的必要测试时间更少了。

一旦产品需求文档（即软件术语中的“规格说明书”）获得批准，就会正式移交给项目管理和工程实施部门。移交日期应是工程工作正式启动的日期。但实际工作中很少出现这种情况，在高级管理人员和其他利益相关者正式批准产品的市场需求文档和/或产品需求文档之前，工程部门可能就已经开始进行一部分前期工作了，因为这既可以节省时间，也可以解决业务需求文档、市场需求文档和产品需求文档阶段出现的需求可行性问题。但是如果工程团队进展太快，这种做法也是产生软件漏洞的源头和本地化项目重大返工的原因。在某些工程驱动型公司，需求是由工程团队启动后的开发内容决定的，而过程团队又没有从所有利益相关者那里获取适当的信息输入。在这种情况下，公司将承担为不存在的业务问题寻求解决方案的风险。

计划和开发本地化软件产品时，要把握好相互冲突的目标间的微妙平衡。根据规定，产品经理负责解决自己管理的各个产品范围内的冲突。但是，在考虑一个公司的所有产品时，也就是说，从整体角度管理公司的全部产品组合时，这种冲突会上升到一个较高的层面。公司内部的不同职能团队之间会存在一种“与生俱来”的张力。这种张力如果是健康的，或者得到（产品管理、项目组合管理和公司高级管理层的）妥善管理，或指向一致的目标，公司就能打造成功的产品并实现繁荣。不过，这种情况非常罕见，不是常态。只有非常成熟的公司才能在各利益相关者和职能小组之间实现健康、平衡的张力。在典型情况下，往往是一个或多个职能小组全盘接管，不听取或不重视其他利益相关者的意见。

产品组合管理与本地化

根据定义，组合管理是一个“为实现公司新产品目标而进行的资源配置”过程（Cooper、Edgett & Kleinschmidt，2001：1）。“组合管理”概念来源于金融界，一家投资银行的投资回报率与投资组合的结构和质量是直接相关的。同样，一个软件公司的投资回报率也与每个产品分配的资源、公司提供的产品组合以及整体产品战略密切相关。有效的组合管理需要在多元化的人力、财力、风险、上市时间和技术间寻求适当的平衡。尽管就工作说明和职能而言，资产组合管理在金融公司中的定义十分明确，但在软件和网络开发公司中则非常少见。

软件产品组合经理面临的最大挑战之一是设计平衡、优化的产品组合，既可满足市场的需求和契合市场的商机，又能符合公司的策略。要进行正确的产品投资，前提是准确认知和理解产品的需求、战略意义、价值和风险。从这个意义上来说，产品组合管理和产品管理是同一枚硬币的两面。产品管理侧重的是每个产品的每个组成部分的细节，而项目组合管理的视角更广，侧重于每个产品对实现公司目标和优先战略的贡献。

因为适当的项目组合管理需要深入了解每个产品，所以，应由产品团队承担管理项目组合的职能，特别是软件或网络开发公司，其产品具有天生的复杂性。正是在产品开发过程中，团队成员会收集、分析各种需求、时机、成本和风险信息，并通过技巧性的整合设计出产品（这是理想状态）。由于产品组合管理需要具备从众多角度审视所有产品的能力，因此这项任务（无论明确与否）通常都属于产品副总裁或产品开发小组高级成员的职责。

本地化“放大了”项目组合管理的重要性

在公司内部，对于项目组合管理的需要是一个自然进化的过程。当一个公司扩大产品线和语言区域范围时，它面临的最大挑战之一是在管理每个产品细节的同时，密切关注自己和竞争对手提供的所有产品线。这一挑战解释了为什么公司会随着规模的发展扩充管理层，以及为什么初级经理往往会做项目细节层面上的工作，而高级经理不会，（因为）后者着眼于更广泛、更全面的规划。随着公司的发展和扩张，不仅需要单个产品经理和产品线经理，还需要放眼全球的产品组合经理。在中小型软件和网络公司，人们太过于埋头进行单个项目的细节处理和业务运营，以至于只能间接地进行项目组合管理。这种情况解释了为何许多产品没有面市，或者说，即使面市了，但时机已晚；从业务的角度来看，这是无法维系的，或与公司的目标不一致。

项目组合管理对开发全球产品极为重要。面向特定区域的产品本地化、营销和销售决策必须由公司的最高管理层做出，因为就投资、战略和长期计划而言，往往需要全公司的投入。许多具体的本地化决策（如跨部门部署和使用翻译记忆软件或挑选语言服务提供商）并不是具体的产品问题。但是，根据它们在不同开发阶段对多个产品的影响程度，需要以更全面的视角处理具体的本地化问题。

项目组合管理的六大推动因素

像产品管理和本地化一样，项目组合管理既是一门艺术，也是一门科学。一方面，项目组合管理涉及各种应加以研究并具有重复性的因素与流程；另一方面，它也涉及专家的主观判断。项目组合管理取决于六大推动因素，即战略、风险、资源配置、价值、阶段后期审阅和项目组合审阅。在接下来的部分，我们将依次研究这些推动因素。

根据库珀（Cooper）、埃及特（Edgett）和克莱因施密特（Kleinschmidt）的观点，项目组合管理属于“战略范畴：是一种实施经营战略的方法”（2001：7）。产品必须符合公司的整体战略，项目的投资规模取决于它能在多大程度上促进组织目标的实现。有些项目是可选的（如标记为“最好拥有”的项目），而其他项目是必选的（如标记为“必须拥有”的项目）。国际化项目属于后一类，因为国际化是本地化的必要前提。然而，从决策角度来看，是否开展国际化项目必须权衡下面两点：一是新产品的国际化和后续本地化的优点；二是分流其他竞争项目所需资源导致的影响。只有从非常高的层面审视，才能做出这类战略决策。从这个意义上来说，“项目组合管理在产品战略和产品开发之间提供了一种联系。这种联系有时也称为战略平衡”（McGrath，2004：299）。

产品组合管理也涉及“项目组合经理的风险评估和有效管理能力”（Brentani，2004：xii）。如上文所述，本地化项目风险的主要来源是缺乏需求或需求不完整。因此有效的风险管理就需要高级管理层和利益相关者积极参与需求确定和相关的阶段后期审阅。在管理本地化的产品时，采取一些额外的策略可以帮助减轻和控制风险。例如，一是绝不仅仅依靠一家语言服务提供商，至少要有一家主要的和一家备份的供应商，并确保两家都采用兼容的、与开发公司一致的计算机辅助翻译工具、文件处理过程和工作流程，才能满足所有本地化需求。二是在本地化软件开发过程中采取有效缓解风险的办法，即进行伪本地化和试点本地化项目，他们可在系统实施所有语言环境下的本地化前，尽早发现相关问题和丢失的信息。如果公司以前没有尝试过本地化，那么这种方法特别有用。试点方案可帮助公司精确调整内部本地化流程，优化内部人员以及本地化供应商的角色和职责。

据库珀、埃及特和克莱因施密特观察，项目组合管理也是一种“资源配置，即公司应如何分配资金和人力资源，应投资哪些开发项目”（2001：7）。在针对60家国际化经营公司的一项研究中，科雷索特伊迪斯（Chryssochoidis）发现，“国际化产品推出延误的主要原因均与公司自身的内部环境有关”，包括“无法获得足够的优质公司资源进行特定新产品的开发和推出”（2004：152）。每家公司都必须不断地分配资源，并随着项目的进展，在不同的阶段确保这些资源的正确分配，这意味着应符合公司的短期和长期的战略目标。这绝不是一个自动过程，而是需要不断地优化。例如，根据项目组合审阅的意见，如果公司计划开发和推出某个软件产品的日本版本，并希望将其打造成日本最好的产品，那么，就需要聘请一个专职的日语专家和/或测试人员。但单从该公司开发了众多产品而这只是其中一个产品的角度，得出公司必须聘请日语专家和/或检测人员这一结论可能不那么明显。[1]

库珀、埃及特和克莱因施密特还指出，项目组合管理也与价值有关，即“项

---

[1] 人力资源在公司内部是有限的；当公司决定外包一些开发、测试工作和部分或全部本地化工作时，它仍需协调与外包相关的支出和管理。很多公司在外包时往往错误地采取撒手不管的方法，却期望获得高质量的工作。

目的选择——能确保拥有源源不断的畅销新品”（2001：7）。就本地化软件而言，这点也通过语言或区域分级的概念得到了印证。项目组合经理和高级管理人员必须清楚地了解本地化产品在不同区域的相对价值。一级区域之所以成为一级区域，要么是因为这些区域的本地化产品能提供较高的投资回报率，要么是因为它们提供的产品最符合公司的竞争力和市场定位目标。区域分级会因公司和产品而异。项目组合经理需要所有其他的产品利益相关者提供信息，为给定区域确定适当的层级，从而确定何时以及应分配多少资源为每个产品开发各种特定语言区域的版本。

最后也是最重要的一点，“项目组合管理是一个流程”（Grinold & Kahn，1995：364），具体实施包括定期的阶段后期审阅和每年 2～4 次深入的项目组合审阅。流程和战略是齐头并进的，且相关程度非常之高，以至于“项目组合管理流程与战略形成了一种推动关系”（Cooper、Edgett & Kleinschmidt，2001：270）。阶段后期审阅是有效组合管理的推动因素之一，通常出现在产品阶段的结束时期。

阶段后期审阅和项目组合审阅的管理有两种方法。第一种方法是在每个阶段结束时逐一评估项目，确定当时的资源配置和战略配合的适当性。它更像一种自下而上的方法，其中的项目、状态和手头数据很大程度上直接确定了阶段后期审阅的结果。在此方法中，项目组合审阅的主要目的是确定阶段后期审阅每个阶段的各个决策是否正确，并进一步确定形成的组合是否仍然符合公司的目标。

第二种方法是自上而下的，在项目组合审阅会议中实施，通常每年举行 2～4 次。在项目组合审阅中，高级管理人员会检查正在进行的所有项目，包括待定的项目以及新的项目创意。接下来，管理人员会确定“必做”项目，换句话说，就是由于战略意义重大而必须完成的项目。在许多公司中，高级管理人员并不知道正式确定“必做”项目和在全公司发布该信息的重要性，这通常导致普通员工产生迷惑和双重猜测。当项目组合经理无法跟公司其他人分享自己的所有结论细节时，就极有必要进行简单的解释，例如，为什么人力资源和资金会被转到一个看似无利可图的小项目。同样，在项目组合审阅中，高级管理人员需要主动发现“不良”的项目，或者说，表面看起来似乎有潜力，但实际上是违反公司战略或对其他项目和产品会产生负面影响的项目。

项目组合管理最难的部分是取消“不良”项目，这些项目由于早些时候在开发过程中没有查明相关原因，使其顺利进入了实施阶段，或在提供额外信息后却变成了“不良”项目。取消即将完成的“不良”项目需要巨大的勇气。也是由于这个原因，早期阶段的项目组合审阅一定要特别详细和准确。项目在开发过程中推进得越深，消耗的人力和财力就越多；因此最好尽早取消“不良”项目。高级管理人员不仅要解释项目的批准决定，同时也要解释项目的取消决定，这点非常重要。不这样做会伤害士气，引起猜测和传闻，并可能导致员工怀疑高级管理人员做出了非理性决策。

一旦所有项目逐一检查完毕，项目组合审阅必须从更广泛的角度对项目进行平衡，确保最终的项目组合与整体战略保持一致。在平衡产品组合时，可能需要将项目从快车道转到正常车道，或将其置于慢车道上；这也意味着搁置项目，并持续到下一次产品组合审阅。在极端情况下，项目会因为不再满足公司的业务需求而被取消。例如，如果与本地化产品的预计收入相比，国际化项目的时间和成本令人望而却步，或者市场条件的变化（如两个竞争对手合并）使本地化产品不能获利，或者完成项目所需的资源分流正危及其他更具战略意义的举措，那么，就可能终止该项目。最后，高级管理人员应优化项目组合，并做出明智的全球战略决策，确定应跟进哪些项目，应优先处理哪些项目，以及人力与财务资源应分配给哪些项目。

结语

在大多数公司，本地化经理都是熟悉各种本地化操作方面的内部专家，如管理翻译流程、语言资产（如术语表和翻译记忆库）、语言评审和语言服务提供商。尽管当前与未来的翻译和本地化专业人士必须熟悉具体的工作内容和工作方式，但他们也必须明白，为什么会要求他们做好本地化艺术和科学层面的细节。换句话说，本地化经理必须同时从战术和战略角度理解本地化。他们必须明白如何使本地化符合公司的整体战略以及他们的工作会在多大程度上受到上游开发流程的其他职能团队的影响。

正如我们在本文看到的，本地化可以像产品开发流程一样有效；如果推而广之，也可以像国际业务战略一样卓有成效，虽然后者是本地化的基础。在缺乏有效的业务和产品战略的情况下，本地化经理和团队会承担一定的风险，也就是可能要为他们无法控制的早期开发阶段负责（Dunne，2006b：113）。此外，本地化操作和流程与他们在公司内完成的（或认为应由他们完成的）业务需求一样具有价值。就此而论，对于积极主动的项目经理而言，棘手的本地化项目表面上看都是机会，而这些项目经理在初次进军国际市场的公司中往往扮演着重要的战略角色。不过，今天的本地化经理所面临的主要挑战之一，是他们很少受邀参与真正重要的战略会议，因此无法前瞻性地解决上游问题，这可能是因为他们的商务头脑不够敏锐（DePalma，2006：24-25，34-35）。

一个应对之策是本地化经理应当加深了解公司内每个产品的整体业务推动因素。学术界也可以发挥重要作用，通过扩展翻译和本地化课程，使之包括并突出这些过程的战略业务方面，并涵盖需要进行产品本地化（这一直是本章的主题）的组织以及提供翻译和本地化服务的组织。正如德帕尔玛所说，“本地化必须从文科转到商学院”（2006：25）。

反过来，企业也必须重新考虑他们的本地化方法。在成熟的公司里，本地化不只是事后诸葛亮，而是战略竞争优势的来源，也是国际产品开发和项目组合管理不可分割的一部分。在成熟的公司，本地化经理是产品经理最重要的资源；同样，本地化经理对项目组合经理的工作也极有参考价值。对于公司而言，现在到了在整个产品生命周期中充分利用本地化经理的专业知识的时候了！

总之，一名成功的本地化经理会像项目经理一样思考和工作：巧妙的人力和财力资源分配、适当的项目选择和战略将最终决定其本地化项目的成功，并进而影响公司自身的成功。随着时间的推移，这些技巧会让经验丰富的项目经理扩展自己的职业生涯，并有一天可能自己成为国际产品经理和产品组合经理。

参考文献

Asnes, Adam. 2007. “Getting projects approved.” *MultiLingual* 18 (7): 33–34.

Bacon, Glenn C., Beckman, Sara, Mowery, David, and Wilson, Edith. 1994. “Managing product definition in high-technology industries: A pilot study.” *California Management Review* 36 (3): 32–56.

Bhattacharya, Shantanu, Krishnan, V., and Mahajan, Vijay. 1998. “Managing new product definition in highly dynamic environments.” *Management Science* 44 (11): S50–S64.

Boehm, Barry W. 1976. “Software engineering.” *IEEE Transactions on Computers* C-25 (12):1226–1241.

——. 1981. *Software Engineering Economics*. Englewood Cliffs, NJ: Prentice-Hall.

Brentani, Christine. 2004. *Portfolio Management in Practice*. Oxford: Elsevier Butterworth-Heinemann.

Cooper, Robert G., Edgett, Scott J., and Kleinschmidt, Elko J. 2001. *Portfolio Management for New Products*. 2nd ed. Cambridge, MA: Perseus.

Chryssochoidis, George M. 2004. *Rolling Out New Products across International Markets:Causes of Delay*. New York/Basingstoke, UK: Palgrave Macmillan.

Daly, E. B. 1977. “Management of software engineering.” *IEEE Transactions on Software Engineering* SE-3 (3): 229–242.

Davis, Alan M. 1993. *Software Requirements: Objects, Functions and States*. 2nd ed. Englewood Cliffs, NJ: Prentice Hall.

——. 2005. *Just Enough Requirements Management: Where Software Development Meets Marketing*.New York: Dorset House.

Deitsch, Andrew and Czarnecki, David. 2001. *Java Internationalization*. Sebastopol, CA:O’Reilly.

DePalma, Donald A. 2004. *Business without Borders: A Strategic Guide to Global*

Marketing.Chelmsford, MA: Globa Vista Press.

——. 2006. "Quantifying the return on localization investment." In *Perspectives on Localization*,Keiran J. Dunne (ed.), 15–36. Amsterdam/Philadelphia: John Benjamins.

DePalma, Donald A. and Beninatto, Renato. 2003. *How to Avoid Getting Lost in Translation:Buying and Managing Language Services for Global and Multicultural Business*. Chelmsford,MA: Common Sense Advisory.

DePalma, Donald A., Beninatto, Renato S., and Sargent, Benjamin B. 2006. *Localization Maturity Model*. Lowell, MA: Common Sense Advisory, Inc.

Dunne, Keiran J. 2006a. "A Copernican revolution." In *Perspectives on Localization*, Keiran J.Dunne (ed.), 1–11. Amsterdam/Philadelphia: John Benjamins.

——. 2006b. "Putting the cart behind the horse: Rethinking localization quality management."In *Perspectives on Localization*, Keiran J. Dunne (ed.), 1–11. Amsterdam/Philadelphia:John Benjamins.

Ebert, Christof. 2009. "Software product management." *CrossTalk: The Journal of Defense Software Engineering* 22 (1): 15–19.

Esselink, Bert. 2000. *A Practical Guide to Localization*. Amsterdam/Philadelphia: John Benjamins.

Fagan, M. E. 1976. "Design and code inspections to reduce errors in program development."*IBM Systems Journal* 15 (3): 182–211.

Giammarresi, Salvatore. 2005. *La traduzione assistita da computer. Vantaggi e limiti*. Palermo:Compostampa Editrice.

Grinold, Richard C. and Kahn, Ronald N. 1995. *Active Portfolio Management: Quantitative Theory and Applications*. Chicago, Cambridge: Probus.

Heerkens, Gary. 2002. *Project Management*. New York: McGraw-Hill.

Highsmith, Jim. 2004. *Agile Project Management: Creating Innovative Products*. Boston: Addison-Wesley.

Hodock, Calvin L. 2007. *Why (Smart Companies) Do Dumb Things: Lessons Learned*

From Innovation Blunders: Avoiding Eight Common Mistakes in New Product Development:. Amherst,NY: Prometheus.

Iansiti, Marco. 1995. "Shooting the rapids: Managing product development in turbulent environments."*California Management Review* 38 (1): 37–58.

Kano, Nadine. 1995. *Developing International Software for Windows 95 and Windows NT*. Redmond,WA: Microsoft Press.

Kotonya, Gerald and Sommerville, Ian. 1998. *Requirements Engineering: Processes and Techniques*.Chichister, West Sussex: John Wiley & Sons.

Leffingwell, Dean, and Widrig, Don. 2003. *Managing Software Requirements: A Use Case Approach*.2nd ed. Boston, MA: Addison-Wesley.

Lommel, Arle. 2003. The Localization Industry Primer. 2nd ed. Fechy, Switzerland: SMP Marketing and The Localization Industry Standards Association.

——. 2007. *The Globalization Industry Primer*. Romainmôtier, Switzerland: The Localization Industry Standards Association.

Luong, Tuok V., Lok, James S. H., Taylor, David J. and Driscoll, Kevin. 1995. *Internationalization:Developing Software for Global Markets*. [New York]: John Wiley & Sons.

McGrath, Michael E. 2004. *Next Generation Product Development: How to Increase Productivity,Cut Costs and Reduce Cycle Times*. New York: McGraw-Hill.

Mironov, Rich. 2008. *The Art of Product Management: Lessons from a Silicon Valley Innovator*.Mountain View, CA: Enthiosys.

Rätzmann, Manfred and De Young, Clinton. 2003. *Software Testing and Internationalization*.Salt Lake City, UT: Lemoine International.

Savourel, Yves. 2001. *XML Internationalization and Localization*. Indianapolis, IN: SAMS.

Smith-Ferrier, Guy. 2007. *.NET Internationalization. The Developer's Guide to Building Global Windows and Web Applications*. Upper Saddle River, NJ: Addison-Wesley.

Stephenson, W. E. 1976. “An analysis of the resources used in safeguard system software development.”Bell Laboratories, Draft Paper, August.

Symmonds, Nick. 2002. *Internationalization and Localization Using Microsoft .NET.* Berkeley,CA: Apress.

Urien, Emmanuel, Howard, Robert and Perinotti, Tiziana. 1993. *Software Internationalization and Localization: An Introduction.* New York: Van Nostrand Reinhold.

Westland, J. Christopher. 2002. “The cost of errors in software development: Evidence from industry.” *Journal of Systems and Software* 62: (1): 1–9.

Wiegers, Karl Eugene. 2003. *Software Requirements: Practical Techniques for Gathering and Managing Requirements Throughout the Product Development Cycle.* 2nd ed. Redmond,WA: Microsoft Press.

企业项目管理软件的选择：不仅仅是一个“开发或购买”的决策

艾兰·查姆斯

大多数语言服务提供商已实施某种形式的项目管理系统。随着语言服务提供商的发展和多样化，系统不得不开始适应需求的增长，但是持续的增长最终会使系统面临崩溃。在这个关键时刻，面临巨大压力的语言服务提供商必须做出决定：是改变现有的系统、构建新的系统还是购买现成的系统?但更好的解决之道是定期地主动评审项目管理系统，并将其作为公司的持续性流程和程序评估的一部分。本章介绍了相关方法和特定工具，可促进评估工作的开展，并改进语言服务提供商的决策流程。

引言

项目管理专家哈罗德·科斯纳博士（Harold Kerzner，2004：2）将项目管理定义为“计划、调度和控制一系列集成的任务，从而实现项目目标，最大限度地满足利益相关者的利益”。实际上，我们也在以这种方式管理日常生活的许多方面，尽管不是那么正式（甚至是无意识的）。例如，搭建一个花棚需要进行一系列平行和连续的步骤，并在规定的预算和时间内完成。尽管很少有人以硬件或电子的形式将这些任务及时记录下来，但勤杂人员至少也会在心中打个底稿。计划不周全一定会导致成本和时间透支，令人失望和沮丧，甚至会将花棚建得像个狗窝。

在商业世界中，项目管理是大多数商业活动的核心。在过去的半个世纪左右，项目管理方法与组织模式是同步发展的。传统上，组织往往分成不同部门或职能单位（如营销部、工程部、文件部、翻译部等）。在依然沿用这套模式的组织中，职能经理负责分配员工的工作，并监督提交成果。在这种环境下，由于项目经理没有职能权限，只能同职能经理合作，获取项目工作所必需的资源，因此跨职能部门项目通常面临很大的组织挑战。还有另一种极端的情况，一些组织公司出现了高度项目化。换言之，项目需求具有超越一切的重要性，但这经常会损害不同职能单位的发展。在这类组织中，项目期间的跨职能部门项目团队合作由项目经理负责。第三种模式是矩阵式组织，它是传统职能组织的分层结构与项目式组织的扁平化管理结构之间的一种折中方案。在矩阵模式中，项目团队成员除项目承诺外，还要承担职能责任，从而确保在直接的项目需求和长期的组织职能领域发展之间实现更好的平衡。

随着组织模式的演变，项目经理的角色也随之改变。在项目式和矩阵式组织中，项目经理负责管理整个项目中的各种职能，因此，项目经理的工作非常复杂。相应地，项目管理本身也成为一门学科（Verzuh，2008：16-17）。许多高校现在开设了项目管理的本科和研究生课程，结业会颁发项目管理证书。项目管理证书也可以通过一些其他方式获得，诸如美国项目管理协会和国际项目管理协会，这些都彰显了项目管理在组织发展中的重要性。

翻译行业中的项目管理

在翻译行业中，项目管理的成功与否直接影响语言服务提供商这类高度项目化组织的生存和发展。尽管项目管理的重要性与生俱来，语言服务提供商却往往忽视项目管理流程的发展，而且，为了支持自身的发展，再加上本身活动又具有不断变化的特征，花在流程评审和升级上的时间就更少了。同样，对于有助于促进项目管理的工具，也只能事后想想该更新了，而不是一个持续的管理活动。久而久之，对项目管理的忽视就会导致发展受阻和利润萎缩。

为什么项目管理往往没有受到应有的重视?让我们先分析一个典型的语言服务提供商生命周期的早期阶段。

创业阶段：语言服务提供商的诞生

在创业或诞生阶段，语言服务提供商的规模都很小，最初只为数量有限的客户提供服务。他们往往会在垂直的目标领域（集中在银行业、保险或保健等领域）发展自己的专业能力，通常采取特定语言对组合的形式。他们的管理费用很低，现金资源也有限。他们通过控制成本来提升利润。在创业阶段，语言服务提供商的流程只是为了满足数量有限的客户需求，项目管理系统也是根据需求开发的，旨在为这些客户提供无缝的、可预测的服务。[1]此类语言服务提供商的项目管理系统具有下列特征。

- 简单：要处理的客户流程极少，工作量有限。
- 技术含量低：由于创业阶段工作量的管理一般不是问题，因此项目管理系统通常采取纸张的形式（便签也很常见）；如果他们的技术思维更发达一点，会使用一些基于计算机的跟踪方式，如 Excel 电子表格。
- 灵活：因为项目管理系统很简单，所以，在解决例外情况上（如不同的源语文件格式）就变得轻而易举。打个比方，修改系统可能只需换个不同颜色的便签，或在电子表格上再增加一栏。

“青春期”：语言服务提供商日渐发展壮大，面临特别项目管理流程方面的挑战

当语言服务提供商步入“青春期”（成长阶段）时，就开始获得新的客户，进入新的垂直市场，出现多元化，并增加新的语言对组合。当需要向一个更庞大的客户群提供服务，特别是必须满足呈指数增长的客户的需要和期望时，这种扩张往往会带来更多挑战。随着语言服务提供商的发展壮大，管理费用（包括办公空间、通信和网络需求）以及管理这一增长所需的人力资源成本也在上升，给语言服务提供商的盈利空间带来越来越大的压力。

---

[1] 就本文而言，项目管理系统应包括各种流程、工具和利益相关者需求，它们也是开发此类软件系统的基础。

当语言服务提供商从创业阶段进入成长阶段，其项目管理系统也要随之改变，以便满足不断增长的客户需求，包括质量保证流程、费用计算以及许多其他与特定客户相应的事项。项目管理系统也应能够满足语言服务提供商自身日益增长的需要。发展壮大要求语言服务提供商管理更多的供应商，处理不断增多的通过邮件、FTP 或其他的电子及纸质渠道传来的文件。

当进入和经历成长阶段后，一些语言服务提供商会意识到，需要用更完善的项目管理系统取代原有的系统（如果确实有正式系统的话）。这可能意味着要从纸质管理系统向电子管理系统转变。在某些情况下，具有技术头脑的语言服务提供商会通过投资，借助 IT 资源或外部顾问开发出可满足当前需求和未来需求的系统。但这种情况很罕见，不是常态。在大多数情况下，原有的项目管理系统只会以一种无计划的特殊形式发展，以适应语言服务提供商需求的变化。此类系统往往有如下特点：

● 在很大程度上可能仍以创业阶段时使用的系统为基础，只不过增加了许多纸质文件，丰富了信息量，颜色编码可能出现了变化，并形成规范，Excel 电子表格中可能多了几栏或一些宏指令，但原来的系统仍是核心。

● 不再简单，相反会因为急剧增长变得更为复杂。新来的项目经理如果想有效地使用系统，可能需要进行大量的培训。

● 不再具有灵活性，适应性也打了折扣。如果新客户要求的项目流程与先前大不一样（进一步说，这意味着要对项目管理系统的一个或多个关键部分进行重大改动），相关的项目工作就会变得非常困难。

不管这种特殊的项目管理系统是基于语言服务提供商的原始系统，还是新开发的升级版本，持续的增长会带来许多问题。系统应用方面的专家将会变得很抢手，培训新的项目经理也会变得耗时耗钱。如果公司内部的专家太少，也会大大影响语言服务提供商的生存能力［所谓的“麦克卡车（Mack truck）测试”可以衡量一家公司对于此类专家的依赖程度，如果某位项目管理专家的测试结果糟糕，这个组织能存活下去吗］。最重要的是，项目管理系统自身的局限性会影响工作流程的效率。

不成熟之痛[1]

在某些情况下，每家语言服务提供商都需要重新评估其项目管理系统的充分性，以便确定是否需要进行升级或替换。在理想情况下，这种评估应当成为定期管理和公司工具与流程检查工作的一部分。只要业务范围出现重大变化，不管这种变化是因为何种原因，包括显著增长、提供新服务以及客户群扩大到其他领域，公司都应对其项目管理系统做一个全面的检查。不过，更为常见的是由于出现问题而进行被动的检查。如下列几种情形。

- 工作量过大：可用资源未有效利用，效果不够理想。
- 客户问题：出现各种投诉，包括质量、逾期或工作订单安排错误，招致客户不满，并影响客户忠诚度。
- 发票问题：逾期开票将会影响公司的现金流以及财务健康。
- 利润减少：随着时间的推移，如果必须增加间接费用资源（即不直接产生利润的资源）才能够满足特定的工作量，那么盈利就会减少。

如果语言服务提供商等到问题十分严重，才采取一些“创可贴”式的措施，对项目管理系统修修补补，那么压力就来了，因为问题越恶化越需要尽快解决，最终还是要面对必须大修这样一个尴尬任务。

这种出现问题才去解决的方式，本身就有问题，它往往限制了可供考虑的选择范围。时间和成本是推动决策的两个要素，也是决定性的因素。通常只有有限的时间去研究潜在的解决方法，但按所花时间计算的研究成本不会直接产生收入，更多的情况下只是草草结束，形成一个匆忙的决策，这几乎肯定会导致又一轮问题的出现。从长期来看，还会造成更多时间和资金的浪费（参见图 1-6）。

如上所述，比较好的做法是制定一个持续的管理评审制度，定期检查主要的组织工具和流程。确保提前发现当前做法中的问题，充分分析各项需求，并在不受时间压力限制下探索各种解决方法。

---

[1] 有关公司生命周期和整体健康程度的重要深度讨论，请参见 de Geus（2002）。

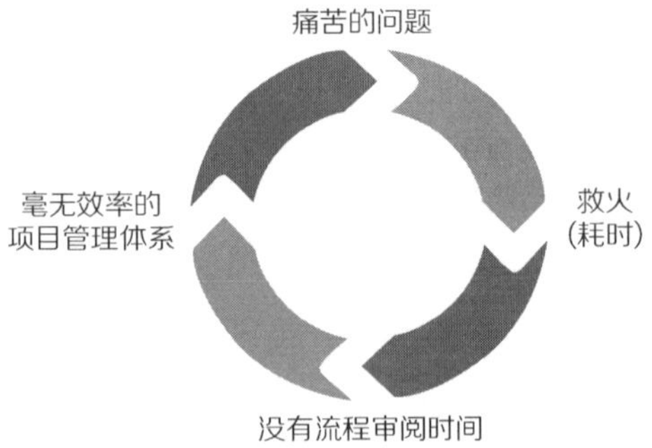

图 1-6 问题的循环

（关于项目管理流程和系统的决定越是被迫做出的，选择的解决方法就越可能达不到组织的要求）

奠定决策基础

当项目管理系统不再满足组织要求时，决策者通常有三种选择：修改现有系统、构建新系统或购买现成的系统。在理想情况下，应该安排充足的时间深入分析所有的选择，列出想要的所有系统需求和属性，进行详细的成本分析和投资回报率研究，甚至可以先测试一些可用的方案，再确定哪个系统最符合公司的要求。不管这个过程中会遇到怎样的难题，也应不打折扣地执行。但是，即使采取了这种最佳做法，组织也必须努力避免出现一些陷阱。

人为因素

不论组织最终下了多大的决心推进，也必须面对最具挑战性的人性弱点：人们对于变化的天生抗拒。事实上，组织现有的项目管理系统植根于其用户所开发的流程中，这些用户已经习惯了该系统工作的方式。尽管时常抱怨系统在满足客户需要上的局限性以及变通方案的缺乏，用户们还是对现有系统比较熟悉一点，并且这种熟悉程度的重要性不容小觑。急剧改变人们所习惯的工作方式无疑会让他们感到很不适应。不论是有意识地还是潜意识地，那些直接受规划变革影响的人（即组织的项目经理）会抵制变革，某些情况下甚至会尝试阻碍系统的改变。

必须认识到这方面的组织心理学问题，并加以解决。除了新系统所带来的效率的提高，以及成本的减少之外，这样做还有一些颇具吸引力的商业原因。其中之一涉及外部语言分包商。随着时间的推移，项目经理和接收项目工作的分包商之间的关系会变得十分友好。这些分包商可能偶尔会在紧要关头帮助项目经理去处理一些公司的问题。此外，因为项目经理对这些承包商都比较熟悉，所以宁愿找这些承包商帮忙，也不愿去找公司名单上那些并不熟络和/或未经验证的人帮忙。选择人员时可靠性很重要，但是这种只选择与熟人合作的方式，无形中就会限制或者将更好的合作者拒之门外。

对于人为因素方面的问题，实施新的自动项目管理系统本身并不是灵丹妙药。员工和承包商虽然可以使用新系统，但除非新系统的优点获得管理人员的认可，并获得所有用户的公开讨论和接受，否则旧的习惯仍将继续存在于新的工作流程中，而公司则会失去一个改进工作流程和/或解决问题的良机。

系统开发生命周期

设计或更新项目管理系统是一个多阶段的过程，通常被称为系统开发生命周期（Systems Development Life Cycle，SDLC）。详细探讨各种系统开发生命周期方法不在本文的范围内，但最常用的方法都包括以下步骤（参见图 1-7）：

- 分析：在这一阶段，会确定新系统的需求和当前所用系统的缺陷。
- 设计：解决实际的系统功能需求，包括作为部分实施工作的各种工具和流程。
- 开发：本阶段将评估并获取所需的软件组件。
- 实施：这是项目的推出阶段，涵盖了从软件组件的安装到用户的培训。
- 评估：这个过程尽管极其关键，但是往往被人们忽视。在系统开始运行后，就应根据分析和设计阶段拟定的基准持续地进行评估。此评估流程可确保迅速而恰当地解决任何出现的问题。

如图 1-7 所示，这些步骤会形成一个周而复始的流程，即在部署新的或更新的系统后，就重新开始评估，确保项目管理系统继续满足公司增长过程中出现的需要。

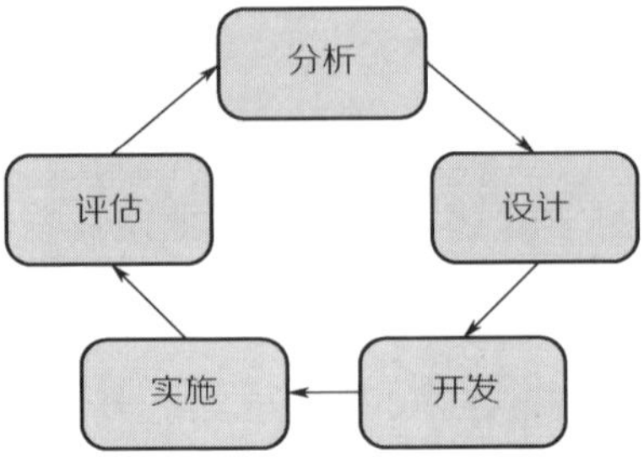

图 1-7　系统开发生命周期

分析是系统开发生命周期的第一阶段，可以说是最重要的阶段。在此阶段确定项目管理系统的要求时，公司往往容易犯经验主义的错误，没有考虑可用系统的功能，或当前系统中已实现的功能。此时，公司的当务之急是将流程“提炼”出来，将侧重点放在系统必须满足的实际要求而不是功能上。

不过，说起来容易，做起来难，因为两者之间的界限很模糊。此外，从现有的政策和步骤中“提炼”出流程并将其升华为基本要素，这项能力不是谁都具备的。而且，对于完全埋头进行日常系统操作的员工而言尤为困难。还要记住的一点是，现有系统是根据公司需求的演变实施的，因而，当初的权宜之计可能久而久之就成了这个系统不可分割的一部分。

为了促进相关需求的确定和分析，语言服务提供商已经想了很多办法。对他们来说，以用例为基础的方法都是值得推荐的。[1]每一个用例会描述一个具体的场景，每个场景对应一个语言服务提供商进行的活动。这样，就可将语言服务提供商提供的各种服务和相关任务分解为一些基本的组件。在汇总全部定义的用例数量后，就可以得出代表语言服务提供商可执行活动的数字；从而轻松地从中获取项目管理系统的需求信息。在系统的整个生命周期中，会不断创建新的用例，使之反映提供的新服务或执行的新任务。这必然会导致需求增加，反过来又将推动系统和流程的持续改进。

为了尽可能彻底地分析系统的需求，必须有实际从业人员的合作，如现任项目经理。正是这些专家最了解公司中项目管理的要求和现有系统的缺陷。因此，

[1] “在软件工程和系统工程中，用例指的是系统在呼应外部请求时的行为。换句话说，用例描述的是‘谁’可以使用相关系统执行‘哪些’操作”（Wikipedia，2010）。

他们的参与十分重要。然而正如上所述，因为他们在现有的系统中投入最多，一旦系统更改或丢弃，从失去控制和失去状态方面来看，他们可能是最先受到影响的：因为现有系统的功能越多，他们就越觉得自己不可或缺。但是从商业的角度来看，将这么多关键的技术和知识集中在这么少的人手中风险太大。因为在这种情况下，这些专家可能并不情愿将自己的经验和知识分享给他人。公司的管理人员就需要去说服他们放弃这种隔阂。

最终汇总的系统需求应反映公司目前的需要，以及预计会随着规划的战略增长而出现的中短期需求，其中包括进入新市场后出现的多元化，新垂直领域的客户群和语言对的扩大以及通过收购或雇用而形成的扩张。相比那些目光短浅的决策，这种前瞻性的做法可大大降低风险，并且延长了所选系统的使用寿命。

除非公司花大量的时间确定好相关汇报工具和技术，以便准确地衡量成功与否，并提供必要的绩效数据，揭示公司面临的挑战和缺点，否则，将无法实现全面的需求分析。同时，此类绩效指标还可促进公司持续改进工作流程，实现提高效率和收益的目标。

成本分析

成本分析是分析阶段的另一个重要部分。它旨在计算每个候选方案的总体拥有成本和投资回收期。总体拥有成本和投资回收期属于基准数据，可用于比较不同方案的优劣，例如，在开发新系统或者改进现有系统时，就可以参考此类数据，以免出现风马牛不相及的比较。这里还应考虑机会成本，所谓机会成本，是指选择一个方案后就要放弃其他方案，从而失去利用其他方案的机会（即成本）；当公司需要确定是购买现成产品还是构建专有系统时，尤其应该注意这点。

绩效衡量专家迪恩·斯皮策（Dean Spitzer，2007：240）对总体拥有成本的定义如下：

> （总体拥有成本）……是整个所有权期间的总购买成本。它考虑了购买决策中的大量隐藏成本……大多数采购后的成本难以预计，因此也无法加以管理。这往往会导致无法预料的巨额成本——通常是最初购买价格的 3 ~ 10 倍!例如，买一台计算机成本 1000 美元，但整个生命服务周

期的总体拥有成本，包括软件、升级、维护、服务和零部件更换的费用，可能高达10000美元。很显然，购买决策中权衡的关键是“总价格”和“整体性能”。

就项目管理系统而言，计算总体拥有成本时需考虑以下成本：

- 软件许可证购买成本；
- 服务器硬件、软件成本；
- 硬件、软件部署成本；
- 硬件、软件保修及维护成本；
- 测试成本；
- 用户培训成本；
- 信息技术人员成本；
- 备份及恢复进程成本；
- 故障与中断导致的成本；
- 升级成本（可扩展性）；
- 其他成本，如跟评估的场景有关也可计算在内，如基础设施成本（场地费、电费等）。

成本分析的目的是让公司在评估解决方案时看到价格之外的因素，从而精确地算出每个方案所需的真正部署成本，这样就可以做到有针对性的比较。

另一个比较有用的财务指标是投资回收期。根据定义，它指的是从项目的投建之日起，用项目所得的净收益偿还原始投资所需要的年限（Brigham & Houston，2007：373）。就项目管理系统而言，投资回收期是指评估的每个候选方案的总体拥有成本被该方案实现的成本节约（包括已避免的成本）抵消所需的时间。值得注意的是，如果价格较高的方案能实现更大的成本节约（或者成本规避），那么它的投资回收期比价格较低的方案短。此时，或许更适合投资购买价格较高的方案，但如果总体拥有成本是唯一的评估标准，那么这种情况就没有明显的优点了。

还有一个比较有用的指标，即每个方案的机会成本。它衡量的是因特定决策放弃的机会的最大价值。例如，在公司预算有限时，如果做出的决策是投资升级项目管理系统，那么就会放弃许多其他开支方案，如购买新计算机、增加人手或众多其他机会，其中每个机会都有特定的价值。因此，升级项目管理系统的机会成本反映的是其他投资方案的价值。

在公司决定部署新的或更新的项目管理系统后，就只能对购买现成的产品和构建（或升级）专有系统的机会成本进行衡量。如果选择开发自己专用的系统，就意味着为其分配内部或外部信息技术人员。在这种情况下，要计算其机会成本，就要公司回答下面这个问题：如果让员工彻底地投入这个系统的开发、部署及维护中，他们以后就无法腾出手来做其他事情了，那么，还怎么要求这些高度熟练的专业人才为公司提供服务呢?在大多数情况下，人们对于这个问题的回答都是搁置开发专有系统。

其他需要考虑的方面

在评估其他备选方案时，正如之前讨论的，还需在总成本中考虑后期的维护费用。对于大多数现成产品来说，系统购买后的升级费用是包含在年度维护合同内的。供应商会为了取得约定的付款，对系统提供持续的支持与新版本。了解清楚合同涵盖哪些方面是非常重要的。尤其应该了解此类维护合同条款没有涵盖哪些方面。一些供应商会将新模块或者特定选项排除在合同之外，而这些在实际的维护合同中是无须明确说明的。同样建议大家事先咨询以往版本的发布频率、时间表以及未来计划发布的内容。这些信息也应加以评估，并纳入供应商产品工作的全面评估中。

在权衡开发专有产品这个选项时，制订持续的支持与开发活动计划也极其重要。然而，这种计划鲜有人完成。开发定制系统的优势之一是可以更准确地满足公司的需要。但如果公司无法提供足够的支持，让开发人员解决后续的问题，以及按要求实施新的功能，那么这个系统会很快成为累赘。

确定项目管理系统的通用要求

任何翻译项目管理系统除了满足公司与其客户的特定需求之外，还应具有许多基本的特性。其中一些特性应在任何一种信息系统中都能找得到，而其他的特性只有在项目管理或者翻译管理系统中才会有所体现。此外，有些特性是任何翻译项目管理系统都必须具有的，而其他一些特性虽然也很有用，但就算没有也不至于导致项目失败。

基本属性

任何一个翻译项目管理系统，无论是购买现成的，还是针对公司需要专门开发出来的，都应具有以下特性。

● 简洁性：系统应简单易学，无须大量培训即使用，而且许多功能（即使不是大部分）对于终端用户而言应相当直观。

● 适应性/灵活性：由于客户的需求是多种多样的，所以系统必须有足够的灵活性及适应性，可平行处理各类工作。

● 可扩展性：系统需随着公司的发展而扩展，否则很快就会过时，不用等到以后。

● 访问简单且安全：由于翻译供应链涉及的人员遍及全球，因此必须保证用户安全、轻松地从不同地方访问系统，尤其要保障公司的私人数据及客户资料的安全。

● 自动处理重复性任务：一个项目管理系统必须让项目经理从重复性任务中解脱出来，这样才能专注于一些增值业务。同时该系统还应减少项目经理在每项任务中所花费的时间，从而提高其工作效率。如此，自动处理便成了生产力的倍增器，逐渐形成规模经济，让语言服务提供商获得更有利的增长形势。

● 减少文件管理及文件传输的开销：系统必须实施专门的文件管理流程，项目经理无须在翻译供应链中手动传送文件，从而减少处理文件的开支（可根据文件大小选择通过电子邮件或 FTP 站点发送），同时确保为相关人员及时提供正确的文件。

● 降低出错风险：在翻译项目的管理中，无论是人工传输文件，还是对客户要求的理解产生了偏差，都会造成大量错误。任何一款系统要想强化其项目管理能力，可以通过提供预定义的程序和数据，以及减少手动输入数据来实现，这可以大大降低错误风险。例如，系统可以根据翻译记忆库对源语文件进行分析，并自动输入分析得出的源语文件字数，从而避免因手动输入可能出现的错误。

- 使用相关数据进行决策：对一个项目管理系统而言，最为重要的一点就是方便客户使用所需的信息，以便成功地管理项目，这包括以下基本信息，如供应商的可用性和能力、客户的具体信息及要求等。

重要功能

除了上述特性之外，翻译项目管理系统还应具有许多其他的重要功能。尽管这些功能与项目本身的管理并不直接相关，但它们对项目管理系统能否成功应用于一个真正的公司来说仍十分关键。这些功能包括：

- 报表生成：项目管理系统有着丰富的数据，利用好这些数据将会为公司赢得竞争上的优势，为此，生成优质的报表是任何系统都应具备的一个重要职能。

- 图形控制面板/数据可视化：控制面板是一块以图形格式显示实时关键业绩和绩效指标的定制屏幕。其屏幕设计相当直观（就像汽车的仪表板），看一眼就可以了解公司的总体运行状况，而且可以按指令显示更为具体的数据。换句话说，控制面板可自动推送高级别的数据，帮助用户衡量项目和整个组织的总体健康状况。此外，控制面板也允许用户手动拉取数据，以便更加详细地了解一些具体项目。

- 发票模块：发票模块可以集中开具发票、向客户提交发票，以及向供应商索取发票，大大方便了对应收、应付账款的跟踪和管理。

- 网络门户：提供安全的、基于网络的门户，作为所有翻译供应链成员唯一的访问通道，可简化各项工作，满足相关人员轻松、安全使用上述各功能的需要。

- 可定制的工作流程：为不同的客户或不同类型的项目预先确定各种工作流程（按完成客户要求所需任务的顺序定制），可大大缩短项目的准备时间，最大限度地减少重复性工作。而效率的提高会直接增加公司的收益。

- 检索档案：通过使用不同的数据过滤器，对存档项目进行全文搜索，检索与当前项目相关的数据，可让用户更快地找到特定的信息，从而提高时间使用效率。

关键界面

翻译项目管理系统无论是部署到计算机上，还是放到网上，其设计初衷就是使翻译项目管理变得高效。然而，如果项目管理系统可以通过接口链接其他系统，那么可让用户间接地访问这些系统，从而创造出更多的价值。通过这些界面可以获取十分有用的、关联度极高的信息，也可以使下游数据处理起来更加容易。以下三个接口特别重要（参见图 1-8）。

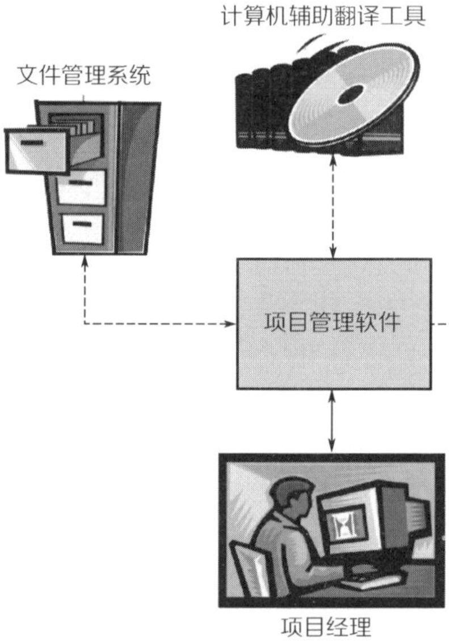

图 1-8　项目经理是语言服务提供商的各种活动的枢纽

● 文档库/文件管理系统：无须项目经理或翻译供应链上其他参与人员的许可，即可轻松查看翻译材料，使出错的概率显著减少。事实上，由于不同请求的数据彼此隔离，而且每个文档的版本控制由系统直接处理，因此几乎不可能弄混文件或者转发错误版本的文件。这种自动处理可在项目启动阶段和项目整个过程中减少文件管理的时间。

● 计算机辅助翻译工具：采用计算机辅助翻译工具的界面后，项目经理便可将翻译中要用到的所有相关联的计算机辅助翻译工具整合在一起（如翻译记忆库和术语管理工具），同时也可自动处理一些相关的重复性任务。例如，可先在一组源语文件上执行分析和预翻译功能，然后再将其发给项目经理，方便后续项目的开展。

- 会计软件：即使可以直接从项目管理系统中生成和提交发票，仍应将所有相应的财务数据传输到公司的会计软件中去。如果进入该软件的接口无法使用，那么相应数据的传输将是一个烦琐的手动输入过程。

做出决策

随着需求分析和成本分析的完成以及重要功能和关键界面的确定，公司在财务及功能上的需求便清晰地呈现在眼前。有了这种认识，就为选择最合适的项目管理系统打下了坚实的基础。

列出需求清单

公司需求清单从本质上讲就是它的购物清单。一旦公司的需求确定下来，购买或开发方案的范围应可以缩小到总体拥有成本所确定的财务框架和投资回收期分析的范围内。下一步是确定如何或者在何种程度上满足这些方案的各种要求。在这个阶段，选定基准不动摇是至关重要的。尤其是在评估商业系统时，供应商可能试图通过吹捧他们的系统会增加语言服务提供商的收益（实际上此类增收极可能微乎其微），来转移人们对他们的产品上的缺陷或与需求清单不符的注意力。例如，试想如果去汽车经销处买新车，你要求车上配有侧方安全气囊，结果对方给你推荐了一辆配备导航、加热座椅和雾灯的车，唯独没有侧方安全气囊。虽然推荐的车各方面性能都很好，但对你来说没什么实质性的吸引力。你应该马上选择看下一辆车或者再找一家看看。

在某些情况下，有些承诺的功能在后续版本中才能实现，不过这也同样可能发生在专有系统上。为了避免失望和旷日持久的口舌交争，应在签订的协议或合同上注明功能的提供时间，并注明按时履行或未能履行该承诺的奖励或处罚措施。更重要的是，还应充分了解所需功能一旦缺失，会对业务造成何种程度的短期影响。因此，这个阶段应让大利益相关者参与抉择，解决或者充分了解此类问题。

掌握部署的恰当时机

各种因素都会影响新的项目管理系统在公司全面投入使用所需的时间。值得注意的是，供应商或开发人员完成系统安装并不能算是一个里程碑。只有当系统用于全面管理语言服务提供商所交付的任务时才行。在理想情况下，一个合适的计划周期将决定成功部署新系统所需的时间，同时也将确保公司能够承受这段时间的投资。系统部署可以在检验或测试时期分阶段进行。例如，初始阶段可只针对数量有限的客户和项目管理资源进行测试。但往往出现这种情况，即采购后对影响部署的工作重视不够，必然导致系统执行不力，投资价值下降。

以下因素决定了系统部署的时机是否恰当，因此必须进行正确的认识和处理。

● 系统准备状态：如果系统需要功能性的定制，或者部署前需要安装下一个版本，那么需在决策流程中考虑此类安装后定制或更新因素，因为它们会进一步延迟系统正常使用的起始日期，这可能会超出首选的或规定的期限。与购买现成的商业系统相比，自行开发项目管理系统的前期准备工作存在的变量更大。

● 配置系统：大多数系统都可由用户全面定制。我们要意识到，新部署好的系统需要投入时间进行适当配置，才能满足特定组织及其用户的需求和要求。在任何情况下，系统都应支持标准的数据传输方法，使用户可以将现有的信息直接从当前系统导入新系统中，无须寻求其他解决办法。例如，系统应允许用户通过逗号分割文件（CSV）或微软的 Excel 导入客户和供应商的数据。支持标准数据传输方法可最大限度地减少导入关键数据所需的工作量，并缩短系统的投入使用时间。对于供挑选的任何项目管理系统而言，尽管希望它们都支持标准的数据传输方法，但也不能理所当然地认为本该如此，而应进行验证。如果缺乏这样的功能，就需要手动输入庞大的现有数据，那么可以不予考虑。

● 用户培训：正如上文所述，简洁性是任何项目管理都应具备的关键属性之一。直观和用户友好的系统可减少培训用户所需的时间。然而，不管系统的直观性和用户友好程度如何，都应该分配适当的培训时间，不能轻视用户培训。因为新系统可能提供了许多新功能，项目经理需要学习如何使用。

- 验收测试：系统安装好后应进行验收测试，并由语言服务提供商验证系统是否确实满足系统开发生命周期中的分析和设计阶段所规定的要求及功能。应根据分析和设计阶段指定的测试计划对购买或开发的各种方案进行各项测试。测试计划包括的用例应涉及许多基本的系统功能，并应涵盖一些更关键的特殊公司需求。系统部署完成后，还可以进一步拓展和使用测试计划对系统进行验收，判断是否在先前定义的参数范围内实现了商定的功能。所有协议都需明确规定验收测试的范围。同样，系统正式验收后才能获得最终的付款。

克服阻力

只有当所有利益相关者都同意该系统能运用于日常项目管理时，才算是成功完成了新项目管理系统的部署。在整个决策过程中，虽然让主要的用户积极参与能有效地促进购买的顺利进行，但正如上面所提到的，一些用户很可能会继续抵制这种变化。为进一步加快新系统的采用速度，必须给翻译供应链上所有的参与人员提供充分和有针对性的培训。这种培训应该清楚地向每个利益相关者展示新系统和底层过程的价值。因此，忽视培训是十分不明智的。如果用户不相信新的系统会使他们受益，而是心不甘情不愿地使用，那么前期的良苦用心便会付之流水。

结语

无论决策的焦点是什么，换句话说，不管是开发还是购买项目管理系统，或选用现成的系统，我们都需要了解决策过程所涉及的三个步骤，即（a）决策前先做好准备工作；（b）做出实际决策；（c）在公司实施所选系统。通常，大多数的时间都花在第二个步骤上，用在其他两个步骤上的时间非常少。如果过度关注决策而忽略了前期准备和实施工作，可能会对未来系统能否满足业务要求，以及利益相关者是否采用系统造成一定的负面影响。

需要注意的是，本文讨论的方法不只适用于选择公司项目管理软件，还适用于语言服务提供商挑选软件或信息系统。在选择企业项目管理软件时，语言服务提供商倾向于采用特事特办型流程这一事实对整个行业的影响更大。作为一种标志，采用非管理型流程表明一个公司的能力成熟度极低。[1]公司从稚嫩演变到成熟，需要经历从非管理型、特事特办型流程到正式定义和管理型流程的转变，并且最终目标是优化流程，实现语言服务提供商的业务目标。语言服务提供商的能力成熟度层次越高，对其自身的发展越有好处。我们必须认识到，从一个成熟度较低的层次提升到更高的层次，这种渐进式的演变是需要时间的，并且这种演变也关系到语言服务提供商的切身利益。同样，有尽可能多的语言服务提供商实现更高层次的能力成熟度，极有利于翻译行业的发展。一个行业内的公司成熟度越高，就就越能满足客户和合作伙伴的不断变化的需求。

参考文献

Brigham, Eugene F. and Houston, Joel F. 2007. *Fundamentals of Financial Management*. 11th ed. Mason, OH: Thomson South-Western.

Carnegie Mellon University. 2006. *CMMI® for Development, Version 1.2*. Pittsburgh, PA: Carnegie Mellon University. http://www.sei.cmu.edu/downloads/cmmi/ CMMI-DEV-v1.2.doc.

de Geus, Arie. 2002. *The Living Company: Habits for Survival in a Turbulent Business Environment*.Boston, MA: Harvard Business School Press. (Orig. pub. 1997.)

Kerzner, Harold. 2004. *Advanced Project Management: Best Practices on Implementation*. 2nd ed. Hoboken, NJ: John Wiley & Sons.

Spitzer, Dean R. 2007. *Transforming Performance Measurement: Rethinking the Way We Drive and Measure Organizational Success.* New York: AMACOM.

Verzuh, Eric. 2008. *The Fast Forward MBA in Project Management*. 3rd ed. Hoboken, NJ: John Wiley & Sons.

Wikipedia. 2010. "Use case." http://en.wikipedia.org/wiki/Use_case.

[1] 软件工程协会的能力成熟度模型描述了组织流程的演变发展要经历的五个成熟度层次。（1）初始级：流程通常带有特事特办性质，十分混乱；（2）管理级：根据成文的计划执行和管理各种流程；（3）定义级：流程特征已获得充分描述和理解，并形成了标准、程序、工具和方法；（4）量化管理级：已按统计术语明确质量和流程绩效，其管理贯彻整个流程的生命周期；（5）优化级：在量化理解常见流程变化原因的基础上，对流程进行持续优化（Carnegie Mellon University，2006：36-38）。

第二部分

项目管理知识领域

项目管理方法论在翻译与本地化项目中的应用：项目整合管理

亚历山德拉·佐恩库瑞德斯-拉尔

《项目管理知识体系指南》（*Project Management Body Of Knowledge*，PMBOK®）是由美国项目管理协会（PMI）发布的一套综合项目管理标准。它对项目管理框架做了概括性描述，通用于各行各业。本文主要研究该指南九个知识领域之一的项目整合管理，概述美国项目管理协会项目管理流程在翻译和本地化项目中的应用。此外，本文对美国项目管理协会术语及流程进行阐释，并通过实例和图介绍各种最佳实践指南。遵循项目管理标准有助于翻译与本地化项目的管理专业人员形成和扩展他们现有的技能，在自己的职业领域中实现可预见、可重复的发展。

引言

在当今社会，全球化不仅仅意味着外包，还意味着在全世界范围内寻找最合适、最有效的资源，包括人力资源。这种形势的发展引发了一种新型竞争：不论身在何处，能创造最多价值的个人就能在市场上获得青睐，被大公司招入麾下。全球化也引发了劳动力市场上的革命。这样的竞争刺激必将进一步推进翻译与本地化的需求，并反过来引发市场对翻译与本地化项目管理专业人才的更多需求。然而，人力资源采购的全球化也给项目管理实践带来了难题。随着劳动力的全球化，项目团队也日益具有多语化、多元文化和虚拟化的特征。如此一来，项目管理技能就成为至关重要的一环。因此，随着对翻译与本地化项目管理专业人员的需求持续增长，他们就需要掌握更多、更专业的技能来应对市场竞争，茁壮发展下去。

可惜的是，很多翻译与本地化项目经理从未受过专业的项目或程序管理培训，却背负了很多期望和责任。这个问题归根于学校并没有开设专门的学位课程，没有让毕业生做好成为翻译与本地化项目经理的职业准备。大多数翻译与本地化项目管理专业人员起初并未想过走上这个岗位，从事这个工作大都出于偶然，他们在教育和培训方面的选择余地极少。他们走上这个岗位大多出于以下几种原因：一是本身是技术人员，公司又需要技术人员来管理其美国软件版本的国际版本；二是有深厚的语言功底，且公司认为他们具有学习业务方面技术的能力；三是同时兼具较好的语言能力与优秀的组织能力，并已晋升到主管层。这种职业发展轨迹表明：在本地化行业中，一位优秀的项目管理专业人员需要兼具技术与语言能力才可以成功。然而，仅仅掌握这些技能并不能保证其一定会成为一个优秀的项目管理专业人员，或者可以成功管理各种项目。项目管理专业人员还必须具备基本的管理技能和掌握项目管理的基础知识，知道如何在管理本地化项目时使用不同的工具和技巧。即使接受了本地化项目管理的有关培训，他们仍可能会在职业生涯中遭遇一些棘手的问题。

项目管理行业标准（如美国项目管理协会发布的《项目管理知识体系指南》）介绍了通用的项目管理工具和技术的总体框架。现阶段的翻译和本地化项目管理培训往往侧重于知识领域战略，基本上并未采用美国项目管理协会的标准。对于未获得（甚至已获得）项目管理师（PMP®）证书的管理人员来说，实施美国项目管理协会的项目管理方法会让他们难以驾驭。项目专业管理人员证书是那些拥有三年项目管理经验的本科毕业生，或者拥有五年项目管理经验的非本科毕业生，通过长达四个小时的专业考试才能获得的。但是，即使对于持有项目专业管理人员证书的项目管理人员来说，具体的应用也会让他们措手不及。因为如何将高度概括性的项目管理理论概念实际用于特定的领域当中，实属不易。就目前那些有抱负的项目管理专业人员而言，美国项目管理协会标准是一把双刃剑。一方面，标准的通用性使之可以自由地运用于任何领域的项目管理；另一方面，正是由于它们的通用性，在具体的翻译与本地化项目中实施这些项目管理原则并非易事。本文希望通过分析《项目管理知识体系指南》的一个特定知识领域（即项目整合管理），探讨如何解决这个问题。

《项目管理知识体系指南》分为 9 个知识领域，每个知识领域侧重于一个特定的管理流程。这九个知识领域包括：

1．项目整合管理；

2．项目范围管理；

3．项目时间管理；

4．项目成本管理；

5．项目质量管理；

6．项目人力资源管理；

7．项目沟通管理；

8．项目风险管理；

9．项目采购管理。

本文的侧重点是第一个知识领域——项目整合管理，因为它跨越了所有的流程分组，汇总并集成了各领域知识发现的方法，贯穿了项目的启动、计划、执行、监控直至项目结束。因此，项目整合管理知识领域提供了一个理论框架，方便我们探讨在翻译和本地化项目中实施项目管理原则的最佳做法。此外，本文为新的项目经理、翻译及本地化教师提供了路线图，它同样适用于其他希望应用项目管理方法使翻译及本地化项目的管理更严谨的专业人士。

流程

项目整合管理知识领域可进一步分解为六个流程，用于管理项目从启动到完成的各个环节（PMI，2008：71），具体如下：

1．制定项目章程：正式批准项目或阶段，记录符合利益相关者需要和期望的各种初步需求。

2．制订项目管理计划：记录需要采取的各种行动，以便确定、准备、整合与协调所有附属计划。

3．指导及管理项目执行：执行项目管理计划中确定的工作，完成项目目标。

4. 监控项目工作：跟踪、评估和调节项目进展，以便实现项目管理计划中确定的绩效目标。

5. 实施整体变更控制：评估变更请求、批准变更并管理交付成果、组织过程资产、项目文件和项目管理计划的变更。

6. 项目完成或结束阶段：最终完成项目管理流程组的所有活动，正式结束项目阶段或完成整个项目。

本文将详述如何在翻译及本地化项目中应用上述流程。

流程组：制定项目章程

所有本地化项目都始于客户为满足业务需要而产生的需求。若没有客户公司高级管理团队的明确支持，项目便无法启动，因为项目资金直接来自某一部门的预算。项目章程一般由高级主管制定，对项目进行正式批准。例如，如果工程副总裁发起了项目章程，那么项目资金就由施工部门预算支出。项目章程也会明确项目实施的理由（即满足市场需求或符合法律要求），并确保项目要求和预期与业务目标保持一致。但通过项目章程启动项目的做法并不普遍。坚持使用项目章程符合项目经理的利益，因为它不仅会批准项目，还会规定项目经理在项目期间享有多大的决策权。如果没有项目章程，公司员工和经理就无法协作实现项目目标，因为没有收到正式的要求。当必须指派另一位经理的下属（内部资源）参与本地化项目时，这反过来又会给项目经理带来挑战。在某些情况下，项目经理无法自由分配内部资源，而为顺利完成项目，可能要通过物物交换，甚至恳求的方式寻求帮助（例如，当项目经理需要请国外领域专家验证翻译质量时，会赠送公司的促销礼品作为回报，如印有公司标志的T恤衫、帽子、杯子或其他非公司产品的物品）。在准备将本地化项目外包给供应商时，对于语言服务提供商而言，合同、项目范围说明或工作说明协议就是本地化项目章程。

流程组：制订项目管理计划

客户批准项目启动之后，下一步就是制订项目管理计划，将项目外包给一个或多个语言服务提供商。该计划应详细说明项目的开发、监控、交付和结束。项目计划中应包含以下子计划，详情如下（PMI，2008：82）：

- 项目范围说明；
- 范围基准；
- 进度基准；
- 成本基准；
- 质量管理计划；
- 人力资源计划；
- 沟通管理计划；
- 风险管理计划；
- 采购管理计划。

子计划：项目范围说明

没有全面的项目范围要求，就难以确定项目预算、明确恰当的质量要求以及了解项目的相关风险。为了明确项目范围，项目经理必须确定所有的项目利益相关者，并确保完整记录他们的需求。例如，在规定本地化项目范围时，如果项目经理没有咨询法务部，就会忽略最终用户许可协议（EULA）的翻译和/或特定市场的适应性，延误本地化产品的推出。

美国项目管理协会将利益相关者定义为“积极参与项目的个人或组织（如客户、项目发起人、项目执行公司或参与民众），或其利益会因项目的执行或完成而受积极或消极影响的人。利益相关者也可能对项目及其可交付成果施加影响”（PMI，2008：442）。一些人虽然可能对项目感兴趣，但不一定是利益相关者。所以，不应允许这些人对项目产生任何影响。典型的本地化项目利益相关者包括从项目管理、文件编制、市场营销、技术支持、质量保证、销售、法务、生产等部门挑选的联系人，当然也包括客户。鉴于当前业界惯例，为方便探讨，我们将“客户”和“顾客”视作同义词。“客户”可能来自内部，如公司的外勤人员，也可能来自外部，如最终用户或战略合作伙伴。产品经理通常是工程部门或营销部门成员，负责从最终用户收集需求。在收集利益相关者的所有要求后，项目经理将这些信息编制成“项目范围说明书”，并成为项目管理计划的一部分。

子计划：范围基准和进度基准

通常，项目经理完成范围要求文件编制后，开始创建 Microsoft Project 文档，进行项目计划，这个文档要列出所有需要完成的任务。然而，这种方法不仅存在缺陷，而且会因忽略一些项目需求而增加项目风险，因为 Project 软件是安排项目进度而非计划的工具。所以在填写各种任务前，项目经理应先确定已记录所有项目需求。

项目范围说明书编制完成后，项目经理要把项目需求整理成工作分解结构（WBS）。这个结构的形式可以是项目任务的分级组织结构图（参见图 2-1），也可以是分级式的大纲视图，细节处用次级结构呈现（参见图 2-2）。工作分解结构中未列出的条目都不在项目范围内。工作分解结构为项目经理提供了一个了解总体方案的高级视图。这些高级任务可进一步分解为各个条目下的工作包（参见图 2-3）。这一工作分解过程可由项目经理执行，若项目经理无法决定项目细节层级，可由本地化服务提供商执行。在上文所述例子中，项目经理未咨询法务部，而忽略了最终用户许可协议的翻译，这种不完备的项目范围需求会增加项目范围产生扩大蠕变（Creep）的风险（即产生出乎意料的和/或不可控制的变化）。而项目蠕变反过来又会增加项目风险，如导致项目延迟或成本增加。因此，项目经理安排各项计划前务必要创建工作分解结构，从而核实项目范围。项目分解结构为项目提供了范围基准，并成为项目管理计划的一部分。

项目范围一经锁定和批准，接下来就要把项目分解结构组成部分编排为活动表（参见图 2-4）。美国项目管理协会将活动表定义为“记录活动安排的一览表，用于显示活动描述、活动标识符和详尽的工作范围描述，使项目团队人员明了要完成的工作”（PMI，2008：418）。项目经理再将这些活动按紧急程度排序，计划每项活动（即任务）的工期。活动定义、活动排序和活动工期估算可作为制定项目进度的基准，成为项目管理计划的一部分。

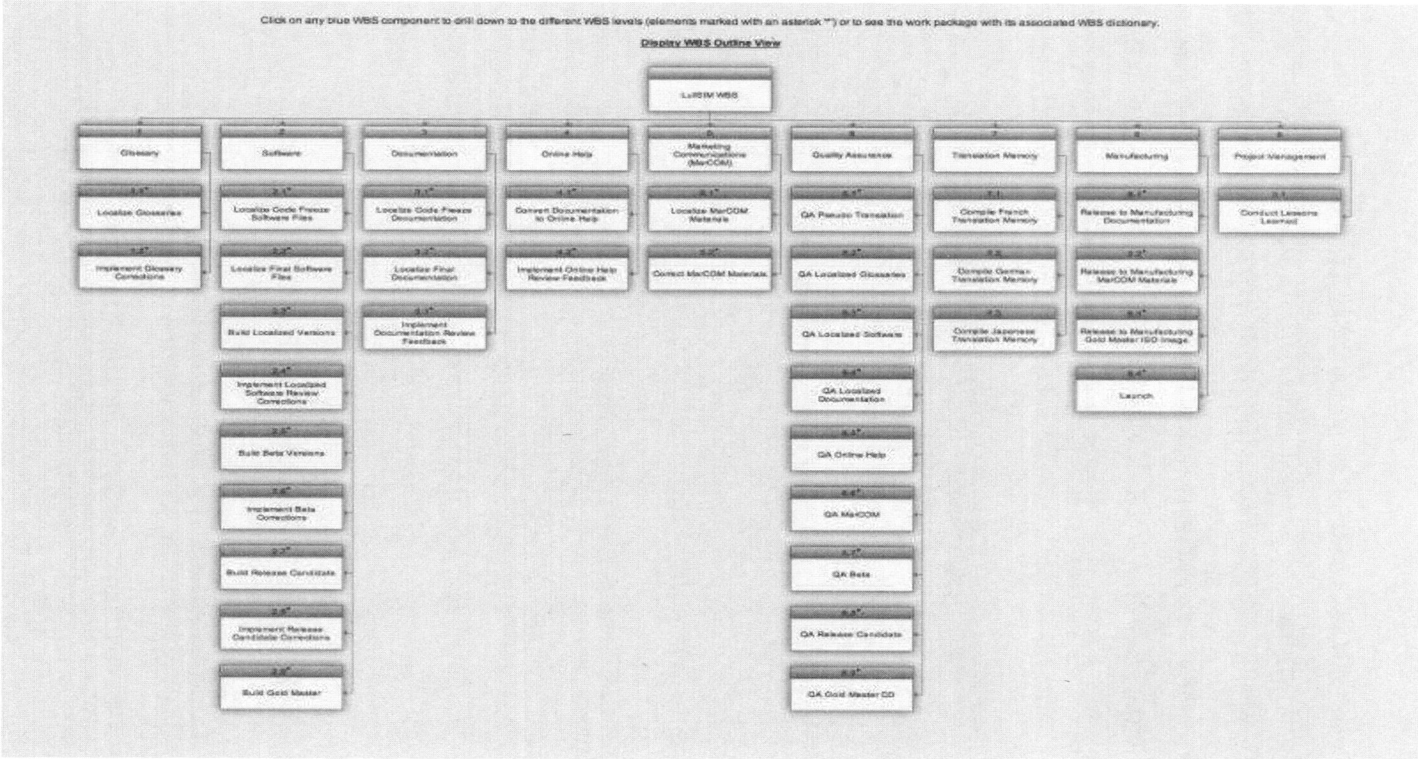

图 2-1 软件本地化的工作分解结构，以组织结构图视图显示

（引自《项目整合管理模拟 2010》，www.doublemasters.com©2010Double Masters）

译者注：原版本不清晰，无法获取更清晰版本。此图片旨在展示软件本地化项目的工作分解结构。

子计划：成本基准

许多项目经理在创建预算应对一项或多项任务的成本超支时，会采用垫付成本的方式。尽管这是业界公认的惯例，但不是一个正确的估算方式。因为它不能真正反映每个任务的成本，也无法预防可能影响项目预算的任何风险。风险会影响项目的成本，需要以资金形式逐个量化。然而，当前的翻译和本地化项目管理实践通常忽视风险因素的重要性及其对预算的潜在影响（参见本文拉莫斯的观点）。这种偏离标准项目管理做法和未能及时应对风险的情况，正是当前翻译和本地化行业项目管理方法中存在的重大缺陷。

1 Glossary
1.1 Localize Glossaries
1.1.1 Localize French Glossary
1.1.2 Localize German Glossary
1.1.3 Localize Japanese Glossary
1.2 Implement Glossary Corrections
1.2.1 Correct French Glossary
1.2.2 Correct German Glossary
1.2.3 Correct Japanese Glossary
2 Software
2.1 Localize Code Freeze Software Files
2.1.1 Localize French Code Freeze Software Files
2.1.1.1 Localize French Code Freeze Database Files
2.1.1.2 Localize French Code Freeze UI Files
2.1.1.3 Localize French Code Freeze Error Messages
2.1.2 Localize German Code Freeze Software Files
2.1.2.1 Localize German Code Freeze Database Files
2.1.2.2 Localize German Code Freeze UI Files
2.1.2.3 Localize German Code Freeze Error Messages
2.1.3 Localize Japanese Code Freeze Software Files
2.1.3.1 Localize Japanese Code Freeze Database Files
2.1.3.2 Localize Japanese Code Freeze UI Files
2.1.3.3 Localize Japanese Code Freeze Error Messages
2.2 Localize Final Software Files
2.2.1 Localize French Final Software Files
2.2.1.1 Localize French Final Database Files
2.2.1.2 Localize French Final UI Files
2.2.1.3 Localize French Final Error Messages
2.2.2 Localize German Final Software Files
2.2.2.1 Localize German Final Database Files
2.2.2.2 Localize German Final UI Files
2.2.2.3 Localize German Final Error Messages
2.2.3 Localize Japanese Final Software Files
2.2.3.1 Localize Japanese Final Database Files
2.2.3.2 Localize Japanese Final UI Files
2.2.3.3 Localize Japanese Final Error Messages
2.3 Build Localized Versions
2.3.1 Build French Running Software
2.3.2 Build German Running Software
2.3.3 Build Japanese Running Software
2.4 Implement Localized Software Review Corrections

图 2-2　以分层大纲视图显示图 2-1 的部分软件本地化工作分解结构[1]

（引自《项目整合管理模拟 2010》，www.doublemasters.com© 2010 Double Masters）

[1] 本地化工作语言通常是英语，为保持本地化工作文件的原貌，本书此类示例文件不做翻译处理，下同。

当前处理翻译和本地化项目预算的方法都存在同样的问题。对于大多数本地化项目经理来说，项目预算相当于任务执行成本与“工作说明书”中交付成果的生产成本之和。然而标准项目管理实践所定义的预算不仅包含本地化成本之和，还包括应急和管理储备金（参见图 2-5）。项目预算理应列入应急储备。事实上，美国项目管理协会的《项目管理知识体系指南》也明确指出：“应急储备金是资金需求的一部分”（2008：173）。同时，管理储备不一定是资金需求的一部分。它取决于项目经理所在公司的具体政策。

Control Account ID:2.2.1	Control Account: Localize French Final Software Files
WBS ID:2.2.1.1	Work Package: Localize French Final Database Files

Responsible Organization:
Project Manager, Engineering will hire contractors or outsource this work.

Description:
Localize the English SQL files into French.

File Name:
25 files named Software/Database/EN/*.sql

File Format:
SQL

Words:
10,000

Schedule Milestone:
Translated files must be reviewed and approved before Engineering will create localized builds.

Deliverable:
French Database files

Output:
Software/Database/FR/*.sql

Technical Requirements:
1. All files must be saved in UTF-8 format.
2. These files must be localized using a computer aided translation tool, which generates a translation memory file. The database translations will then become part of the overall French LullSIM project translation memory database.
3. All final files must be archived in Perforce.

Limits and Exclusions:
1. All translations and translation memory files belong to Lullnet.
2. File names cannot be changed and must be returned in the directory structure shown in Output.

图 2-3　工作包示例（带相关的工作分解结构字典）

（引自《项目整合管理模拟 2010》，www.doublemasters.com©2010 Double Masters）

Activity identifier	WBS ID
Localize French Glossary	1.1.1
Localize German Glossary	1.1.2
Localize Japanese Glossary	1.1.3
Review French Glossary	6.2.1
Review German Glossary	6.2.2
Review Japanese Glossary	6.2.3
Correct French Glossary	1.2.1
Correct German Glossary	1.2.2
Correct Japanese Glossary	1.2.3
Conduct Pseudo Transtation	6.1.1
Fix Pseudo Tranatation Errors	6.1.2
Localize French Code Freeze Software Files	2.1.1
Localize German Code Freeze Software Files	2.1.2
Localize Japanese Code Freeze Software Files	2.1.3
Localize French Final Software Files	2.2.1
Localize German Final Software Files	2.2.2
Locnlizo Japanese Final Software Files	2.2.3
Build French Running Software	2.3.1
Build German Running Software	2.3.2
Build Japanese Running Software	2.3.3
Review French Localized Software	6.3.1.1
Review German Localized Software	6.3.1.2
Review Japanese Localized Software	6.3.1.3
QA French Localized Software	6.3.2.1
QA German Localized Software	6.3.2.2
QA Japanese Localized Software	6.3.2.3
Implement French Software Corrections	2.4.1
Implement German Software Corrections	2.4.2
Implement Japanese Software Corrections	2.4.3
Build French Beta Version	2.5.1
Build German Beta Version	2.5.2
Build Japanese Beta Version	2.5.3
Conduct Functional QA of French Beta	6.7.1
Conduct Functional QA of German Beta	6.7.2
Conduct Functional QA of Japanese Beta	6.7.3
Implement French Beta Corrections	2.6.1
Implement German Beta Corrections	2.6.2
Implement Japanese Beta Corrections	2.6.3
Build French Release Candidate	2.7.1
Build German Release Candidate	2.7.2
Build Japanese Release Candidate	2.7.3

图 2-4 活动表示例

（引自《项目整合管理模拟 2010》，www.doublemasters.com©2010 Double Masters）

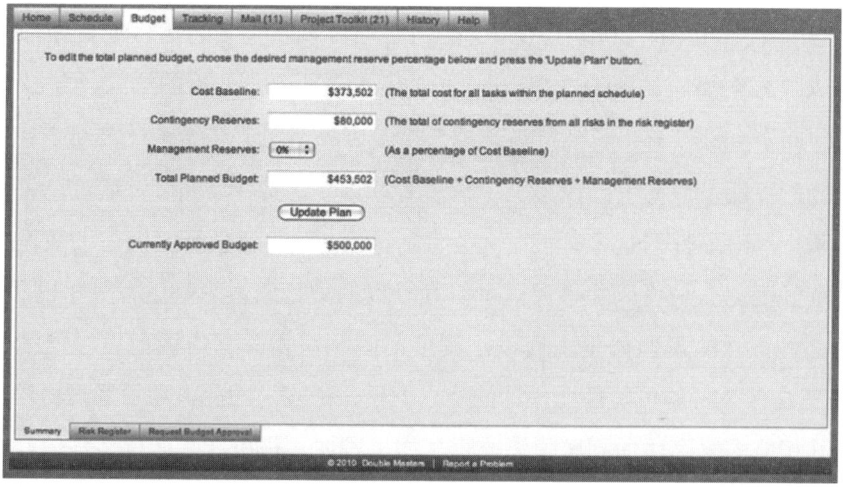

图 2-5　预算

（引自《项目整合管理模拟 2010》，www.doublemasters.com© 2010 Double Masters）

为创建项目预算，首先项目经理最好从参与该项任务的译员或本地化工作者处获得对每一个工作包的成本估计。还有一种方法来计算每个工作包的成本，即采用参数估计，也就是使用统一标准的费率。参数估计是翻译和本地化项目中使用的一个标准过程。以图 2-3 所示“数据库（终稿）文件法语本地化项目”的工作包为例，假设英语译成法语的成本是每个单词 0.08 美元。如果英语源语文件（即“数据库（终稿）文件法语本地化项目”工作包）有 1 万个单词，那么将其翻译成法语的成本用参数估计是：10000×0.08=800（美元）。项目管理计划中包括了成本基准，它等于工作分解结构中的所有工作包的估算成本总额。从根本上来说，这个成本基准就是将工作说明书中列出的项目全部本地化所需的费用。

接下来，项目经理应确定项目所需的应急储备。应急储备一般包括时间或资金方面的储备，在翻译和本地化项目中则通常是指应急留置的额外资金。在成本和风险管理计划过程中，一般通过评估项目相关风险以及分配相应的风险金来计算应急储备金额。项目经理应编制一个项目风险列表，并将其添加到风险管控表中。风险管控表涵盖的信息包括“已识别风险、风险根本原因、潜在应对措施列表、风险责任人、风险症状和警报信号、项目风险分级及优先级列表、短期亟待处理的风险、需要深入分析和应对的风险列表、定性分析结果及一份次优先级风险的观察名单”（PMI，2008：302）。在制定项目风险列表之后，项目经理应分别给每个风险分配相应的资金额度。这个额度是定量风险分析的结果，包括灵敏度分析、预期资金额度分析、模拟与建模分析及专家意见。在本地化项目中，预期资金额度分析可能是最简单的风险资金额度分配方法。项目经理可以通过以下两种方式预估某一风险事件的资金影响：一是绘制决策树表，预估风险发生的概率大小及相应资金额度；二是将风险事件概率与其导致的项目成本影响进行简单的相乘。

第二种方法的说明如下。假设工程部门的利益相关者告诉项目经理：软件源语文件字数有 20%的可能性比预计的多，但无法证实。因此，项目经理将这个风险事件和其相应的概率添加到风险管控表。如果发现（极可能是通过参数估计）软件源语文件的字数确实会比预估的多，那么项目经理就可以确定其对项目成本的影响。为了方便讨论，我们假设成本将增加 10 万美元。如此一来，事件的发生概率（20%或 0.20）乘以事件的影响值（10 万美元）就得出影响金额为 2 万美元。那么，根据此风险识别和量化方法，这个特定的风险事件应预留 2 万美元的应急储备金。将风险管控表中的风险资金汇总就可以得出所需的应急储备金预算总额。

编制项目预算的最后一步是分配管理储备金。管理储备金是指由项目经理或发起人支配的、用于应对不可预见风险的资金。管理储备金通常只占整个项目预算的一小部分，或是根据历史数据预设的金额。根据公司政策，若未经公司批准，项目经理可能无法将管理储备金纳入项目预算之内。然而，如上所述，应急储备金理应始终包含在项目预算内。启用应急储备金后，项目经理应随着项目的进展不断更新预算。应急储备金和管理储备金虽不属于成本基准（该基准用于衡量项目绩效），但包含在总预算之中。

子计划：质量管理计划

本地化项目的质量管理计划一般应详细说明具体项目的各种标准，如软件（国际化需求）、文件编制和市场宣传材料（本地化和格式要求）、质量指标和质量核查清单。此外，质量管理计划还应定义如何在项目中执行质量保证（QA），以及如何使用质量控制（QC）检验那些没有通过质量保证（QA）且需要返工的交付内容。质量管理计划并不包含质量控制（QC）测试计划，如用于确保经过本地化的软件字符串不会破坏软件构建的自动脚本，但会包含应纳入这些测试计划中的质量保证（QA）要求，如必须以目标语术语表为基准翻译本地化字符串。此外，质量管理计划必须包括验收标准以及项目和质量控制期间使用的质量控制指标，即本地化软件产品中应无缺陷。

子计划：人力资源计划

美国项目管理协会认为："人力资源计划应记录各种项目角色和职责、项目组织结构图及人员配备管理计划，包括人员招募和解散的时间表"（2008：216）。此计划还应详细说明如何招募、培养和管理团队成员，以及现有任务相关人员的解散标准。在大多数本地化计划中，并未列出用于判断是否不再需要资源和/或将其安排给另一个项目的相关标准。我们通常假定项目的所有参与成员一直处于可用状态，并持续到正式验收最后交付成果为止。如果缺乏相关的人员解散标准，就会让项目经理面临这样一个难题：项目后期出现问题时将无人可用（例如，该项目的主要翻译正在进行另一个项目）。通过文件的形式明确人员解散标准，项目经理将减轻一些风险，并有效地使用资源，还能避免将来（尤其是项目结束时）需要更换或恢复安排相关资源的问题。

子计划：沟通管理计划

要实现有效的沟通，就要求项目经理坚持花大量时间与团队成员互动，向各个利益相关者知会项目状态和进展信息，确保满足项目需求，并让各方掌握最新的项目发展动向。准备了解利益相关者及其所需信息类型是至关重要的。在与不同的利益相关者交流时，需采取不同的沟通方式，如电子邮件、电话会议、面对面会议、书面文件及口头说明。项目经理不仅要了解沟通的方法，还必须知道存在多少个沟通渠道，"潜在沟通渠道的总数为[$n(n-1)/2$]，其中 n 代表利益相关者的数量"（PMI，2008：253）。例如，一个项目中，项目经理整理后发现利益相关者共有 16 人，包括 6 个公司部门（工程、文件编制、市场、销售、技术支持、质量保证）各安排 2 人（部门经理或副总外加一位员工）、3 个项目团队成员以及一位客户。在这种情况下，潜在的沟通渠道总数就等于 120 个[16×(16−1)/2=120(个)]。当一个项目中包含这么多沟通渠道时，给每个利益相关者发送相同的信息（即"一刀切”做法）将收效甚微，只会造成误解。因此，项目经理必须悉心计划，给不同的利益相关者安排不同的沟通类型、时间以及方式。项目经理应根据利益相关者在组织结构中的相对位置，给他们提供不同程度的细节。一般来说，利益相关者在组织结构中的等级越高，需要知道的细节就越少。例如，假设项目经理向工程副总裁报告本地化项目的工作进度。十有八九，这位副总裁并不需要看到完整的 Microsoft Project 文件，他只想要了解重要的里程碑事件和项目结束日期、关键挣值管理指标、趋势报告以及任何可能威胁项目的高层风险。如果项目经理需要给项目发起人提供更多细节，那么，直观的工具（如演示计划任务流的 Microsoft Project 文件中的项目进度网络图）或工作分解结构都是不错的选择。另外，所有团队成员都必须可以访问该工作分解结构，并且知道他们具体负责的部分，他们还必须可以访问项目进度和项目管理计划。此外，规定好利益相关者互动模式。例如，是让当地审阅人员直接与本地化供应商沟通?还是记录好各种语言审校反馈，以便随项目一起存档。交互的方向、频率及沟通方法都应记录在沟通管理计划之中，使之成为项目管理计划的子计划。

子计划：风险管理计划

大多数本地化项目管理计划中不包含风险管理计划，因为总的来说，关于风险对预算、进度及整个项目的影响分析不够深入。风险管理不仅仅是按照高、中、低三个等级划分风险，还要能够确定未来某一事件的发生概率，并制定策略应对该事件及其带来的挑战或机遇。成也风险，败也风险，这是风险的本质所在。了解何谓风险以及如何量化风险，需要时间的沉淀和经验的积累。

我们在上文成本基准部分已经讨论了风险管控表，它量化了风险评级，定义了每种风险相应的优先等级。风险管理计划则与之不同。风险管理计划详述了如何应对风险、利益相关者的风险承受能力以及他们在各类风险上的角色与职责。项目经理一般对风险持消极态度，将它们视为一种威胁。其实一些风险有积极的作用，应加以利用，从而推动项目的成功。美国项目管理协会就应对积极风险（机会）和消极风险（威胁）制定了一系列策略。其中，应对消极风险的策略如下（PMI, 2008：303-304）。

- 避免：通过缩小范围消除风险；
- 转移：通过获得保证书、保证金或购买保险来转移风险
- 减少：通过前瞻性措施降低风险的可能性和影响；
- 接受：在不能预见和有效管理风险，也无法分配应急储备的情况下，接受剩余风险。

应对积极风险的策略如下（PMI，2008：304-305）。

- 利用：分配资源从而确保出现机会；
- 分享：组建团队或合资公司，更好地利用这个机会；
- 强化：添加更多的资源，增加出现良机的可能性和/或积极影响；
- 接受：被动策略，如若出现机会，就加以利用。

如果资源的出现比预期早，项目经理就可以选择提前启动计划任务。例如，如果只需两种资源就可以进行软件的本地化，而其中一种已经提前完成，那么就可先对提前完成任务的资源进行文件编制。然而，一旦需要返工，就会对计划的未来相关任务造成消极影响。因此，在权衡该风险的积极影响时，必须考虑潜在的消极影响。计划评审技术（Program Evaluation and Review Technique，PERT）是一个很好的活动工期估算工具，它可计算活动工期的加权平均值或估计一个大概的范围。就上例而言，在计算加快任务进度对于日程表的影响时，项目经理会预估乐观结果（O）、最可能的结果（L）以及可能需要返工的悲观结果（P）。在计划评审技术（PERT）中，确定预估结果的公式是$(O+4L+P)/6$。例如，假设项目经理已确定任务加速后的乐观工期结果为 20 天，最可能的工期结果为 30 天，出现后续返工时最悲观的工期是 45 天，那么预估结果将是$(20+4\times30+45)/6=31$（天）。因为计划评审技术在确定预期结果的工期时采用的是加权平均公式，且积极值与消极值之间存在巨大差异，所以项目经理还需要算出标准方差（或 σ），才可以比较有把握地预估出工期。乐观数值减去悲观数值得到的差除以 6 就是标准方差。结合上述例子，$(45-20)/6=4.2$（天），或者四舍五入为 4 天（σ），这意味着任务所需要的时间是（31 ± 4）天。然后，项目经理将这一结果（即任务加速后的 35 天工期）更新到时间表中。从统计学的角度来说，一个标准方差（1σ）表示预估工期的完成概率或置信水平是 68.3%。如果项目经理希望提高估算的置信水平，那

么可以计算出对应于 2 个标准差（2σ）和 3 个标准差（3σ）的完成时间。如果用 2σ 来计算，对本例 31 天而言，加上或减去 2 倍标准方差，就是 31 天加上或者减去 8。同样用 3σ 计算便是 31 天加上或者减去 12，那么 2σ 和 3σ 相对应的预估工期置信水平分别为 95.4%和 99.7%（参见表 2-1）。

表 2-1　预估工期置信水平

σ	完成概率（%）	标准方差（天）	最短预估工期（天）	最长预估工期（天）
1	68.3	4	27	35
2	95.4	8	23	39
3	99.7	12	19	43

注：为便于说明，标准方差均四舍五入至最近整数。

修改任务工期后，项目经理应查看一下进度网络图，确定工期更改对后续活动和整体进度有何影响，再决定加快任务是否具有可行性。如果希望缩短项目时间表，那么项目经理可以重算计划各阶段时间，并更新时间表，使之反映 27 天的工期从而涵盖置信区间的低端情况，以便在选定行动方案前，了解工期变化对时间表和项目的影响。这是一个“利用”策略的例子。另外，计划评审技术（PERT）分析不仅可以用来估算活动工期，也可以用来估算成本。

子计划：采购管理计划

采购管理计划应详细说明如何采购项目资源和材料以及如何管理多个卖方的合同（在语言行业，卖方一般指语言服务提供商）。鉴于大多数客户方的项目经理会遵守公司的一般法律政策，因此项目管理计划可能包括也可能不包括这个子计划，当买方让同一家卖方处理多个项目时尤其如此。本地化合同大部分（如果不是全部）都是《时间与材料合同》，这意味着买方应支付项目期间的所有本地化费用。这更像是公司临时雇用一个本地化员工，而不是将工作外包给本地化服务提供商。也有使用其他合同类型的，如《固定总价合同》，“它会为定义好的产品和服务设置一个固定总价”（PMI，2008：322）。许多本地化合同非常类似于《固定总价合同》，因为两者都包含单位劳动、原料价以及交付内容不合格时的罚金等条款。然而，这样的合同通常不适用于本地化行业，因为源语文件（如美国软件产品）完成之前，本地化项目已开始。在本地化项目开始之前，项目范围几乎从来就不是固定的，在提供最终软件源语文件进行本地化后还会发生变化。另外，如果项目范围不会变化，如一篇出版的文学作品的翻译，那么就应首选固定价格的合同类型。尤为重要的是，项目经理需掌握不同类型的合同，因为除了本行业通用的时间与材料合同外，在某些业务场景可能需要使用其他类型的合同。

流程组：指导及管理项目执行

项目管理计划制订后，会召集所有项目利益相关者举行项目启动会议，讨论角色、时间表、里程碑（阶段性目标）、风险及其他所有项目相关活动。项目启动会议标志着项目正式启动，此后项目经理将投入近半数时间管理项目执行（PMI，2008：16）。为了有效管理项目的各个方面，项目经理必须重点关注时间表的关键路径，这是控制项目及其高级别风险的主要手段。关键路径指的是进度安排中工期最长且浮动时间为零的活动。之所以称为关键路径，是因为它决定了整个项目的完成日期：即使所有非关键路径上的任务都在预算内按时完成，但只要关键路径上的任何任务出现延迟，整个项目的工期还是会延长，那么项目预算也极有可能受到影响。因此，项目经理的首要职责是监督关键路径，确保其如期完成，而不是对项目时间表中的每个细项进行微观管理，因为关键路径会根据任务的实际完成情况而变化。当然，项目经理也应留意其他任务，但是没有必要对进度安排里的任务一一进行微观管理，也不必增加成本加速完成浮动时间为正的任务（即有浮动时间的任务），因为这些任务不会影响关键路径或整个项目进度。通过管理关键路径，项目经理即可有效控制项目进度及预算，甚至可让负责非关键路径任务的团队成员在关键时刻从容应对，从而更有效地管理团队。

在使用微软 Project 项目管理软件的情况下，可在项目进度安排的一个视图选项“网络图”中找到关键路径。高亮显示为红色的网络图方框标示的就是关键路径。另外，在查看项目甘特图（Gantt Chart）时，可通过显示为红色的甘特条和链接找到关键路径。随着项目的进展，一些任务可能比预期时间提前或推后完成，使得关键路径随之产生变化，进而导致风险优先级也发生变化。因此，项目经理必须不断更新进度时间表、风险管控表和项目管理计划，以反映这些变化。通常来说，如果项目已经延迟，增加资源只会雪上加霜，因为要承担返工的风险。这时，项目经理应使用快速跟踪技术管理项目。快速跟踪就要求任务同步进行，而不是等着完成一个任务后再开始另一个。在微软 Project 软件里，默认的项目时间表关系是“结束—开始”，即在前一项任务结束后才能开始新任务。要快速跟进一项或多项任务，项目经理就必须把任务关系类型改为“开始—开始”。

如果项目延迟，项目经理还可采取赶工的措施。当压缩时间表时，若预算有限制，不得超过当前预算；若预算无限制，可考虑使用最少的增量成本。项目经理可通过增加或重新配置任务资源的方式进行赶工操作。对于预算无限制的项目赶工，项目经理应着重加快关键路径上只会增加最少成本的任务，这样产生的风险也最低；对于项目预算受限的赶工，项目经理应首先着重加快非关键任务，这样资源才能有效转移到关键路径上。预算受限情况下的赶工还有一种方案，即灵活配置资源。例如，如果关键路径上配置了昂贵资源，而非关键路径上配置了良好资源，为了不超过预算，项目经理可以考虑切换这两种资源。时间表压缩最大的风险是会造成返工。

流程组：监控项目工作

进度报告

根据项目管理标准要求，应精确地报告项目的进展情况，以便确定每个任务的成本和时间表。就目前的项目管理做法来看，一般是以整个项目的百分比汇报进展情况，例如完成 50%。但是这个完成到底指的哪些方面？是应在任务层面衡量完成情况？还是应在整个项目层面？如果是任务层面，又该衡量哪些方面的完成情况？是活动工期，还是工作量？翻译和本地化项目通常都会包含多个相互依赖的任务，此时又该如何确定整个项目完成了 50%呢？在进展报告含混不清的情况下，项目经理将无法确定项目进度到底提前还是落后了。

挣值管理（Earned Value Management，EVM）为这个问题提供了解决方案。挣值管理于 1960 年被美国政府用来报告国防部的绩效，就像许多起初为政府研发的工具或技术一样。到 20 世纪 90 年代，挣值管理已成为所有政府项目的标准进度报告方法。美国项目管理协会也用挣值管理来报告项目进度，现在这种报告方法已经成为项目管理中的标准惯例。然而，如果只衡量成本和进度而不顾质量，那么挣值管理方法也就一文不值。

进度报告应以每个任务的工期和成本为基础，并将进度表中报告的每个任务列在绩效报告中，带上相应的起始日期和成本。然后，将实际绩效与成本和进度基准进行比较，这样项目经理就可以发现其中的偏差或趋势。

例如，假设我们要衡量图 2-3 所示工作包“最终数据库文件法语本地化项目”的绩效，为了方便例证，假设这项任务计划花费 8000 美元，工期 20 天。也就是这项任务每天花费 400 美元，每个工作周花费 2000 美元（假定每周工作 5 天）。每天或每周的预计成本称为计划成本（Planned Value，PV）。如果根据日程安排，在日产出稳定或不出变数的情况下，5 天后应花掉 2000 美元成本，而任务应完成 25%。若一周后本地化服务商报告前 5 天的实际成本（Actual Cost，AC）是 1800 美元，本地化文件任务只完成 20%，那么以预算成本的 20% 计算出来的挣值（EV）就是 20%×8000=1600（美元）。仅从实际成本低于计划成本这点看，不一定就意味着结果很乐观。挣值和实际成本（EV−AC）间的差异是成本差异（CV），这个假设的本地化任务例子中成本差异是−200 美元。成本差异为负值，表示任务会超出预算，即任务的成本会高于原来的预计。但是从成本差异不能看出任务的总体概况。挣值和计划成本间的差异（EV−PV）是进度偏差（SV），在这一示例中为−400 美元，表示任务落后于进度。项目的计划成本、挣值、实际成本、成本差异和进度偏差可通过各项任务的成本总和算出，并以此了解总体项目表现。为了理解成本正值、负值、成本差异的意义，项目经理可参考表 2-2。

表 2-2　成本差异与进度偏差及其对任务或项目的影响

数值	成本差异（CV）	进度偏差（SV）	说明
正值	+		任务或项目未超出预算
正值		+	任务或项目进度超前
负值	−		任务或项目超出预算
负值		−	任务或项目进度落后
混合	−	+	为赶上进度，花费了额外成本
混合	+	−	可能未指派足够的资源

为了更好地理解该任务对项目预算和进度的整体影响，项目经理也应参考其他度量值。比如，使用成本差异和进度偏差确定成本绩效指数（CPI）和进度绩效指数（SPI），更详细地说明任务或项目的进展情况。成本绩效指数（CPI）通过挣值和实际成本的比较揭示成本效益情况，其计算公式为 CPI=EV/AC。在上述示例任务中，成本绩效指数仅为 1600/1800=0.89。换句话说，每花出去的 1 美元只完成了价值 0.89 美元的计划工作。这意味着，如果此时不加以调整，这项任务会严重超支。与此类似，进度绩效指数（SPI）通过比较挣值和计划值说明进度效益情况，其计算公式为 SPI=EV/PV。在上述示例任务中，进度绩效指数为 1600/2000=0.8，即每 1 美元的进度安排只完成了 0.8 美元的工作。这个数字表明，当前完成的工作量少于计划工作量，如果不采取措施，这项任务将无法在预定日期完成。进度绩效指数和成本绩效指数是项目中常用的标准报告工具。为理解这两项指数的意义，项目经理可参考表 2-3。

表 2-3　进度绩效指数和成本绩效指数及其对于任务或项目的影响

指数	=1	>1	<1
成本绩效指数	达标	未超预算	超出预算
进度绩效指数	达标	进度提前	进度落后

仅从任务成本低于预算成本这点来看，并不表示项目进展一帆风顺。项目经理可利用偏差分析，准确判断具体哪个环节出了问题，并采取相应的纠偏措施，使项目回到正轨。有了每个进展报告，项目经理可用偏差分析判断风险管控表上的风险现状是否产生变化，即风险优先级是提高了还是降低了。根据这些进展报告和风险出现情况，项目经理可适时调整应急储备金和管理储备金。

流程组：实施整体变更控制

在“实施整体变更控制”流程中，需要“审核所有的变更请求，批准变更，并管理交付成果、组织流程资产、项目文件和项目管理计划的变更”（PMI，2008: 432）。在项目进展过程中，项目经理应该预先想到，会有人在项目过程中的某个时刻请求变更范围。此类变更请求可能以直接请求的形式出现（例如，销售团队在项目开始后提出需要捷克语版产品），也可能来自质量保证或质量控制流程发现问题后提出的其他变更请求，如伪翻译纠正措施。[1]例如，在伪翻译过程中，若工程师发现大部分源代码包含硬编码，就会要求在本地化前对这些特定的软件文件进行国际化。这会导致项目范围出现变更，因此必须进行审查，并获得批准。项目范围变更的审查和评估一般在业务部门级或企业级进行，具体取决于公司规模。有的公司设有变更控制委员会，以正式部门的形式评估各项变更请求，并决定是通过还是拒绝项目范围变更。如果公司内没有设立变更控制委员会或类似机制，那么项目经理需考量每个变更请求对项目、进度和成本的潜在影响。如果变更请求获得批准，那么必须随之更新进度基准。若变更请求被拒绝，则不应更新，而只应通过管理绩效报告中发现的偏差对基准进行控制。

另一种整体变更控制形式是管理相关文档、文件更新和文件版本的访问权限。大多数公司运用配置管理系统（即源控制软件）管理和控制项目文件、代码和文档的访问权限。若公司没有这种软件控制文档权限，则项目经理应使用“项目沟通计划”记录访问权限。

流程组：项目完成或结束阶段

在项目完成或结束阶段，项目经理需接受或拒绝相应的交付成果。如果交付内容有问题，需将其返工，直至达到项目质量控制标准。一旦项目经理正式验收交付成果，供应商即可针对已验收的交付内容开具发票，而项目经理则可结束相关项目阶段。正式验收或结束项目时，应将所有文件归档。在项目收尾工作中，项目经理还应整理一份经验教训文件，详细列出曾遇到的所有问题，并对未来的项目提出建议。同时建议项目经理褒奖参与项目的团队成员，即使不是直接下属。人员管理是所有项目经理都必须了解的重要技巧。人力资源是项目中最宝贵的资源，没有这些资源，项目经理永远不会成功。

结语

国际化中有诸多标准［如互联网联盟（W3C）、万国码（Unicode）等］，

---

[1] 伪翻译指的是以随机目标语字符自动替换源语内容（也就是“伪翻译”一词的由来），借此测试软件程序的本地化能力。

本地化也有不少标准（如翻译记忆交换标准 TMX、术语库交换标准 TBX、全球信息管理度量交换标准 GMX、本地化数据交换格式 XLIFF 等），这些标准都涉及多个行业。相应地，项目管理也有许多标准。美国项目管理协会编撰的《项目管理知识体系指南》借助多种工具和技术提供了管理项目的框架和有关指南。本地化行业的项目经理及其所在公司当然应信奉并采用这些标准。技术和语言技巧不应是考察员工可否升任项目经理的唯一标准，基本的管理技能以及对于项目管理流程和项目生命周期的了解也很重要。使用项目管理工具（诸如工作分解结构、关键路径等）可帮助项目经理更好地控制项目。工作分解结构可锁定项目范围，帮助项目经理更轻松地控制范围蠕变。与此类似，关键路径能帮助项目经理优先考虑和重点处理各种直接影响总体项目时间和成本的活动。项目网络图和关键路径也是一种管理项目团队成员和控制项目范围的有用工具。当遇到要在进度表中“加塞”任务的请求时，项目经理可通过掌握的精确信息进行明智的决策，而不是为这个请求调整日期或进行不必要的赶工。另外，项目经理也可在必要时共享非关键路径上的任务资源。这些基本工具可帮助项目经理打造良好的团队关系，同时显示项目经理对所有项目组成的充分了解。

只要坚持采用这些标准方法，项目经理就再也不用依靠零散的信息制定预算了，还可以清楚了解每项任务的具体成本及其应急和管理储备金。项目经理可根据风险对预算和进度的影响开展风险管理，并用挣值管理进行更准确的项目绩效监控。理想情况下，本地化供应商或本地化承包商应使用挣值指标每周汇报一次项目状态，确保进度报告的一致性和和准确性。最后，正如同每个项目都会有个正式的开始一样，它也必须有个正式的结束。所有项目必须在交付验收完毕以及供应商得到付款时正式结束。项目结束后，按标准流程还应记录和提交经验教训文件。美国项目管理协会的方法不仅可帮助项目经理运用多种工具和技术保证项目取得成功，还可以通过扩大和增加其现有技能的价值，保护和促进项目经理的职业生涯。

参考文献

Double Masters LLC. *Project Integration Management Simulation 2010,* www.doublemasters.com.

Project Management Institute (PMI®). 2008. *A Guide to the Project Management Body of Knowledge(PMBOK® Guide)*. 4th ed. Newton Square, PA: Project Management Institute, Inc.

需求收集：
本地化项目的范围定义与管理基础

娜塔利娅·列维蒂娜（PMP）

要确保项目涵盖所有必须完成的工作，就必须进行项目范围管理。此时的项目范围管理具有至关重要的意义。只有完成所有必需的工作，才算实现项目目标。而需求收集和范围定义是项目范围管理的基础。需求应具体说明项目的产品或服务内容，并规定项目范围。而这些又反过来确定了要完成哪些工作，才可以依据规范实现各种需求和完成项目。本文论述了本地化项目中的范围管理，并借鉴美国项目管理协会《项目管理知识体系指南》（PMBOK®）一书，分析和例证了范围管理中的五大流程：需求收集、范围定义、创建工作分解结构、范围验证和范围控制。本文还进一步论证了上述过程在本地化项目中的应用，并侧重讨论了需求收集。

引言

相传有这样一个故事，一个人带着一块皮革找到做帽子的裁缝，让裁缝给他量身定做一顶帽子。他离开裁缝店前忽然想到，这块皮革也许够做两顶帽子呢?于是他问裁缝，“你能用这块皮革做两顶帽子吗?”“当然。”裁缝答道。这个人犹豫了一下，又问道：“那三顶呢?”裁缝说：“没问题。”这人难以置信地大声问道：“五顶?”裁缝答：“包在我身上了。”最终这人决定做八顶帽子，然后心满意足地回了家。一周后，他来到裁缝店取帽子。当他拿到八顶迷你帽子时瞬间就傻眼了，天哪，这大小估计只够老鼠戴吧!

也许有人会说，这个故事是想告诫我们："做人不能贪得无厌。"然而，这个故事也给我们上了项目管理中重要的一课：我们必须明确项目需求，进一步说，就是尽可能清晰完整地明确项目范围，以期达到预期结果。

在项目管理领域中，需求的定义首先是指"已量化和记录的项目发起人、客户和其他利益相关者的需要和期许"（PMI，2008：105）。需求中应详细说明项目产品或服务的具体内容、具体功能（如应解决什么问题）、项目的大概完工时间和成本以及如何评估项目的相对成功度。需求规定了项目范围，而项目范围又明确了必须完成哪些工作，才能根据规范实现项目需求和完成项目。

需求收集和范围定义是项目管理的基石。正如上述故事阐明的道理一样，明确了解客户期望对避免项目失败至关重要。此外，项目经理还需量化必须完成的工作，以便确定项目时间和成本。项目范围管理的目标就是确保项目涵盖了顺利完成项目所必需的全部工作，且仅涵盖这些工作。

根据美国项目管理协会《项目管理知识体系指南》一书，范围管理包括以下五大流程（2008：103）。

① 需求收集流程——为实现项目目标而确定和记录利益相关者的需要；

② 范围定义流程——拟定详细的项目和产品说明；

③ 创建工作分解结构（Work Breakdown Structure，WBS）流程——将项目交付内容和项目工作细分成更小、更易管理的组成部分；

④ 范围验证流程——正式验收已完成的项目交付成果；

⑤ 范围控制流程——监控项目状态和产品范围，管理范围基准变化。

本文将根据《项目管理知识体系指南》内容，论述范围管理在本地化项目中的应用，阐述如何实现需求收集和范围定义流程的标准化。根据需要本地化服务的公司（客户）组织结构及其能力，范围管理可由开发公司的产品管理或本地化部门的项目经理负责，也可由获得转包项目工作的语言服务提供商的项目经理负责。本文将从客户而不是语言服务提供商的角度分析范围管理，并侧重分析通用软件本地化项目，包括软件用户界面的本地化，以及附带文件、培训资料和营销资料的翻译。最后，为了认识需求在确定项目范围中发挥的基础性作用，将着重分析更广范围管理背景下的需求收集。

范围管理流程：需求收集

需求收集是范围管理流程的第一步。顾名思义，这一步的目标是确定并记录各种项目需求。在本地化项目中，需求收集流程侧重于收集一些初始的高层面需求，如目标语、语言区域以及最终交付内容（如软件、文档和营销材料）。在后续范围管理流程（即范围定义、创建工作分解结构）中，将对这些高层面需求逐步细化和进一步具体化。另外，高层面需求的收集来源是业务案例和项目利益相关者。

业务案例应说明项目的实施理由，并确定项目要达到的目标。案例的形式可以多种多样，包括结构分明的书面文件、口头协议或口头请求。就目的而言，针对其他市场进行产品或内容的本地化通常是为了增加来自特定国家/地区的收入；这种情况下的业务决策基础一般是投资回报率的分析前景良好。例如，如果其中的销售预测和投资回报率预测显示，本地化产品的销售收入将超过产品本地化及其版本支持的成本，那么公司就会支持对产品进行本地化。另外，如果公司出于战略目标考虑，要在某个特定国家/地区投放产品，那么，也可能在亏损的情况下进行产品的本地化。

根据定义，利益相关者指的是可以影响项目目标和/或项目结果，或者受其影响的个人、团队和组织，如项目出资人、开发团队、客户和项目经理等。利益相关者并不局限于发起项目的个人或团队。换言之，付款方是重要的利益相关者，但不是唯一的利益相关者。确定主要的利益相关者并确保他们审阅、批准所有的需求和交付内容是项目范围管理的关键步骤。如果一些利益相关者没有机会审阅和批准相关需求、交付内容和/或项目计划，那么最终的交付内容很可能无法通过验收，整个项目也会功亏一篑。利益相关者的需求通常仅包括高层面信息，并代表着已确认的要求以及（理想情况下）对于给定项目的期望（即未确认的要求）。

在侧重于产品开发的行业（如软件业、制造业等），了解项目需求和产品需求的区别非常重要。项目需求侧重于项目成功必须满足的条件，如商业性、时间表、交付目标等；而产品需求则指的是项目成功时产品必须具备的功能或者必须满足的条件，如技术标准、性能标准、安全标准等。由于本地化所涉及的不是开发，而是产品的适应性，因而许多本地化产品的需求与源语材料的需求是一样的，而后者是前者的基础。

许多公司会以规范化的形式将通用项目需求——如使用内容管理系统（CMS）——转变为组织需求，或在需求收集期间设计各种清单收集需求，从而简化项目管理工作。事先确定好一系列相对固定的组织需求，能让公司将侧重点放在每个项目的特殊需求上，并提高规划的效率。值得一提的是，对于同样地需求，一些公司可能会将其划分为项目需求，另一些公司则可能将其列为组织需求（即使在同一家公司的不同部门中，这种划分甚至也会有所不同）。例如，一些公司是在需求收集过程中按项目逐一确定目标语和语言区域；而另一些公司，尤其是本地化项目中涉及多种语言时，自然会将目标语和语言区域规定为组织需求：公司将所有材料翻译为一组给定的语言，或使用矩阵规定哪些部分需要翻译成哪种语言。

需求收集流程的结果是需求文档，具体形式多样，从单一的清单到一个或多个描述性文件不一而足。有了需求文档，才能决定之后所有的成本、时间表、质量规划（Quality Planning）等内容。高层面本地化项目需求主要分为五大类别：（a）目标启动和/或完成日期；（b）确定项目的组成部分；（c）文件格式；（d）目标语和语言区域；（e）每个组成部分每种语言/语言区域组合的量。[1]通常情况下，本地化需求文档还会规定国际化需求、交付需求、质量需求、术语需求及业务和组织需求。下面一一予以详述。

目标启动和/或完成日期

在项目计划阶段，项目经理必须收集相关信息，以便确定项目的启动和完成日期。在通常情况下，源语内容发布到生产环节即可视为启动本地化项目，除非要求同时发布源语版本和一个或多个目标语版本。

许多软件公司都有同步发布制度，即软件产品的本地化版本与源语版本（通

[1] 一些高级需求，如文件格式和翻译量，一般需要在范围定义和创建工作分解结构的过程中进一步细化。不过，我们会在本文详细地进行讨论，因为它们是核心本地化需求。

常是英语）同时发布到市场上。同步发布可能只适用于软件或软件及其配套文档。在本地化项目中，英语软件发布到生产环节的时间表和本地化项目时间表之间一般存在着“结束—开始”关系。也就是说，只有当源语材料准备完毕时，才可开始本地化项目。即使源语文件的交付比计划晚，本地化项目的所有目标语版本仍必须在发布到生产环节之日完成。在这种情形下，根据延迟交付的严重性，可能需要额外的人力资源和/或资金，以便在剩下不多的时间内完成项目。

在同步发布的情形中，项目经理可能必须根据要求的完成日期（如计划的同步发布日期）反推出项目的启动日期。同步发布项目通常需要压缩时间表，具体可使用下列方法，如快速跟进项目任务（即原本按顺序实施的任务，现在同时进行），或者加派人手缩短一个或多个项目任务的工期。后一种方法也称为“赶工（Crashing）”（PMI，2008：156），例如，安排 3 位译员翻译一篇 30000 个单词的帮助系统与安排一人相比，可使项目经理将翻译工期缩短 2/3。此外，可以采取流式文件交付模式（Streaming Model），即为供应商持续提供可本地化的内容。第二种方法将在下文“交付需求”一节详述。

确定项目的组成部分[1]

软件开发公司实施的本地化项目通常包括以下一个或多个组成部分：

- 软件；
- 文档和/或联机帮助；
- 培训材料（培训指导、演示、多媒体）；
- 营销材料（网站、随附材料、多媒体）；
- 技术支持知识库。

每个组成部分都会表现出不同的需求，因为创建其中每个部分的本地化版本所涉及的文件格式、必须执行的活动、必须使用的工具、必须遵循的过程以及必须完成的翻译量和其他工作各不相同。例如，培训材料和帮助系统包含的可翻译

[1] 在本文中，“项目组成部分”是项目交付成果的高级说明。一般来说，“采取产品交付形式的项目”的范围定义包括“将高级产品说明（需求）转化为实体交付成果”（PMI，2008：114）。不过，本地化中的范围定义首先取决于需要本地化的现有产品的实有特征（即组成部分、文件格式、字数统计、国际化等）。

内容远远多于软件组成部分。同样，创建本地化版本所需完成的任务可能因组成部分的不同而不同：例如，创建本地化版的软件部分，除了翻译之外，可能还需要构建和测试，而文档部分可能需要桌面排版系统（DTP）。[1]因为不同组成部分具有不同的要求，所以，通常会独立定义每个组成部分的范围。

文件格式

在范围定义流程中，项目经理必须确定已编写内容、待提交内容以及最终交付成果的文件格式。在特定的本地化项目中，具体工作流程步骤很大程度上取决于项目编写文件的原始格式。例如，HTML 文件本身就是一种文档，因此在相继完成翻译、编辑、校对和客户审阅（若适用）后，可直接将 HTML 用作最终文件格式。而以 DITA（一种基于 XML 的格式）编写的文件并不是文档，因此从 DITA 文件生成文档需要使用发布引擎才能获取输出文档。输出文档的结构和内容由映射进行设定，而格式则由样式表设定。[2]换言之，DITA 本地化包括两个方面的工作，一是对 DITA 内容进行翻译和编辑；二是对发布引擎为每个识别的目标语输出文件（如 PDF、Web、Help 等）输出的文档进行排版、测试和校对。翻译各种使用排版与设计软件（如 Adobe Frame Maker、Adobe InDesign & Illustrator）编写的文件，需要执行桌面排版及其质量保证阶段。

除了特定的工作流程步骤之外，每种文件格式还需要配备各自的文件准备流程，这反过来又会影响项目成本和时间表。例如，翻译记忆库工具不直接支持 Adobe Frame Maker 或 Adobe InDesign 文件，因而必须以此类工具支持的格式保存或者导出此类文件，如 Adobe Frame Maker 文件可另存为或导出为 MIF（Maker Interchange Format，制造商交换格式）文件，Adobe InDesign 文件可另存为或导出为 IDML（InDesign Markup Language，InDesign 标记语言）文件。

---

❶ 桌面排版系统（DTP）是指将文本和图形进行版面编排，从而创建页面、图形、出版物、书籍或杂志的过程。本地化桌面排版同标准的编写相关的桌面排版流程不同，主要区别在于前者并不创建新的版面设计，而是使用目标语内容（也有一些例外，如亚洲文件必须使用亚洲字体），复制源版面的外观与风格。

❷ 达尔文信息分类体系结构（Darwin Information Typing Architecture，DITA）最初由 IBM 开发，是一种内部的文件架构。2004 年 3 月，IBM 将其捐赠给标准联盟结构化信息标准促进组织（Organization for the Advancement of Structured Information Standards，OASIS）。2005 年 4 月，达尔文信息分类体系结构 1.0 版本被批准为 OASIS 的一项标准。关于达尔文信息分类体系结构的概述，请参见“Day、Priestly & Schell（2005）”的相关论述。

目标语和语言区域

在确定了项目组成部分后，就必须明确目标语和各种本地化版本的语言区域（例如，法语—法国和法语—加拿大）。从语言和技术双重层面而言，除了指明语言之外，指明语言区域也很重要。例如，在巴西所讲的葡萄牙语（巴西葡萄牙语）与在葡萄牙所说的葡萄牙语（伊比利亚葡萄牙语）并不相同，正如在墨西哥所说的西班牙语亦不同于在西班牙所说的西班牙语一样。不同国家的语言用户通常都对这些不同之处十分敏感。如果在不同国家发布同一语言版本，那么产品的接受度可能会大打折扣。至于技术方面，如果软件开发期间没有考虑语言区域问题，那么在从一个语言区域转至另一个语言区域的过程中，会导致产品功能不可用。

需要本地化的组成部分的规范也可能因语言和语言区域的不同而有所不同。如前所述，有些公司将所有软件产品的资料全部翻译成统一的一组语言，而有些公司则根据项目逐一确定目标语和语言区域。在有些情况下，根据市场调查的结果或投资回报率的分析，有些公司可能不打算在特定区域部署产品，或只翻译营销材料，但让产品软件的界面保留为英语。有些项目组成部分的翻译，例如，技术支持知识库（Technical Support Knowledge Bases）由于内容数量庞大而过于耗费时间和财力。在这种情况下，与不翻译相比，有些公司就会选择机器翻译。[1]（下文将更详细地介绍机器翻译的使用）。不论哪种情况，项目经理都必须十分清楚在各语言/语言区域组合中，哪些组成部分需要本地化。

每个语言/语言区域组合每个组成部分的本地化工作量

项目经理需要估计每个组成部分的本地化工作量，以便预估整个项目的工作量、工期和成本。一方面，项目经理可能需要这一信息来制定项目预算。例如，他/她也许想赶在财年开始前，根据本地化版本数与每个产品初步数量的乘积估算

[1] 例如，截至2007年底，根据语言对的不同，微软公司支持知识库只有3%～30%的内容是经过专业翻译的。将整个知识库全部翻译出来，在经济上是不可行的。因此，微软就为用户提供了一个选项，对于没有人工翻译的文章，用户可以选择阅读原始的（未经编辑的）机器翻译译文。在 2007 年底，不少用户报告机器翻译的文章解决了他们的问题，这个比例（15.77%～25.03%）并不比那些人工翻译的文章比例（18.97%～30.84%）低（Kaplan，2007）。

金额，制订下一年的预算计划。另一方面，项目经理也需要收集范围信息，以及随之而来的工期和成本信息，看看特定项目的预算是否充足，时间安排是否合理。最后，逐项罗列每一组成部分的翻译工作量也十分重要。因为在特定的目标市场中，不是所有的组成部分都需要本地化。此外，如前所述，对于不同的组成部分类型（如软件用户界面内容和文档内容），语言服务提供商和自由译员的翻译费率往往也不一样。

在需求收集阶段进行的初步字数计算常常只是预备性或暂时性的，毕竟在很多情况下，当源语产品还处于开发阶段时，就开始同时执行项目计划了。在本地化项目中，我们使用不同的技术和指标分别估算语言类和非语言类任务的工作量。

估算语言类任务的工作量

在本地化行业，单词是计算翻译、编辑和校对工作量最常用的单位。[1]按小时计算常见于其他语言类任务的工作量上，例如，术语的提取和语言审阅。

在确定了组成部分及其相应的目标语/语言区域列表后，就必须对每个组成部分进行分析，确定其中包含的可译单词数。然后，将不同组成部分的单词数与其目标语/语言区域列表对应起来，确定每种语言/语言区域组合的每个组成部分的单词总数。确定特定组成部分可译单词的精确数字是本地化项目常见的一个流程。这一操作常常借助翻译记忆库技术（Translation Memory，TM）完成。该技术可使我们在新的或更新后的软件或文档版本中重复使用之前翻译过的资料。例如，假设我们之前使用翻译记忆库技术翻译了某产品的 1.0 版本，而新的 1.1 版本中只有 20%的更改内容。那么，使用翻译该产品 1.0 版本所产生的记忆库分析新的文件内容时，就会发现 80%的新内容可以通过重复使用该翻译记忆库（也叫译文复用）完成翻译任务，而其余的 20%则属于新的翻译文本。翻译记忆库工具会将文本解析、分割成更小的文本块，称为翻译单元（Translation Unit，TU）。事实上，尽管文本也可以分割成以段落为基础的单位，但通常是将它们分割成以句为基础

---

[1] 单词是将英语翻译为其他语言的翻译项目中最为常见的范围估算单位。在一些目标语是英语的翻译项目中，范围估算使用的单位是单位，而不是单词。例如，在一些将粘着语（如德语和土耳其语）翻译为英语的翻译项目中，其范围一般以文件中的行数（如一行约 50 个字符）为基础来计算；而将亚洲语言翻译为英语的翻译项目中，翻译量一般是以字符数为基础进行计算。

的句段。使用翻译记忆库工具分析新文本时，会解析、分割这些文本，并将其同一个或多个现有的翻译记忆库进行对比。分析结果可以分为以下几类。

- 100%匹配：指新的句段与之前译过的翻译单元一模一样。这些句段无须翻译，极少或不需要编辑。有些翻译记忆库工具还提供所谓的精确匹配或上下文匹配分类。精确匹配表明文本之前在同一文件或文档中翻译过，并且上下文的组成部分也与之前一样。这些句段几乎不需要审校，因此一般也不必支付额外的成本。
- 模糊匹配：与之前译过的翻译单元相似但不完全相同的翻译单元（例如，“这个房子是红色的”与“这个房子是蓝色的”）。模糊匹配通常会分解为更小的子类。
- 新词：新词指的是翻译记忆库中找不到与翻译单元相似的文字片段，或匹配率低于翻译记忆库工具设置中指定的最低匹配值。

因为译员的工作量与匹配率成反比，所以语言服务提供商给每种匹配率确定了一种浮动计价模式，其中的费率会随匹配率的降低而增加。

如果现有翻译记忆库无法为新内容带来复用效果，那么对于特定的项目而言，翻译记忆库技术将无法提供任何前期效益。不过，如果项目的各组成部分内容和/或之间存在大量重复内容，那么运用翻译记忆库技术仍可节省时间和成本。分析项目前，应将之前相关的所有翻译记忆库都分析一下，看看其中哪些翻译记忆库（或翻译记忆库的组合）可在新项目中实现最大限度的内容重复使用。如果现有翻译记忆库的创建工具与当前项目所用的工具不同，那么可能还得对翻译记忆库进行转换。无论是哪种情况，项目经理都必须评估翻译记忆库的可用性、内容和格式，以便了解译文复用对工时估算的影响（进一步引申的话，还包括对项目预算及时间安排的影响）。若没有现成的翻译记忆库，项目经理应决定是否使用翻译记忆库工具记录相关内容，以供后续版本重复使用，从而减少未来成本。

确定项目的总翻译字数和准确的匹配分布情况对正确定义项目的范围和计划至关重要。例如，有人也许会认为一个 30 万个单词项目的工作量、时间表以及预算与 5 万个单词的项目完全不一样。但如果第一个项目包含的是 25 万个单词的精确匹配内容（无成本）和 5 万个单词的新增内容，而第二个项目的 5 万个单词都是新增内容，那么两个项目所需的净翻译工作量会相差无几。不过，这种“复用效应”只适用于翻译任务。例如，如果项目需要软件测试，就必须对所有文件进行测试，其工作量、时间表和预算就会大不相同。

估算非语言类任务的工作量

本地化项目不限于翻译和语言任务，还包括工程、对话框大小调整、测试、屏幕截图、桌面排版等工作。例如，将英语翻译成西欧语言时会导致文本长度增加 30%或更多，因此需要重新调整对话框的大小。如果软件本地化中的译文长度超过源语，就应重新调整对话框的大小，使之适应增加的长度。在此类项目中，我们必须清楚了解对话框的数量，以便合理地估计重新调整对话框的工作量。翻译文本时，我们还必须统计本地化截屏和图形的数量以及文档的页数，预估截屏和桌面排版的工作量范围。要预估多媒体项目的范围，就需要仔细检查所有的 Flash、音频和视频组成部分以及相关需求。例如，有时可能需要本地化所有的屏幕文本、实际产品的演示版和对应的音轨，有时可能只需本地化音轨，其他部分则不予考虑。

同样，项目经理必须清楚要进行什么类型的测试以及如何执行这些测试，从而预估相应的工作量范围。在许多软件本地化项目中，软件测试的部分可以自动处理。如果相应产品的源语版本测试是自动处理的，那就更是如此了。在这种情况下，可使用计算机程序执行原本应由人工完成的测试。本地化测试包括用户界面测试，其中包括记录并回放敲击键盘和单击鼠标操作，以便对比已有的结果和预期结果。此外，还包括功能测试，用来评估产品是否达到预期的功能需求。人工测试十分耗时，而自动测试可有效地减少测试费用和缩短工期。在创建源语产品的自动测试时，还应考虑本地化的情况，方便以后将源语产品版本上执行的测试成功地复制到本地化版本，并在使用特定语言区域输入法（如西里尔文或日语汉字）的本地操作系统上执行。

帮助系统和网站测试的侧重点不同于软件测试。前者的测试可以部分自动化（例如，检查链接是否断开或丢失）。但大多数任务仍需手动执行，例如，检查乱码和验证正确的格式。

国际化要求

国际化通常缩写为“i18n”，指的是软件设计流程中应考虑本地化或适应性修改这一因素，以满足其他语言区域的语言、文化、技术和法规要求。如果软件产品能正确显示用其他脚本编写的语言（如西里尔文和日本汉字），并在无须重新设计的情况下支持显示不同语言区域的不同数据（如日期、时间、日历、英制和公制尺寸等）时，那么就可以称为“国际化”产品。尽管国际化的理论和实践最初因软件工程师而生，并由软件工程师演绎而来，但国际化作为“本地化支持”的概念也适用于其他形式数字内容的开发人员和作者，包括网站设计人员和技术沟通人员。就流程而言，内容国际化指的是确保翻译或本地化的材料中没有包含那些会被其他国家的用户视为不恰当或冒犯性的文化引用、图像和颜色。

了解产品的国际化适当与否是范围管理流程十分重要的一个组成部分，因为它可以显著影响产品和辅助资料本地化所需的工作量。凡是开发时没有考虑本地化的软件必须先进行国际化，然后才可以本地化。本地化行业标准组织指出：“一般来说，如果从开始时就没有对产品进行适当的国际化，那么最好假设需要双倍的时间和成本才能完成该产品的本地化。如果是计算机代码，那么时间和成本会更高（Lommel 2007：17）。”

交付要求

在项目计划初期，项目经理必须定义的另一项重要需求是源语文件从作者到项目经理、从项目经理到语言服务提供商、从语言服务提供商回到项目经理手中的提交方式。文件的提交方式一般有三种：一次性交付、分批交付和流式交付。采用何种方式取决于本地化是在源语项目开发之后执行还是并行执行。

例如，假设一家软件公司正着手开发一款英语软件，根据进度安排，英语文件预定于 4 月 1 日完稿，于 5 月 1 日正式发布。我们进一步假定，作为软件产品本地化的一部分工作，需要将文件翻译为 5 种语言，一共包括 6 万个单词。为了避免过于复杂，我们假定该项目外包部分只包括翻译、编辑和校对。

在这种情况下，项目经理可以等到 4 月 1 日从作者处拿到全部最终源语文件之后，再一次性发给语言服务提供商进行翻译，也就是说，一次性提交所有文件。这种处理方式的弊端在于语言服务提供商需要为每种语言招募一支庞大的翻译、编辑和校对团队，并需要赶在 5 月 1 日之前完成译稿。而使用庞大的翻译团队会增加风险，包括译文的不一致和其他翻译质量问题。

当然，项目经理还可以选择分批交付的方式。换言之，他/她可以与作者协商安排，在4月1日前分批提交需要翻译的文件定稿，在语言服务提供商有可用的翻译资源时，分批发给他们进行翻译。例如，项目经理可以安排在3月1日给语言服务提供商发第一批2万个单词的文件，3月15日发去第二批2万个单词的文件，4月1日发去最后一批2万个单词的文件。这种处理方式有两大优点：第一，因为可在源语产品开发或源语文件完成前启动本地化，所以缩短了源语文件定稿与相应本地化材料完成之间的时间差，从而缩短了产品本地化版本面市的时间；第二，语言服务提供商可以使用较小规模的翻译人员、编辑和校对团队，无疑进一步提高了翻译中术语和风格的一致性。不过，任何事情都有两面性。因为此方法涉及多批文件，因此如果文件交付未实现完全的自动化，这种分批交付的方法会增加客户公司的作者、项目经理以及语言服务提供商项目经理的管理和行政开销。

最后，项目经理也可以采用流式方法，在作者写完一个文件后，立即将其提交给语言服务提供商进行本地化，即“写完一个，提交一个”。在上述假设场景中，这种方法可提前在1月或2月就将文件交到语言服务提供商的手中。这种流式方法特别适用于工作流程相对简单（如翻译、编辑和校对）且文件移交和提交已实现自动处理的项目。这种处理方法也有弊端。其一是交付给语言服务提供商的文件数目和顺序更加不可预测，因为这些文件与文档编撰团队的相对工作效率直接相关。其二是如果开发周期撰写的材料最后没有出现在最终交付成果中，那么会导致更大的浪费，因为那些材料在产品开发周期即已完成本地化了。

质量要求

即使本地化项目安排得当，成本效率高，也能按时交付，但倘若最终产品的质量没有达到客户的要求，那么整个项目也是失败的。因此在项目计划阶段，必须准确把握客户的质量需求。在本地化行业中，客户的质量要求通常体现在两个方面：一是遵循源语和目标语言的风格指南；二是使用广泛认同的术语。

遵循源语的风格指南

从定义上看，尽管撰写时遵循源语的风格指南不属于本地化的范畴，但它对本地化项目却有着重大的积极作用。源语的风格指南决定了句法和术语的一致性。而句法的一致性反过来又可为翻译或本地化带来两大好处。第一，规范特定句型（如指令和错误信息）的句法（如“单击‘确定’按钮”和“选择‘确定’按钮”），减少所需翻译的字数，并增加源语材料中的内容重复量，从而降低成本。翻译记忆库工具会将相同的源语句子视为重复内容。当某一句段完成首次翻译后，翻译记忆库工具会采用这一译法直接自动翻译后续重复的句段。源语材料的一致性程度越高，翻译中出现精确匹配和模糊匹配的句段数量就越多，这样就可以降低总体翻译成本。尽管单个语言的本地化项目节约的成本总额可能不明显，但是对于支持数十种语言的公司而言就十分可观了。第二，遵循风格指南可将源语的风格差异降到最低，消除这些材料中的歧义。这反过来也减少了译员为了询问句子含义而提交查询的次数。回复这些查询十分具有挑战性，不能及时解决译员的查询会给项目进度和成本带来消极影响。除此之外，工作语言不同的译员通常会提出不同的查询。管理众多译员以多种语言提出的大量查询本身就会产生巨大的日常开销和成本。事先避免出现各种不一致，就可以避免译员提交各种查询，这比事后忙于应对译员提出的各种查询明显成本效益要高得多。再者，由于源语内容通常会译成多种语言，因此支持的语言数量越多，这项策略的效果就会越发明显。

遵循目标语的风格指南

确保译员共同遵循目标语的风格指南与要求作者遵循源语的风格指南一样重要。有的软件公司为每一种语言都拟定了适合自身要求的翻译风格，而有的公司则依靠语言服务提供商提供此项服务。风格指南会对译文的各个方面进行规定，包括语气、语域以及排版规范（如引号、数字、连字符）等。[1]

术语要求

创建准确可靠的术语表是整个本地化流程的基石。开始任何一个项目时，应首先完成术语表的创建。[2]理想情况下，还应在产品开发周期的设计阶段就创建

[1] 关于可下载的 91 种语言的风格指南，请参见 Microsoft（2011）相关内容。

[2] 理论上，术语表的创建是一项核心本地化需求；但在实际工作中，创建术语表是否属于编写团队的一项核心本地化需求，很大程度上取决于组织内部本地化流程的成熟度（DePalma、Beninatto & Sargent，2006：28，53，59）。

源语术语表，并为每一个术语附上定义和实例。术语表可帮助内容撰写人员选择适合的术语，并保持使用上的一致性。这样，用户（和译员）就不会因为同一个概念使用了不同的术语而备感困惑。

术语表应提供给本地化团队，先完成整个术语表的翻译，并在翻译具体产品内容之前获得客户公司的批准。如果目标语术语表已获批准，而内容尚在撰写完善中，那么可以在源语文件定稿后尽快开始翻译工作，缩短翻译的周转时间，并进而缩短产品面市时间。[1]此外，已获批准的术语表有助于译员解决遇到的术语问题，否则译员会提出大量查询。它还能避免编辑、校对人员和审阅人员对译文做出一些不必要的和/或纯属个人偏好的改动。总而言之，在编写和翻译环节使用经过批准的术语表可以确保所有的语言版本保持术语一致性。

在本地化项目中，术语方面的要求包括以下几个方面。

- 确定源语词条，记录相关定义和用法举例，并将这些术语、定义和实例提交给专门研究这一领域的专家学者进行审阅。有些公司拟定了详细的组织要求，并指派了专门的语言专家负责。它们往往将术语确定工作放入源语文档撰写环节。其他公司则是在本地化流程中以“特事特办”的方式临时创建术语表。
- 估量术语翻译的工作量。
- 确定翻译的术语是否需要审阅，如需审阅，则寻找相关领域的专家学者。术语审阅通常被视为一个重要甚至强制性的步骤。由于时间、财力或人力资源方面的限制，可能难以对本地化软件或文档进行全部审阅，但是至少可以对术语表进行审阅，因为其中包含的术语会用于所有的产品组件。
- 确定如何让所有用户（包括翻译、审校以及内容撰写人员）都能使用术语表。

业务或组织要求

如上所述，许多组织将常见项目需求正式确定为业务或组织要求，从而简化对项目的管理。在翻译和本地化领域，典型的业务或组织要求的例子包括翻译记忆库工具和翻译管理系统的使用、机器翻译的使用和内容管理系统的使用。

---

[1] 维西（Vesey）将发布时间定义为“产品定义和产品面市之间相距的时间”（1991：23）。

翻译记忆库工具和翻译管理系统的使用

本地化行业使用翻译记忆库工具已达 15 年以上。如今很难找到没有使用翻译记忆库技术的翻译或本地化服务提供商了。无论是客户端（桌面端）还是基于服务器的配置都已提供翻译记忆库技术。如上所述，桌面翻译记忆库工具可通过译文复用而节省开支。基于服务器的翻译记忆库技术也称为翻译管理系统（TMS），具有多种优势，包括自动处理工作流、TM 和术语集中管理以及连接内容管理系统。许多大型公司都要求语言服务提供商在翻译和本地化项目中使用特定的技术，并遵循具体流程和/或自动处理工作流。

机器翻译的使用

机器翻译又称为自动翻译，是利用计算机将一种自然语言（源语）转换为另一种自然语言（目标语）的过程。翻译记忆旨在为译员提供辅助，机器翻译则与此不同，它实际上是代替译员进行翻译。目前，机器翻译技术主要与翻译记忆库技术结合使用，并由专业翻译或编辑进行后期编辑。具体做法：首先，使用一个或多个现有的翻译记忆库对内容进行预翻译，即译文复用。其次，对预翻译后无匹配译文（也就是无译文可供复用）的任何翻译单元进行机器翻译。最后，由专业译员或目标语编辑对机译单元进行后期编辑。不过，这种做法有一个例外，即知识库的内容通常只需机器翻译即可发布，无须后期编辑。

在过去 20 年中，随着大量机器可读的结构化和非结构化格式文档（即语料库）的出现，再加上计算机硬件成本的降低和计算能力的增强，机器翻译领域取得了长足的进步。如今，在某些垂直市场和应用中（如上述知识库内容的翻译），机器翻译越发被推崇为可行的商业选择。当前业内应用的机器翻译技术有 3 种：基于规则的机器翻译、基于统计的机器翻译和混合型机器翻译。

第一类是基于规则的机器翻译，即根据一系列语法、语言规则和字典进行翻译。由于不同语言的语法和句法规则不尽相同，因此必须为每个语言对（如英语译德语、德语译俄语或阿拉伯语译法语）建立一套明确的规则。开发基于规则的机器翻译软件是一个十分耗时的过程。它输出的译文在语法上也许是正确的，但通常还需要进行大量的编辑，因为所用的词典通常不包括特定客户或行业的术语数据。第二类是基于统计的机器翻译，也就是利用双语语料库翻译类型相似的文本。基本思想是通过对大量的平行语料进行统计分析，构建统计翻译模型，进而使用此模型翻译新的文档。通过提供纠正性反馈，帮助机器翻译系统“学习”所犯的各种错误，可不断提高其性能。这一过程又称为“训练”机器翻译引擎，需要大量相关专业领域的详细数据，也十分耗时。还必须单独准备和处理每个语言对。不过，因为系统学习能力提高，所以，基于统计的机器翻译有时会输出质量较高、所需编辑最低的译文。第三类是混合型机器翻译，它结合了上述两种机器翻译方法，既可以将规则应用于统计引擎，也可以使用统计纠正基于规则的机器翻译结果。

从传统上看，是否（或应否）在项目中使用机器翻译是一个涉及整个组织的长期决策，因为这需要大量的投资和准备工作。这也是为什么使用机器翻译通常只见于客户提出的组织需求中。然而，凡事无绝对：有些语言服务提供商已经开始将机器翻译纳入其翻译工作流程，使客户能够在应用程序上测试机器翻译的可行性，而无须自行研发或购买机器翻译系统。使用机器翻译服务会影响项目的预算。此外，如果流程中未纳入编辑步骤，翻译质量也会受到影响。这些都是在考虑使用机器翻译时必须解决的因素。

内容管理系统的使用

许多大型组织都在使用内容管理系统（CMS）管理文档的创建、版本的控制和周期。如果待译内容是在内容管理系统中撰写或存储的，那么必须遵循相关步骤从内容管理系统中提取数据。因为大部分翻译管理系统（TMS）可以连接内容管理系统，所以，提取可译文件和向内容管理系统提交翻译版本均可自动进行，这通常称为 CMS/TMS（内容管理系统/翻译管理系统）集成。为实现两者的顺利集成，内容管理系统必须具有精确的元数据结构和标记系统，以便内容拥有者明确标示应将哪些文件/版本译成何种语言。在返回译文时，CMS 还必须能够恰当显示、划分翻译文件的语言和版本。例如，假定从 CMS 中提取一个特定源语文件的 1.1 版本并将其译为法语和德语，另外假定翻译过程中，源语文件进行了更新，且 CMS 将其识别为 1.2 版本。那么，在法语和德语译文定稿返回 CMS 后，一定要将这些译文正确地与 1.1 版本（而不是 1.2 版本）源语文件以及之前的法语和/或德语版本（若有）关联起来，并且将译文保存到正确的对象或文件夹中。

项目范围和时间表会因以下情况而变化：（a）CMS /TMS 是否能够集成；（b）可以集成但仍需实施；（c）手动提取 CMS 中的文件并将其提交给 CMS 。

范围管理流程：范围定义

范围定义流程即对项目和产品进行详细描述的过程。需求文档是范围定义流程的主要输入内容之一。此阶段发挥重要作用的其他文档都是组织流程的资产，如项目范围模板和之前类似项目的项目总结（post-mortem）笔记。项目范围模板应列出特定项目管理中所有必须定义和/或研究的潜在需求。而项目总结笔记则应包含之前项目进展顺利与否的具体信息。这些信息有助于项目经理在计划新项目时吸取教训，避免重蹈覆辙。

在范围定义流程中，无论是公司内部还是语言服务提供商的本地化项目经理，都应逐步详尽说明需求收集期间获得的一系列需求，以便在更精细的层面上进行明确规定；在适用情况下可使用组织需求。范围定义流程的输出是一份详细的项目范围说明书，包括但不限于以下内容：

- 产品范围描述：一份详细记录每个项目需求的产品或服务特征的文档。
- 项目交付成果：一系列构成项目产品或服务的输出内容。
- 项目验收标准：客户验收产品或服务的过程和标准，如符合某一标准或规范，或者在特定截止日期前完成项目。
- 项目假设：一份假设清单以及此类假设无效时会对项目产生何种影响的说明。这些假设可以列入项目范围说明书中，也可以形成独立的文档。

项目范围说明书也可具体规定项目范围的排除项和约束条件（如固定预算、贸易会展的截止时间等）。

下文将讨论交付清单、验收标准和项目假设。

交付清单

交付清单一般在范围定义流程中确定，是后续范围管理流程（即创建工作分解结构）的主要输入之一。如上所述，需求收集期间确定的组成部分包括高级别的交付成果清单。这份清单随后会在范围定义期间进行扩展和正式化。本地化交付成果清单包括最终交付成果和中期交付成果。最终交付成果又包括所有组成部分（如已完成构建和测试的本地化产品、文档、联机帮助、平行文本）的本地化版本、项目翻译记忆库和术语表。最终交付成果一般在需求收集过程中由利益相关者确定，但可在随后的范围定义流程中添加其他交付成果。例如，客户公司的一位利益相关者由于不熟悉翻译记忆库，因而不要求将翻译记忆库作为交付成果。但本地化项目经理之后应在范围定义流程中将翻译记忆库纳入最终交付成果清单。交付的翻译记忆库很可能会在创建工作分解结构的过程中，根据客户公司的要求和需求，按照各个组成部分（如软件、文件和营销材料）进一步细分。中期交付成果包括项目状态报告和查询报告，一般也是在创建工作分解结构期间确定下来的。

验收标准

顾名思义，验收标准指的是产品或项目为了通过客户的验收而必须满足的一系列要求。项目利益相关者一般会在需求收集期间确定初步的验收标准。例如，通过功能和/或其他形式的验收测试，按时交付和未超预算等，这些都是软件开发项目中常见的高级别验收标准。

在本地化行业中，验收测试一般采取客户审校的形式。之所以交由客户审校项目交付成果，是因为存在多方面的原因。其中最常见的一个事实是：尽管翻译通常由专业译员完成，但在很多情况下，译员并不熟悉这些翻译内容代表的客户公司文化。要确定翻译完成的目标语内容是否符合公司品牌、文化、国际交流战略等，公司内部人员才是最适合的人选。一些公司会使用公司内部或者本国审校人员，其他公司则依靠公司内部或外部相关领域的专家审校（如分销商）。

与其他项目相比，有些项目要受到更严格的审校。根据关注度和审校级别的高低、内容和其他因素的复杂程度，项目利益相关者还可以分级执行多次审校和

QA。大多数项目都要求翻译资源具备相关专业知识。例如，只有专门从事医药、化学和营销领域翻译的译员才能翻译新药手册。在计划阶段，必须明确是否要对交付成果进行审校，如需审校，那么应确定好审校人员、审校时间以及审校标准等。如果每个组成部分的内容相差很大，则有必要安排不同的项目审校人员审校不同的部分（例如，可将文档发送给应用工程师，将营销材料发送给营销专家），一般在创建工作分解结构的流程中安排此类决策。

项目假设

由于项目的范围、成本和时间表在某种程度上都取决于项目假设，因此必须在范围定义期间概要说明这些假设。例如，假定某一多媒体本地化项目将提供源语 Flash 文件，那么会以此假设为基础计算项目的成本和时间表。而一旦后期未提供源语文件，本地化团队将不得不重新创建可编辑的源语文件，导致项目成本和工期同时增加。

在有些产品开发环境中，产品的上市时间必须缩短到最低限度。此时往往在产品仍处于开发阶段时即启动本地化周期。如果需求文档中没有具体规定本地化产品是否应与英语版本同时发布、文件是分批交付还是流式交付，那么本地化项目经理会在范围定义流程做出这些假设。其他假设还包括客户审校范围，以及确定各语言版本的审校人员。

范围管理流程：创建工作分解结构

工作分解结构（WBS）指的是“项目团队为完成项目目标，根据交付要求将工作逐层分解，创建符合要求的交付成果。工作分解结构层级越低，定义越详细”（PMI，2008：116）。工作分解结构必须涵盖项目范围说明书中规定的全部工作，包括项目管理。工作分解结构之外的任何内容原则上都不包含在项目范围中。在创建工作分解结构流程中，还会将项目交付成果和项目工作分解或细分成越来越小的组成部分，以便提高项目的可管理性。工作分解结构的最低级别，是各种独立的工作包，即可以按阶段安排时间、编制预算、监控和组织的工作块（参见图 2-6）。

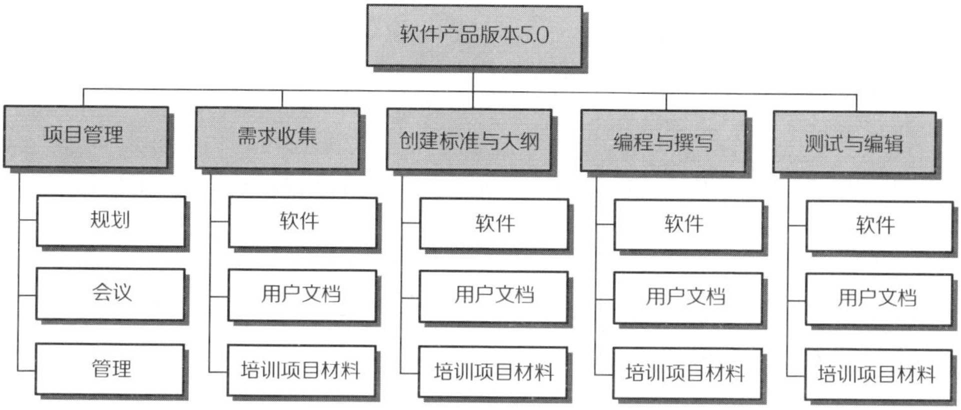

图 2-6　按阶段组织的通用软件开发项目的工作分解结构示例（改编自 PMI，2008：119）

语言服务提供商和需要语言服务的公司会根据特定的公司政策，使用不同的名称来表述这些工作分解结构，如报价请求（Request for Quotation，RFQ）、范围说明书、项目计划或者工作指令等。在创建本地化项目的工作分解结构过程中，会根据需要完成的项目交付成果对工作进行分解，再将其细分为各个阶段，以反映必须生成的各组成部分或为创建这些组成部分必须执行的活动。图 2-7 显示的是一个通用软件本地化项目，其组成部分包括软件、文件、培训材料及营销材料。

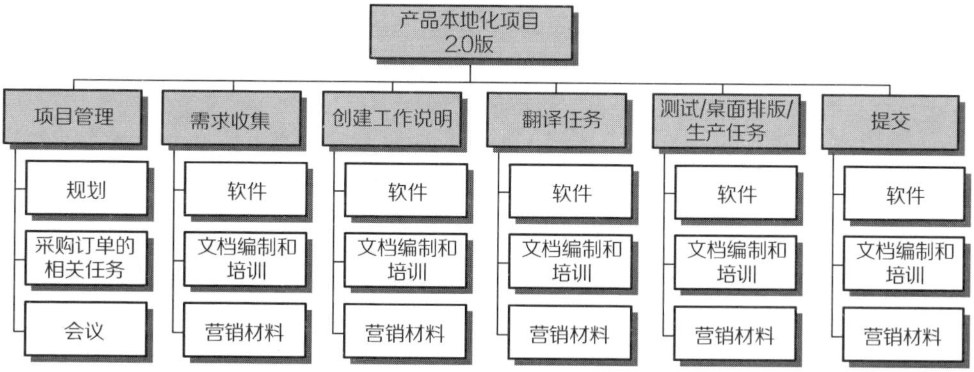

图 2-7　按阶段组织的通用软件本地化项目的工作分解结构示例

在工作分解结构制定过程中，可对需求收集中记录的高级别需求进行更具体的规定，例如，只有在收到最终源语文件后，才能最终确定单词数和相应的翻译记忆库统计数字。如前文所述，这些计算通常也是创建工作分解结构过程的一部分，可通过软件公司、语言服务提供商或者双方执行（例如，语言服务提供商可进行反推分析，确认客户提供的数字准确与否）。

工作分解结构创建过程结束后，会形成工作分解结构（用于在工作包级别定义所有交付成果）以及工作分解结构词汇表，后者提供更多关于工作分解结构组成部分的细节，包括但不限于以下内容：

- 工作描述；
- 里程碑；
- 时间表；
- 成本估算；
- 质量需求；
- 验收标准；
- 技术信息；
- 所需资源。

除了质量需求、验收标准和技术信息之外，所需资源的讨论也很重要。

所需资源

创建工作分解结构期间，会在任务级别上确定和分配合适的人力资源。正因为如此，才将人力资源清单确定为工作分解结构创建过程的输出之一。客户公司的本地化项目可以外包给众多自由职业者、几家单语言服务提供商、一家或几家多语言服务提供商或其任意组合。反过来，语言服务提供商通常只负责管理项目，而将项目工作的绝大部分外包给自由职业者（如翻译、编辑、校对、测试等）。

在选择语言服务提供商并向其发出报价请求时，必须考虑资源方面的各种要求，例如，各个语言服务提供商在相关领域和语言方面的专业知识、工作质量、所需工具和软件（即上文提及的翻译记忆库、机器翻译、内容管理系统和/或翻译管理系统）方面的经验、支持能力以及价格（尤其是项目承接决策以不得超过预算限制为前提时）等。有些语言服务提供商专注于从事某些行业或者某些本地化活动。典型的本地化项目往往会涉及多个方面的活动，包括翻译、测试、工程质量保证、桌面排版和录音等。中小型语言服务提供商可能不具备必要的专业知识，或者没有足够的资源执行上述所有活动。

将本地化项目外包给多家供应商会影响项目预算。外包通常会增加公司内部管理成本，因为它将成倍增加财务记录、发票和必须响应的查询数量，并且一般来说还会增加项目经理所需的沟通工作量。因此，在决定是否（或在多大程度上）将项目外包出去、制定供应商策略以及在新项目期间选择和雇用供应商时，都必须认真考虑项目范围和预算因素。

可扩展性的需要促使公司预先要求供应商有能力处理大型项目和/或在没有遇到资源瓶颈的情况下同时执行多个项目。许多公司设计了详细的供应商遴选和资格认证流程。根据该流程的复杂程度，供应商的选择和/或批准可能需要几个月时间。在此情形下，如果新的供应商必须获得客户公司的批准，才能在特定项目中执行新的服务或者处理其他语言工作，那么项目经理必须提前选择供应商，确保供应商在客户需要时已完成资格认证。

范围管理流程：范围验证

范围验证是正式接收项目交付成果中的一个步骤，涉及检查各种项目输出结果，用于确保项目需求得到满足：客户（或客户代表）会将初始项目范围、验收标准与交付成果进行对比，然后根据对比情况决定是否签收所有交付成果。如有任何交付成果没有通过验收，需以文档形式将拒绝原因记录下来，并可能提交修复缺陷的变更请求，这会导致出现额外的工作和/或返工。

本地化公司通常会在项目的整个生命周期内验证项目范围，并将其作为监控和控制过程的一部分。由于工作经常是分批进行的，客户一般不会等到所有批次工作结束之后才验证项目的交付成果范围，而是在每个批次完成后逐一进行。例如，假设一个软件本地化项目的工作分为三个批次，第一个批次提交后，项目经理可以验证该批次工作的所有文件是否全部翻译完毕，同时验证提交的目标语文件清单与源语文件的对应情况。如果丢失任何文件，那么项目经理可以申请再次交付所有文件，或只交付丢失的文件。在项目结束时，项目经理或其他团队成员会依据项目范围和接收标准检查所有的最终交付成果。

范围管理流程：范围控制

即使项目计划得再仔细，也难免出现变更。范围控制流程的主要目的是监控整个项目，确保记录和管理各种范围基准变化。从范围控制的角度来看，项目计划包含三个部分：范围管理计划、范围基准和变更管理计划。范围管理计划规定了范围的管理和控制方式。范围基准提供最新的项目范围“快照”，并以此为参照点对预期结果和实际结果进行比较，再根据比较结果决定是否需要采取任何措施。如果需要采取措施，就可以通过变更管理计划定义项目变更的管理流程。另外，也可以使用需求文档和工作绩效信息比较实际范围和范围基准。如要对范围进行变更，一般均需提交正式的变更请求。这些变更请求获得批准后，相应地也须更改项目计划、工作分解结构和工作分解结构字典文件（即工作、时间表和成本说明等）。

变更请求在本地化项目中很常见。例如，在项目执行期间，有时可能需要增加一个或多个其他语言/语言区域。另一种比较常见的情形是变更字数：例如，某个帮助文档翻译项目由初步估算的 5 万个单词增加到 8 万个单词，再加上一份单独的 5000 个单词发行说明文件。无论是增加翻译内容量，还是修改交付文件的技术规格，都必须提交变更请求。例如，若视频文件的分辨率出现变化（比如从 320 像素×240 像素变为 720 像素×480 像素），就需要返工，并创建新的输出文件。

结语

需求收集、范围定义、创建工作分解结构、范围验证和范围控制都是关键的范围管理流程。要实现有效的范围管理，首先就必须对项目需求进行清晰完整的定义，理解这些需求之间的相互联系及其影响项目的方式。例如，范围变更会影响成本、时间和/或资源，而质量需求上的变更会影响资源、风险和/或成本等。如果重新看看引言中的故事，回味一下那个人想用一块皮革做八顶帽子的情节，我们就能更好地理解此人在管理项目上所犯的错误：他本应确定一下项目需求，即帽子制作的参数和尺寸。在变更项目范围（即由一顶帽子变更为八顶）时，他应增加另外七顶帽子所需的资源。本地化项目和这个故事并无不同。承接一个新的本地化项目前，务必记录所有的项目需求，定义和管理项目范围，以便最大限度地提高项目成功的可能性。本文探讨了项目管理协会描述的范围管理流程，为准确无误地完成本地化项目提供了一种重复可行的参考方法。

参考文献

Day, Don, Priestly, Michael and Schell, David. 2005. “Introduction to the Darwin Information Typing Architecture: Toward portable technical information.” IBM developerWorks(Sep. 28). http://www.ibm.com/developerworks/xml/library/x-dita1/

DePalma, Donald A., Beninatto, Renato S. and Sargent, Benjamin B. 2006. *Localization Maturity Model: Applying a Capability Maturity Model to Technology, Product and Website Globalization*. Lowell, MA: Common Sense Advisory.

Kaplan, Richard. 2007. “Using translation automation to improve access and content quality.”Keynote presentation. Localization World conference, Seattle, WA, Oct. 18.

Lommel, Arle. 2007. *The Globalization Industry Primer*. Romainmôtier, Switzerland: LISA.

Microsoft. 2011. “Download international style guides.” Microsoft Language Portal. http://www.microsoft.com/Language/en-US/StyleGuides.aspx.

Project Management Institute (PMI). 2008. *A Guide to the Project Management Body of Knowledge(PMBOK® Guide)*. 4th ed. Newtown Square, PA: Project Management Institute, Inc.

Vesey, Joseph T. 1991. “The new competitors: They think in terms of ‘speed-to-market.’” *The Executive* 5 (2): 23–33.

管理第四维：
翻译与本地化项目中的时间与时间表

凯瑞・J.邓恩[1]

岁月流转，万物轮回。

——莎士比亚

为什么一个项目会比计划落后一年?因为每天都落后一点点。

——弗雷德雷克・P. 布鲁克斯

战略是一门运用时间和空间的科学。二者相比，我在时间上更为吝啬。因为空间失去了可以夺回，而时间则一去不复返。

——拿破仑・波拿巴

在认识到时间作为项目约束条件的重要性后，本文将讨论本地化和翻译项目中的时间与时间表管理。首先，将从解释性和预测性的项目执行模型角度探讨时间表的作用。其次，介绍美国项目管理协会《项目管理知识体系指南》中的标准时间管理框架，依次分析其组成流程，并在假设的翻译项目中对其应用进行阐释。[2]

引言

1969 年，马丁・巴恩斯（Martin Barnes）在曼彻斯特大学进行土木建筑工程项目财务管理方面的博士后研究，他设计了一门名叫"合同控制中的时间和金钱"的课程，以整合的方法对成本和时间进行研究。[3]在一次研讨会中，巴恩斯指出，

---

❶ 在此感谢 Matthew Conheady 在本文写作过程中提供的有益反馈。

❷ 尽管为简明起见使用了假设的翻译项目例子，但本文所讨论的概念也同样适用于本地化项目。

❸ 本处资料取材于 Barnes，2006 和 APM，2010：21-23 相关论述。

管理合同不仅包括控制成本和时间，还包括交付合同规定的所有内容。为了阐明这一点，巴恩斯在投影仪的幻灯片上画了一个三角形，并将三个角分别标记为成本、质量和时间（即三个要素）。[1]然后，巴恩斯把一个（模拟强调重点的）硬币放在幻灯片上，从而在屏幕上显示出一个黑色的圆形，再在三角形内移动硬币，以此方式说明这样一个现象：当强调给定合同中的一个要素时会牺牲另外两个要素。这次演示让巴恩斯得出结论，即合同管理概念化的一个有效方法就是确定黑色圆形（代表强调重点）应该置于决策三角形的何处，才能最好地满足客户的要求。这个位置也表示该特定合同中三个互相竞争的要素达到了理想的平衡状态；然后继续维持这种平衡状态，直到合同中规定的全部内容交付完毕。由此诞生了项目管理中最经久不衰的一个理论，即项目管理三角（参见图 2-8）。这个模型深刻地阐述了成本、质量和时间变量间存在的相互依赖关系。具体而言，如果假定绩效（即范围）不变，那么一个因素上的改变必然会影响其他两个因素中的一个甚至两个。我们有时可以用一句谚语来说明这种关系，即“鱼和熊掌不可兼得”。这种相互依赖关系不仅得到大家高度一致的认可，而且以“三重约束法则”之名广为人知（Beath，1986；Kezsbom、Schilling & Edward，1989；Miller，1989）。正是鉴于三个项目变量之间存在的这种公理关系，人们也经常将项目管理三角称为“铁三角”（Kliem，1994）。不过，项目的约束条件很多，不仅仅限于成本、质量和时间，还包括范围、资源等。而且，不同项目的操作性约束条件及其关系也各不一样。

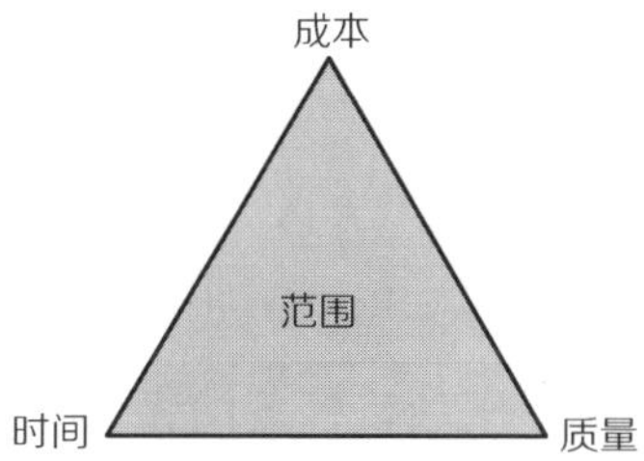

图 2-8　项目管理三角

[1] 巴恩斯后来认为应将第三个角上的质量改为绩效，“因为任何一个项目完成后都应实现预期的效果。数年来我一直试着把这个事实告诉人们，但我没有办法强迫他们做出改变”（转引自 APM，2010：22）。

在当前的翻译和本地化服务市场上，时间毫无争议地成了最重要的约束条件。事实上，2011 年的巴塞罗那本地化世界大会上，德里克·法加多（Derick Fajardo）就提出："成本决定一切，质量充满假设，最后的胜利者却是时间"（转引自 Beninatto，2011）。同样地，来自思科的蒂姆·杨（Tim Young）在该次大会上被问到对于客户来说，什么才是最重要的需求时，他毫不犹豫地回答，"按时交付"（转引自 Beninatto，2011）。然而，翻译和本地化项目经理以及聘请他们的公司，绝不会让时间成为最重要的约束条件。《项目管理知识体系指南》是美国项目管理协会出版的项目管理标准，书中提供了定义、评估以及平衡各项约束条件的框架和可重复方法。

时间和上述其他约束条件间存在根本性的差别。我们可根据成本变化调整项目预算，必要时也可修改人员计划，加大项目的人力资源投入。同样，也可以根据需要提高或降低项目质量，还可以增加或缩小项目范围。然而，时间是有限的，一旦消耗殆尽，将永不复返。正如现代管理学之父彼得·德鲁克（Peter Drucker，1967：51）所言："时间是最稀缺的资源，如果不能有效管理时间，那么别的一切将无从谈起。"正是意识到时间因素的极端重要性，本文将运用美国项目管理协会提供的时间管理框架，说明如何以及在何种程度上规范翻译和本地化项目中的时间和时间表管理。

作为项目执行模式的时间表

作为一个流程，创建时间表就是估计项目范围中的每个工作要素的执行方式、时间和相关人员。换句话说，正如上文讨论过的项目管理三角是项目约束条件的模型一样，项目时间表就是一种项目执行模式，它表示的是或相当于完成项目所需的工作量、时间、资源以及不同项目任务的先后完成顺序。因此，时间表是一个同时兼具解释性和预测性的模式：它既代表着实际项目的管理，同时还能通过严格执行实现这种管理。从这个方面来看，时间表和行程表相似。旅客靠行程表计划他们何时、以何种方式从 A 地旅行到 B 地。而时间表和行程表一样，只是做个大概估计，因为旅行或项目的真正持续时间只有到项目完成之后才能

100%确定。时间表和行程表的原理类似，都仅仅代表从 A 点到 B 点众多可能性中的一种。

尽管时间表作为一种项目模式的概念可能是不言而喻的，但美国项目管理协会对“时间表”和“时间表模式”进行了区分。《进度管理实践标准》（PMI，2007）第一版引入了“时间表模式”。美国项目管理协会将“时间表模式”定义为一种工具，即“项目团队在调度工具上应用调度方法并使用特定项目数据（如活动清单和活动属性）制订的项目活动执行计划的动态表示”（2007：100）。相比之下，美国项目管理协会将“项目时间表”定义为时间表模式工具的输入或输出结果，即“执行时间表活动和满足时间表里程碑的计划日期”（2007：97）。因此，在引入“时间表模式”术语和区分时间表制定工具及其输出结果上（2008：129），美国项目管理协会无疑制造了不必要的术语和概念上的混乱。时间表规范了项目的执行模式，但没有（也不能）对自身进行规范（Uyttewaal & Woolf，2011）。因此，本文使用的“时间表”术语可理解为项目执行模式，同时，没有区分创建时间表的工具以及表示或显示时间表的工具。

项目时间管理

美国项目管理协会出版的项目管理标准《项目管理知识体系指南》一书提供了一个通用时间管理框架，适用于任何行业的时间表模式设计和管理。美国项目管理协会认为时间管理由以下 6 个流程组成（2008：103）。

- 活动定义；
- 活动排序；
- 活动资源估算；
- 活动工期估算；
- 制定时间表；
- 时间表控制。

这些流程既是美国项目管理协会引入的内容，也是本文的具体讨论内容。它们反映了这样一个事实，即每个流程都需要使用不同的工具和技巧。然而，在实际操作中，这些过程经常重叠，并且整个项目过程中会反复使用其中一些流程或所有的流程。下面依次对这些流程进行讨论，并说明它们在假设翻译项目中的应用。

活动定义

在实施或计划任何工作之前，项目经理一定要准确拟定需要完成的工作。因此，项目时间管理的第一个流程是活动定义，其侧重点是“拟定要执行的具体操作，完成项目交付成果”（PMI，2008：129）。活动定义流程大体和逆向工程类似。在范围定义流程中，项目经理先确定好需要完成的交付成果，然后进行细分或分解，形成一个工作分解结构。在活动定义流程的后续阶段，项目经理再拟定完成每个组成部分必须执行的活动。创建工作分解结构和活动定义的主要区别是：前者旨在确定各种交付成果和次级交付成果，而后者旨在确定各种活动。

项目经理应执行详细的工作分解，直到足以将其定义为项目活动，能进行充分的工期估算（生成项目时间表）、成本估算（生成项目预算）和独立的工作分配（生成项目人员安排计划）。活动定义的拟定不仅取决于特定项目的范围和参数，也取决于公司环境因素，如公司文化、基础架构（包括用来执行各种活动的特定软件），还取决于各种公司流程资产，如政策、程序、模板或以往类似项目的事后分析文档。

下面通过一个具体的例子详细说明工作分解和活动定义流程。美国肯塔基州帕迪尤卡的 Dynatorch 公司是一家专门为等离子和氧燃料切割设计数控运动控制设备和软件的公司。产品包括 Dynatorch 数控等离子切割机软件。出于讨论目的，我们假设该公司要进入加拿大市场。作为市场拓展方案的一部分，该公司已经和国内分销商协作，针对加拿大市场开展数控等离子切割机软件的本地化。我们进一步假设 Dynatorch 已经决定和一家语言服务提供商合作，将自己的《数控等离子切割机用户手册》译成法语，去打开加拿大市场，而不是将其安排给分销商。[1]该用户手册是一份 120 页的 Microsoft Word 文件（*.doc），其中包括 57 张

---

[1] 对于 Dynatorch 公司准许使用其《数控等离子切割机用户手册》（Dynatorch，2006）演示本假定项目，笔者在此表示感谢。

Dynatorch 等离子切割软件（有些被多次使用）中的插图和 5 个假设使用 CAD 软件生成的图形。为了便于讨论，假设语言服务提供商将语言方面的工作（如翻译和校对）外包，并且译员不直接在源语 Word 文档里工作，而是通过计算机辅助翻译（CAT）工具在一个专用的翻译环境中工作。

在这个假设的项目里面，表面的交付成果包括 Microsoft Word *.doc 格式的法语版用户手册和相应的*.tmx（Translation Memory Exchange）格式的翻译记忆库。但对交付成果进行更高级别的分解后，我们发现这些交付成果包括目标语（译文）文本、本地化版软件的目标语截图、已将英语换成翻译文本的目标语图形和翻译记忆库。[1]然而，这种程度的分解还不够细致，不能估量完成各部分（广而言之，即交付成果）工作所需的时间和人力资源。因此，还需要进一步分解，确定完成这些交付成果所需的各个活动。

例如，制作 5 个目标语图形的工作就需要进一步分解。即使已有源语 CAD 文件，但从图形中提取文本并制成兼容 CAD 工具的格式往往是一个费力的手动过程。尽管已存在各种工具可从现有的 CAD 文件里提取文本，但这些工具通常无法识别和提取所有可译文本（如包含变量和评论的脚本）。假定其中包含的图形很少且文本也有限，那么，最省时间的方法是在 Word 文档屏蔽图中嵌套文本，并替换成可编辑的标注。这需要在图中出现文本的每个地方绘制文本框，并输入相应的译文。这样，5 个图形中的文本就可以随文档中的其他文本一起进行 CAT 工具处理。采用这个方法后，我们就没有必要执行以下一系列操作，包括将文本导入（或者复制和粘贴）到 CAD 文档、保存目标语版本的图形并将目标语图形插入目标语 Word 文档中。最后，也可以在交付时提交这份经过修改的源语文档，供 Dynatorch 公司在决定进入其他国际市场时重复使用，节省未来项目的时间。上述假设介绍了如何翻译图中嵌套文本，表 2-4 据此给出了完成 Dynatorch 项目必须执行的活动清单。

表 2-4 中给出的活动清单并不详尽，仅代表完成项目的一种可能方法。根据项目需求和/或项目流程，可能还必须完成其他活动。例如，撰写风格指南、术语库创建、

---

[1] 本文严格区分文档和文本。文档指“向他人提供信息的交换性文件”（Gollner，2009：3），而文本指文档中包含的书面信息。

编辑、使用现有的翻译记忆库进行预翻译、机器翻译和客户审校等。此外，表 2-4 中列举的一些活动可以进一步分解。例如，项目关闭可能要涉及多个步骤，包括但并不限于存档项目文件、进行项目事后分析、更新项目文档和进行客户满意度调查。

表 2-4 完成 Dynatorch 项目必须执行的活动清单

（需要注意的是，并不是所有的事项都是严格按照时间顺序排列的）

获得项目批准
制定时间表
获取资源
准备项目启动会议
召开项目启动会议
在图形中插入可编辑的标注
在计算机辅助翻译工具中导入修改过的 Word 文档
保存项目文件
翻译项目文件
截取本地化软件的目标语屏幕图
从翻译后的项目文件中导出目标语 Word 文档
将目标语屏幕截图集成到目标语 Word 文档中
设置目标语 Word 文档的格式
校对目标语 Word 文档
根据需要重新进行目标语屏幕截图
将语言方面的修改更新到翻译记忆库
以*.tmx 格式导出翻译记忆库内容
最后将目标语 Word 文档定图定版
提交目标语文档终稿、修改后的源语文档和*.tmx 文件
开出项目发票
项目完成

活动排序

在确定了完成交付所需执行的各项活动后，项目经理就必须安排这些活动在项目中的实施顺序。这反过来也要求项目经理必须清楚各项活动之间的依存关系。从更广泛的意义上来说，各项活动之间的依存关系可以分为三类：强制型、任意型和外部型（PMI，2008：139-140）。强制型依存关系反映的是合同义务，如合同规定语言服务提供商应使用特定的翻译或者本地化工具，这些规定也有可能暗含在规定的任务中。例如，在源语文件译完前不能校对目标语文件。与强制型依存关系比起来，任意型具有可选性，可以根据相关领域中的最佳实践或项目经理的判断选择具体的活动顺序。例如，项目经理可将译前的术语提取与客户审校之间的关系定义为任意型，从而将后续的返工风险降到最低限度（参见本书邓恩的相关论述）。最后是外部型，顾名思义，这种关系反映的是项目的一些方面和外部活动之间的关系。举例来说，一种药品获准上市销售前必须得到当地监管部门的批准（进一步引申的话，应在翻译该药品的包装、相关文件和市场材料之前）。

活动的顺序不仅取决于依存关系，也取决于各项行动之间的逻辑关系性质。美国项目管理协会定义了以下 4 种逻辑关系（PMI，2008：138）。

1．结束—开始。

后一活动的开始取决于前一活动的圆满完成。例如，如果文件的撰写没有完成，就无法发布。这是最常见的一种逻辑关系。

2．结束—结束。

后一活动的完成取决于前一活动的圆满完成。例如，一本书的最后一章撰写完成之后，全书撰写才算完成。

3．开始—开始。

后一活动的开始取决于前一活动的开始。例如，文件开始撰写之后，才能进行文件的修改和编辑（需要注意的是，在本例中，为了保证某些内容的撰写时间，在必要的情况下可以推迟编辑的开始时间）。

4．开始—结束。

后一活动的完成取决于前一活动的开始。例如，假设一家公司购买了新的会计系统，但又不想在新的会计系统投入使用前删除旧的系统。因此，当员工开始使用新的系统时（前一活动），旧系统就退出了（后一活动）。这种逻辑关系很少使用。

项目经理需要评估不同项目活动之间的各类依存关系和逻辑关系，从而根据客户的规范决定活动的先后顺序，完成相关项目。回到我们的假设项目所包括的活动（参见表 2-4），可以知道文本抽取和文本翻译之间、翻译和桌面排版系统之间、截屏和桌面排版系统之间，以及桌面排版系统和校对之间存在“结束—开始”的逻辑依存关系，这些只是其中几个例子。

对不同项目活动之间的依存关系和逻辑关系进行定义可以帮助我们建立一个项目网络图，直观地揭示不同活动的情况以及活动之间的因果关系，就像流程图一样（参见图 2-9）。项目网络图构成了项目时间表的框架。它揭示了完成项目需要执行的各种活动及其顺序，而不是每项活动开始和结束的具体日期与时间。

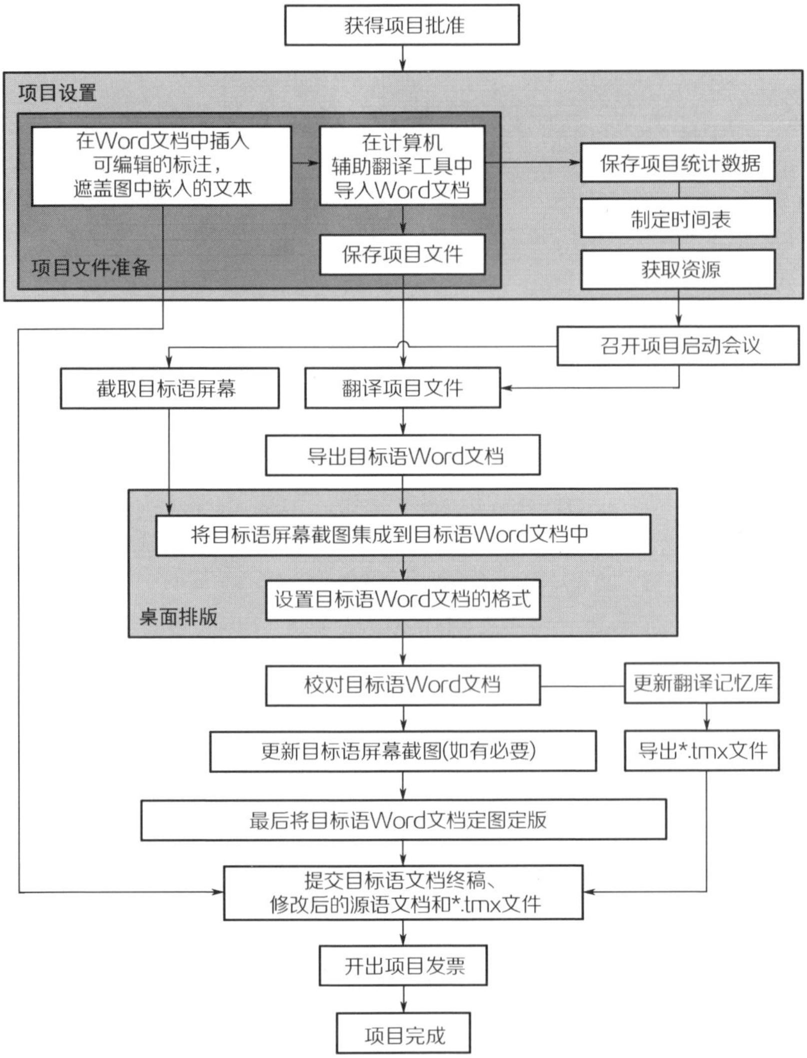

图 2-9 Dynatorch 项目中各构成活动的顺序与依存关系项目网络图

（实线箭头代表“结束—开始”逻辑依存关系）

为了安排不同活动的时间表和确定每个项目的时间，项目经理必须确定出执行项目活动所需要的人力资源以及活动的工期。下文重点介绍估算所需活动资源和活动工期的流程。

活动资源估算

在定义了项目活动及其执行顺序后，项目经理就需要对完成项目所需的人力、物力、财务资源进行高级别估算。在外包翻译和本地化项目中，进行初步估算的主要目的是：确定执行项目活动所需的人力资源数量和类别（即自由译员和其他服务提供商），如翻译、校对、测试、术语提取等。项目初期的人力资源估算不仅仅要考虑必须进行的项目活动，还必须考虑项目的初步需求，包括（但不一定限于）语言对、地区和语言方向、相关领域的专业知识、专业经验及技术能力。将所需的资源同现有的资源进行对比，能让项目经理了解还存在哪些差距，并予以解决（或在所需资源不足或无法获取的情况下，建议公司不要启动项目）。

为方便讨论，我们假设 Dynatorch 公司为项目选定的语言服务提供商拥有专职项目管理、桌面排版和本地化人员，并且将特定语言的翻译和校对工作外包给其他分包商。基于这样的假定和表 2-4 所确定的活动，完成 Dynatorch 项目所需的人力资源应包括一名将英语译成加拿大法语的译员、一名将英语译成加拿大法语的校对人员、一名项目经理、一名桌面排版专家和一位本地化专家（参见表 2-5）。

表 2-5　Dynatorch 项目的活动构成以及完成项目所需人力资源的初步预估

活　动	所需人力资源
获得项目批准	项目经理
制定时间表	项目经理
获取资源	项目经理
准备项目启动会议	项目经理
召开项目启动会议	整个项目团队
在图形中插入可编辑的标注	桌面排版专家
在计算机辅助翻译工具中导入修改过的 Word 文档	项目经理

续表

活　动	所需人力资源
保存项目文件	项目经理
翻译项目文件	加拿大法语译员
截取本地化软件中的目标语屏幕图	本地化专家
从翻译后的项目文件中导出目标语 Word 文档	项目经理
将目标语屏幕截图集成到目标语 Word 文档中	桌面排版专家
设置目标语 Word 文档的格式	桌面排版专家
校对目标语 Word 文档	加拿大法语校对人员
根据需要重新进行目标语屏幕截图	本地化专家
将语言方面的修改更新到翻译记忆库	加拿大法语校对人员
以*.tmx 格式导出翻译记忆库内容	项目经理
最后将目标语 Word 文档定图定版	桌面排版专家
提交目标语文档终稿、修改后的源语文档和*.tmx 文件	项目经理
开出项目发票	项目经理
项目完成	项目经理

活动工期估算

在初步估算所需活动资源之后，项目经理必须估算“（使用）预估资源完成各个活动的工作周期”（PMI，2008：146）。在这方面，重点是应注意工作量和工期并不相同。工作量指的是进行一项活动所需的总劳动量，也就是全力投入、不间断的总工作量，以小时数或天数表示。工作量可以是连续的，也可以是不连续的。而工期则指一项活动开始至完成之间消耗的总时间，以营业日或工作日表示，周末、假期和其他非工作时段不纳入工期的计算中。一项具体活动的工作量与工期可能天差地别。例如，如果一项翻译项目需要工作 8 个小时才能完成，但指定的译员每天却只能工作 2 个小时，那么，尽管项目的工作量只有 8 个小时，但项目的工期却达到了 4 天。活动的工期不仅取决于可用的人力资源，还取决于工作效率。

如果一个人能够将 100%的时间全部用在某项任务上，那么就可以在 10 个小时内完成10个小时的工作量。这样的人可算是罕见了，因为更可能的一种情况是他或她的工作会时常被电子邮件、电话铃声、会议、咖啡时间和社交活动打断。对于一个人一天中可投入项目工作上的时间百分比，我们做过几项估算。笔者从计算机信息专业人士身上收集的过往数据表明，这个比例的范围在66%～75%之间。最近，在同样地客户群数据样本上，笔者发现该比例呈下降趋势，跌落至 50%～65%。如果用75%的比例估算，则意味着一项10个小时的任务约需13小时20分钟才能完成。这还是在无干扰情况下的数据，而事实是，我们常常受到干扰（Wysocki，2007：165）。

正是因为存在这些干扰，花在工作上的时间并不等于实际的工作时间（Robinson、Chenu & Alvarez，2002：44）。[1]干扰会影响工期，这并不只是因为干扰会让项目团队成员无法进行手边的活动，还因为它会让人不停地切换任务。威索基（2007：167）指出："每次受到干扰后，要再回到干扰之前的产出水平就需要花费额外的时间。"换句话说，干扰对工期造成的时间延长，要大于干扰时间本身所占用的时间。实证研究证明，随着任务复杂程度的增加，工作绩效往往会随之下降（Speier、Valacich & Vessey，1999；Bailey & Konstan，2006），而且干扰还会有残余效应，在干扰发生后的很长一段时间内都造成影响（Bailey & Konstan，2006）。无论如何，项目经理都必须估算每个项目活动的工作量和工期：工作量信息用于报价和计费，而工期信息用于估算完成日期和时间进度。

可以使用多种方法来估算项目活动的工作量和工期，包括专家判断、类比估算、参数估算和三点估算（PMI，2008：149-151）。顾名思义，专家判断是根据实务经验丰富的专家的知识进行工期估算。类比估算是运用以前类似项目的实际数据，对当前项目的活动工期进行外推或预测。使用类比估算方法得出的结果，其可靠性取决于以前项目和当前项目的相似程度。参数估算与类比估算类似，即都要依赖历史数据，但参数估算是通过对历史工期数据进行统计分析，以外推方式得出估算结果。对于使用参数估算方法得出的结果，其可靠性取决于统计模型和历史数据的稳健性。最后是三点估算，它计算的是预计活动工期的概率。该估算法认为工期本身是个随机变量，在完全

---

[1] 远程工作人员之所以比在办公室工作的人员更有生产效率，其中原因之一就是干扰减少（Illegems & Verbeke，2003；Verbeke，2006）。

相同的条件下重复执行一项特定的活动时，每次的工期都会不同。此外，三点估算法还考虑了估算流程的风险和变动的不确定性。因此，使用三点估算法需要准备三种工期估算，包括乐观估算（一切顺利的情况下预期工期）、悲观估算（一切潜在的问题均爆发出来，但还是最终完成活动的预期工期）和最可能工期估算（在正常或典型条件下的预期工期）。那么，预期工期（*E*）就使用下列公式计算：$E=(O+4M+P)/6$，其中，*O* 代表乐观工期估算；*M* 代表最可能工期估算；*P* 代表悲观工期估算。

在语言行业，正如许多其他行业中一样，工作量的估算方式一般是将工作量除以每项活动的基准生产率（或指标）。但是，这种方式未免有些过于简单，毕竟人工翻译并不是一个机械的流程，而是一项以知识为基础的智力活动（Wilss，1994，1996a，1996b）。将翻译输入（源语文本）转换为翻译输出（目标语文本）的过程本质上是主观的：翻译后的目标语文本代表了译员所做的全部语言推断与措辞的总和，而不同译员的语言推断与措辞也会不同。鉴于人工翻译的主观性以及翻译产出的效率受众多因素的影响，并不仅仅由译员个人所决定这一事实，让人从根本上质疑定义常规产出率是否可能。[1]实证翻译和本地化生产率数据的相对缺乏，让估算翻译和本地化工作量与活动工期变得更为困难。在缺少大规模研究或行业举措为制定和验证生产率指标提供指导的情况下，这些估算一般基于个别专家的判断，或根据特定公司或组织完成的以前项目进行类比估算。

影响产出计算的因素各种各样。从罗曼语言翻译成现代英语或将英语译成罗曼英语，其产出通常估计是每天大约 2500 个单词的源语文本（Bass，2006：77；Chriss，2006：35；McKay，2006：88）。正如巴斯（Bass）所指出的，英语与亚洲语言之间的互译估计需要使用专门的输入法（IME），日产

[1] 在 2003 年，本地化协会发布了本地化度量指标方案（Localization Metrics Initiative，LMI），其目的是“定义时间、成本和质量等方面的度量单位，使参与的公司不仅能够实现内部追踪，还可以与同行业平均水平进行比较”（Localization Institute，2003）。不过，该计划在 2005 年被悄悄地搁浅了。在同一时间，本地化行业标准协会（LISA）于 2004 年宣布将进行 GMX-C 标准的制定。该标准旨在“为确定特定任务的复杂水平提供一项标记机制”，以便能够实现工作投入的相关量化（Zydron，2004）。本地化行业标准协会于 2011 年 2 月底关闭时，GMX-C 标准仍然只是一份初始规范。

出量更低，为每天 1500～2000 个单词（2006：77）。[1]尽管这些基准产出率看起来很高，但具体的翻译日产量波动很大，从几百个到 1 万多个单词都有，这取决于许多因素，其中最大的因素是个体的译员。[2]例如，下列因素一般会增加翻译日产量：

- 清晰的范围和需求；
- 提供可靠的（在理想情况下，获得客户批准的）翻译记忆库；
- 提供可靠的（在理想情况下，获得客户批准的）术语库；
- 提供风格指南和筛选出来的或预先批准的语料库；
- 具有经验丰富、专业知识扎实的相关领域的译员；
- 为这个特定客户执行过类似工作的历史记录；
- 项目规模大（从思想上和管理的时间安排上来说，在所有其他条件相同的情况下，大型项目所需的平均工作量比小型项目要少。例如，对于一个给定的领域，一个 1 万个单词的翻译项目所需的工作量比复杂程度类似但互不相关的 5 个 2000 个单词的项目少）；
- 文件个数少：管理成本与项目文件的个数成正比；
- 线性文本（例如，用户文档中的长段落文本，而不是用户界面中孤立的字符串）；
- 在支持显示上下文的 WYSIWYG（“所见即所得”）工具中翻译；
- 源语文件中不存在文化问题或数量有限；
- 源语文件中事实表述准确，且错误瑕疵个数有限；
- 有行业领域专家及时回应项目期间提出的问题；
- 使用经过验证的技术（如计算机辅助翻译工具）；
- 项目文件内或各项目文件间存在重复（假设已使用计算机辅助翻译工具）；
- 源语内容的术语和风格具有一致性。

如果缺乏上文所列的各项，一般会导致翻译日产量减少。下列因素也会减少

---

[1] 在英语和罗曼语言互译的项目中，一般使用源语文本的单词数作为基准单位来估算翻译的产出。也有使用其他的基准单位。例如，在亚洲语言的翻译项目中使用每小时或每天字符数，以及在德语和土耳其语等黏着语翻译项目中使用每小时或每天文本行数。

[2] 关于执行估算时应考虑的一般性因素，请参见 Kliem & Ludin，1998：69-70 的相关论述。

翻译日产量：

- 相关领域过于新颖或独特；
- 源语文件和/或项目领域十分复杂；
- 源语文件质量很差（可能体现为未编辑的文本、格式或标记不一致、常识性的错误等）；
- 源语文件中的语法、文体和/或术语不一致；
- 译员无法显示待译文本的上下文；
- 需要手动确认文件内部或跨文件（如用户界面和帮助或文档之间）用法的一致性；
- 使用新的或未经证实的技术（如计算机辅助翻译工具）；
- 源语材料需要进行大量的适应性文化修改；
- 翻译成需使用 IME 输入法的语言；
- 使用不擅长该专业领域的译员。

此外，在特定项目（特别是软件本地化项目）中，译员的产出可能会发生显著的变化。用户界面的字符串翻译天生就比文档翻译耗时。如雷纳和塞利诺（Rayner & Sereno，1994：73）所言："理解文本时，读者不仅要能够整合句子内信息，还要能将各个句子联系起来，形成一个连贯的语篇。"如果翻译的是线性文本（如用户文档），那么，建立这种联系会相对简单一些。但在翻译软件字符串时情况就不一样了。由于其非线性结构和缺乏叙事脉络，所以，"不能以与处理文本相同的方式'解读'软件程序"（Dunne，2009：197）。因此，与同等单词量的用户文档相比，要花多达 10 倍的时间去翻译用户界面的字符串。因此，在估算本地化项目的工作量和活动工期时，必须考虑这些重大的生产率变化情况。

目前，对于翻译和本地化项目中的其他工作，如校对、编辑、桌面排版或屏幕截图，尚无经过验证的标准指标。例如，一些桌面排版专家或部门/公司是按页面进行工作报价的。但在特定的文档内，每页需要完成的工作范围可能都是不同的。此外，根据完成工作所用的工具或格式的不同（如 Adobe InDesign 文档或 Adobe Frame Maker 制作的图书与 Microsoft Word 文档相比），工作量可能相差一个数量级甚至更多。尽管大多数语言服务提供商可能已经设计了自己的估算方法，用于估算完成项目活动所需的工作量，但其中明显缺乏相关指导原则、建议或对翻译与本地化相关活动的工作量或工期估算有潜在影响的各种因素的研究。鉴于翻译和本地化工作具有定制的性质，且影响各类活动的工作量和工期的因素为数众多，目前看来工作量和活动工期的估算流程在很大程度上取决于估算人员的专业知识（Forsyth，2006）。在任何情况下，靠定义进行估算不过是一种基于事实或经验的猜测［借用罗恩·杰弗瑞斯（Ron Jeffries）的话，就是一种“工作猜测”］。“除了影响活动工期的所有因素之外，现实情况中的工期会毫无理由地变化，因为工期本身实际上也是一种随机变量，这还不算统计上的变化”（Wysocki，2007：168）。因此，只有在实际完成相关活动后，人们才可能知道完成该项特定活动所需的准确工作量和工期，这真的是一种自相矛盾。[1]

在讨论了工作量和活动工期的概念，并分析了翻译和本地化项目工作量估算方面的一些挑战后，现在将我们的注意力转回到假设的 Dynatorch 项目，并通过该项目所涉及的各种活动介绍工作量估算流程。在接下来的小节中，我们将依次讨论如何估算表 2-4 中所列活动的工作量。为了方便讨论，假设项目经理、桌面排版专家和本地化专家都会执行相关的活动，且这些活动的工作量估算所反映的工作效率为 75%。

获得项目批准

就此讨论而言，假设从客户处收到以传真形式签署批准的项目。因为这个活动不涉及项目团队的工作，所以工期为零。

制定时间表

鉴于这个项目的技术复杂性相对较低，且活动构成数量有限，所以时间表的确定估计最多 1 个小时。注意，项目经理在收到项目批准时就可以设计项目网络

[1] 这种方法有一个问题。根据行业专家唐纳德·德帕尔玛的说法（个人交流），大多数翻译项目的计费采用了固定价格合同的形式。工作量估算与项目成本估算有直接的关系，即以估算的工作量（即数量）值乘以相应的成本指标，从而估算出大约的成本，如“翻译单词数×每个单词的翻译成本”或“校对小时数×每小时成本”。如果翻译或本地化与敏捷开发项目同时进行，那么这些问题就会进一步恶化，因为项目开始前还未能完全定义其范围。

图，制定初步的时间表，但是时间表的最终确定取决于文件准备和资源获取的完成情况。

获取资源

在这个假设的项目场景中，项目经理需要确保桌面排版专家和本地化专家手上没有其他妨碍进度的任务。项目经理还需要获得两个外部分包商（即一位译员和一位校对）的工作承诺。这项工作的主要潜在障碍将是项目的专业领域（即数控等离子体切割）。就本讨论而言，假设项目经理定期和 4 名加拿大法语译员协作。他们要么经过正规培训，要么在机械工程方面有工作经验，并且还提供翻译、编辑、校对和测试服务。因此，在这个场景中，项目经理不需要寻找和评估任何新的人力资源。如果桌面排版专家和本地化专家都没有任何日程冲突，如果译员和校对及时着手项目，那么估计这一活动最多需要 1 个小时。然而，如果项目经理不知道首选的译员和校对是否可以参与，就需要向每个人发询问消息并给他们预留几个小时的回复时间。此外，还需要考虑收件人不会回应或无法联系到的可能性，在这种情况下就有必要联系下一个最合格的候选人。在后一种情况下，项目经理的工作量可能仍然是 1 个小时，但工期估计将是一个或多个完整的工作日。

项目启动会议

就本讨论而言，假设使用网络会议工具在线举行会议，物流准备、议程的制定和通知以及其他文档方面的工作估计需要 1 个小时，会议本身估计为 30 分钟。

在源语 Word 文档中插入可编辑的标注，屏蔽图中嵌入的文本

鉴于所需工作的范围有限（5 张图包含 291 个单词，其中 112 个单词重复），估计最多需要 1 个小时即可完成。

保存项目文件

在项目活动清单中，将修改好的 Word 文档导入计算机辅助翻译工具并保存相应的项目文件是两个互不相干的活动（参见表 2-4）。然而，因为需要使用相同的软件（计算机辅助工具）和可能会由相同的人员（项目经理）按顺序执行，通常将这两个活动视为出于方便进度安排而进行的一个文件准备活动。

将 Word 文档导入计算机辅助翻译工具并保存相应项目文件所需的时间取决于许多因素，包括文档的大小、格式的复杂程度（如项目符号列表、表格、文本框和插图的编号）、图形个数、样式个数和所用计算机辅助翻译工具的数量等。在文本提取的流程中，可通过许多工具将 Word 文档与富文本格式（*.rtf）进行相互转换。使用这些工具时，文本提取所需的时间（以及出现问题的可能性）与文件的页数和图形个数成正比。在本例中，文档的长度是 120 页，图形数量一共为 69 个（而且不是所有图形都需要修改），再结合以前提取类似长度的 Word 文档文本经验，项目经理可将这个活动的工期估计为 15 分钟。

除了提取文本外，许多计算机辅助翻译工具还可进行文本分析。该分析提供项目级的统计数据，包括所有源语文件可译单词总数，可使用现有翻译记忆库进行全部或部分预翻译的单词数，以及项目文件中全部或部分重复句段的单词数。[1]本例假设不使用项目翻译记忆库，且从头开始翻译整个用户手册。经过分析发现，修改后的 Word 文档包含的源语材料有 31300 个可译文本单词，其中重复的约为 2100 个单词。后面将根据此信息，借助基于单词的指标估算各项工作量（如翻译和校对）。

翻译项目文件

如上所述，翻译工作量一般使用每小时或每天可译多少源语单词表示的生产率指标进行估算，平均水平为每天 2500 个源语单词。然而，本假设项目的专业领域（数控等离子和氧燃料切割）相对复杂。此外，在翻译流程中，还需要确保用户手册中使用的目标语术语和本地化软件的用户界面中使用的相同（这是为了避免目标用户出现混淆不清）。根据这些考虑，项目经理在估算本项目的翻译工作量时，应该更保守一些，比如每天翻译 2000 个源语单词，或者每小时翻译 250 个源语单词（假定每天工作 8 小时）。翻译单词总数（约 31000 个源语文本单词）除以日产出量（每天 2000 个源语文本单词），即可估算出需要 15.5 个工作日才能完成翻译。不过，项目经理应考虑源语材料还包含 2100 个重复单词这样一个事实。虽然这个数字大约仅相当于一天的翻译产出，但译员仍需在上下文中查看并确认这

[1] 重复和翻译记忆库部分匹配可依用户定义的比例范围估算，不过一般介于 50%或 75%到 99%之间。

些复用的句段。因此，项目经理可对工作日估算进行相应的扣减，但应低于一个完整的工作日，比如下调到 15 个工作日。

截取本地化屏幕

屏幕截图所需的时间取决于许多因素，包括已安装和恰当配置的（截屏用）本地化软件的可用性（或安装和配置目标语软件所需的时间）、软件的复杂性、截图人员对于软件的熟练程度、截屏操作步骤的复杂性和脚本或其他步骤文档的可用性等。出于说明的目的，我们假定客户提供了 VMware 虚拟机镜像，并在其中安装和配置了本地化软件，还提供了脚本和样本文件，供截取源语屏幕使用。因此，相对而言，所需的安装时间极少。此外，3 个对话框就涵盖了用户手册中 57 个屏幕中的 20 个。例如，在显示机器参数设置的对话框中，包含了 14 个不同的选项卡。因此，本地化截屏人员只需选择其中合适的选项卡，更新每个选项卡上的设置，使之与源语图像对应起来，即可截取每个选项卡的图像，并保存为单独的屏幕截图。根据上述考虑，项目经理估计每个本地化屏幕截图需要 3 分钟。由于用户手册包含 57 个各不相同的屏幕截图（有些图片使用不止一次），因此，完成该项活动的全部工作估计要 3 个小时。

从已翻译的项目文件中导出目标语 Word 文档

根据以前从类似的翻译项目文件中生成目标语文件的经验，项目经理估计该活动的工期为 10 分钟。

桌面排版

“桌面排版”是一个概括性术语，涵盖文本之外的非文本或版式方面的修改工作，如表格、项目符号列表、图形、饼图、扫描图像、照片、高级图表等。在这个项目中，桌面排版需要将英语屏幕截图替换成相应的目标语版本，以及设置目标语 Word 文档的格式（包括更新目录）。由于这些活动可能会由同一个人（桌面排版专家）按顺序执行，因此，出于进度安排目的，通常将其视为一个桌面排版活动。

假设目标语屏幕的标记正确，组织恰当，那么，将 63 张源语屏幕截图转换成相应的目标语版本最多会花费 1 个小时。同样，由于这是一个非常简单的文档，在目标语屏幕截图替换完成后进行格式和目录的更新最多也只需 1 个小时。因此，桌面排版活动的总工作时间估计为 2 个小时。

校对目标语 Word 文档

校对是翻译活动完成后执行的一种单语审校活动，“重点是检查排版错误，不正确的连字和拼写，以及不正确的格式”（ASTM 国际，2006：10）。就本讨论而言，假定校对人员将在文档的电子版本上工作，并且直接在 Word 文件中纠正输入错误和其他语言错误。与翻译一样，校对工作也使用每小时单词数所表示的产出率进行估算。根据各大专业组织［如编辑和校对协会（2011），编辑、校对和标引自由职业者协会（2011）］以及翻译和本地化从业者（Esselink，2000：445；Müller，2007：42）等公开的基准产出率看，每小时产出一般为 2000～3000 个单词，具体取决于材料的复杂性、格式、相对错误频率和其他因素。鉴于本例源语材料的技术复杂性、屏幕截图和图形的数量，项目经理在估算工作量时可以更保守一些，将产出量定为每小时 2000 个单词。本项目总单词数为 31000 个，在每小时 2000 个单词的速度下，校对所需时间约为 15.5 个小时。

需要注意的是，项目经理估计校对工作量时没有考虑文本中的重复内容。计算机辅助翻译工具会自动根据已翻译的句段，利用和重复使用这些重复句段的翻译。然而，校对是一个完全人工的过程，受天生的人类记忆的限制，不一定能注意到或记住哪些部分是重复的，哪些不是。校对只是简单地验证整个文本、图片和文档的格式。因此，材料内或材料之间的重复并不会减少校对的工作量。

重新截取目标语屏幕截图

本例假设本地化专家在屏幕截图方面有着丰富的经验和良好的细节洞察力，首次截取的目标语屏幕截图问题（若有）非常少。在这种情况下，项目经理可为重新制作截图预留 1 个小时。

将语言方面的修改更新到翻译记忆库

本例假设翻译和校对有正式的培训和/或专业领域经验，项目经理可将这个活动的工作量估算为 1 个小时。

以*.tmx 格式导出翻译记忆库内容

这一活动的工期估计为 10 分钟。

最后将目标语 Word 文档定图定版

本例假设图形和格式的改动极少，我们估计 30 分钟就足以完成文档的定稿，并进行交付。

提交修改后的源语文档、目标语文档终稿和*.tmx 文件

就本讨论而言，提交指的是将修改后的源语文档、目标语文档终稿和翻译记忆库上传到客户的安全 FTP 站点。执行文件的上传和确认文件收悉需要 15 分钟。

创建和提交项目发票

本例假设使用模板或财务会计软件，完成这个活动 15 分钟就足够了。

项目完成

就本讨论而言，假设项目结束需要内部项目后期审校，并进行项目文件存档。估计完成这项工作需要 1 个小时。

应急储备

最后，项目活动的工期估算中还可以包括应急储备安排，也常被称为缓冲或者管理储备（PMI，2008：151）。应急储备安排常常以项目总工期的百分比来表示（如 5%～10%）。例如，假设 Dynatorch 项目所有活动的总工期是 19.2 个工作日。如果项目经理想在时间表中加入 10%的应急储备，以便应对各种风险，那么，只需定义一个工期为 2 个工作日的“项目缓冲”或“管理储备”活动，并把它安排在交付之前即可。

项目经理可结合使用生产率指标与项目范围数据，准确估算各种项目活动的工作量，进而完成资源规划和确定项目时间表终稿。[1]然而，需要特别注意的是，工期估算实际上是一种估计值，不是精确的测量值。事实上，随后可能需要调整

[1] 类似地，成本指标也应和项目范围数据结合使用，估算不同项目活动的成本，并反过来让项目经理完成成本预算和最终确定项目预算。

工作估算，以便反映人力资源的分配，尤其是在参与人员的产出率显著高于或低于初始估算所使用的指标水平时。同样，上述任一变量的出现都可能导致工作量大于或小于最初的估算值。因此，项目经理一定要积极地监控团队的绩效，以便及时发现潜在的问题，并采取纠正措施。

制定时间表

在时间表制定流程中，项目经理应确定每个活动的确切开始日期和结束日期，最后形成整个项目的日程安排。制定时间表时应考虑以下因素，包括：（a）项目活动列表；（b）项目网络图（即项目活动的顺序）；（c）每个活动的估算工作量；（d）完成每个活动所需的资源。其中可能还包括项目范围说明（如果它包含会影响时间表的约束或假设条件）、公司环境的因素（如进度或项目管理软件）以及组织流程资产（如政策、程序、模板或过去类似项目的事后分析文件）。

时间表的制定通常要借助专业软件完成，例如，微软的 Project 软件、AIT Projetex、JiveFusion Collaborate、Multi Trans Prism & Plunet Business Manager 等。项目经理首先输入项目的开始日期。就本讨论而言，假设 Dynatorch 项目将在 3 月 21 日周一上班时收到客户的批准后开始。输入项目开始日期后，项目经理开始定义每周工作天数和每天工作时间，以便进行工作安排。例如，大多数西方国家的全职译员每周一到周五工作，每天工作 7～8 个小时。周末和节假日不算工作日。时间表安排软件中一般都定义了默认的周工作天数和每天工作时间，但如果环境允许，项目经理也可以调整这些信息（例如，在出现“紧急”项目的情况下）。就本例而言，我们假设每周一到周五工作，每个工作日 8 个小时，工作时间是上午 8 点到中午 12 点，下午 1 点到 5 点。

在定义了和/或修改周工作天数和/或每天工作时间之后，如有必要，项目经理可在进度安排软件中输入活动列表，并定义执行的顺序（参见图 2-10）（注意，这部分工作可能已在活动定义、活动排序和创建项目网络图中完成）。更具体地说，定义序列就是项目经理指定每个活动的前置活动（但第一个活动没有前置活动）。进度安排软件通常会在前置活动和后续活动间定义“结束—开始”逻辑关系。例如，在图 2-10 中，项目文件准备（任务 3）的前置活动是在源语 Word 文档中插入可编辑的标注（任务 2）。[1]换句话说，在源语 Word 文档中插入了可编辑的标注并遮盖了图中嵌套文本后，才能开始项目文件准备。在某些情况下，多个活动可共用同一个前置活动。例如，图 2-10 中，任务 13 和任务 14 共用的前置活动都是校对目标语 Word 文档（任务 11）。在项目网络图中，一个前置活动带有多个后续活动意味着将并行执行这些后续活动。然而，并行执行活动可能是明智的，也可能不是明智的，具体取决于特定活动和所需的人力资源。因此，通常在时间表制定流程后期才进行并行时间安排的决策。

	Task Name	Predecessors
1	Receive project approval	
2	Insert editable callouts in source Word doc	1
3	Prepare project file	2
4	Develop schedule	3
5	Acquire resources	4
6	Prepare for kick-off meeting	4
7	Kick-off meeting	5,6
8	Translate project file	7
9	Capture target screens	7
10	Output target Word document	8
11	Desktop publishing	9,10
12	Proofread target Word document	11
13	Retake target screen captures as needed	12
14	Update TM to reflect linguistic changes	12
15	Output contents of TM in *.tmx format	14
16	Finalize graphics/formatting of target doc	12,13
17	Contingency reserve	16
18	Deliver modifed source doc, target doc & TM	2,14,16,17
19	Invoice project	18
20	Close project	19

图 2-10 已定义活动和前置活动的初步项目时间表草稿

接下来，项目经理输入每一个活动的估算工作量（参见图 2-11）。进度安排软件会根据这些信息计算相应的完成日期。例如，上文提到 Dynatorch 项目定于 3 月 21 日上午 8 点开始。根据图 2-11，第一个活动是获取项目批准，也是项目里程碑，

[1] 活动和任务是同义词，均表示“在项目过程中完成的一个工作组成部分”（PMI，2008：426）。

工期为零。因为第一个活动的工期为零，所以系统安排第二个活动（即提取 CAD 图形中的文本）于 3 月 21 日上午 8 点开始。该活动的估算工期是 15 分钟。相应地，进度安排软件自动计算出提取 CAD 图形中文本的结束时间是 3 月 21 日早上 8 点 15 分，这也是其后续活动（文件准备）的开始时间。此外，进度安排软件还会将工作量分配到相应的工作时间和工作日中，将工作量自动转换为工期。例如，上文提及 Dynatorch 项目的翻译工作量估计需要 15 个工作日完成。再根据图 2-11 的显示，翻译的进度安排是 3 月 21 日开始，4 月 11 日完成。因此，尽管估算的工作量是 15 个工作日，但该活动的实际工期是 22 个日历日（其中包括周末不算工作日的情况）。

	Task Namne	Predecessors	Duration	Start	Finish	Resource Names
1	Receive project approval		0 days	Mar 21	Mar 21	PM
2	Insert editable callouts in source Word doc	1	1 hr	Mar 21	Mar 21	DTP specialist
3	Prepare project file	2	15 mins	Mar 21	Mar 21	PM
4	Develop schedule	3	1 hr	Mar 21	Mar 21	PM
5	Acquire resources	4	1 hr	Mar 21	Mar 21	PM
6	Prepare for kick-off meeting	4	1 hr	Mar 21	Mar 21	PM
7	Attend kick-off meeting	5,6	30 mins	Mar 21	Mar 21	PM,Translator,proofreader
8	Translate project file	7	15 days	Mar 21	Apr 11	Translator
9	Capture target screens	7	3 hrs	Mar 21	Mar 21	Proofreader
10	Output target Word document	8	10 mins	Apr 11	Apr 11	PM
11	Perform desktop publishing	9,10	2 hrs	Apr 11	Apr 11	DTP specialist
12	Proofread target Word document	11	15.5 hrs	Apr 11	Apr 13	Proofreader
13	Retake target screen captures as needed	12	1 hr	Apr 13	Apr 13	Localization specialist
14	Update TM to reflect linguistic changes	12	1 hr	Apr 13	Apr 13	Proofreader
15	Output contents of TM in *.tmx format	14	10 mins	Apr 13	Apr 13	PM
16	Finalize graphics/formatting of target doc	12,13	30 mins	Apr 13	Apr 13	DTP specialist
17	Contingency reserve	16	2 days	Apr 13	Apr 15	
18	Deliver modifed source doc, target doc & TM	2,14,16,17	15 mins	Apr 15	Apr 15	PM
19	Invoice project	18	15 mins	Apr 15	Apr 15	PM
20	Close project	19	1 hr	Apr 15	Apr 18	PM

图 2-11 列出所有活动、工期、开始日期、完成日期以及资源配置的初步项目时间表

最后，项目经理给每个活动分配人力资源（参见图 2-11）。如有任何项目团队成员每天只能在有限的几个小时内参与项目，那么，项目经理可以对团队成员的活动参与时间规定一个百分比。同样，如上所述，项目经理还需要规定内部项目团队成员的工作效率百分比。对于受资源限制的所谓“瓶颈”活动（如只有一个资源可以使用的活动，参考 Dynatorch 项目中由 DTP 专家和本地化专家执行的活动），项目经理还需要为其定义“结束—开始”逻辑关系。一旦输入活动、依存关系、工作量和人力资源分配的所有信息，并对资源限制或工作效率进行必要的

调整，初步时间表就完成了（参见图 2-12）。

在完成初步的时间表后，项目经理还必须确定它是否可行，或是否需要进一步改进或修改。如果客户指定了截止日期，则应重点考虑初步时间表是否能够准时或提前完成项目。如果可以，则该项目的时间表可能不需要修改。但是，在现实中情况通常不是这样的。此外，在不断变化的情况下，除了项目活动间的依存关系和逻辑关系中固有的约束条件以及必要的人力资源的可用性之外，还需要增加新的进度约束条件。例如，假设 Dynatorch 项目承诺通过公司的测试服务器为翻译团队提供本地化版本的软件，但在 3 月 21 日星期一上午发现该服务器已经在 3 月 19 日和 20 日周末的这两天发生了灾难性的硬件故障。

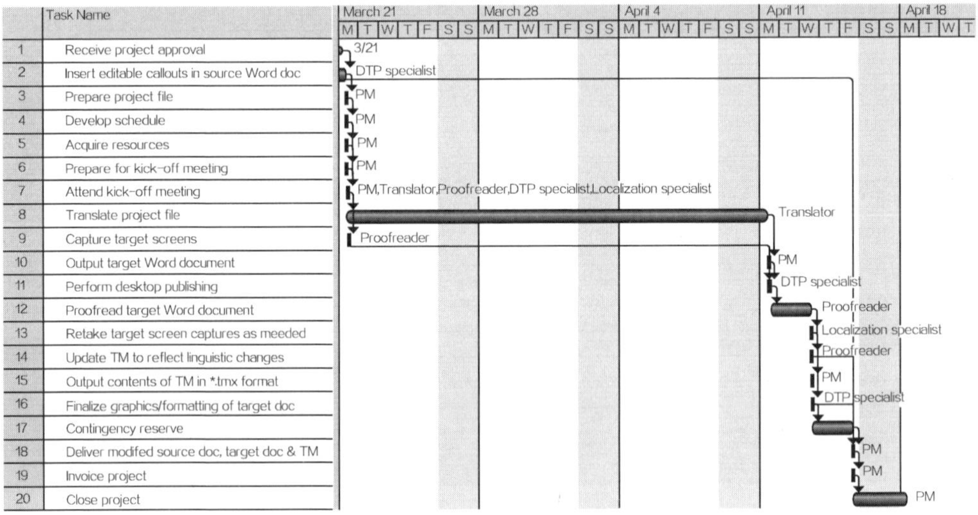

图 2-12 Dynatorch 假设项目的甘特图

（其中列明了项目各个构成活动的顺序与工期，每个水平横条代表了一种活动，

每个箭头则代表了“先行—后续”的关系）

在这种情况下，Dynatorch 项目在 3 月 21 日上班时与语言服务提供商联系，向项目经理通知该问题。此外，Dynatorch 项目承诺创建本地化软件的桌面安装虚拟镜像，将该虚拟镜像复制到外部硬盘驱动器，并在 3 月 23 日下班时将硬盘驱动器发送给语言服务提供商。在这种情况下，由于翻译人员无法使用软件的本地化副本截取目标语屏幕或查询相关内容，项目经理就要在项目启动会议（任务 7）与翻译项目文件（任务 8）、

截取目标语屏幕（任务9）间分别插入3个工作日的延迟（见图2-13）。

	Task Name	Predecessors	Duration	Start	Finish
7	Kick-off meeting	5,6	30 mins	Mar 21	Mar 21
8	Translate project file	7FS+3 days	15 days	Mar 24	Apr 14
9	Capture target screens	7FS+3 days	3 hrs	Mar 24	Mar 24

图2-13 初步Dynatorch项目时间表

（其中，注明项目启动会议与翻译项目文件、截取目标语屏幕截图之间有3天的延迟）

如果初步时间表不能在客户规定的期限内完成项目，则项目经理必须决定是否：（a）将项目范围压缩到可在指定时间内完成的程度；（b）拒绝承接该项目；（c）缩短日程表的长度以满足指定的截止日期。在管理外包翻译和本地化项目时，前两种方案通常不具备可行性，因此这里不再进一步讨论。以下部分将研究项目经理可用于缩短时间表总工期的一些方法。

时间表压缩

要确定从何处着手以及如何安排才能最好地缩短时间表，项目经理先必须明确项目的关键路径。当时间表要求并行执行活动时，可以通过项目网络图追踪从开始到结束的多个路径。关键路径对应的是工期最长且“空闲”或“浮动”时间为零的活动顺序。“空闲”或“浮动”在这里是同义词，均指活动的开始时间或完成时间中允许出现的延迟量。空闲或浮动时间对应的允许延迟量不应延误后续活动的开始，而总空闲或浮动时间对应的延迟量不应延误项目的完成或违反进度约束条件（PMI，2008：435，451；Wysocki，2007：201）。因此，作为一种活动顺序，关键路径决定了整个项目的工期。[1]关键路径上的任何活动如果出现延迟，都将延迟项目的完成。在确定了关键路径后，项目经理就可以开始分析压缩方法，争取在客户的截止日期前完成项目。为满足规定的截止日期或其他时间表约束条件而压缩时间表，但又不改变项目的范围，这样一种流程称为“时间表压缩”（PMI，2008：156）。时间表压缩技术包括赶工和加快处理。

[1] 有关关键路径的更多信息和图解，参见本书拉莫斯所著部分。

赶工涉及成本分析和时间权衡，旨在确定哪些措施能以最少的成本增量和最小的项目目标风险最大限度地缩短项目工期。对于翻译和本地化项目，赶工方面的例子包括向外部分包商支付加急费用，从而加快活动的完成，以及将额外的人力资源分配给工期相对较长的活动，也称为加派资源。从数字角度来看，为给定活动增派第二波人员似乎可使估计的活动工期减少一半，而增派第三波人员应该可让估计的工期减少 2/3，依此类推。但实际情况并非如此，工期确实会受分配给该活动的人数影响，但仅此而已，因为工期的缩短不一定与执行该活动的人数成正比。例如，不同资源表现出来的生产率水平会大不相同。此外，行政管理费用也会随着项目参与人数的增加而成比例增加，项目风险也是如此。例如，分配给翻译活动的人越多，出现沟通问题、风格和/或术语不一致的风险就越大，导致需要返工并因此延迟活动完成的错误也越多。无论如何，只有在可以通过增派资源实现活动加速和/或分割的情况下，才适合进行赶工。正如布鲁克斯所说，“当一个任务无法分割时……增加再多的人手对时间表也没有影响”（1995：17）。

加快处理是另一种压缩时间表技术，它将原来按顺序执行的活动改为并行执行。下面用一个例子说明这个概念。假设一个项目涉及 10 个工作日的翻译和 5 个工作日的编辑。我们进一步假设，项目经理通常将翻译和编辑之间的逻辑关系定义为“完成—开始”。❶在这种情况下，活动的总工期是 15 个工作日（见图 2-14）。

现在让我们假设客户要求在 11 个工作日内完成翻译和编辑。在这种情况下，项目经理可以将翻译和部分编辑进度重叠在一起，加快编辑活动的处理。例如，项目经理可以将翻译和编辑之间的逻辑关系从“结束—开始”改为“结束—结束”，并留出 4 个小时的延迟时间，以便编辑最后一天完成的翻译。更改完成后，可将两个活动的时间表从 15 个工作日压缩到 10.5 个工作日（见图 2-15）。在这种情况下，翻译将负责向编辑滚动提交完成的译文。❷

---

❶ 本例使用的翻译和校对只作说明之用。一般来说，不建议将翻译和编辑之间的逻辑关系定义为“结束—开始”，因为这样做会导致编辑流程中的反馈无法及时返回到翻译流程中，并因此增加了返工的风险（更多信息请参见本书邓恩所著部分）。

❷ 基于服务器的翻译管理系统可实现实时协作，能够推动加快处理，而不需要手动切换。

图 2-14　在两个活动（这里指翻译和编辑）之间定义“结束—开始”逻辑关系时，会按顺序执行这两个活动

	Task Name	Predecessors	Duration	Start	Finish
1	Translation		10 days	Jan 17	Jan 28
2	Editing	1FF+0.5 days	5 days	Jan 24	Jan 31

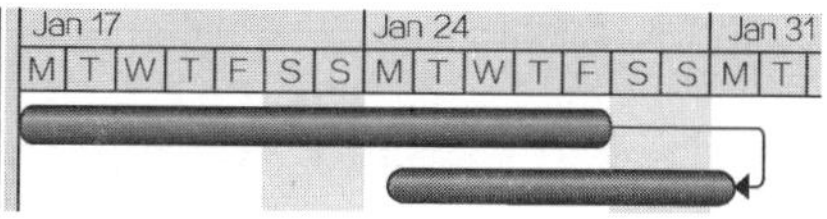

图 2-15　两个活动之间定义的是“结束—结束”逻辑关系时，二者将并列进行。如果两个任务无法同步完成，就必须使用延迟处理

另外，项目经理可将翻译和编辑工作分为 5 个批次进行处理，而不用改变本例中翻译和编辑之间的逻辑关系，这种方法也可以压缩时间表。每批翻译完成后，项目经理将其发给编辑。以这种方式对翻译和编辑进行分割，可将这两个活动的工期从 15 个工作日减少到 11 个工作日。这种方法将增加翻译和编辑活动中的协调与沟通工作量，因为项目经理需要管理从翻译到编辑的 5 次文件传递，而不是像图 2-14 顺序时间表所示在翻译完成后进行一次性传递。

在进行了充分的更改并确保项目可在规定的期限完成后，项目经理必须分析一下人力资源配置情况，以便发现任何可能由时间表压缩导致的冲突或可用性问题。在最终确定时间表后，项目经理应保存一个基准时间表，以便在随后的项目监测中将计划进度和实际进度进行比较。最后，制定时间表的流程中也可能需要更新其他项目文档。例如，如果压缩时间表要向分包商支付加急费用，那么可能需要修改成本基准。同样，也可能需要更新风险管控表，使之涵盖时间表制定期间发现（或产生）的任何新威胁或机会（有关该项目的风险管控表的详细信息，请参阅本书拉莫斯所著部分）。

时间表控制

就定义而言，每个项目都是独一无二的，因此工作量和工期的估算必然涉及不确定性的因素。的确，与翻译和本地化有关的工作量是由各种各样的变量所影响的，如上面所指出的，工期本身也是可变的。最后，时间表是一个模型，它代表了项目经理在斟酌和考虑后对完成项目所需的时间做出的最好猜测。在这种情况下，项目经理不能简单地假定所有的估算都是准确的，而必须监控实际的工期，并将其与计划的工期进行比较，以此确定该项目是在按部就班的进行，还是提前或落后于预定时间表。

监控的执行应具有足够的频率，并落实到细节上，以便提前发现进度差异并及时采取纠正措施。进度差异可以为负，也可以为正。负进度差异表示活动（或项目）落后于时间表，而正进度差异则表示进度提前。负进度差异通常是因为活动的实际执行时间超过计划完成时间造成的。其中一些负进度差异会更令人担忧。对于非关键路径上的活动而言，它们的负进度差异一般不会影响完成日期，除非其偏差超过该活动的总浮动时间。而与关键路径活动相关的负进度差异相对来说更为严重，因为任何关键路径活动的延迟将反过来导致整个项目的延迟。因此，项目经理应密切监控关键路径上的所有活动，争取发现各种偏差迹象。从表面上看，正进度差异似乎对项目经理来说是个好消息。毕竟，出现正进度差异时可以打发时间，这要比没有出现时千方百计的挤时间轻松得多。然而，如果项目经理希望、需要或上级指示提前完成项目，正差异也可能导致问题。时间表出现任何更改，无论是由正进度差异还是负进度差异造成的，都需要相应地调整后续活动的资源时间表。如果任何人力资源在为其安排的新的活动时间段内处于不可用状态，这样的调整就会导致问题。[1]最后，项目经理也可以在特定时间点将进度应急储备的使用百分比与工作完成百分比进行比较，为项目“把脉”。如果应急储备

[1] 传统的项目时间管理认为关键路径的主要推动因素是活动，与资源无关。批评家认为，时间管理应侧重于最长的活动序列，这不仅仅由活动的依存关系决定，也是由资源的限制决定的。该方法也称为关键链方法。更多信息请参见 Goldratt，1997 & Newbold，1998 相关论述。

的使用率低于项目进展百分比（如已完成50%的项目工作，但只使用了20%的应急储备），则表示该项目将如期完成；反之，则表示该项目将延期完成。

时间表控制不仅涉及监控项目的进展情况，还应根据需要修改时间表，这可能是由于存在上述差异或项目范围出现了更改。对进度来说，范围是固定的，但是由于项目中固有的不确定性和业务环境的动态性质，可能且常常会发生变化。例如，在假设的 Dynatorch 项目情境的后期阶段，客户可能会联系项目经理，要求翻译和插入 Dynatorch 项目的法律顾问刚刚起草的免责声明，以满足加拿大新的法律要求。

由于项目范围的变更是家常便饭，所以，翻译和本地化项目经理应事先制定好对策。具体做法是定义一个可解决以下问题的项目变更管理流程：

- 谁可以请求变更?
- 哪些是可以接受的请求变更理由?
- 如何提交变更请求（是使用表单还是模板等）？
- 项目经理如何确定拟议变更对时间表的影响?
- 谁将审核变更请求?
- 谁将批准或拒绝变更请求?
- 如果更改获得批准，将如何更新时间表?

最后，作为项目规划流程的一部分，项目经理还应确定客户接收状态更新的格式和频率。进展报告系统应提供及时和准确的状态信息，而不会增加显著的开销，并且报告应易于理解（Wysocki，2007：321）。

通常，报告会根据工期、人力资源工作或成本提供有关完成百分比的高级别信息，并以图形格式显示信息，使观众能够一目了然地了解项目状态。有关图形状态报告的示例，参见图 2-16。

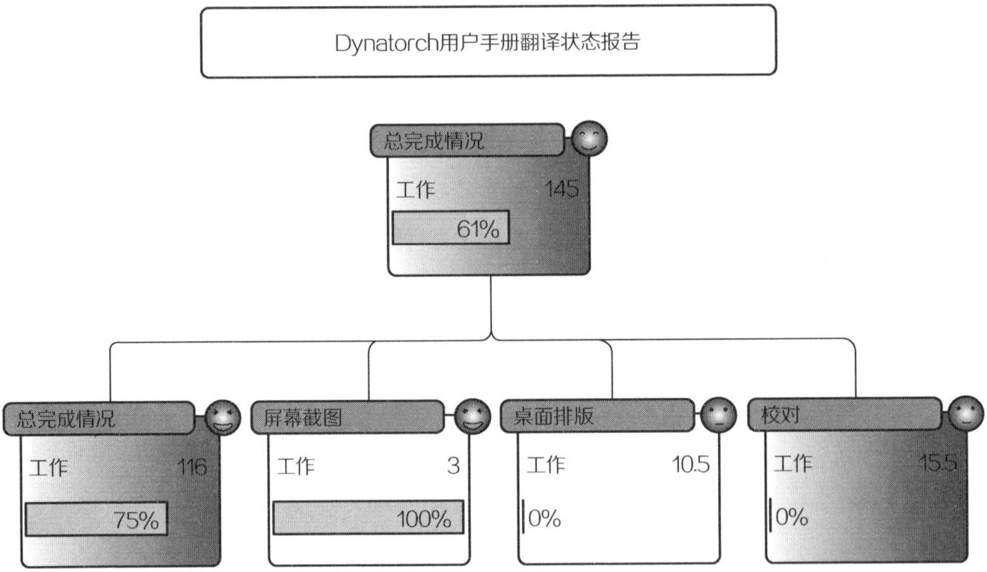

图 2-16 说明项目工作完成百分比的状态报告示例

（=进度提前；=按计划进行；=尚未开始）

结语

时间和时间表是关键的项目约束条件，但它们不是唯一的约束条件，在给定的翻译或本地化项目中，也不一定是最重要的约束条件。时间表（乃至在指定日期前交付项目）本身并不是一个目的或目标。德马科（2001：57）指出："时间表的目的是规划，而不是设定目标。"换句话说，必须区分正确地做项目和做正确的项目这两件事情。虽然两者都在项目成功中起着重要作用，但至关重要的是要认识到，正确地做项目是一个后勤方面的考虑，而做正确的项目是一个商业考虑，后者应优先于前者（Heerkens，2006：5）。以美国空军在 20 世纪 80 年代采购 B-1B 轰炸机为例。这项计划的风险管理案例研究指出："虽然该计划未超预算并按时完成，但飞机的性能是一个问题，这一点甚至连支持者也承认"，最终结论是该计划"[满足了]预算和调度约束条件，但没有达到性能目标"（Bodilly，1993：vi）。这里的关键点是：准时交付（亦即遵守时间表）虽然非常必要，但不足以获得成功的项目成果。在预算范围内按时完成的项目如果不能产生价值，或无法有效解决它所要解决的问题，仍然可能被视为失败。

约束条件之间是相互冲突的，必须进行仔细的平衡，力求实现最优化的项目价值。在当前市场，虽然客户对翻译和本地化项目时间表有一定的期望，但这些期望往往并不能说明他们对项目范围和完成工作所需的时间有清楚的了解。因此，当请求提供翻译或本地化服务时，客户要求（或规定）的截止日期可能风险很高或不合理，但不是出于恶意，而只是因为他们不了解项目的需要。相反，在当前市场，供应商往往不能说"不"，也不知道完成时间或完成方法；正如 Sikes（2007）所观察到的，即使工作量与可用时间完全不成比例，供应商对于翻译或本地化服务请求的默认响应也是"可以"。这种英雄主义式的项目管理方法存在着一个重大的问题，即加急处理可以控制项目按进度完成，但不能控制实际的完成日期（Brooks，1995）。翻译和本地化项目经理以及雇用他们的公司必须抵制住诱惑或压力（视情况而定），以便在制定和管理项目进度表时让加急处理压制住其他约束因素，进入后英雄主义的项目管理。对此，本文中讨论的 PMI 时间管理流程提供了一个标准化的框架和可重复的方法。

对于截止日期太急或项目时间表缩短的请求，翻译和本地化项目经理不应默认地说"是"，而应该以此类请求为契机，与项目客户方讨论风险和约束条件，给出一个或多个备选方案，并根据客户方的目标权衡各种选项。这种方法有几个优点。通过提出备选方案并讨论其优缺点，翻译或本地化项目经理可确保项目客户方对后续行动充分知情，并就最终做出的任何决定分担相应的责任和义务。此方法还可帮助各方确认供应商有能力完成客户方的要求和期望，最大限度地降低一方或双方对项目成果不满意的风险（即"一赢一输"或"双输"情况）。

最后，需要通过研究来评估和量化本文讨论的因素对翻译生产率的影响。同时，还应确定推动翻译和本地化绩效的其他相关变量，并评估其影响。经过验证后，可在这些产出数据的经验基础上，估算翻译和本地化任务所需的时间，乃至完成翻译和本地化项目所需的时间。研究与共享这些信息对翻译和本地化客户、从业者、教育者、学者和学生（总之，所有的行业利益相关者）都有极大的好处。

参考文献

Association for Project Management (APM). 2010. *A History of the Association for Project Management*.Buckinghamshire: APM. http://apm.org.uk/sites/default/files/0.10.6_APM_History.pdf.

Association of Freelance Editors, Proofreaders & Indexers. 2011. "FAQs [Frequently Asked Questions]." http://www.afepi.ie/faqs.htm.

ASTM International. 2006. F 2575 – 06. *Standard Guide for Quality Assurance in Translation*.West Conshohocken, PA: ASTM International.

Bailey, Brian P. and Konstan, Joseph A. "On the need for attention-aware systems: Measuring effects of interruption on task performance, error rate and affective state." *Computers in Human Behavior* 24: 685–708.

Barnes, Martin. 2006. "Some origins of modern project management – A personal history."*PM World Today* VIII: 8 (August). http://www.pmforum.org/viewpoints/2006/08_4.htm.

Bass, Scott. 2006. "Quality in the real world." In Perspectives on localization, Keiran J. Dunne(ed.), 69–94. Amsterdam/Philadelphia: John Benjamins.

Beath, Cynthia Mathis. 1986. Managing the User Relationship in Management Information Systems Projects: A Transaction Governance Approach. Ph.D. dissertation, University of California at Los Angeles.

Beninatto, Renato. 2011. "Three takeaways from Localization World Barcelona." *Localization Industry* 411 (Renato Beninatto's blog), June 21. http://www.l10n411.com/2011/06/three-takeaways-from-localization-world.html.

Bodilly, Susan J. 1993. *Case Study of Risk Management in the USAF B-1B Bomber Program*.RAND Note N-3616-AF. Santa Monica, CA: RAND.

Brooks, Frederick P. 1995. *The Mythical Man-Month: Essays on Software Engineering*.

Reading,MA: Addison-Wesley.

Chriss, Roger. 2006. *Translation as a Profession*. N.p.: Lulu.

DeMarco, Tom. 2001. *Slack: Getting Past Burnout, Busywork, and the Myth of Total Efficiency*.New York: Broadway Books.

Drucker, Peter F. 1967. *The Effective Executive*. New York: Harper & Row.

Dunne, Keiran J. 2009. "Assessing software localization: For a valid approach." In *Testing and Assessment in Translation and Interpreting Studies*, Claudia V. Angelelli and Holly E. Jacobson (eds), 185–222. Amsterdam/Philadelphia: John Benjamins.

Dynatorch. 2006. "Dynatorch CNC plasma cutter software user's manual." Paducah, KY: Dynatorch.http://www.dynatorch.com/downloads/SWManualNew4.doc.

Esselink, Bert. 2000. *A Practical Guide to Localization*. Amsterdam/Philadelphia: John Benjamins.

Forsyth, Darryl. 2006. "Determiners of accuracy when making an expected duration estimation:The role of 'past' event/task saliency." Research Working Paper Number 7. Research Working Paper Series, Massey University Department of Management and International Business. http://www.massey.ac.nz/massey/fms//Colleges/College of Business/MIB/Documents/Working Paper Series/working paper 7- darryl.pdf.

Goldratt, Eliyahu M. 1997. *Critical Chain*. Great Barrington, MA: North River Press.

Gollner, Joe. 2009. "The emergence of intelligent content." *Whitepapers Old & New – The Fractal Enterprise*. http://jgollner.typepad.com/files/the-emergence- of-intelligent-content-jgollner-jan-2009.pdf.

Heerkens, Gary. 2006. *The Business-Savvy Project Manager: Indispensable Knowledge and Skills for Success*. New York: McGraw-Hill.

Illegems, Viviane and Verbeke, Alain. 2003. *Moving Towards the Virtual Workplace: Managerial and Societal Perspectives*. Cheltenham, UK/Northhampton, MA: Edward Elgar.

Kezsbom, Deborah S., Schilling, Donald L. and Edward, Katherine A. 1989. *Dynamic Project Management: A Practical Guide for Managers and Engineers*. New York:

Wiley.

Kliem, Ralph L. 1994. "The invisible cornerstone: The people side of project management."*Systems Practice* 7:6 (December) 699–705.

Kliem, Ralph L. and Ludin, Irwin S. 1998. *Project Management Practitioner's Handbook*. New York: AMACOM.

Localization Institute. 2003. "2003 special edition localization management roundtable."
http://www.localizationinstitute.com/switchboard.cfm?category=roundtable&display=title&ID=10&Agenda=yes.

McKay, Corinne. 2006. *How to Succeed as a Freelance Translator*. N.p.: Two Rat Press.

Miller, William C. 1989. *The Creative Edge: Fostering Innovation Where You Work*. New York:Basic Books.

Müller, Eva. 2007. "Measures to achieve quality in localization." *MultiLingual* 18:7 (Oct.–Nov.):38–45.

Newbold, Robert C. 1998. *Project Management in the Fast Lane: Applying the Theory of Constraints*.Boca Raton, FL: St. Lucie Press.

Project Management Institute (PMI). 2007. *Practice Standard for Scheduling*. Newtown Square,PA: Project Management Institute.

——. 2008. *A Guide to the Project Management Body of Knowledge (PMBOK® Guide)*. 4th ed.Newtown Square, PA: Project Management Institute.

Rayner, Keith and Sereno, Sara C. 1994. "Eye movements in reading: Psycholinguistic studies."In *Handbook of Psycholinguistics*, M. A. Gernsbacher (ed.), 57–81. San Diego, CA:Academic Press.

Robinson, John P., Chenu, Alain and Alvarez, Anthony S. 2002. "Measuring the complexity of hours at work: The weekly work grid." *Monthly Labor Review* (April): 44–54.

Sikes, Richard. 2007. "Creating a framework for saying 'no.'" *MultiLingual* 18:5

(July–August):37–42.

Society for Editors and Proofreaders. 2011. "FAQs: Using copy-editors and proofreaders."http://www.sfep.org.uk/pub/faqs/fusing.asp.

Speier, Cheri, Valacich, Joseph S. and Vessey, Iris. 1999. "The influence of task interruption of individual decision-making: An information overload perspective." *Decision Sciences* 30:2(Spring): 337–360.

Uyttewaal, Eric and Woolf, Murray. 2011. "A call to action: What is a project 'schedule?'" MPUG (Microsoft Project Users Group), Jan. 13. http://www.mpug.com/News/Pages/A-Call-to-Action-What-is-a-Project-Schedule.aspx.

Verbeke, Alain. 2006. *Growing the Virtual Workplace: The Integrative Value Proposition for Telework*.Cheltenham, UK/Northhampton, MA: Edward Elgar.

Wilss, Wolfram. 1994. "Translation as a knowledge-based activity: Context, culture, and cognition".In *Language, Discourse and Translation in the West and Middle East*, Robert de Beaugrande, Abdullah Shunnaq and Mohamed Helmy Heliel (eds), 35–44. Amsterdam/Philadelphia: John Benjamins.

——. 1996a. *Knowledge and Skills in Translator Behavior*. Amsterdam/Philadelphia: John Benjamins.

——. 1996b. "Translation as intelligent behaviour." In *Terminology, LSP and Translation*,Harold Somers (ed.), 161–168. Amsterdam/Philadelphia: John Benjamins.

Wysocki, Robert K. 2007. *Effective Project Management: Traditional, Adaptive, Extreme*. 4th ed.Indianapolis, IN: Wiley.

Zydron, Andrzej. 2004. "GILT metrics – Slaying the word count dragon." *Globalization Insider* 13 (4.1). http://www.lisa.org/globalization insider/2004/11/gilt_ metrics__s.html.

从恶性循环到良性循环：以客户为中心的、基于 ISO 9001 原则和敏捷开发方法的翻译质量管理

凯瑞·J. 邓恩

对一些人而言，质量就是价值。

——杰拉尔德·温伯格（Gerald Weinberg）

所谓敏捷，就是在频繁遇到问题的早期尽快予以解决，这比置之不理效率要高得多。

——罗恩·杰弗里斯（Ron Jeffries）

本文讨论外包翻译和本地化项目中以客户为中心的质量管理所遇到的挑战。就目前的质量管理理论而言，基本框架是客户满意度决定质量，这意味着无法准确定义质量，而是必须根据客户的要求建立质量模型。然而，大多数客户无法明确说明他们对质量的要求，而且现在也没有就可操作性的质量定义达成一致。在翻译和本地化项目中，质量仍是个变数。传统的项目管理方法加剧了这些挑战，其中的客户质量评估是在项目的最后阶段根据偏好（不确定的需求）而不是要求（确定的需求）进行的。敏捷项目管理方法为克服这些问题提供了有效的策略，但需要在项目管理方法和客户审核方面进行重大修改，也需要客户更多的参与。

引言：质量好坏，旁观者清

“情人眼里出西施”是艺术和文学领域的一句谚语。

在过去的 30 年间，这句谚语在商业领域也十分适用，只不过用“质量”取代

了这句谚语中的“情人”。正如彼得·德鲁克在1985年提出的：

> 产品或服务的“质量”不在于供应商提供了什么，而在于客户得到了什么，并且愿意为之买单。产品不是“质量”，因为质量很难创造出来，需要耗费大量资金，制造商尤其了解这一点，即产品缺乏竞争力。客户只会为有用的、能带来价值的东西买单。对客户而言，别的都算不上“质量”（228）。

确实，在当今市场，质量没有绝对的标准，具体取决于客户的满意度。❶这完全符合常理：毕竟，任何想在市场中生存的公司都必须迎合客户。但在语言项目中，“质量由客户说了算”的概念面临着巨大的挑战。

翻译和本地化项目管理的学生、学者、教师以及所有寻求质量管理指南的业界人士可以查阅并参考各种项目管理标准，如美国项目管理协会出版的《项目管理知识体系指南》（PMBOK®）或国际标准化组织（ISO）出版的专门质量管理标准。目前，行业中广泛应用的管理方法是“ISO 9001：2008 质量管理体系”。该系统已为175多个国家/地区的100多万个组织所采用（ISO 2011）。ISO质量管理原理也在项目管理领域得到广泛应用。事实上，美国项目管理协会明确表示其质量管理方法旨在兼容ISO（PMI，2008：190）。因此，本文以ISO 9001：2008标准为参考框架，探讨以客户为中心的外包翻译和本地化项目质量管理方法中存在的一些问题，并讨论这些问题的一些可能的解决方案。❷

基于流程的项目管理方法

ISO 9000系列标准与《项目管理知识体系指南》项目管理标准有一个共同的出发点，即两者都倡导采用基于流程的方法。流程是通过知识、技能、工具、技术和资源将输入转化为输出的任何一项或一系列管理活动（ISO，2008：vi；PMI，

---

❶ 客户是指接受项目交付成果的个人或组织，不只是支付项目款项的人；客户可以是组织内部或外部的人员（ISO，2005：10）。

❷ 尽管存在许多特定翻译的产品和流程质量标准，但是它们在语言行业从业者相对封闭的圈子之外几乎不为人所知（Kelly、Beninatto & DePalma，2008）。关于语言行业标准的详细概述，请参阅莱特的相关论著（Wright，2006）。

2008：37）（参见图 2-17）。翻译和本地化项目中的流程示例很多，包括但不限于范围定义、需求制定、术语提取、翻译和校对。

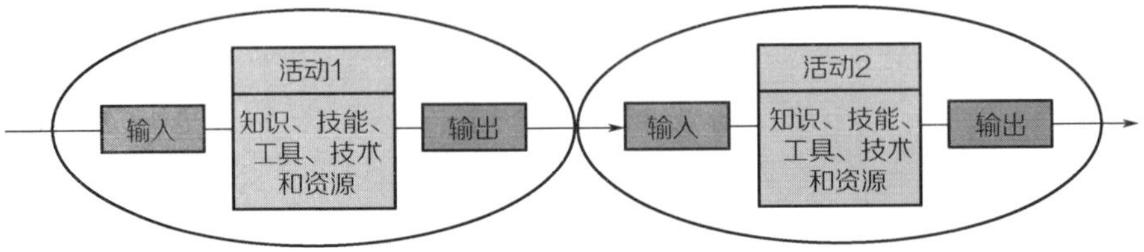

图 2-17　流程指的是一项或一组活动，它们使用并管理各种知识、技能、工具、技术（KSTT）和资源，实现输入向输出的转换

一个活动的输出通常会变成后续活动的输入。例如，在翻译项目中，创建术语库环节的输出内容就成了翻译环节的输入内容，而翻译环节的输出内容则成了编辑环节的输入内容，依此类推。根据国际标准化组织的定义，“为获得期望的结果，在组织内部应用流程系统，连同这些流程的识别、相互作用以及管理，总称为‘流程方法’”（ISO，2008：vi）。

基于流程的质量管理方法

基于流程的质量管理方法强调 4 个基本概念的重要性：

- 了解和满足需求；
- 从增值角度考虑流程；
- 取得预期效果，包括流程表现和有效性；
- 在客观评测的基础上持续改进流程（ISO 2008：v-vi）。

根据国际标准化组织的规定，质量达标就是明确并满足各种客户需求（参见图 2-18）。项目开始前，应向客户和供应商咨询，确保客户的需求得到正确的理解和记录。这些文档记录反过来又可以用作需求说明书，对产品进行最终的评估，考核其是否符合客户需求。然后，供应商制定并执行满足指定需求所必需的项目和产品质量计划。这一系列项目和产品质量计划就构成了供应商的质量保证（QA）流程。在创建产品期间，每个步骤都会衡量与分析输出结果，确保符合供应商的质量保证流程与标准。这些核查组成了供应商的质量控制（QC）程序，可确保适当地实施质量保证流程，且生成的输出结果符合质量保证标准。在产品完成并交付后，应根据客户的要求对其进行评测和分析，并向客户征求反馈意见，了解需要改进的地方。

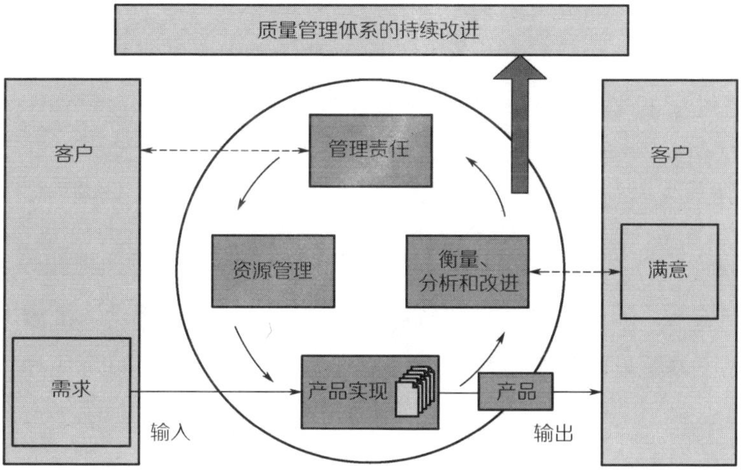

图 2-18 基于流程的质量管理方法

（实线箭头表示增值活动，而虚线箭头表示信息的流动）

以流程为基础、以客户为中心的质量管理的关键特性

就此处的讨论而言，以客户为中心的质量管理方法有 3 个方面值得我们特别注意：(a)“质量”一词的具体含义；(b) 需求的极端重要性；(c) 符合需求与客户满意度之间的显著差异。在接下来的部分中，我们将依次讨论这 3 个概念。

“质量”一词所造成的基本术语混乱

“质量”一词可以指产品的优良程度，也可以指一种固有的特性、属性或特质。这种歧义导致了基本术语混乱。在一般情况下，人们对“质量”的理解是“产品的优良程度”。但不论是 ISO 9000 系列标准，还是《项目管理知识体系指南》都没有将质量概念与优良程度相提并论。在国际标准化组织术语中，质量被理解为一种固有的特性、属性或特质。确实，ISO 9000 系列标准将质量明确定义为“一组固有特性满足需求的程度”（ISO 2005：7)。《项目管理知识体系指南》则采用了国际标准化组织的质量定义（PMI，2008：190，345，445)。因此，国际标准化组织和美国项目管理协会中使用的“质量管理”术语并不是指对产品优良程度的管理，而是指对影响产品满足客户需求之性能的固有特征的管理。[1]

我们可以举例说明这一显著的差别。假设一位客户从化学产品供应商处订购了 1 吨（1000 千克）的化合物异丙醇[一般被称为外用酒精，化学分子式为 $(CH_3)_2CHOH$]。异丙醇有一系列的特性，如外观、沸点、易燃性、闪点、熔点、气味、pH 值、溶解度、稳定性、毒性、蒸气密度、蒸气压和波动性等。在这种情况下，“质量管理”描述的就是对那些影响异丙醇满足客户需求之能力的特质或特性的管理。相关质量取决于客户指定的需求，甚至取决于其目标用途，即用作防腐剂、燃料来源、亲脂性化合物（如油）的溶剂或其他物质。因此，如果客户打算将异丙醇用作燃料来源，就会更为关注其热力学特征。同样，在翻译项目中，客户需求也会随着文本类型（如用户手册和营销小册子）以及特定目标区域用户要求、需要和期望等因素的不同而截然不同。

因此，质量并不是绝对的，而是由一系列操作变量构成的，这些操作变量就是影响产品或服务满足客户特定需求之能力(或影响客户对需求是否满足之感知)的因素。需求应详细指明产品（形式特征）和产品的目标用途（适用性特征)。客户需求自身受到语境的限制，并取决于项目试图达到的特定目标（如响应市场需求、满足客户请求、满足法律要求等)。这个事实进一步强调了以客户为中心的质量的内在构建方式与根本性的主观本质。总而言之，在以客户为中心的方法中，想要创造出一个普遍适用的质量定义，在逻辑上是行不通的。相反，质量模型应按具体的项目个案而定。强调这一差别的重要性并非言过其实。

客户需求的关键性和难题

“质量”最终反映的是客户需求在最终产品中得到了准确而充分的理解、传达

[1] 欲详细了解国际标准化组织的质量管理哲学，请参见 Praxiom 公司相关研究（Praxiom，2008）。

和表现。然而，质量作为一种衡量客户需求满意度的概念，给我们带来了重大挑战。获取、传达和满足客户需求本身就十分困难，因为客户所说的想要的东西往往不是他们真正需要的，而项目团队又可能没有正确地听取、理解、传达或执行他们说的需求（参见图 2-19）。需求收集无疑是范围界定（甚至是项目管理）流程中一个最具挑战性和最有风险的环节。

图 2-19 想法与实际需要的差距：客户需求的确定、传达和满足上的难度

（改编自《项目真正的工作原理》，©2006，projectcartoon.com）

如果项目经理盲目地接受客户所言，并在此基础上继续处理项目，那么他肯定会遭到沉重的打击。在构建解决方案时，客户通常会发现他们需要的东西与他们的需求不相一致，然后你就得应对不断更改的最后期限、范围蠕变和不停地修改与返工。所以，这也难怪70%以上的项目都是失败的（Wysocki，2007：xxxiv）。

2008年，IAG咨询公司公布了一项调研结果，对北美地区110个中型公司和财富1000强公司的软件开发项目进行研究。该研究分析了单价超过25万美元、为其公司带来了“重大新功能”的项目，平均项目规模为300万美元。这项调研发现，在接受调查的公司中，68%的公司表示，如果未能充分或适当地收集需求，项目的成功概率很小，“项目可能会成功——但要撞大运”（Ellis，2008：1）。此外，这些公司有50%的项目属于“半途夭折”情况，此类项目都具有以下3个特征中的任意2个：（a）超过分配时间的80%以上；（b）超过预算的60%以上；（c）提供的功能不到要求的70%。这样的结果更加验证了贝里（Berry）的结论，即开发人员只是很好地满足了他们所认为的客户需求，但没有真正明白客户的需求（2000：44）。

在翻译和本地化项目中，各种变量的引入，如外国语言和文化，加大了需求收集的难度。

翻译的目的必须规范化、明确化，译员才可以开始工作。翻译纲要（Vermeer，1989；Kussmaul，1995；Nord，1997）中应列入定义翻译目的的流程。我们可以把翻译纲要看作一种项目规范形式，明确规定拟提供的服务/产品的需求。在理想情况下，此类纲要应非常具体，详细说明翻译的预期用途、目标受众、时间、地点、媒介以及目的等。但这个概念的问题是，发起翻译的客户很少是语言专业出身的，通常没有专门的语言知识（Byrne，2006：39-40）。

这样，一个恶性循环就产生了：以客户为中心的质量管理要求客户明确其需求；然而，客户经常无法明确自己的需求，因为他们对目标语环境、文化、习俗和法律要求知之甚少（Dunne，2006）。事实上，正是这些知识的缺乏，严重影响了许多客户在外包翻译中所做的决定（Shreve，2000）。而这些问题在本地化项目中都被放大了，造成本地化项目比文档翻译项目更为复杂。

正是由于这些原因，翻译和本地化项目中常常缺乏图2-18所述的需求信息和沟通的双向流动，导致规范说明书不清晰和/或不完整。由于没有一套清晰、全面和明确的客户需求（要求），“质量”很大程度上取决于不确定的客户需求（期望）。在这种情况下，明确客户需求的责任就默认落在语言服务提供商身上（Koo & Kinds，2000）。[1]然而，正如我们所看到的，如果一开始没有尽可能清楚、完整地记录客户需求，就开展项目工作，是对以客户为中心的质量管理原则的严重偏离，也是项目风险的重要来源。毕竟，如果我们没有清楚而完整地明确客户需求，就无法评估产品或服务符合客户需求的程度。此外，不提倡按期望执行项目，因为可能最终发现客户的期望完全不同于服务提供商的设想。

符合需求不等同于客户满意

ISO 9001 质量管理方法的第三部分对于我们的讨论至关重要，因为 ISO 对符合需求和客户满意度进行了明确的区分，“要了解客户的满意度，就需要评估与客户感受有关的信息，即公司是否满足了客户的需求”（ISO，2008：vi）。换句话说，客户的感受胜过刻板遵守说明书上的需求。满足需求虽然必要，但还不够，还要确保客户满意。美国项目管理协会和国际标准化组织一样，认为满足客户“需要实现符合需求（以确保项目产出符合预期）与适用性（产品或服务必须满足实际需要）的结合”（2008：190）。

就符合需求和适用性而言，其评价流程分别称为核查和验证（参见图 2-20）。核查和验证都非常强调需求是否清晰、全面，并认为这一点具有极端的重要性。假如出现下面几种情形，例如，客户的需求不清晰，也不完整；或者需求在项目实施期间不断变化，并最终偏离规范；或者规范中只注明了产品的形式特征，但不涉及预期用途。无论是哪种情况，需求规范与客户的真正要求和期望之间都会存在巨大的差距。这时，产品可能完全遵循了相关规范，但并不尽如人意。这就会带来风险，因为在验证后，我们会发现最终的项目成果并不是客户真正想要或需要的（参见图 2-18）。

---

[1] 语言行业的质量标准进一步恶化了该问题，因为这些质量标准“互相迥异，而且不论是个人还是组织，都倾向于主观解释”（Kelly、Beninatto & DePalma，2008：1）。有关软件本地化领域质量评估的重要讨论，请参见 Dunne（2009）的论述。

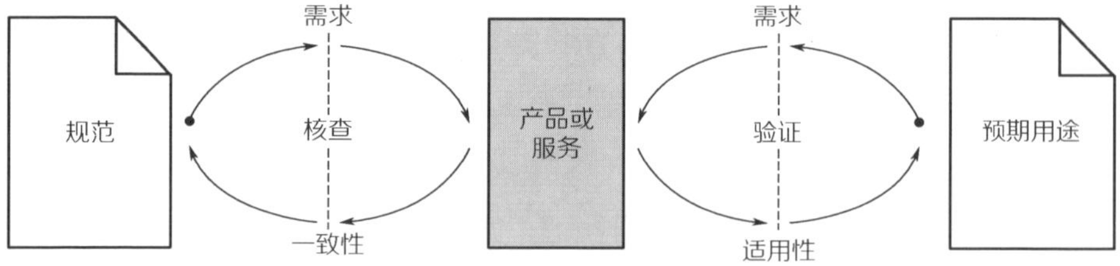

图 2-20　核查通过评估产品是否符合规定需求来评价其内部质量（左侧环路），验证则通过评估产品是否具有适用性来评价其外部质量（右侧环路）

为了避免客户对低劣产品和/或服务质量的不满，在开始项目之前，必须尽可能清晰、完整地记录客户的需求。需求规范应同时包括产品的形式特征以及产品的预期用途。随后，检验项目是否成功取决于客户对以下两个方面的认可度：（a）交付成果满足指定需求；（b）交付成果适合预定用途。然而，需求的确认、记录和实现流程说易行难。正如我们看到的，项目管理方法论加剧了这些挑战。

需求与项目管理方法间的关系

如上所述，应根据各方对于项目需求及其实现方式的理解和规定的相对清晰程度，选择相应的项目管理方法。过去 10 年间，上述结论在软件工程和产品开发领域中得到了广泛认可，但在语言产业中却未能站稳脚跟。在接下来的内容里，我们将研究主要的项目管理方法，以及它们是以何种方式影响项目团队通过满足客户需求实现高质量结果的能力的。

线性模型或“瀑布式”模型

传统的项目管理实践是 20 世纪上半叶在工程和建筑领域兴起并发展起来的，那时的项目团队“希望客户清楚地说明他们想要什么、何时需要以及愿意支付的金额”（Wysocki，2007：45）。由于项目团队清楚地了解客户的需求，以及如何满足客户，所以能够制订清晰全面的项目计划。并且，因为这些计划一般不需要后续改进，所以从计划到目标整个流程都是直线型的，即遵循初始项目计划就足以满足客户需求。

正是项目团队在项目工作开始前会收到清晰、完整的需求这一预期，产生了传统的项目管理方法，也称为线性或“瀑布式”模型（参见图 2-21）。顾名思义，线性模型是按顺序进行的，也就是说，必须完成前一个阶段之后，才可进入下一个阶段。

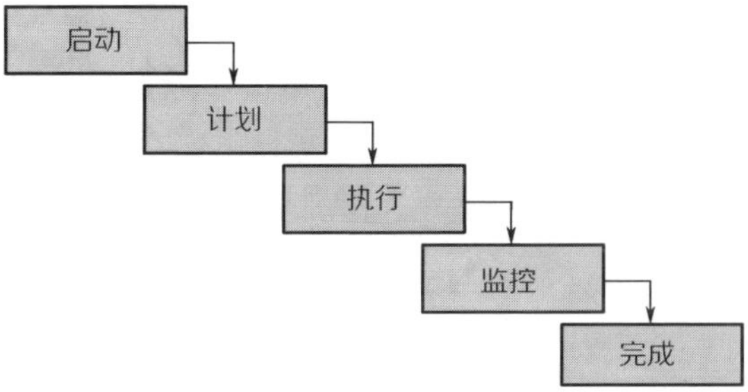

图 2-21　线性模型或“瀑布式”模型

（改编自 PMI，2008：40；Wysocki，2007：49）

专家指出，线性方法存在两个问题。[1]首先，它要求在范围界定阶段确定所有的客户需求，然而我们可以看到，这并不总是可能的。在翻译项目中，这尤其不可能。另外，它要求以固定的步骤完成项目，即线性方法不允许任何改变，客户直到项目完成才能看见并使用项目交付成果。由于缺乏自下而上的反馈信息，无法使用项目实施和监控阶段中吸取的教训更新和完善项目计划。同样地，如果客户在项目开始后要求进行调整，不仅会中断时间表，而且可能需要在上游流程中进行返工，这反过来可能会延迟项目完成。在最坏的情况下，整个项目必须重做，推翻原有计划，致使预算翻番（Royce，1970，1987）。下面的例子可以很好地说明线性模型的固有问题。

在 20 世纪 90 年代的一次贸易展销会上，一家公司用罗马尼亚语和德语起草了一份双语合同，规定交付 3000 辆轿车，一半黑色，一半黄色。显然，合同的本意是该公司想要 1500 辆黄色轿车和 1500 辆黑色轿车。由于翻译有误，结果所有轿车的引擎盖是黄色的（半黄），车身剩下的地方是黑色的（半黑，大概占车身的

[1] 有关例子，请参见 Wysocki（2007：xxxii-xl，44-47）、Kerzner & Saladis（2009：1-59）、Kerzner（2010：1-11）的论述。

另一半)。对方不接收这些车,于是公司不得不生产了另一批符合合同规范的轿车。原先的那批车被运回国内成了出租车(Cismas,2010:492)。

在这个案例中,由于没有在生产前确认客户需求的准确性和完整性,交付前又没有进行任何形式的客户检查,最终导致生产出 3000 辆不符合要求的轿车,被客户拒收,所以整个项目必须全部重做。这也许是个极端的例子,但它还是说明了,如果没有完全理解项目需求或相关项目工作,交付前又缺少客户反馈信息,线性项目管理模式将存在巨大的返工风险。

上文提到过,基于流程的质量管理方法的一个基本方面是按照附加值考虑流程。换言之,项目管理要想方设法将零附加值的流程减少到最低限度。如果项目具有相当大的不确定性,线性模型实际上会妨碍这一目标的实现。

增量模型或"阶段交付"模型

采用增量模型可以有效地解决项目需求不清晰、不完整或者易变的问题,在此类模型中,项目工作被分解或分割成几个部分,每一个部分按照初始需求进行。在客户正式接收之前,会根据客户的反馈意见对随后的中间交付和最终交付进行多次调整(参见图 2-22)。因为增量模型是可以改变的,和线性模型相比,可以降低返工的风险,缩小返工的范围。增量模型鼓励客户评价中间交付成果,并提出改进建议。项目分解越细,执行阶段的评估越早,客户提供反馈越频繁,项目团队就越能更好地发现任何需求变化。以增量的方式更新项目规范,使之反映变化的需求,可以帮助项目团队确保交付成果符合客户的需要、需求和期望。与线性模型相比,增量模型还可以使客户更早地确认项目是否在实现预期的价值。

许多项目经理在项目后期不得不采用增量方法,因为他们未能在范围定义流程中清晰、全面地明确客户需求,或在项目启动后未能及时获得客户需求的改变。事实上,在 2007 年项目管理专家罗伯特·威索基(2007:xxxiv)就指出,以往几年他和很多项目经理曾讨论过关于客户需求不明晰或易变的问题,大多数项目经理承认"他们根据原始需求进行交付,然后要改进一次甚至多次才能满足客户当前的需求"。换句话说,项目经理为客户提供一套完整的交付成果后,还要经过一个或多个回合的返工,才能使顾客满意,就像上文所述生产出"半黄半黑轿车"的厂商一样。

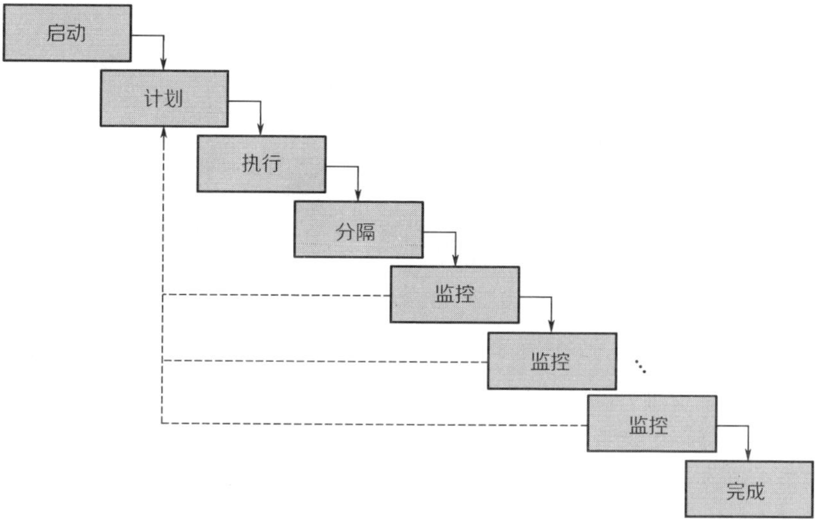

图 2-22 项目管理的增量模型或“阶段交付”模型

[(改编自 PMI，2008：40；Wysocki，2007：50，59）其变化形式包括螺旋模型

(Boehm，1986，1988）和快速应用程序开发（Martin，1991)]

从这个角度来看，线性模型算是一个增量方法实例，只不过仅有一个增量而已。除了传统线性模型中完成的增量外，针对更新后的或完整的客户需求进行的返工属于第二个增量。虽然这种特殊的方法包括两个增量，但它缺少工作划分、交错式交付和反馈循环，而这些才是增量方法真正的特点，因此，将它理解为“瀑布式”模型的修改版更为恰当（参见图 2-23)。

虽然威索基（2007：103）认为，“在项目执行中探究客户需求既低效又无益，任何能力强、思路清晰的人都不会这样做”，这个说法正好反映了大量项目团队目前的实际。[1]的确，威索基也提到他曾问这些经理如果他们知道最终还是要返工，为什么不采用合并的方法呢。“回应我的是一阵沉默”，他说道（Wysocki，2007：xxxiv)。

[1] 威索基的看法基于其 40 多年的项目管理经验，在此期间他设计了 20 多个项目管理课程，培训了超过 1 万名项目经理（2006：v）。

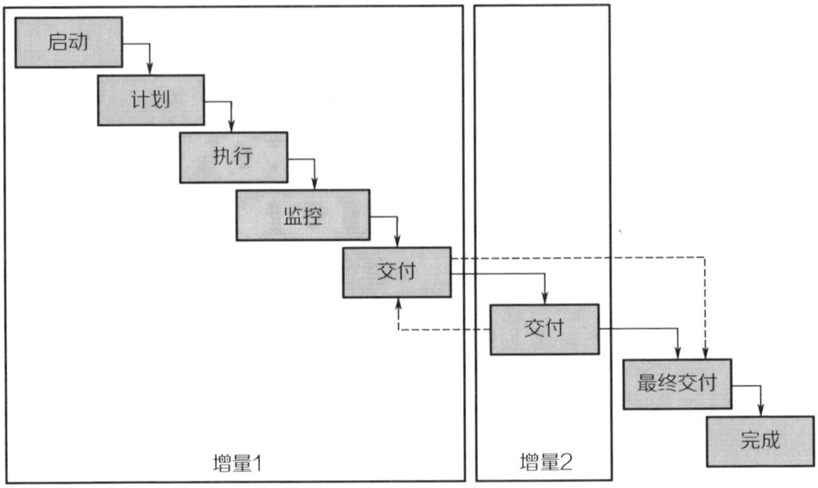

图 2-23 修订后的“瀑布式”模型

（虽然该模型包括 2 个增量，但它与真正的增量模型有着本质上的不同）（参见图 2-22）

迭代模型

伴随着信息社会和知识经济时代的到来，从有形产品到无形产品的转变加剧了开展项目工作前收集清晰、完整客户要求的难度。今天，在让客户描述他们需求的时候，他们通常回答，“我现在无法告诉你什么，只有当我看到它才能知道”（Berry，2000：92；Boehm，2000：99）。这种情况表明，需求收集应该基于快速原型法，以便及时发现和应对客户需求。然而，还有很重要的一点，客户需求不是静态的。客户可能会认为在早期的产品原型阶段，他们就清楚地知道自己想要什么，但往往是在随后的原型互动中，才更清楚地了解他们真正需要的，客户需求就是这样发展变化的。[1]

如果不能预先明确需求，而是在项目进行中才发现出来，那么，任何想在规划阶段制定全面的规范的尝试都是徒劳的（Brooks，1987）。相反，我们需要的是一种灵活的方法，这种方法不仅允许变化，而且欣然接受如何变化。正如劳费尔

[1] 在一些应用领域，只有在用户使用产品后，才能了解所有的需求。这个现象汉弗莱（Humphrey）称为“需求不确定性原理”（1995：313-314）；同样地，韦格纳（Wegner）的辅助定理认为，无法完全说明一个互动的系统（1995）。

和霍夫曼（Laufer & Hoffman，1998：2；2000：xxi）所指出的："在动态环境中，项目管理不是简单地、不折不扣地执行计划，而是要在满足客户需求的同时，顺利应对不可避免的变化"（1998：2；2000：xxi）。这正是迭代方法的理论基础。

顾名思义，迭代模型包含一系列的迭代，或简短的开发周期，每个周期从一个不完整的解决方案开始，一步步发展成为一个完整的解决方案（参见图 2-24）。在每次迭代完成时，由客户评估到目前为止已完成的内容，并向项目团队提供反馈意见。此外，要进行规划活动：记录新确定的要求，并计划下一次的迭代。在迭代方法中，客户需求在项目流程中不断出现并逐步汇总；因此，变化成为生命周期不可或缺的一个组成部分。在这方面，迭代模型本质上不同于增量模型，增量模型是在项目规划流程中明确客户需求，随后在监控和控制阶段进行调整（如果需要）。此外，迭代模型要求客户在项目中有更高的参与度。

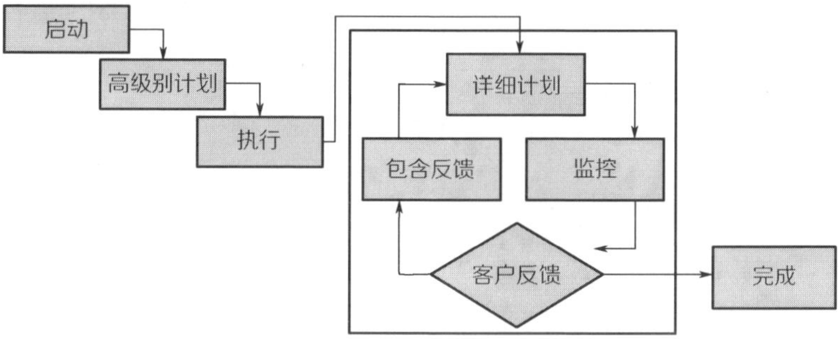

图 2-24　项目管理的迭代模型

（改编自 PMI，2008：40；Wysocki，2007：52）

敏捷开发方法

上文所讨论的增量模型和迭代模型如今一般统称为"敏捷"方法。事实上，"敏捷"是核心价值与传统方法完全不同的一系列方法论的总称。该词源自《敏捷软件开发宣言》（*Manifesto for Agile Software Development*，Beck et al.，2001），该宣言对这些核心价值观进行详细解读，并根据"敏捷"原则对它们进行了分组。

我们正在寻找更好的产品开发方式，除了自己尝试外，还帮助别人共同开发。

通过这项工作，我们发现：

- 个人与相互协作胜过流程和工具；
- 实用的产品胜过面面俱到的文档；
- 客户协作胜过合同谈判；
- 响应变化胜过遵循计划。

也就是说，我们会全面地看问题。当事情的一方面很有价值时，我们更不会忽视它的另一方面。[1]

虽然这些核心价值声明表面上描述的是软件开发，但它们与项目管理是直接相关的，并适用于项目管理（Highsmith，2004）。敏捷项目管理方法建立在需求不断变化的假设之上。因此，它们接受变化，强调结果的可靠性而非流程的稳定性和可预测性。

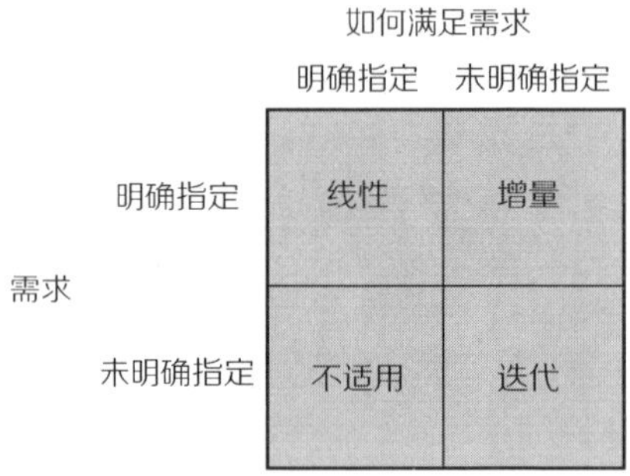

图 2-25 项目管理模型的分类。具体分类依客户需求和如何满足需求的相对清晰程度而定（改编自 Wysocki & McGary，2003：xxvii）

总而言之，明确而全面的需求是客户满意度和项目成功的基础。然而，在项目工作开展之前，总是不能清楚地确定客户需求和为了满足需求必须承担的工作。项目管理方法的选择应视情况而定。具体做法为：当客户需求和如何满足需求都很明确时，采用线性模型；当客户需求明确，而如何满足需求不明确时，采用增量模型；当客户需求和如何满足需求都不明确时，采用迭代模型（参见图 2-25）。

典型翻译和本地化项目模型

如上所述，在翻译和本地化项目中，客户往往不能提供清晰、正确、全面的规范需求，这个事实表明增量和迭代方法比线性模型更适合这类型的项目。然而，在翻译和本地化项目管理中采用增量模型和迭代模型似乎是个例外，

---

[1] 根据海史密斯的例子（2004：10），通用名词“产品”在这里替换原有的“软件”，以强调敏捷开发方法更为广泛的相关性。

而非规范做法。[1]

翻译、编辑和校对（TEP）构成传统翻译项目模型的核心。正如贝尼纳托（Beninatto）和德帕尔玛所指出的："翻译、编辑和校对基于古登堡印刷要求，作者提交手稿后，由专人排版，并根据需要进行多次审校，确保终稿无拼写错误"（Beninatto & DePalma，2007：2）。[2]当创作和出版分属两个不同领域且采用平版印刷时，建议采用线性翻译、编辑和校对方法。然而，21 世纪初，这种线性方法越来越不合时宜了。正如卡斯多夫（Kasdorf）指出的，"今天，几乎所有的出版（无论是电子形式还是纸质形式的内容）在某种程度上都数字化了"（2003：1）。

在过去的 25 年中，由于数字革命和桌面排版系统的出现，创作和出版经历了深刻的变革，但翻译项目管理却未能跟上步伐。如今，翻译、编辑和校对仍然处于典型翻译和本地化项目模型的核心位置，包括以下几个阶段（Beninatto & DePalma，2007：2-3，5；Foreign Exchange Translations，2011；Jonckers，2008：7；Leary & Nock，2009：18；Lionbridge，2009：9；Shaefer & Koh，2010：19，21）。[3]

项目规划包括下列子流程：

- 范围定义；
- 需求开发；
- 文件准备（从可用的源语文件和前期翻译中提取可翻译文本，有时称为"前期制作"或"预处理"）；
- 翻译；
- 编辑；
- 将翻译文本转为文件（根据涉及的文件类型也称为"格式化""桌面排版"和"工程化"）；

---

[1] 这种情况并不仅仅局限于语言产业。福雷斯特研究公司（Forrester Research）2009 年的一份软件开发人员调查显示，应答者中占比最大（30.6%）的人群表示并未使用正式的流程方法（West & Grant，2010：2）。

[2] 贝尼纳托和德帕尔玛 2007 年报告的概要可在卡门森斯顾问公司的博客中下载，标题为《本地化泰勒主义的终结》（*The end of localization taylorism*，Oct.27，2007）（http://globalwatchtower.com/2007/10/16/end-of-tep/）。

[3] 一些资料还将术语表准备、翻译记忆库更新和项目后期审阅列入活动列表中。

- 校对最终的版式（也称为“测试”“语言测试”或“验证”；主要包括纠正查明的任何问题）；
- 客户审校最终的版式（包括其后执行任何要求的更改）；
- 创建最终目标语文件（有时称为“最终产品”）；
- 交付。

这些项目阶段往往采取明确的顺序进行展示、讨论和图解（例如，可参见 Leary & Nock，2009：18；Shaefer & Koh，2010：19；Beninatto & DePalma，2007：5 的相关内容；还可以参见本书德帕尔玛和凯利所撰的文章），并且，通常并不会涉及迭代或反馈回路。这些观察表明典型项目模型仍以线性为主（参见图 2-26）。贝尼纳托和德帕尔玛（2007：2）的观察指出：“事实上，大多数翻译公司仍然以这种方式经营，它们将顺序流程模型比作‘本地化的泰勒主义’。”

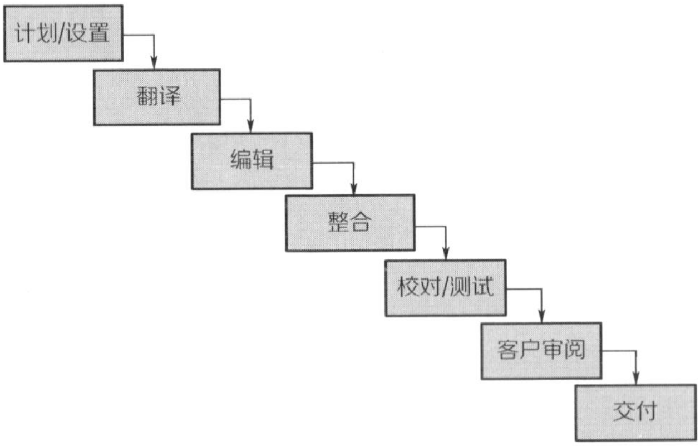

图 2-26　按顺序模式进行的典型翻译或本地化项目的活动构成

在今天的翻译、编辑和校对环境下，公司采取的是最简单的顺序流程——工作从客户传递到供应商手中，再反过来把它交给翻译，翻译再将它返回给供应商，供应商再交给编辑，编辑完成任务后将它返回给供应商，供应商最终向客户交付（Beninatto & DePalma，2007：6）。

国际化专家和业界资深人士泰克斯·泰克新（Tex Texin，2010：3）赞同贝尼纳托和德帕尔玛的看法，并指出，“作为一个行业，本地化是专门从事适应和定制的，却一直坚持其现有的流程模型，不能改变自身去适应变化，这何其讽刺”（2010：3）。

线性翻译和本地化模型的主要问题是客户审校（即验证，参见图 2-20）处于交付前的最后阶段。因此，只有在全部语言工作完成后，才能收到客户反馈，此时已经来不及将其纳入翻译和编辑流程中。因为客户审校往往侧重于最终产品检验、检测或校正错误（QC），而不是预防错误（QA）。这种方法加剧了返工、进度拖延和预算超支的风险。换句话说，在线性翻译本地化模型中，语言服务从业人员为客户提供了一套完整的交付成果，然后执行一个或多个回合的返工，直到客户满意，和上文所讨论的“半黄半黑的轿车生产商”十分相似。因此，典型的语言行业产品模型反映的是修订版的“瀑布式”模型或两步增量方法（参见图 2-27）。

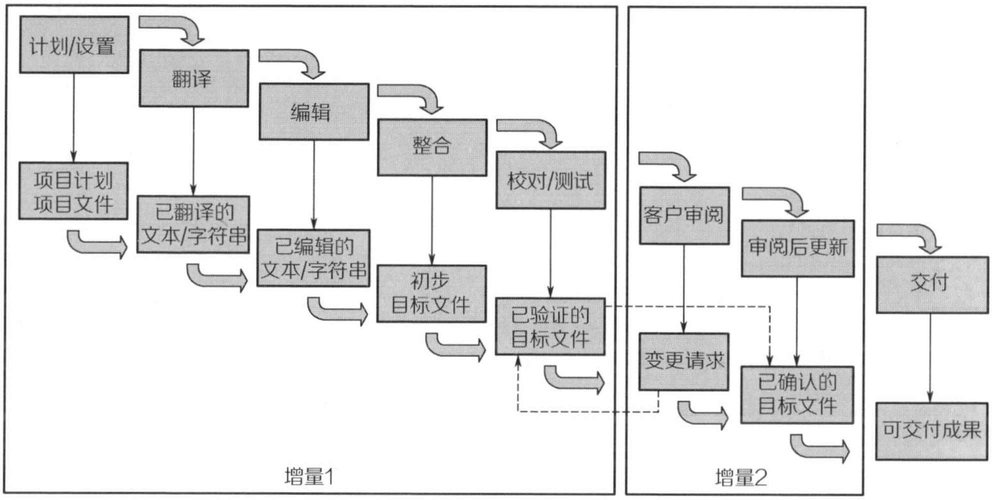

图 2-27　修改版“瀑布式”模型

［生成验证的目标语文件构成第一次增量，实现客户的更改请求（即验证）构成第二次增量］

客户审阅揭示和放大质量管理问题

客户往往缺乏评估翻译本地化交付成果所需的专门知识和人力资源。特萨巴瑞尔加（Txabarriaga，2009：4）指出：“除了个别明显的特例之外，平均而言，语言服务买方处于本地化成熟的早期阶段。”客户为了确保工作质量，不希望将产品投放到市场后让最终用户去发现潜在的质量问题，通常将翻译评估的任务委托给所在国家/地区的工作人员或第三方，如国内分销商或外部服务提供商。从理论上讲，审阅流程应协同开展，目的是确保该产品反映客户的真实需要、需求和期望。但实际上，审阅流程往往定义不清，相互冲突，且费时费力。巴斯（2006：87）注意到：“不幸的是，在许多情况下，这个流程是相互冲突，而不是共同协作的。问题是围绕质量期望这一中心而产生的。”❶

例如，假设给定项目的范围不包括客户审阅，在这种情况下，语言服务提供商交付文件时会认为项目已圆满完成。而在交付完成后，客户（或客户代表）单方面对材料进行重新审阅时，发现问题，并提请语言服务提供商注意。此时，在缺乏将质量预期记录为需求的正式流程，也未能确保产品符合这些需求的情况下，交付后进行的审阅和更改请求将至少使得语言服务提供商与客户之间的关系变得紧张，最坏的情况甚至会导致诉讼。如果合同只是规定语言服务提供商提供翻译，而未指明除目标语和可能的目标区域之外的要求，那么语言服务提供商可以说已经完成了规定的工作，因此不承担执行免费返工的责任。另外，客户可出于任何原因而不接受翻译。例如，客户可能会觉得翻译过于直白（或不够直白），或不接受翻译中使用的术语和风格，即使它们本身并无任何错误。造成语言服务提供商和客户之间不和谐的情况可能是无穷无尽、列举不尽的。这里的问题是语言服务提供商可能的确已根据项目说明，完完全全提供了客户所需求的服务；然而，客户可能仍然很不满意。在这种情况下，双方都没错，但任何一方试图证明自己是对的只会导致典型的“双输”局面。

在项目范围中明确加入客户审阅也不一定会解决此类问题。例如，评估翻译首先要求审阅者拥有最基本的源语和源语文化知识，有关翻译主题的专门知识，以及翻译本地化流程、工具和方法论的知识。如果审阅人员并不具备所需的全套技能，很可能就会引入错误而不是提高翻译质量（Wang，2007；Goldsberry，2009）。同样地，如果任务的范围定义不清晰，审阅者通常会根据其个人的术语和文体偏好评估翻译。如果项目规划阶段进行了正式规定，

❶ 更多信息请参见 Bass，2006：84-88；Txabarriaga，2009；Dunne，2009：215-220。

使用偏好评估翻译是完全可以接受的（Stoeller，2008）。但是，如果没有事先以规范的形式发现和确定相关偏好，就采取这种方式进行翻译评估，最终的结果只会是在工作完成后重新讨论质量需求，正如上文指出的，这种做法“是如此低效和无益，我们相信思维清晰的人不会这样做”（Wysocki，2007：103）。不幸的是，这正是许多翻译和本地化项目经理的做法。语言服务提供商没有主动征求关于偏好的反馈，而常常是审校人员在翻译完成后提出一些似乎属于“不算错误但改后更好的”修改时，才会发现此类问题（在本地化项目中，错误类型一般有 Critical、Major & Minor 3 类，而 Preferential 类不属于错误，但是修改后可提升质量。——编辑注）。语言服务提供商一般会认为这类更改要求没有必要或甚至属于滥改（Wang，2007）；然而，客户却认为这恰好说明项目早期阶段的工作没有体现应有的附加价值。❶

从恶性循环到良性循环

那么，如何在翻译和本地化项目中管理与实现以客户为中心的质量呢?我们描述的恶性循环如何转化为良性循环呢？首先，项目质量管理的主要侧重点必须是客户。客户（即那些最终使用翻译和本地化服务的目标受众）的需求和期望决定了项目质量需求。其次，项目的具体内容（包括业务目标、目标受众的特点、时间、地点和交付成果的传播渠道）共同决定了产品的质量需求。最后，待完成交付成果的具体特点决定了项目产品的生产、检查和验收的流程质量需求。换句话说，以客户为中心的项目质量管理需要抛弃传统的自下而上的方法，也就是那套先从文本的表面语言结构着手，再考虑目标受众的习惯，最终才涉及语用学的做法（Nord，1997）。我们需要用自上而下的方法取而代之，即从客户实际目标到语境和受众沟通，最后到交付成果的正式语言结构或表面特征。图 2-28 以图表形式介绍了这种质量管理方法。

---

❶ 就像亨利·福特曾经就 T 模型发表评论所说的，“只要汽车是黑色的，任何顾客都可以将它刷成自己想要的颜色”（1922：72）。此类语言服务提供商似乎是在暗示，只要是语言服务提供商自己提供的翻译，客户想要怎样的译文都可以。

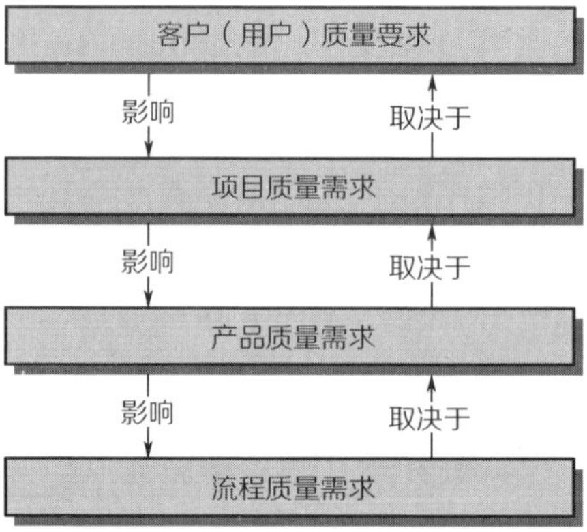

图 2-28　以客户为中心的质量分解结构

因为项目质量取决于客户需求，所以质量无法统一定义，而是必须对每个项目进行建模。项目质量模型必须考虑到翻译文本或本地化产品的形式特征，以及文本或产品适合预期用途的特征。为了能够进行定量衡量，必须从操作上定义那些构成质量模型的特征。正如海曼（Heiman，2001：49）所指出的："操作定义以能够衡量它的操作来定义一个构造或者变量。" 最后，质量不仅要在项目的产品方面进行建模，而且还要在项目的流程方面进行建模。项目管理质量流程模型必须包括 4 个部分：（a）质量需求分析；（b）质量设计；（c）质量衡量；（d）持续的质量提升。[1]接下来，我们将研究这种通用的项目管理质量流程模型在翻译和本地化项目中的应用。

以客户为中心的翻译质量量化管理流程模型

质量需求分析

质量管理首先是对项目利益相关者及其项目质量需求（即影响利益相关者感受的特征，包括产品对于需求的满足情况及是否适合预期的用途）进行确定和分

[1] 传统观点认为，质量管理包括 4 个组成部分：质量规划、质量控制、质量保证和质量改进。巴韦恩和斯里克里什纳（Bawane & Srikrishna，2010）将传统的四大组成部分替换为质量需求分析、质量设计、质量监控和衡量以及质量持续改进。这种重新设置不仅更贴近产品开发方法（通常是翻译和本地化项目背后的驱动力），也避免了与本地化项目中通常令人头疼的质量保证和质量控制同化（Dunne，2006）。

类。项目经理必须了解承接项目的原因以及翻译或本地化要完成的预定目的，这是十分必要的。作为一种高级别框架，翻译本地化需求是由沟通的语境和客户希望通过沟通实现的目标共同决定的，我们可以称为预文本变量。特定的翻译或本地化需求会由于项目执行的原因不同，而存在很大差别。评价一项翻译本地化的优劣，只能依据其是否满足业务目标或交际目标而定。要实现这些目标，就需要译员了解和理解它们。

接下来，必须明确具体的沟通环境参数，我们应尽可能清楚、完整地阐明语境变量。明确该翻译或本地化项目的目标受众尤为重要，这些受众在翻译和本地化项目需求中占主要作用。确实，翻译研究学者一致同意翻译和本地化项目的最终用户是（或应该是）决定目标语文本特点的主要因素（Reiss & Vermeer，1984；Nord，1997）。对于视为“合适的”翻译和本地化而言，其构成要素随目标读者的不同，而存在很大差别。总之，项目经理必须与利益相关者商讨，以确定译文反映的原文和原作者意图的忠实度（Nord，1997）。需要翻译的文本或需要本地化的产品，是通过很多读者和用户阅读和理解的一系列符号发挥作用的。不同的读者和用户以不同的方式理解这一系列的符号。因此，除非我们确实只是指源语文字或句子结构，否则很难说清楚“源语文本”。文本的意义和作用不在于语言符号本身，如果只是认识符号，是无法汲取文本的内涵精华的。文本的意义需要读者来发掘。不同的读者（甚至是同一读者在不同时候）会在同一文本的语言材料中发现不同的意义。我们可以说由于很多读者的存在，一篇文本可以变为很多篇文本（Nord，1997：31）。

有个例子可以说明这一点。在不同的文化中，信息的直白程度是不同的（Hall，1976）。在高语境文化中，如法国和俄罗斯，很多信息都隐藏在上下文中，而非直接的陈述。相比之下，在低语境文化中，比如美国，大部分信息都直接表述出来。例如，美国冷冻比萨的包装上清楚写明顾客食用前请先加热。因此，DiGiorno 的冷冻比萨包装上标明“不宜即食”，必须“煮熟”。它的烹饪指南上也包含额外的警告“不宜生食”。同样地，Red Baron 冷藏比萨的包装上也有类似字样。但是，在法国杂货店卖的比萨包装上就没有这样的提示，比如，Jacques Fournil’s Pizza Braisia、Buitoni Fraich’Up 或者 Findus 冷藏比萨。在俄罗斯出售的比萨包装上也没有类似提示，比如俄罗斯“星的”糖果点心开发有限公司 OAO 制作的东古斯托比萨（Don Gusto 什锦比萨）或者俄罗斯“食品糕点”有限责任公司 OOO 制作的什锦比萨。在这些国家，理所当然地认为顾客食用前会加热比萨。在低语境文化中关于食用前加热冷藏食物的清楚说明是很常见的，而在高语境文化中这些被视为不必要的事。因此，完全忠实地再现原文本的信息，有时不能令客户或目标读者接受。

这一例子说明，在确认翻译需求时，应立足于项目目标和目标读者的需求与期望，而非原文本的特征。既定的文本、表达或话语本身没有合适与否之分，只有在判断其是否满足沟通功能时这个问题才有意义。一篇合适的译文不是指目标语文本本身质量如何，它的质量是由评价者用其独特的视角赋予的（Nord，1997；Dunne，2009）。因此，项目经理必须在项目计划阶段尽早弄清楚哪些人员将负责审校、批准和验收项目材料。

除了目标受众外，项目经理必须确定其他的语境变量，包括时间、地点和可用的传播媒介、（本地化项目的）国际化程度以及适用于项目的任何目标语文化的法定/或法规要求，这些变量共同决定目标语材料的特征。预文本和语境变量共同构成了文献中所述的“翻译纲要”（Fraser，1996）。“翻译纲要并没有告诉译员如何去开展翻译工作，使用什么样的翻译策略，若要使用，应选择什么翻译类型。这些完全取决于译员的责任和能力”（Nord，1997：30）。因此，“纲要”回答了关于项目的“谁（为谁）”“什么”“哪里”“什么时候”以及最重要的“为什么”的问题，但它却没有说明翻译工作的具体细节。

文献中提出的翻译纲要概念也有一个问题，即没有解决客户（或客户审阅人员）的语言偏好。回答关于“谁（为谁）”“什么”“哪里”“什么时候”，以及“为什么”的问题很必要，但还不足以确保完成的译文能够满足客户需求（确定需求）和期望（不确定需求）。翻译要如何开展，必须考虑到项目目标、沟通语境和目标读者。换句话说，构成翻译规范的变量必须以更精细的方式定义，避免在客户审阅流程中，甚至文件交付后，出现可能的基于语言偏好的分歧。翻译不是机械的工作，而是需要智慧和知识的（Wilss，1994，1996a，1996b）。从翻译输入（源语文本）转化为翻译输出（目标语文本）的流程是主观行为：一篇目标语文本代表译员所有的推理和选择，而且随着译员的不同而发生变化。因此，一篇文本没有唯一正确的译文，而是针对不同的目标读者和预期用途存在不同适用的译文。这一点在文献中很好地进行了说明（Bar-Hillel，1960；Quine，1964；Savory，1968；Macklovitch、Nguyen & Lapalme，2005）。翻译学者认为翻译创造的整个流程实际上完全取决于那些在翻译方面很有实力的译员（Nord，1997：117）。然而，客户通常认为译员算不上专家。在这方面，语言项目与其他项目完全不同。当谈到个人的经验知识时，每个人都是专家。因此，不难理解从小到大都说某种语言，或每天都在生活和工作中使用这种语言的人会认为他自己完全有资格评判这种语言的使用，而忽略他们真实的专业水准（Kaplan & Baldauf，1997：3）。这也许就能解释威尔斯（Wells）曾经说过的真理："世上人们最乐此不疲的事就是更改别人的手稿。"

既然翻译是一种决策流程（Levý，1967；Darwish，1998，1999，2008），那么翻译质量管理要求所做的选择必须限制在客户接受的范围之内。若要使用国际标准化组织的说法，翻译质量管理就是控制一系列特征，这些特征影响客户对于目标语材料是否满足需求和适合预期用途的判断。这些特征可以通过确定可接受选项的范围来控制，翻译团队从这些选项中做决定。这要求项目经理和项目团队与客户审阅人员紧密合作，从而确定目标语材料的质量（或语言特征）有哪些潜在的选项。

质量设计

从项目利益相关者处收集了一系列的初步需求后，项目经理应确定项目质量模型，使预文本变量达到最高级别或一级要求，语境变量达到二级要求。项目经理应进一步分解语境变量，明确文本的质量特征（参见图 2-29）。[1]

（1）与媒介相关的文化、语言和/或社会习俗；

（2）时间、地点和/或媒介限制；

（3）目标读者人数、教育水平、基本知识领域和对具体产品的了解、与文本或产品相关的社会角色、需求和期望等；

---

[1] 此列表并不详尽。

（4）客户没有明确阐述，对于规定或预期用途却十分必要的其他要求（ISO 2008：7）；

（5）由预文本和语境因素决定的文本方面的要求。

① 语言风格要求。

- 目标语习俗，包括缩写、首字母缩略词、主动和被动语态、大写、用户界面指定术语、称谓语（非正式和正式、单数和复数、明示和暗示等）、语法、标点、明确度等；
- 其他客户或项目的特殊要求。

② 术语要求。[1]

- 传统或标准目标语的对应词、版权保护条款、不可译内容等；
- 其他客户或项目的特殊要求。

③ 排版风格要求。

- 颜色、字体、图表、行距、边距、页面大小、空格等；
- 客户或项目的其他特殊要求。

质量模型应尽可能清晰、全面和可以量化。在项目实施前细化交付成果特征可以帮助项目团队和利益相关者对项目理解达成共识，不仅能明白将完成什么交付成果，还能明白是如何完成的。这样将降低在项目进行中出现顾客不满意的风险。语言风格要求一旦形成文件，可作为正式的规范标准，在查验和校准流程中用来检验产品是否满足规范标准（参见图 2-20）。基于此，诸如风格、用途、歧义，以及其他未被项目说明提及的问题最终将由谁决定，这很重要。

在质量需求建模完成后，就必须定义项目质量保证和质量控制流程。质量保证包括制定所需的监控、衡量、分析和改进流程，以便：（a）证明符合项目需求；（b）跟踪客户的看法，看看公司是否满足了客户的需求；（c）持续提高质量管理系统的效率，注重预防而非检查和纠正问题。质量控制是一系列用以检测翻译是否符合要求的流程，依据（系统的或随机的）成品检验来确定错误，并量化其频

[1] 莱特（Wright，2001）和邓恩（2007）认为，在专业翻译中，术语是最为关键的唯一特征。莱博智公司（Lionbridge）预计 15%的翻译和本地化项目成本是返工造成的，而不一致的术语是导致返工的主要原因（2009：10）。

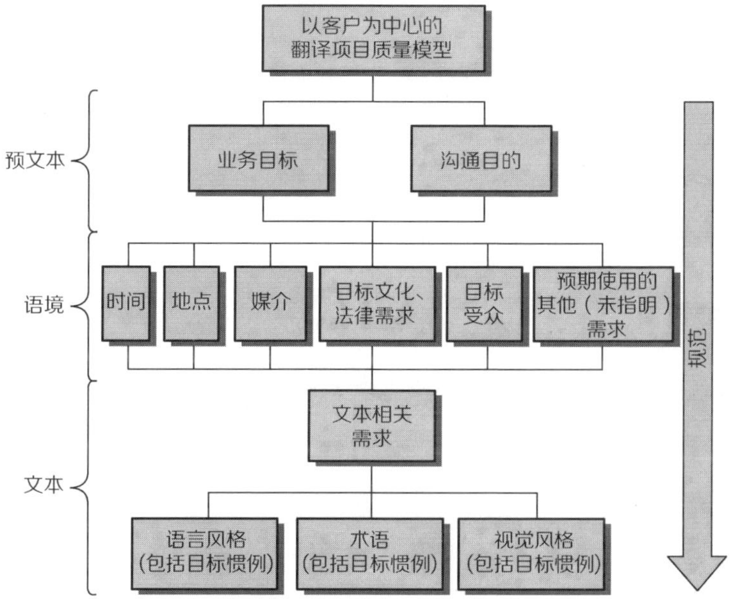

图 2-29　翻译项目质量模型

（预文本、语境和文本需求规范反映了产品开发中的业务、市场和产品需求）

（参见本书加姆玛瑞斯关于产品开发流程的探讨）

率。质量控制主要采用项目质量度量标准。度量标准的选择（或制定）应基于项目业务目标。要制定评价翻译质量的度量标准，项目经理应：（a）确定每个质量特征之间的相对重要性（如通过排名或加权）；（b）制定质量特征的衡量步骤；（c）确定不同特征的衡量尺度。衡量尺度可以反映需求的满意度，例如，可使用简单的二选一尺度（如不满意或满意）；如果要求更精确的评估，那么可选用多种尺度（超过需求、达到目标、最低限度的接受、不可接受等）（ISO 2001：4）。语言风格要求、术语要求和排版要求可以形成质量标准的三要素。

质量控制不应只侧重于源语材料和目标语材料之间的准确、对等或连贯，除非这几点已在需求中明确提出。相对于解决问题，这个方法确实会带来更多问题。上文关于制作比萨的例子说明，以完全相同的方法表达完全相同信息的翻译可能会导致顾客和/或终端用户对翻译不满。因此，质量控制应首先侧重于确保翻译相对于项目目标、目标语材料预期用途和目标读者的充分适当性。诺德指出，“如果翻译的目的是实现目标读者的特定功用，那么阻碍这个目的实现的任何事情都是翻译错误”；反之，则都不是翻译错误。这就是理念层面的质量控制。将语言风格要求、术语要求、排版风格要求编制为文件，并在核查与验证流程中把这些要求作为正式规范使用，都是在实践这项理念。它有助于限制项目团队的决策范围，降低客户审核流程中不可控的偏好变化风险。

质量监控和衡量

在完成需求的收集记录、质量建模和 QA 与 QC 流程的制定后，项目经理必须对中期交付成果和最终交付成果进行质量监控。此类监控需要对所选特征的实际价值进行衡量，使用的项目质量度量方法包括核查（确定翻译文本或本地化产品达到规定要求）和验证（确定翻译文本或本地化产品符合目的用途）（参见图 2-20）。根据具体特定项目需求的不同，可以进行系统的（全面审查）或随机的（抽查）检查。抽查的方法更好，因为在质量管理和质量保证流程实施得当的情况下，全面审查并不会增加多少价值，不足以花费额外的时间和成本。然而，在管制行业或项目中（如医疗器械和医药），失败的代价是非常高的，不管对质量评估有多少信心，都应保证系统检查的进行。

质量持续改进

持续改进包括对质量控制中未发现的所有问题和缺陷进行补救。质量控制应不断加强，并反复进行，在整个项目期间达到持续改进的目的。[❶]换句话说，应使用核查与验证中发现的反馈优化项目需求、项目保证和整个项目控制流程。这种反馈回路可以帮助我们确定并消除问题症结，符合 ISO 9001 质量管理标准。

最后，持续改进要求组织使用客户满意度调查、使用意见调查等跟踪和了解顾客感受，从而了解项目是否满足了需求（ISO 2008：12）。如果质量控制措施得出的结论与客户满意度不同，则反映了客户的需求与期望之间，和/或在服务流程

---

❶ 注意，在质量管理的语境下，“迭代”并非仅仅指“重复”。每个迭代都以前面的迭代为基础，因此在特定迭代中发现的问题和错误可在此后的迭代中得以避免。关键的一点是，迭代方法使逐步改进成为可能。

中出现的问题之间不一致。这类问题要及时处理。

敏捷开发方法非常适合翻译和本地化项目

由于在整个翻译或本地化项目的流程中，需求很可能会不断出现甚至演变，那么应使用敏捷项目管理方法。需求规范，如整体计划，不应是一次性的计划，而应是迭代的流程，能够潜在地跨越整个项目的生命周期。美国项目管理协会将这个迭代流程称为逐步完善。“逐步完善包括持续改进和细化计划，因为越细致具体的信息会带来越精准的规划。逐步完善让项目管理团队在项目进展流程中管理更精细的部分”（PMI，2008：7）。

为更好地阐述该原则的应用，我们以一个一般的翻译项目为例。在计划阶段，项目经理从客户方面的利益相关者（如产品经理和/或项目经理）处收集下列信息，包括业务目标和翻译的沟通目的；目标语资料可以在什么时间、什么地点以及通过何种媒介得到；目标语读者的高级别特征；目标语文化法规或法定要求（如果已知）；翻译反映源语文本和作者意图的“忠实度”等。总之，这些特征组成了基本需求（参见图 2-30）。

接下来，项目经理着手质量设计。首先，项目经理与项目团队讨论确定更详细的语境要求，包括但不限于更细致的目标语受众特征；客户未提及的目标语文化法律或法定要求；与媒介相关的文化、语言和社会习俗；媒介造成的约束和限制。其次，项目经理监管项目团队、客户审阅人员、当地代表和/或最终用户之间的协作与商讨，明确文本方面的需求，包括语言风格、术语、排版风格。对于每一种语言，必须同时提供语境和文本方面的需求规范（同时，根据具体项目的不同，可能也需要为每一个不同的区域准备）。在初步项目质量模型完成后，就可以确定相应的质量评估和质量控制流程。

在项目执行阶段，任务应分批分配并完成。这种方法有多种好处。首先，它可以实现错误的增量修改，这不仅仅包括标点符号的修改，还能提供关于错误类型和错误频率的数据。这一信息可由项目团队提供，防止更多类似错误发生。用

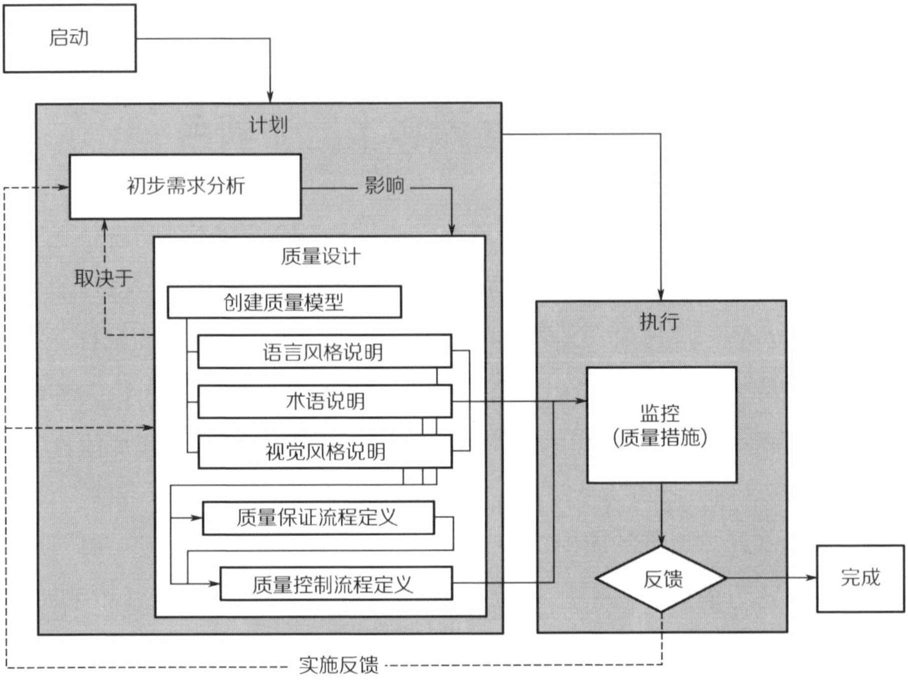

图 2-30 敏捷开发方法在翻译和本地化质量管理中的应用

这种办法，迭代反馈回路能帮助项目团队持续提高工作效率。其次，增加客户审阅可为计划流程提供整体反馈，尤其是质量需求分析和质量设计。例如，客户审阅第一批次翻译可以发现风格、术语或其他在项目规划阶段未能提出的需求。敏捷开发方法能使项目经理更新文本相关规范和/或质量评估、质量控制流程，以反映新提出或明确的需求，从而持续改进项目规范。

结语

在翻译和本地化项目中，采用以客户为中心的敏捷开发方法，提高了交付成果符合规范、适合预期用途和满足客户的可能性。随着时间的推移，语言服务提供商收集大量数据，确保产品满足项目说明，符合预期用途和客户满意度，可以逐渐使客户增加对随机质量控制和抽查的信心与信任（除了上文提过的失败代价过高的高危领域外）。

这里有一个重要的说明，以客户为中心的敏捷开发方法的前提是积极参与以及客户、客户审阅人员和/或最终用户提供持续的反馈（ISO 2001：4）。这代表了巨大的改变，从传统的“踢皮球”方法到翻译本地化（Aberdeen，2006），客户可在翻译本地化方法中提供所有源语资料给语言服务提供商，在约定好的日期，以确定的价格收到目标语翻译文本，并在项目流程中尽量不参与其中。许多客户都不想参与到增量或迭代翻译或本地化圈子中，而是希望（或要求）通过最终审阅确定交付成果的验收与否。“很多客户没有兴趣参与到翻译的流程中，甚至认为这类信息是译员的责任”（Byrne，2006：40）。

然而，如果客户想要、需要和/或希望翻译本地化交付成果适合特定用途，他们需要在项目计划阶段，给语言服务从业人员提供一个明确而全面的需求规范。如果不能，客户应与服务提供商合作，采用敏捷型翻译和本地化方法，促进项目需求的逐步涌现、识别和完善。如果客户不能或者不同意增量和迭代的质量管理方法，那么服务提供商开始翻译项目就是一场冒险，因为客户在坚持“踢皮球”方法，正是这种方法导致了以上所讨论的问题。

虽然这里提出的方法代表了现状的重大变化，但所有项目利益相关者都有兴趣接受这一变化。此外，学者、教师、学生、翻译实践者和本地化项目管理人员都欢迎这项变革。正如彼得·德鲁克提醒我们的：质量即价值，价值取决于评判它的人。如果客户认为语言服务从业人员很少甚至没有创造价值，那么，现实中就可能的确存在这样的情况。如果客户对如何评估翻译本地化质量（或价值）没有基本认识的话，很可能他们认为翻译本地化作为无差别的选择，只是一个普通概念在商业服务中添油加醋罢了。

参考文献

Aberdeen Group. 2006. *The Next-Generation Product Documentation Report: Getting Past the 'Throw It over the Wall' Approach*. Boston, MA: Aberdeen Group.

Bar-Hillel, Yehoshua. 1960. "A demonstration of the nonfeasibility of fully automatic high quality translation." *Advances in Computers* (1): 91–163.

Bass, Scott. 2006. "Quality in the real world." In *Perspectives on Localization*, Keiran J. Dunne(ed.), 69–94. Amsterdam/Philadelphia: John Benjamins.

Bawane, Neelam and Srikrishna, C. V. 2010. "A novel method for quantitative assessment of software quality." *International Journal of Computer Science and Security* 3 (6): 508–517.

Beck, Kent et al. 2001. "Manifesto for Agile software development." http://agilemanifesto.org/.

Beninatto, Renato S. and DePalma, Donald A. 2007. *Collaborative Translation: The End of Localization Taylorism and the Beginning of Postmodern Translation*. Lowell, MA: Common Sense Advisory.

Berry, Daniel M. 2000. "The requirements iceberg and various icepicks chipping at it." IEEE Long Island Section. http://www.ieee.li/pdf/viewgraphs/iceberg.pdf.

Boehm, Barry. 1986. "A spiral model of software development and enhancement." *ACM SIGSOFT Software Engineering Notes* 11 (4): 22–42.

——. 1988. "A spiral model of software development and enhancement." *[IEEE] Computer* 21 (5): 61–72.

——. 2000. "Requirements that handle IKIWISI, COTS, and rapid change." *[IEEE] Computer* 33 (7): 99–102.

Brooks, Frederick P., Jr. 1987. "No silver bullet: Essence and accidents of software engineering."*[IEEE] Computer* 20 (4): 10–19.

Byrne, Jody. 2006. *Technical Translation: Usability Studies for Translating Technical Documentation*.Dordrecht: Springer.

Cismas, Suzana Carmen. 2010. "Risk assessment and mitigation in drafting translation contracts."In *Proceedings of the International Conference of Risk Management, Assessment and Mitigation (RIMA '10),* Mircea Grigoriu et al. (eds), 491–495. N.p.: WSEAS Press.

Darwish, Ali. 1998. "Translation as a decision making process under constraints." http://www.translocutions.com/turjuman/abstracts.html.

——. 1999. "Towards a theory of constraints in translation." http://www. translocutions. com/translation/constraints_0.1.pdf.

——. 2008. "Translation as a decision making process under constraints." In *Optimality in Translation,* 147–243. Patterson Lakes, Australia: Writescope.

Drucker, Peter F. 1985. *Innovation and Entrepreneurship: Practice and Principles.* New York:Harper & Row.

Dunne, Keiran J. 2006. "Putting the cart behind the horse: Rethinking localization quality.

management." In *Perspectives on Localization,* Keiran J. Dunne (ed.), 95–117. Amsterdam/Philadelphia: John Benjamins.

——. 2007. "Terminology: Ignore it at your peril." *MultiLingual* 18:3 (April/May): 32–38.

——. 2009. "Assessing software localization: For a valid approach." In *Testing and Assessment in Translation and Interpreting Studies*, Claudia V. Angelelli and Holly E. Jacobson (eds),185–222. Amsterdam/Philadelphia: John Benjamins.

Ellis, Keith. 2008. "Business analysis benchmark. The impact of business requirements on the success of technology projects." IAG Consulting. http://www.iag.biz/ images/ resources/iag%20business%20analysis%20benchmark%20-%20full%20report.pdf.

ForeignExchange Translations. 2011. "Web globalization." http://www.fxtrans.com/ services/web.aspx.

Ford, Henry with Crowther, Samuel. 1922. *My Life and Work.* Garden City, NY: Doubleday.

Fraser, Janet. 1996. "The translator investigated: Learning from translation process analysis."*The Translator* 2 (1): 65–79.

Goldsberry, Lonie. 2009. "Becoming a successful translation manager (part one)." *GALAxy[Globalization and Localization Association] Newsletter* (Q4). http://www.gala-global.org/articles/becoming-successful-translation-manager.

Hall, Edward T. 1976. *Beyond Culture*. Garden City, NY: Anchor Press-Doubleday.

Heiman, Gary W. 2001. *Understanding Research Methods and Statistics.* 2nd ed. Boston and New York: Houghton Mifflin.

Highsmith, Jim. 2004. *Agile Project Management: Creating Innovative Products.* Boston: Addison-Wesley.

Humphrey, Watts. 1995. *A Discipline for Software Engineering.* Reading, MA: Addison-Wesley.

International Organization for Standardization (ISO). 2001. *ISO/IEC 9126-1:2001(E). Software engineering – Product quality – Part 1: Quality model.* Geneva: ISO.

——. 2005. *ISO 9000:2005(E). Quality management systems – Fundamentals and vocabulary.*3rd ed. Geneva: ISO.

——. 2008. *ISO 9001:2008(E). Quality management systems – Requirements.* 4th ed. Geneva:ISO.

——. 2011. "ISO 9000 – Quality management." International Organization for Standardization.http://www.iso.org/iso/iso_catalogue/management_and_leadership_standards/quality_management.htm.

Jonckers. 2008. "Achieving localization excellence." http://www.jonckers.com/wp-content/up-loads/brochure_achieving_ localization_excellence.pdf.

Kaplan, Robert B. and Baldauf, Richard B. 1997. *Language Planning from Practice to Theory.*Clevedon/Philadelphia: Multilingual Matters.

Kasdorf, William E. 2003. *The Columbia Guide to Digital Publishing.* New York: Columbia University Press.

Kelly, Nataly, Beninatto, Renato S. and DePalma, Donald A. 2008. *Buyer-Defined Translation Quality: Illuminating the Customer's Perspective on What Good Language Services Mean.*Lowell, MA: Common Sense Advisory.

Kerzner, Harold. 2010. *Project Management Best Practices: Achieving Global Excellence.* 2nd ed.New York: John Wiley & Sons.

Kerzner, Harold and Saladis, Frank P. 2009. *Value-Driven Project Management.* New York: John Wiley & Sons.

Koo, Siu Ling and Kinds, Harold. 2000. "A quality assurance model for language projects." In *Translating into Success: Cutting-Edge Strategies for Going Multilingual in a Global Age*,Robert C. Sprung and Simone Jaroniec (eds), 147–157. Amsterdam/Philadelphia: John Benjamins.

Laufer, Alexander, and Hoffman, Edward. 1998. "Ninety-nine rules for managing 'faster, better,cheaper' projects." *ASK: Academy Sharing Knowledge, The NASA Source for Project Management 7* (March). http://askmagazine.nasa. gov/pdf/pdf7/47990main_47442main_ninety_nine_rules.7.pdf.

Leary, Liesl and Nock, Heike. 2009. "Web site localization 101 – Why and how to prepare your web site for Global markets." ENLASO Corporation. http://www.translate.com/Language_Tech_Center/webinars/content/Website- Localization-101.pdf.

Lionbridge. 2009. "Building stronger brands around the world: A guide to effective global marketing." http://www.slideshare.net/Lionbridge/ building-stronger-brands -around-the-world.

Levý, Jiří. 1967. "Translation as a decision process." In *To Honor Roman Jakobson: Essays on the Occasion of his Seventieth Birthday, 11 October 1966*, Vol. 2, 1171–1182. The Hague/Paris:Mouton de Gruyter.

Macklovitch, Elliott, Nguyen, Ngoc Tran and Lapalme, Guy. 2005. "Tracing translations in the making." In *MT Summit X, Phuket, Thailand, September 13–15, 2005, Conference Proceedings:The Tenth Machine Translation Summit,* 323–330. N.p.: Asia-Pacific Association for Machine Translation.

Martin, James. 1991. *Rapid Application Development.* New York: Macmillan.

Nord, Christiane. 1997. *Translating as a Purposeful Activity: Functionalist Approaches Explained.*Manchester: St Jerome.

Praxiom Research Group Limited. 2008. "Theoretical overview of ISO 9000." http://www2.connect.ab.ca/~praxiom/concepts.htm.

Project Management Institute (PMI). 2008. *A Guide to the Project Management Body of Knowledge (PMBOK® Guide).* 4th ed. Newtown Square, PA: Project Management

Institute.

Quine, Willard Van Orman. 1964. "Meaning and translation." In *The Structure of Language:Readings in the Philosophy of Language,* Jerry A. Fodor and Jerrold J. Katz (eds), 460–478.Englewood Cliffs, N.J., Prentice-Hall.

Reiss, Katharina and Vermeer, Hans J. 1984. *Grundlegung einer allgemeinen Translationstheorie.*Tübingen: Niemeyer.

Royce, Winston W. 1987. "Managing the development of large software systems: concepts and techniques." In *Proceedings of the 9th International Conference on Software Engineering (ICSE), Monterey, CA, March 30–April 2, 1987*, 328–338. New York, NY: ACM. Rpt. of "Managing the development of large software systems: Concepts and techniques." In *Proceedings,[Technical Papers of] Western Electronic Show and Convention (WesCon), August 25–28, 1970, Los Angeles, USA*, 1–9.

Savory, Theodore Horace. 1968. *The Art of Translation.* Boston: The Writer.

Shaefer, Anja and Koh, Arnold. 2010. "Localization 101: Getting started with localization."Lionbridge.com.
http://www.slideshare.net/Lionbridge/localization-101-5091536.

Shreve, Gregory M. 2000. "Translation at the millennium: Prospects for the evolution of a profession."In *Paradigmenwechsel in der Translation. Festschrift für Albrecht Neubert zum 70.Geburtstag,* Peter A. Schmitt (ed.), 217–234. Tübingen: Stauffenburg Verlag.

Stoeller, Willem. 2008. "Why do l10n projects fail? Common failure scenarios for localization projects." *ClientSide News* 8 (2): 16–18.

Texin, Tex. 2010. "Agile localization practices." Internationalization (I18n), Localization (L10n),Standards, and Amusements. http://www.i18nguy. com/l10n/ Agile-Localization-Practices.pdf.

Txabarriaga, Rocío. 2009. *Best Practices for Client Review Processes.* Lowell, MA: Common Sense Advisory.

Wang, Frank. 2007. "Client review of translation in a localization project."

MultiLingual 18 (7):49–52.

Wegner, Peter. 1995. "Interactive foundations of object-based programming." *[IEEE] Computer* 28 (10): 70–72.

West, Dave and Grant, Tom. 2010. *Agile Development: Mainstream Adoption has Changed Agility.*Cambridge, MA: Forrester Research.

Wilss, Wolfram. 1994. "Translation as a knowledge-based activity: Context, culture, and cognition."In *Language, Discourse and Translation in the West and Middle East,* Robert de Beaugrande, Abdullah Shunnaq and Mohamed Helmy Heliel (eds), 35–44. Amsterdam/Philadelphia: John Benjamins.

——. 1996a. *Knowledge and Skills in Translator Behavior.* Amsterdam/Philadelphia: John Benjamins.

——. 1996b. "Translation as intelligent behaviour." In *Terminology, LSP and Translation,* Harold Somers (ed.), 161–168. Amsterdam/Philadelphia: John Benjamins.

Wright, Sue Ellen. 2001. "Terminology and total quality management." In *Handbook of Terminology Management,* Sue Ellen Wright and Gerhard Budin (eds), 488–502. Amsterdam/Philadelphia: John Benjamins.

——. 2006. "The creation and application of language industry standards." In *Perspectives on Localization,* Keiran J. Dunne (ed.), 241–278. Amsterdam/ Philadelphia: John Benjamins.

Wysocki, Robert K. 2007. *Effective Project Management: Traditional, Adaptive, Extreme.* 4th ed.Indianapolis, IN: Wiley.

Wysocki, Robert K. with McGary, Rudd. 2003. *Effective Project Management: Traditional,Adaptive, Extreme.* 3rd ed. Indianapolis, IN: Wiley.

翻译与本地化项目管理中的有效沟通

娜塔莉娅·茨维特科夫（PMP）　维罗妮卡·茨维特科夫

以我观物，物皆着我之色彩。

——阿内丝·尼恩（Anaïs Nin）

成功的沟通需注意和关注两个重要的因素：性格（价值取向、心理模式、思维模式、个人行为）和文化（群体态度、信念和行为）。文化对于翻译和本地化项目管理来说是一个非常重要的因素，它本质上要求来自不同文化背景的人们相互合作。我们首先使用迈尔斯-布里格斯性格分类法（Myers-Briggs Type Indicator，MBTI）讨论性格类型的识别和分类，并研究性格在形成时间观念、解决冲突和问题方面的几种表现方式。其次，我们将借助霍尔（Hall）的语境理论和霍夫斯塔德（Hofstede）的文化维度的理论探索文化，讨论文化对于时间观念、决策和业务沟通的影响。最后，我们给出了在项目交流计划中解决人性和文化差异的实用策略建议。

沟通在项目管理中的作用

有效沟通的能力无论对于生活还是工作都是最重要的技能。无论从事什么工作，无论是表达思想、经历还是感情，我们都希望对方能够理解我们所表达的意义并做出相应的回应。对于翻译和本地化项目经理来说，掌握良好的沟通技能显得尤为重要。实际上，人们普遍认为本地化项目经理 80%的时间都用在语言沟通上（加拿大财政部秘书处，1999：2；PM4DEV 2009：94）。发现沟通不畅导致的问题很容易，但找到解决问题的方法则不然。但本文介绍了几种可同时避免这两个方面问题的策略。

本地化项目经理需要协调好影响沟通的两个不同因素。第一个因素是遗传和后天习得的性格特质。利用心理衡量工具，我们可以对大量不同的性格进行识别和归类，以促进沟通和交流。在商界最常用的性格评估工具是迈尔斯-布里格斯性格分类法（MBTI），下面将详细讨论。第二个因素是一起共事的人员的文化背景。文化是指一个群体（例如，国家）共有的态度、信念和行为。在与居住和工作在本土文化里的外国人打交道的日常工作中，文化的影响是显而易见的。但与办公室内的同事和团队成员合作时，文化的影响却没有那么大，尽管大家也可能来自世界各地。也许人们会认为住在国外的外国人会具备充分的调整能力，可适应各种文化，但是完全脱离从小形成的核心价值观是不太可能的。也许他们会努力尝试融入当地文化，但是想要完全成为当地人是不可能的。一个人的文化背景会影响他的思维方式，而且大多数是无意识的，进而影响他们的决策流程、归因于个人目标而不是群体目标的价值以及对时间的看法。

在研究文化和性格对沟通交流的影响作用之前，必须先弄清楚我们的讨论是基于何种沟通模式，以及影响沟通成功与否的重要因素有哪些。

沟通模式

人与人之间的沟通是如何发生的呢?大部分沟通模式是基于这样一个观念，即发送者将想法通过渠道传递给接收者。但沟通不仅由这 4 个基本部分构成，而且包括：（a）将想法用言语与非言语的词汇编码和解码成信息；（b）干扰传输的“噪声”；（c）接收者给传递者的反馈。因此，可以认为沟通流程具有循环性和同时性（参见图 2-31）。

> 想法不仅会从发送者传递至接收者，同时也会保留在传递者和接收者的心理数据库里。事实上，传递的只是编码（词语、声音模式或印刷模式），而想法本身不会被传递。一个人对于听到的话语的理解来源于自己的想法。这种理解是由他自己的参考框架、文化、想法、兴趣和过去的经历所决定的，就像原始信息的含义根本上是由发送者的思想和参考框架决定的一样。（Szalay，1981：135）

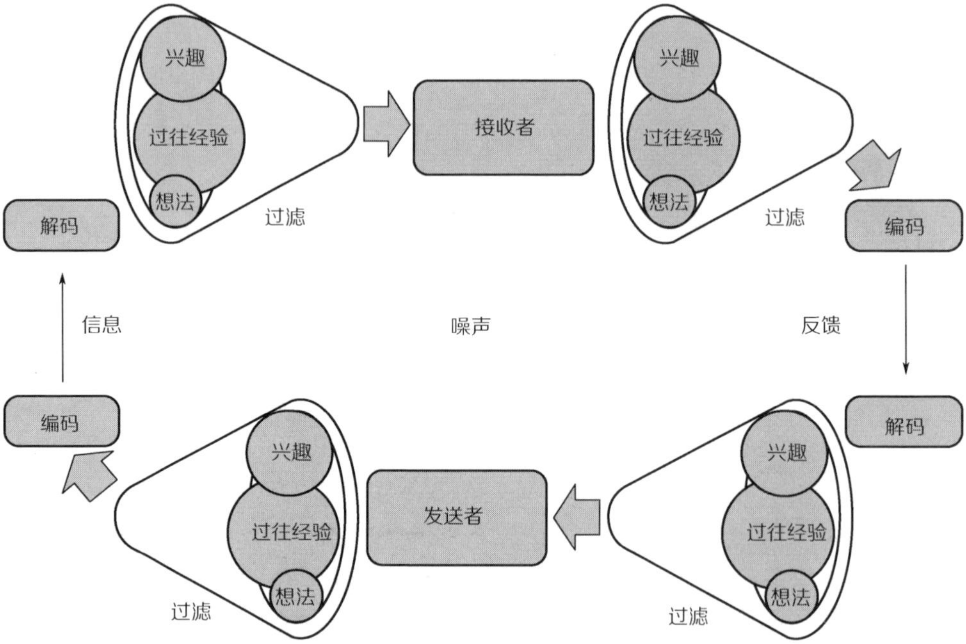

图 2-31　沟通模型

如果信息接收者得到的信息和信息发送者意图发出的目标信息一致，那么这个沟通是成功的。如果信息发送者和信息接收者拥有类似的参考框架，他们很有可能对同一信息达成类似的理解。但在沟通中，一个人的记忆、过去的决策、价值观、信念、曲解和概括都发挥“过滤器”的作用。解码消息时，收发双方此类参考框架之间“过滤器”的差异越大，接收者错误理解发送者意义的可能性就越大。

当人们的文化背景不同时，沟通失败的可能性与信息收发双方的参考框架距离成正比。由于每个人的文化参考框架都不一样，沟通者必须对所指意义进行一些假设，否则对话无法进行。沟通者会基于自身和文化参考框架给交流的信息赋予相应的意义。但是，通过理解对话者的文化参考框架，跨文化的商业沟通人员就可以提高他们正确地理解对方和让对方理解自己的能力。鉴于项目经理将 80% 的时间花在交流和沟通上，他们就应了解定期联系的不同类型人员的文化参考框架，无论他们是办公室同事还是在线的国际项目团队成员。了解他人的文化参考框架有助于进行更有效的沟通，从而提高项目成功的可能性。

迈尔斯-布里格斯性格分类法（MBTI）

成功的沟通涉及各种因素，包括形形色色的人格类型。不论人们是否意识到，但我们确实会根据自己的语言偏好来传递和接收信息。从这方面来说，迈尔斯-布里格斯性格分类法对项目经理的价值无法估量。这也毫无疑问地解释了该分类法成为美国项目管理协会管理框架部分内容的原因。我们建议聘请经过专业认证的 MBTI 人士进行自我评估培训，并协助认识自我评估对项目管理和与他人沟通的影响。

20 世纪 40 年代，迈尔斯和布里格斯在卡尔·荣格的性格理论基础上进一步发展了迈尔斯-布里格斯性格分类法理论。迈尔斯-布里格斯性格分类法是世界上使用范围最广泛的人格调查测试，目前已有 20 个语言版本。由于在不同的文化下翻译一个特定的词条时，会出现不同的内涵，所以针对不同客户定制和验证了不同的评估版本，供直译英语术语会造成测评结果不准确的语言和文化使用。如今，世界范围内每年有超过 200 万人使用迈尔斯-布里格斯性格分类法进行评估（Briggs Myers et al.，1998：9）。一些公司甚至将迈尔斯-布里格斯性格分类法的 4 个人格类型首字母印在员工卡上以促进员工间的交流。迈尔斯-布里格斯性格分类法通过 4 个二分法对人格进行分类，每个维度反映了个体不同的偏好（参见表 2-7）。

一共可形成 16 种不同的偏好组合，对应 16 种不同的人格类型。例如，伊莎贝尔·布里格斯·迈尔斯（Isabel Briggs Myers）是这样描述 INFP 类型的：

> 理想主义，对于自己的价值观和自己觉得重要的人非常忠诚。希望外部的生活和自己内心的价值观是统一的。好奇心重，很快能看到事情的可能性，能成为实现想法的催化剂。寻求理解别人和帮助他们实现潜能。适应力强、灵活、善于接受，除非是有悖于自己的价值观。（迈尔斯和布里格斯基金会）

16 种人格类型通常制成一张由伊莎贝尔·布里格斯·迈尔斯（她是 INFP 型人格）发明的表格（参见表 2-8）。[1]迈尔斯-布里格斯性格分类法的表格包含 16

[1] 有关迈尔斯-布里格斯性格分类法 16 种性格类型的更多信息，请咨询“迈尔斯和布里格斯基金会”（2011）。

种人格类型间相互关系的信息。表中各类型的顺序始终相同，从上到下、从左到右的象限是有规律的。

表 2-6 4 个 MBTI 维度（Briggs Myers et al.，1998：6）

外向—内向维度（能量的态度或方向）	
外向（E）	**内向（I）**
倾向于将能量往外界的人和事物释放	倾向于将能量导向内部的体验和思维世界
感觉—直觉维度（认识的功能或流程）	
感觉（S）	**直觉（N）**
专注于使用五种感观来感受世界	专注于感知事物的规律与内在联系
思考—情感维度（判断的功能或流程）	
思考（T）	**情感（F）**
以逻辑分析得出结论，强调客观与超脱	以个人或社会价值观得出结论，强调理解与和谐
判断—感知维度（处理外在世界的态度或方向）	
判断（J）	**感知（P）**
倾向于决断与完成，运用判断流程之一（思考或情感）处理外在世界	倾向于灵活与自发，运用感知流程之一（感觉或直觉）处理外在世界

表 2-7 运用推论统计法统计全美 MBTI 16 种性格类型的分布情况

（Briggs Myers et al.，1998：298，385-386）

ISTJ 11.6%	ISFJ 13.8%	INFJ 1.5%	INTJ 2.1%
ISTP 5.4%	ISFP 8.8%	INFP 4.4%	INTP 3.3%
ESTP 4.3%	ESFP 8.5%	ENFP 8.1%	ENTP 3.2%
ESTJ 8.7%	ESFJ 12.3%	ENFJ 2.5%	ENTJ 1.8%

一旦我们熟悉了自己的类型，并且理解了每一种偏好的代表类型，经过一定时间和实践的积累，我们就能熟练地判定他人的类型。例如，ENTP 类型的人就已经对外向型、直觉型、思考型和感知型的人有了一定的了解，所以他们能够轻

易地在其他人身上发现这些特性。此外，要想发现和我们特性截然相反的人也不难，因为这些人的行为会表现得截然不同。我们越深刻地了解自己，对于自己的喜好、能力和优势就越自信。表 2-8 简要说明了 4 个 MBTI 二分法作用下的偏好和优势。

表 2-8　4 个 MBTI 二分法作用下的个人偏好摘要

兴趣广泛	外向	内向	高度集中
依赖事实	感觉	直觉	抓住可能性
逻辑与分析	思考	情感	热情与同情
组织与稳定	判断	感知	适应与灵活

对于项目经理来说，不同个人心理偏好的存在有着实际意义。对于性格差异的认识和理解可用于促进沟通，反过来也可提高生产效率和士气。迈尔斯-布里格斯性格分类法是一个有用的工具，能够打造成功的项目团队，提高项目沟通和生产率，管理冲突并形成有效的领导。全面讨论 MBTI 在项目管理中的应用超出了本文的范围，因此我们将重点讨论 MBTI 知识在项目经理每天需要处理的 3 个重点领域的应用，包括时间概念：人格的作用、应对冲突和解决问题。

时间概念：人格的作用

我们都知道，一天中的小时数是有限的。尽管时间是不可变的，但对时间的感受和看法会变，并会因不同的情况而有显著变化。爱因斯坦对时间的相对性做出了最完美的诠释："和一个漂亮的女孩坐在一起 1 小时，感觉时间好像只过了 1 分钟。但是如果让他在热炉上坐 1 分钟，时间则好像过了 1 小时。这就是时间的相对性。"

对于时间的看法也会因性格的不同而有变化。克罗格和塞森（Kroeger & Thuesen，1992：89）总结了不同的人格类型与时间的关系，具体如下。

- 外向型人格：可以掌控和使用时间。
- 内向型人格：时间是个很特殊的概念。

- 感觉型人格：时间就是现在，一去不复返。
- 直觉型人格：时间意味着可能性，总有时间来做更多的事情。
- 思考型人格：时间是一个对象，是资源。
- 情感型人格：时间具有关联意义和人际意义。
- 判断型人格：可以计划和掌控时间。
- 感知型人格：可以调整和增加时间。

在 MBTI 的 4 种偏好二分法中，“判断”与“感知”二分法在塑造时间态度方面作用最大。每个人都需要掌控时间或者适应时间。适应时间的人永远无法成为掌控时间的人；反之亦然。因此，项目经理不应试图去改变他的同事。相反，项目经理应意识到每个人都有其自然的倾向，要试着尊重这一事实。项目团队成员没有义务去适应项目经理设计并执行的项目沟通实践模式；相反，项目经理有义务根据不同的人格类型做出相应的调整。

为了更好地阐明判断型人格和感知型人格在时间看法方面的不同之处，下面让我们分析一下这两种类型分别在“交通堵塞，将要错过一场重要会议”这一常见情境中做何处理。鉴于判断型人格难以轻松生成替代方案，一旦发现事情超出掌控，他们的建设性能力将有所削弱。然而，若具有这种人格的职员知道他具有以上人格倾向，就可以学着反过来考虑替代方案。例如，是否走另外一条道路，或者打电话取消会议。在这种情境中，感知型人格会做出不同的反应。一旦具有感知型人格的职员意识到他们赶不上会议了，他们也许会因为正好没做准备而如释重负；他们也许开始计划在意外的闲暇时间里做些什么，他们甚至可能都没想到给同事打电话说要缺席会议。感知型人格具有适应性的天性，这可帮助他们更具建设性地处理问题。例如，取消会议稍后再做安排，或者可能通过电话参加会议。如果感知型人格能够更好地控制时间，而判断型人格能够更好地适应环境，则两种人格类型都将更加高效地做好自身安排和时间安排。不论属于何种人格类型，能够意识到上述这一点都是大有裨益的。

在这方面，了解 MBTI 人格类型是一把双刃剑：一方面，这种了解可实现更有效的沟通；但另一方面，学过不同人格类型的项目经理就有义务“以另一种说话方式”同项目成员沟通。

应对冲突

人们倾向于根据人格类型以可预测的特定方式解决冲突。在紧张局势中，人们往往会自然而然地做出反应，而这种反应带来的结果通常不尽如人意。但是，一旦项目经理和项目团队成员对其自然倾向有所了解，有意识地努力避免任性而为并对更建设性的方式做出反应，实际上就能掌控紧张局势。基于人格类型，笔者提出以下几种消除冲突的建设性建议。

- 外向型人格：更多地聆听；不要试图讲出自己脱离困境的方法。
- 内向型人格：更多地交谈，讲出自己的故事，因为别人无法读取你的思想。
- 感觉型人格：借鉴其他情况，具体内容可能比事实所暗示的还要多。
- 直觉型人格：首先着眼于细节，再纵观全局。
- 思考型人格：直抒胸臆，让其他人也是如此。这是解决冲突不可或缺的部分，即使你也许不明白其意义所在。
- 情感型人格：说出自己的真实想法，其他人格类型会不胜感激。不要害怕过于苛刻。
- 判断型人格：寻找是非之间的灰色地带，为他人提供更多的协商空间。
- 感知型人格：站好队。尽管灵活处理或者与双方辩论往往更有意思，但是这并不能真正帮助解决冲突。

解决问题

消除冲突注重的是克服个人的弱势方面（例如，内向型人格应试着多交谈）。然而，解决问题注重的是事实（除外向型人格与内向型人格二分法外）。笔者的亲身经历表明，在通常情况下，一名项目经理几乎每天要花半天的时间来解决问题。所以，了解并充分利用职员的特长，显得十分重要。基于人格类型，笔者提出以下几种消除冲突的建设性建议。

- 外向型人格：一边讲话一边思考时，你可能开始在某个点上绕圈子了，所以注意不要重复自己说过的话，因为这并不能帮助解决问题。试着避免打断别人的讲话，即使他们在重复你已经讲过的内容。特别是当别人停顿时，这并不意味着你可以插话。

● 内向型人格：更快地分享自己的想法；不要试图从内部过滤想法。记住外向型人格是没有内部过滤器的；所以他们最新的想法可能会和几分钟前的想法截然不同。帮助他们一一理清。

● 感觉型人格：试着促使项目团队成员解决眼前的问题。保证每个人都认同经过讨论后的事项并列出事实。尽管大局看起来令人鼓舞，但这并不能帮助解决实际问题。

● 直觉型人格：告诉每个人为什么半满的玻璃杯比半空的玻璃杯好，尽可能多地探索更多的选择，别让所谓的脚踏实地类型阻碍你的创造力。通过集思广益解决问题时，讨论的主意越多越好（当然，必须合理）。

● 思考型人格：运用能力了解所有方面，以避免某些人出现过度个性化的情况，即使这些人和当前毫无关系或者压根没有控制权限。让团队将侧重点放在问题上而不是人上，但切忌鲁莽从事，否则，你将有被冠以不关心他人头衔的危险。

● 情感型人格：解释解决方案对人们可能存在的潜在影响。然而，如果你的个人判断阻碍了某项解决方案的提出，你的任务则是尽可能客观地对待事物。保证每个人都有被聆听的机会，但是记住不可能每个人都对团队的最终结果感到满意。试图就解决方案达成共识会付出代价，即无法形成最公平的解决方案。

● 判断型人格：保持流程始终以目标为导向。尽管转变话题效果可能更好，但不一定有助于解决当前问题。确保会议能形成具体措施，但是不要立即实施行动。相反地，要耐心等待，直至明确了这些具体措施代表着最终的决定。

● 感知型人格：保证检查所有的可能性。不管第一个提议如何吸引人，都可能存在另一个更好的解决方案，而这一解决方案从长远看可以节约时间和金钱。所以，重要的是不断提供解决方案，以免错过更好的选择。可是，一个人必须把握说话的时间点：如果你唱反调唱得太久，可能很快就会出现处处树敌的局面。

管理国际团队

根据翻译和本地化项目的管理要求，应与来自不同文化的其他人一起工作。不同文化间的交流既令人兴奋，又充满挑战。为更好地了解翻译和本地化项目经理工作的环境，我们设想拥有 60 亿人口的地球压缩为只有 100 人的地球村，其他方面的现有比例全部保留不变。那么，就像戈德曼（Goodman，2006：Ⅹ-Ⅺ）所说的，这个地球村将包括：

- 60 个亚洲人；
- 14 个非洲人；
- 12 个欧洲人；
- 8 个拉丁美洲人；
- 5 个美国和加拿大人；
- 1 个南太平洋人。

在这个地球村里：

- 22 人说汉语方言；
- 19 人说普通话；
- 9 人说英语；
- 8 人说北印度语；
- 51 人为男性；
- 49 人为女性；
- 82 人不是高加索人；
- 18 人是高加索人；
- 80 人居住不合标准住房；
- 67 人不识字；
- 50 人营养不良；
- 24 人没有电源供应；
- 7 人可以上网；

- 1 人有大学文凭；
- 1 人患有艾滋病。

对其他文化的了解是成功交流的基础。戈德曼（2006：XⅧ）提出，工作环境受一系列文化因素的影响，包括语言、社会组织类型、沟通风格——高语境还是低语境、面子保全策略、权威概念、非语言交流、时间与空间概念，以及长期和短期导向。在翻译和本地化项目经理的日常工作中，其中一部分因素发挥的作用可能比其他的更大。我们将在接下来的部分对此进行更为详细的探究。

语言

英语是公认使用的商业语言。以英语为母语的人在国际商务领域中具有明显优势，然而有时也十分不利。人们会想当然地认为，任何懂英语的人与以英语为母语的人有着相同的文化参考框架。微软国际部门的座右铭是“以设计实现全球化，以经验实现本地化（Global by design，local by experience）”。然而，要将这句座右铭付诸实践，却是说易行难。一旦项目经理（或者他们工作的公司）决定采取全球化思维，他们就必须有意识地去努力学习世界上其他人的价值观和自己的不同之处。这些价值观很大程度体现在语言上。

学习公司项目所在或团队成员生活的国家的语言，是克服文化障碍的主要途径；然而，没人会期望本地化项目经理手下的那些来自几十个不同国家的团队成员会说每一个国家的语言。事实是，项目经理可能知道这些语言的一些短语。在为了更好地交流而对非英语母语者讲英语的情况下，建议项目经理在任何项目里都遵循如下最佳做法，力求提高沟通成功的机会，包括使用简单句；避免口语、缩略语和方言；应小心使用类推法，尤其是在与体育有关的场合。例如，不是在北美出生或长大的人可能不理解棒球或者足球的规则，即使他们已经在北美生活了 10 多年了。当这种人听到别人使用一些像“全垒打”“触地得分”的术语时，他们可能不知道别人到底在说什么。在这种情况下，发出的信息和收到的信息是两码事，因而导致沟通失败。

通过提供书面总结来跟进会话很重要。在学校学过外语的人，他们的阅读技能常常比口语或听力技能强。词汇量小并不意味着智力低下，项目经理弄清楚这一点至关重要。以书面形式汇总信息让团队成员有机会核实自己的理解，并提供了一个可作未来参考的历史文件。

低语境文化、高语境文化和面子保全文化

1976 年，文化人类学家爱德华·霍尔（Edward T.Hall）出版了《超越文化》（*Beyond Culture*）一书，其中杜撰了术语“语境（contexting）”，用于描述特定文化中使用语境信息进行消息发送和解码的相对程度。霍尔认为，文化是连续地由低语境向高语境分布的。在美国或者大部分斯堪的纳维亚地区等低语境文化中，人们更偏好使用明确的消息进行传情达意，对于非语言沟通行为、人际关系紧密度以及交流各方的社会地位等语境线索不甚关心。在低语境文化中，直截了当备受推崇。美国人常说“时间就是金钱”，他们也确实是这样认为的。直接说出自己的看法不仅被视为是一种美德，同时也考虑了他人的时间。在高语境文化中，一切相反。直接说出自己的看法被视为没有教养，举止粗鲁。在日本和阿拉伯等高语境文化中，人们含蓄地交流相互的看法；很多意思都是隐含在话语中的。语境越相似，交流者越不需要直接地表达自己的观点。比起低语境文化，高语境文化中的信息的传递更含蓄，更照顾他人的感受。商业决定可能基于搜集来自人际关系和广阔的合作伙伴关系的信息，而不是来自直接的实际数据，如投资回报率等。

表 2-9　语境考量之下的文化比较（Goodman，2006：28；转引自 Hall，1976）

高语境文化（信息含蓄）
日本文化
印度文化
中国文化
阿拉伯文化
拉丁美洲文化
意大利文化
英国文化
法国文化
美国文化
德国文化
低语境文化（信息明确）

与来自较低语境文化的人进行交流时，笔者提出以下建议。

● 简明扼要，限制你要呈现的背景信息数量。

● 不要暗示结论，明确陈述结论，以避免产生误解或曲解。

● 使用你拥有的全部数据支持你的想法。

● 不要将批评视为个人攻击。来自低语境文化的人可能看起来粗鲁迟钝。在低语境文化中，人们会将批评的事物和做出批评的人区分开来。

● 规则很重要。比起你的文化来，来自此文化的人更严格遵守规则。

● 如果你要问额外的问题，不要感到沮丧；来自低语境文化的人不想屈尊来为你提供太多的信息。

● 注意不要过多琢磨字里行间的意思。不要假设一个人今天所说的话和他上个星期所说的话有直接联系。如果有疑问，做出澄清。

● 在这种文化中，个人关系的重要性低于在你自己的文化中的重要性，并且它们和商业关系是不相关的。

与来自较高语境文化的人进行交流时，笔者提出以下建议：

● 注意交谈时的语境。例如，谁在说话，谁没有说话，交谈者的社会地位是什么，还有什么没说的。在这种文化中，耐心是一种美德。在关系未确定时，生意无法达成。

● 保持融洽极其重要。仔细观察你的信息是怎样被接收的。在通常情况下，人们永远不会说“不”，即使他们不同意你的看法。学会在这种文化中是怎样表达反对意见和消极意见的。

● 在表达自己的反对意见和/或给出反馈时要极为谨慎。保全面子在高语境文化中尤其重要，因此请私下表达你的不同意见，或者通过第三方来传达。

● 当有人要求你提供进一步的信息时，他们期望你提供大量的细节，比你以往在自己文化中提供的要多得多。如果你给出的答案过于简洁，则会被视为鸡肋。

● 人际关系对于成功的合作伙伴关系来说是必需的。准备好用各种途径来确立自己的信用度。你认识的人有谁，你有多乐意去投资一段关系，花时间开展社交比陈列事实和数据更重要。

时间观念：文化扮演的角色

时间观念不仅是由个人的人格类型塑造而成的，如上所述，它也是由个人生活的文化背景，更具体地说，由文化看待时光流逝的方式塑造而成的。

爱德华·霍尔根据文化与时间的关系将文化划分为单向时间观和多向时间观（1959：178；1976：17-20；150-151）。拥有单向时间观的人往往依序进行活动，一次只集中处理一件事情，划分时间表，以及将工作时间与个人及社会时间区分开来。拥有多向时间观的人则相反，他们同时进行几项任务或活动时游刃有余，他们往往更看重人和关系，而不是时间表或者任务的完成。在霍尔的理论基础上，大卫·维克多（David A.Victor）认为，商业文化也可以被划分为单向或双向，这取决于它们怎样看待时间（Victor，1992：234-241）。有着单向商业文化的国家或地区包括美国、大不列颠、加拿大英语区域、澳大利亚、德国以及斯堪的纳维亚的大部分地区，往往都具有以下特征：

- 人际关系服从于时间表；
- 使用时间表协调各项活动；
- 约会时间死板僵硬；
- 一次处理一项任务；
- 不管个人关系如何，休息和个人时间是神圣的。
- 认为时间是固定不变和有形的；
- 明确区分工作时间和个人时间；
- 每项活动都和整体组织分离开来；
- 衡量任务时以完成时间为重。

有着多向商业文化的国家或地区包括意大利、希腊、大部分拉美地区、阿拉伯语地区以及亚洲大部分地区，往往都具有以下特征：

- 时间表服从于人际关系；
- 使用人际关系协调各项活动；
- 约会时间灵活多变；

- 同时完成多项任务；
- 休息和个人时间服从于人际关系；
- 认为时间是灵活而不固定的；
- 没有明确区分工作时间和个人时间；
- 活动纳入整个组织中；
- 衡量任务时以更大的组织目标为重。

以上观念影响着本地化项目经理每天进行的绝大部分业务活动。认识和了解供应商对时间的看法可以帮助项目经理以最有效的方式避免计划的延误，并更富有成效地为各方组织会议。当领导者是多向时间观的成员时，具有单向时间观的项目经理应试着变得更加灵活。请记住，来自这些文化的人们已在竭尽全力适应他们很可能认为是缺乏弹性的任务安排。

下面举一个我们身边的例子来说明这种现象。娜塔莉娅在星期三向意大利的一位项目经理马里奥发出了一份申请表，提出需要一份上个月活动的财务报告，并尽可能快地发过来。星期五上午，娜塔莉娅收到一份包含很多漂亮图形的 PDF 文档，但这不是她所需要的。收到的那份文件对她毫无用处。不幸的是，那时意大利已经是晚上了；因此，她向经理提交的报告将要延误了。

回顾一下这种情况，我们可以知道这种沟通失败的部分原因在于不同的时间观念，部分在于娜塔莉娅及其信息接收者之间语境的差异。娜塔莉娅对于“A.S.A.P.（尽快）”的理解是“明天早上前”。对于住在“无所事事最快乐”哲学发端地的意大利的马里奥来说，48 小时已经够快了。娜塔莉娅在电子表格上奋战了一个星期，因此她理所当然地认为马里奥会发给她一份含有原始数据的表格，这样她可以拿来作为她报告的基础材料。另一方面，马里奥刚刚为他的经理完成了一份需要大量图表的路演演示报告，这深深地影响了他的报告展示方式。那么，在这种情况下，娜塔莉娅应怎样表述她的要求呢?很简单，只需将信息具体化即可，比如，“我需要一份报告以及 Excel 电子表格格式的配套数据，时间是太平洋标准时间（PST）星期五上午 10 点前”。

文化维度

1980年，荷兰心理学家吉尔特·霍夫斯塔德（Geert Hofstede）出版了开创性著作《文化的后果：工作价值观的国际性差异》（*Culture's Consequences：International Differences in Work-Related Values*）。这本专题著作以1968年和1972年接近116000份问卷的两次调查为基础，“探讨了40个现代国家成员之间存在的社会行为思维差异”，揭示出国家文化在以下4个主要维度存在差异，即权力距离指数（PDI）、个人主义（IDV）、不确定性规避指数（MAS）及男子气概（UAI）。中国学者进行的后续研究证实了第五个维度——长期导向（Long-Term Orientation，LTO）。霍夫斯塔德的专著将文化的5个维度定义如下：

- 个人主义指在个体间关系松散的社会；每个人都应该照顾自己和直系家庭。作为其对立面，集体主义指人们自出生之日起不断发展强有力的集团内部关系的社会，人们穷其一生相互照顾以换取绝对的忠诚。
- 权力距离指数是“一个国家/地区的机构和组织中权力较少者对权力分配不平等这一事实的期望和接受程度”。
- 不确定性规避指数表示“某一文化的成员感觉受到模糊或未知情况威胁的程度。除了其他方面外，这种感觉会表现为神经紧张以及对于可预见性的需要，即需要成文的和不成文的规则”（167）。
- 男子气概是“当一个社会的情绪性别角色有明确的界限时，就可以称为拥有男性气概的社会：男人都应自信、坚强和专注于物质上的成功，而女人就应是谦和、温柔并关注生活的质量。当社会的情绪角色重叠的时候，我们称这个社会为拥有女性气质的社会：无论男女，都应谦和、温柔并关注生活质量”（167）。
- 长期导向是“培养面向未来回报的美德——特别是毅力和节俭。它的反面，短期导向，是指对过去和现在的美德的培养——特别是尊重传统、保全‘面子’和履行社会责任”（210）。

表2-10总结了部分国家/地区在霍夫斯塔德的5个文化维度上的分数。

表 2-10 部分国家/地区在霍夫斯塔德 5 个文化维度上的分数（Hofstede，2009）

国家和地区	个人主义	权力距离指数	不确定性规避指数	男子气概	长期导向
阿拉伯世界*	38	80	68	52	
澳大利亚	90	36	51	61	31
巴西	38	69	76	49	65
加拿大	80	39	48	52	23
中国	20	80	30	66	118
丹麦	74	18	23	16	
法国	71	68	86	43	
德国	67	35	65	66	31
中国香港	25	68	29	57	96
印度	48	77	40	56	61
以色列	54	13	81	47	
意大利	76	50	75	70	
日本	46	54	92	95	80
马来西亚	26	104	36	50	
荷兰	80	38	53	14	44
巴基斯坦	14	55	70	50	0
俄罗斯	39	93	95	36	
西班牙	51	57	86	42	
瑞士	68	34	58	70	
中国台湾	17	58	69	45	87
英国	89	35	35	66	25
美国	91	40	46	62	29

*根据地区预估的数值。“阿拉伯世界”是指埃及、伊拉克、科威特、黎巴嫩、利比亚、叙利亚、沙特阿拉伯、阿拉伯联合酋长国。

注：0 代表了最小值。有关所有国家 5 个维度分数情况的完整列表，请参见霍夫斯塔德相关论述（2009）。

霍夫斯塔德的文化维度对国际多元文化团队的管理者来说有着深远的影响。让我们看看个人主义和它的对立面集体主义。美国是在个人主义上得分最高的国家。自由、独立和自力更生是美国文化核心价值观。一个人可以战斗甚至打败整个军队，这类场景在好莱坞电影中也是屡见不鲜的，美国人基于个人表现来判定个人的成功与否。另外，我们在亚洲和拉丁美洲国家发现集体主义文化盛行。一句日本的流行语“突起来的钉子将被捶打”反映了一个普遍的价值认同——在日本文化中，个人服从组织。保持和谐对集体主义的文化至关重要。然而，值得多元文化项目团队管理者注意的是，这些文化差异只代表了一种文化倾向，而不是个人特征。

沟通计划

虽然沟通始终具有挑战性，但我们通过建立和利用一个沟通计划，可以更轻松地、更有效地对它进行管理。这个计划会记录以下内容，包括需要传达给利益相关者的信息、沟通时间、沟通频率和沟通形式。

美国项目管理协会建议项目启动前主动制订好沟通计划。当然这个流程中我们需要考虑几个方面因素。例如，规定哪些会议要求每个人必须亲自出席，哪些决策可以通过电子邮件或电话敲定（和/或沟通）。同时还需要确认利益相关者所要求的信息以及要求的格式和接收此类信息的媒介。这些类型的主动计划对于信息管理和传播以及确保有效的沟通至关重要。在下面几节中，我们将研究各种会议、状态报告和电子邮件的主动计划方式，以便提高沟通的有效性，尽量降低信息过多过滥的风险。

会议

无效的会议是影响员工士气的最大原因之一。一方面，时间是有限的，如果人们觉得自己的时间被浪费在无效的会议上，就可能憎恨那些他们认为浪费了自己时间的人，包括项目经理，因为其职责是保证会议的顺利进行。为确保会议顺利进行，每次会议都应有一个会议议程，坚持围绕议程展开，事后总结会议的要点。不过，即使遵循这些基本的会议管理要点，仍可能浪费很多时间。另一方面，在某些情况下，会议实际上可以节约时间。项目经理应根据具体情况考虑召开会议的必要性。例如，一个 5 分钟的会议可以解决的内容如果用电子邮件需要几天时间的话，那么开会难道不应该吗?当使用电子邮件解决问题比组织和召开一个 5 分钟的会议更快，难道我们不应取消会议而用电子邮件解决吗?

为了最大限度发挥与会人员的作用，最好让那些外向健谈的人先发表意见，让感觉型员工展示数据，让直觉型员工理顺条理，让内向型员工提前思考明白议程，让感知型员工提出多个备选方案，让善于决策判断的员工掌握全局。当会议开始时，善于决策判断的人几乎总是会准时到达，而善于观察的人通常会迟到。为了使会议的有效性最大化，我们可以让善于决策判断的人开始发言，首先讨论不是那么紧迫的问题，然后观察敏锐的人到达时，我们可以转而讨论重要问题。另外，同一件事情对一些人来说是刺激和激励，但对另一些人可能意味着是压力和紧张，了解这点可以大大减缓集体的压力。了解这点可以大大降低集体的压力。例如，偏离议程并讨论问题的备选解决方案会让善于观察的人倍感刺激，因为他们获得了探索多个备选方案的自由，但这将大大拖累那些想要讨论正题的决策者，他们通常都是开会最守时的人。因此，我们必须在这两种对立的偏好中争取平衡。为了提高会议效率，我们必须听取多方观点和满足不同的需求。

兰西奥尼（Lencioni，2004）提出两类对翻译工作和本地化项目经理非常有效的会议。第一种类型的会议是每天早晨与项目团队进行一个 10 分钟的快速签到会议。签到会议期间，每个人都保持站立，会议时间不能超过 10 分钟。如果项目团队成员分散在各地，那么可以在最适当的时间举行电话会议，或即时消息会话。第二种类型的会议是项目报告周会，这类会议涉及的主题内容可能会更详细。这种类型的会议有一个严格的议程，包括：（a）先前业务；（b）新业务；（c）总结教训。在中期评审或结项评审中，还可以安排任何需时较多的讨论。

根据所管理的项目，应该尝试举行不同类型的会议，例如，月度发泄会议，每位员工必须参与，并在会议上发泄愤怒和烦恼，或在走廊上进行的站立会议。为各地团队举行远程会议时，应使用最新的科技。如果可能的话，应组织面对面的启动会议，这可能是整个团队成员唯一一次集中碰面和建立重要业务关系的机会。构建这样的关系在随后的项目流程中极其有用。

以下是最佳会议主持做法建议：

- 创建一个以行动为中心的议程；
- 确保每个人都参与讨论；
- 适当惩罚捣乱者和不专心的与会者；
- 在与会者之间建立信任；

- 制作和提交有效的演示文稿；
- 紧跟议题实现会议的目标；
- 在国际团队会议中实现清晰的沟通；
- 当气氛变得沉闷、消极时，适当活跃会议气氛；
- 分配操作项目和确定预计完成日期；
- 以乐观和积极的基调结束会议。

状态报告

状态报告是一个产生过多、过滥信息的潜在来源。人们经常将已执行任务的列表或需要解决的未完成问题列表与状态报告弄混。在这方面，重要的是在创建状态报告模板前，了解项目相关利益者所需要的信息。在大多数情况下，利益相关者需要知道下列信息，包括项目目标、交付成果、里程碑和满足/实现目标/最后期限的可能性。如果决定使用彩色标志指示状态（红、黄、绿），那么，务必定义好这些彩色标志的含义，并确保公司所有人都使用一致的标志，以避免可能的混淆。将状态报告发布到项目相关利益者获取数据的网站上要比通过电子邮件推送好得多。这样，项目利益相关者可以不用再去费劲地翻寻他们的电子邮件收件箱，就可以随时查询状态更新。彼得和赫尔（Peter & Hull，1969：63）建议："可以坐着的时候就不要站着，可以骑行的时候就不要用走的，可以推的时候就不要用拉的。"

电子邮件

如今，项目经理不愿意接收电子邮件，但没了电子邮件他们也活不下去。由于时间和精力是有限的，项目经理必须最大限度地减少花在整个电子邮件流程上的时间。大多数电子邮件包含的是不需要立即处理的无关信息。Microsoft Outlook等电子邮件程序具有强大的过滤功能，可过滤和归档非关键电子邮件。电子邮件客户端一般都具有搜索功能，日后可以用来检索这些信息。麦吉（McGhee，2005）提供了许多有效的策略，可解决电子邮件引起的信息过载的问题。她建议每天尽量减少查收电子邮件次数，并且尽量避免使用电子邮件收件箱任务列表。麦吉还主张从上到下检查收件箱系统，并针对每封电子邮件采取以下 4 个操作之一：

① 立即处理（最好在 5 分钟及以内完成）；

② 如果耗时太长，列入稍后处理任务列表；

③ 存档，供以后参考；

④ 删除。

这 4 个步骤是保持头脑清晰的秘诀。她也建议人们在必须集中注意力处理特定的任务时关闭邮箱。人不能一心多用，尽管许多人认为我们可以。“而事实是处理多个任务既不现实也没有效率”，多任务专家大卫・克伦肖（Dave Crenshaw，2008：11）说：“从注意力角度而言，多任务工作是一个神话。”分子生物学家约翰・梅迪纳（John Medina，2008：84）也同意这一说法。梅迪纳（2008：84）补充说：“坦率地说，研究表明，我们不能进行多任务处理。我们在生理上无法同时处理需要高强度注意力的事。”人类的大脑处理信息是线性方式。当人们认为他们是在进行多任务时，他们实际上是在“切换执行任务”（Crenshaw，2008：17）。你可以在洗碗的同时和别人说话，但你不能在回复邮件的同时听演讲。无论你的切换有多快，时间总是被浪费了，并且最终的效果也大打折扣。如梅迪纳所指出的，“研究表明，一个人在被打断后需要多花 50%的时间来完成一项任务。不仅如此，犯错误的概率会增加 50%”（Medina，2008：87）。

收到新电子邮件时会发出提醒声和/或弹出窗口，但在关闭后，可降低分心的可能性。建议注销即时消息传递程序，或在需要专注处理事务时显示“离开办公室”或“我目前没空”消息。当然，你也可以关上办公室的门，要求人们发送电子邮件代替面对面的交流。然后，在完成手头堆积的任务后再回复电子邮件。保持时刻在线并不会提高效率，而且往往适得其反。不过，安排一个特定的时间段（即有限时间）专门用于回复电子邮件，反而可以促使我们更清晰和更简洁地回复联系人。

对于电子邮件消息而言，有效性的提高不仅是因为清晰和简洁，也是因为其撰写方式。我们建议将最相关的信息或摘要信息放在顶部，尤其是在消息里包含收件人需要执行的一项或多项任务时，应突出显示重要信息。例如，可使用提纲格式显示关键的句子，这样可以引起阅读者的注意，也更易于阅读。

结语

如果收件人收到的信息和发件人发出的信息相同的话，那么沟通就是成功的。不同性格类型的人对消息和信息的接收和理解会不同，发送方应负责用接收者最习惯、舒适的方式传达信息。对时间的理解、解决冲突和解决问题的方式都会因人格类型的不同而不同。当我们与不同的文化背景的人交流时，必须考虑该文化的语境是高于还是低于我们的语境，并进行相应的调整。

最后，沟通方法（如电子邮件、面对面的会议和视频会议）会影响沟通的质量。新科学技术非常有用，但它不是解决沟通问题的灵丹妙药。每种媒介都有其优点和缺点，在选择沟通媒介时，我们也必须考虑导致信息过多过滥的可能性。理解和尊重观众是成功沟通的关键。

参 考 文 献

Briggs Myers, Isabel, McCauley, Mary H., Quenk, Naomi L. and Hammer, Allen L. 1998. *MBTI Manual. A Guide to the Development and Use of the Myers-Briggs Type Indicator.* 3rd ed.Palo Alto: Consulting Psychologists Press.

Crenshaw, Dave. 2008. *The Myth of Multitasking: How "Doing It All" Gets Nothing Done.* San Francisco: Jossey-Bass.

Einstein, Albert. 1938. "On the effects of external sensory input on time dilation." *Journal of Exothermic Science and Technology* 1 (9). Reproduced in Mirsky 2002.

Goodman, Michael B. 2006. *Work with Anyone Anywhere: A Guide to Global Business.* Belmont,CA: Professional Publications.

Hall, Edward T. 1959. *The Silent Language.* Garden City, NY: Doubleday.

——. 1976. *Beyond Culture.* Garden City, NY: Anchor Press-Doubleday.

Hofstede, Geert. 1980. *Culture's Consequences: International Differences in Work-Related Values.*Beverly Hills, CA: SAGE.

——. 2009. "Geert Hofstede Cultural Dimensions." http://www.geert-hofstede. com/ hofstede_dimensions.php.

Hofstede, Geert and Hofstede, Gert Jan. 2005. *Cultures and Organizations: Software of the Mind.*Rev. ed. New York: McGraw-Hill.

Kroeger, Otto and Thuesen, Janet M. 1992. *Type Talk at Work.* New York: Dell Publishing.

Lencioni, Patrick. 2004. *Death by Meeting: A Leadership Fable about Solving the Most Painful Problem in Business.* San Francisco: Jossey-Bass.

McGhee, Sally. 2005. *Take Back Your Life! Using Microsoft Outlook to Get Organized and Stay Organized.* Redmond, WA: Microsoft Press.

Medina, John. 2008. *Brain Rules: 12 Principles for Surviving and Thriving at Work, Home, and School.* Seattle, WA: Pear Press.

Mirsky, Steve. 2002. "Einstein's hot time." *Scientific American* 287 (3): 102.

Peter, Laurence J. and Hull, Raymond. 1969. *The Peter Principle.* New York: William Morrow.

Project Management for Development Organizations (PM4DEV). 2009. Fundamentals of Project Management for Development Organizations. 2nd ed. [Atlanta, GA: PM4DEV.]

Szalay, Lorand B. 1981. "Intercultural communication – A process model." *International Journal of Intercultural Relations* 5 (2): 133–146.

The Myers and Briggs Foundation. 2011. "The 16 MBTI® types." Excerpted from *Introduction to Type*, by Isabel Briggs Myers. http://www.myersbriggs.org/my-mbti-personality-type/mbti-basics/the-16-mbti-types.asp.

Treasury Board of Canada Secretariat. 1999. *Project Plan Template.* Ottawa: Treasury Board of Canada Secretariat, Chief Information Officer Branch. http://www.tbs-sct.gc.ca/ emf-cag/project-projet/ppto-pssp/templates-gabarits/project-projet/project-projet-eng.pdf

Victor, David A. 1992. *International Business Communication.* New York: Harper Collins.

本地化风险管理

马克·拉莫斯

你可以责怪在黑暗中碰倒东西的人，也可以选择点燃蜡烛，驱散黑暗。但是，如果你已经知道问题出在哪里，却仍然任其发生、毫不作为，那么，这就是你的错了。

——保罗·霍肯

风险管理的目的是减少不利因素，使成功的机会最大化，所以它对于项目管理的成功十分重要。本文讨论了在外包本地化项目中的风险管理，首先介绍了本地化项目的风险分解结构，对频繁出现的风险进行分类；其次介绍了美国项目管理协会提出的标准化风险管理框架，这个框架包括了前瞻性和系统性的风险识别、风险评级、应急预案和风险监控；本文最后考察了该协会的风险管理框架在本地化项目中的实际应用效果，并且提出了针对一般性本地化项目中风险的应急预案。

为什么要管理风险

风险管理之于项目管理，犹如氧气之于生命。项目经理的每一项举措都是致力于化解潜在的不利因素，将有利因素最大化。这样做的目的是成功地实现项目目标。风险管理的缺失必然造成项目的失败。

事实上，生活也是在管理风险。例如，开车过十字路口时，我们会仔细地看看会不会撞到行人，会不会与其他车辆相撞。对于司机来说，行人和其他车辆就是潜在的风险。这些风险有可能使我们的计划落空，不能准时、安全地到达马路对面。

通常，项目经理是在本能地管理风险，有时甚至他们自己都没意识到这点。不管是管理活动的日程安排、修复产品的缺点，还是增加项目资源，这些都是项目经理在应对潜在风险可能造成的负面影响。项目经理往往会根据工作的完成进度调整项目的日程安排，这都是为了如期完成项目而做出的努力。于是他们就会延长某项任务的时间、缩小项目范围、增加资源，以实现项目的目标。

既然项目经理可以本能地应对风险，那么，有人不禁要问："为什么还要用一个章节来论述风险管理呢?"因为，本地化项目的工作经历告诉我：如果项目经理不能系统地、前瞻性地应对风险，那他就是无能的、没效率的。因为他们是在风险已经爆发之后，才采取应对措施，而不是提前发现风险，并且第一时间应对风险。[1]更重要的是，风险爆发以后再去应对风险，就不再属于风险管理的范畴了。正如美国项目管理协会所说，项目风险管理的目标是增加有利因素的可能性和影响力，降低不利因素的可能性和危害性（PMI，2004：237）。事实上，只有提前发现风险，才能缓解或者利用这些因素，增加项目成功的可能性。

没有科学的风险管理的项目，就像一条船航行在大雾茫茫的水域里，而且还是陌生的水域，而船上的乘客还期望一帆风顺。风险管理的一整套策略就像船只的雷达、灯塔、测深器和无线电通信设备，可以保证船只正常航行。没有风险管理，船只就像航行在黑暗中。美国项目管理协会已经制定了系统的风险管理框架，它可以识别、评定和缓解风险，这个框架适用于任何行业、任何规模的项目。本文将讨论由美国项目管理协会制定的风险管理框架，以及这些框架在本地化项目中的应用。本文所介绍的内容对各层次的项目经理都具有指导意义，译员和本地化教师也可以从中受益。

什么是项目，什么是风险

本文中采用了美国项目管理协会提出的"项目"定义，即"为完成独特的产品、服务或结果而进行的临时努力"（PMI，2004：368）。尽管"风险"一词在项目管理中经常出现，事实上，很多时候，用户对这个词的定义并不准确。美国项目管理协会将这一词定义为：一个不确定的事件或条件，一旦发生，就能对项目造成正面或负面的影响（PMI，2004：373）。事件是指不利因素的发生，例如，

---

[1] 在本文中，本地化项目指的是将一个软件项目的用户界面文本和帮助内容翻译成一种或多种语言的外包本地化项目。

错过了时间表中的截止日期；条件是一种可以引发这个事件的因素，例如，不切实际的时间表；后果（或影响）是这一事件的负面（或正面）结果，例如，延误了产品发布日期。在此，本文将会以简单的本地化项目为例说明什么是“风险”。

将一个工作包（也就是一系列文件）交给一个翻译供应商，翻译公司发现，这套文件的字数是预估的 2 倍。由于之前对工作量错误的预估（条件），该翻译公司不能按时完成翻译工作（事件），使得后续工作（例如，工程和测试）不得不延迟，甚至有可能延迟软件的发布时间（影响）。风险管理的目标就是最大限度地减少该事件的发生；如果这种风险已经发生了，那就减少风险带来的影响，或者通过项目计划，将它转化为有利因素。换句话说，风险管理就是尽可能地保证项目的成功实施。

软件本地化项目中的风险

在本地化项目中，关于风险管理的任何讨论都是围绕着下面这个问题展开的：本地化项目中的风险是特有的或普遍的，还是比其他类型的项目更严重?本地化项目的风险不一定比高科技行业的任何其他类型项目的更大。事实上，它们的风险类型相同。风险分解结构可以根据风险的类型对其进行有效的分类和组织。常见的本地化项目风险可以分为四大类，分别是技术风险、外部风险、组织风险和与项目管理有关的风险（参见图 2-32）。它们又可以进一步分解，如图 2-32 所示。

技术风险

与需求有关的风险

面向国际市场的任何软件都要满足两个最重要的需求，即全球化和本地化。根据设计，全球化软件产品能够支持多种语言和区域设置；而本地化是指可在多大限度上对应用程序进行本地化修改，以便满足某个区域市场的需要、期望和需求。软件开发人员往往是从美国本土的角度来开发软件，而他们对全球化知识知之甚少，甚至一无所知，往往不能满足产品的全球化或本地化的要求，甚至完全不能满足。例如，一个适应全球化需求的产品，可以显示不同地区的区时和货币单位，这样非美国用户就可以看到正确格式的日期或者货币单位。采用本地化设计的软件的对话框可为译文提供足够的空间。例如，将相同的英语文本译为法语或德语，文本长度会增加20%～30%（Esselink，2000：331）。如果在设计软件时没有考虑到这一情况，致使软件的对话框不能容纳所有的译文，这样软件界面就不能完全显示译文。项目需求风险可能是缺乏语言支持，或键盘不支持某种语言，例如，微软发布的最新操作系统 Windows Vista 支持151种不同的语言。[1]如果没有满足全球化的需求，那么在目标市场上，该软件的某些功能就不能正常地运行。

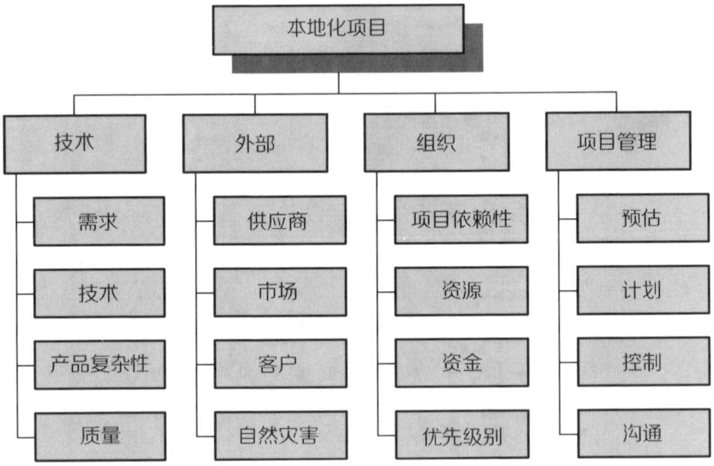

图2-32　本地化风险分解结构（RBS）

（本地化外包项目常见风险分类。本图改编自美国项目管理协会的风险分解结构示例）（PMI，2004：244）

与技术有关的风险

在过去的10年中，本地化项目的规模、范围和复杂性不断增加，大部分公司都致力于实现文件管理工作流程的自动化。例如，使用文件传输协议（FTP）技术在客户端和供应商之间物理传输文件。然而，文件流程管理自动化十分复杂，

[1] 关于全球化和本地化需求的更多实例，请参见 Dr.International，2002 相关论述。

有时不能满足预定的功能要求。自动化未达期望会导致任务工期增加，使得进度延迟，进而大大增加项目成本。

与产品复杂性有关的风险

如果软件的复杂性增加了国际化或本地化的难度，那么该软件就具有高度的风险性。如果一款软件不能轻易地本地化，那么本地化任务的时间就会超过预期，这样就需要额外的工作追赶进度，甚至有可能延误项目进度。但这并不是说，产品的复杂性高一定会增加产品本地化的难度；而是说在不能有效实施的情况下，产品复杂度的提高才会增加本地化的风险。

与质量有关的风险

在本地化中，翻译质量的好坏是一种常见的风险。它直接影响着用户对产品质量的感受。翻译质量不好意味着翻译错误、用词不当或翻译不地道，那么目标市场的用户会认为这个产品本身的质量不好。完美的翻译对产品的本地化至关重要。

外部风险

与本地化服务供应商有关的风险

在软件本地化项目中，翻译和本地化工作往往由外部公司完成。卡门森斯顾问公司的调查显示，87%的公司将大部分或全部的翻译工作外包出去（Beninatto，2006：4）。

但项目任务外包增加了项目本地化的风险：客户公司依靠外部公司按时、按预算完成高质量的工作，但是客户公司并不能直接控制外部公司所承担的本地化生产工作、日程安排及产品测试。从客户组织的角度来看，这种缺乏直接控制意味着可能导致进度延误、质量问题和可能的预算超支。

与市场和客户有关的风险

一个产品要想有好的市场表现，就必须满足客户对产品的预期，包括产品的特性、性能、实用性和价格。如果没有达到客户预期，客户反馈就会比较差，销量也会随之萎靡不振。然而，把握国际客户对产品的预期有一定的难度。如果开发软件产品的公司在目标市场所在地没有子公司或其他本地联系人，那么了解客户的期望更是难上加难了。此外，在不同的市场中，客户期望是不同的。例如，日本客户对产品和文件的质量需求就很高。如果没有满足当地客户的期望，那么产品在该市场的销售也会大受影响。

自然灾害和政治动荡引起的风险

地震、洪水和火灾等自然灾害可以给本地化项目带来风险。此外，尽管人为的灾害，如战争、政变等发生的可能性比较小，但它们也会带来风险。笔者曾经参与过这样一个项目，其翻译工作委托给了一家很远的翻译公司，当地暴发的洪水和政治动乱中断了该翻译公司的工作。虽然这类风险的概率很低，并且不在项目经理的直接控制之下，但仍需制订有效的解决方案。

组织风险

与项目依存关系有关的风险

软件本地化是软件功能开发的下游环节，并依赖于软件功能开发。例如，只有开发出了相对完整的软件功能，才可以将用户界面文本翻译成一种或多种外语。否则，一旦用户界面有所改变，就必须重新翻译，势必会增加项目成本。所以，项目的本地化团队和软件功能开发团队之间就具有很强的相互依存关系，因为只有软件开发团队完成了软件的开发与测试，本地化团队才能开始相应的工作。两个团队的依存关系包括：(a) 日程安排：整个产品时间表很少在本地化组织的完全控制之内；(b) 产品的国际化：确保全球化和本地化的责任主要由核心开发团队承担；(c) 产品质量：美国英语产品的测试可能包括测试伪本地化的软件或内容。这种对于上游环节的依赖增加了不能满足交付成果或要求的风险，因为相应的工作不在本地化团队的控制下执行。

与资源有关的风险

这种风险的典型例子是专业技术资源不足，致使工作进度延迟。某些语言对的熟练技术翻译会比其他的语言对少。所以，在为这些语言对相关的市场提供服务时，难以找到足够多的专业技术译员来按时完成工作，这会增加项目的资源方面的风险。

与资金有关的风险

软件本地化部门经常与外部公司合作，所以该部门的大部分预算都是花在与外部公司的合作业务上。加之这些合作业务往来很容易追查，因此公司往往会严格地审核该部门的项目预算。如果该部门不能合理解释本地化产品的投资回报率，也就是开发本地化产品的成本和销售的比率，那么公司就可能会减少该部门的预算，甚至终止一个或者多个本地化产品的开发，这样相应市场内的客户只能购买该产品的英文版。根据市场情况，终止产品的本地化有时会损害公司的形象。

与优先级别有关的风险

在许多公司中，产品本地化的优先次序取决于目标市场的潜在或实际收入。按照这个逻辑，目标市场越大，就越会受到公司的重视。在这种情况下，如果公司预算有限，那么就可能减少甚至严重限制某个本地化产品的开发资金和资源。优先级别风险的高低与本地化产品的实际或预计收入成反比关系。

与项目管理有关的风险

与项目成本和范围评估有关的风险

如果项目的承办方没有制作过类似的项目说明书，或者项目包含的产品不断改变，那么本地化项目说明书有时就不是很完整。这样的说明书很难甚至不可能准确地限定项目范围。如果项目范围不准确，或者处于变动之中，那么项目进度就可能延迟，甚至造成项目预算超支。

与项目计划有关的风险

例如，项目的日程安排没有得到所有参与者的认同，且不可能在规定的时间内完成，这就意味着存在与项目计划有关的风险。结果会导致不能按时完成可交付成果，从而出现计划延误。

与项目控制有关的风险

因为要在产品功能开发工作完成后才能进行本地化，而产品功能的开发团队又不在本地化项目经理的直接控制范围内，因此，难以积极地控制那些导致范围发生改变的项目因素。项目经理和团队对项目范围的控制越少，其扩大的风险就越大。而范围的扩大反过来会导致预算超支和进度延误。

与项目沟通有关的风险

本地化项目团队十分庞大，可能有很多成员在世界各地工作，这让每一个成员都及时了解项目的最新动态变得十分困难。往往部分成员不能及时了解项目范围或者日程安排的变化。这种团队成员之间的沟通障碍很可能会延迟工作，甚至延迟项目进度。

大多数本地化项目中都存在技术、组织和项目管理方面的风险，包括在上文中讨论过的和图 2-32 所示的风险。然而，项目管理团队往往随意管理风险；即使他们可以科学地管理，也不一定系统地实施风险管理的流程。笔者就遇到过这种现象：虽然风险管理很正规地开始了，但是直到项目结束，也没有全部完成。项目团队既没有追寻风险的根源，也没有控制风险，而且在执行项目的流程中，也没有去识别新风险。在没有正式、系统的风险管理的情况下，项目绩效和成果通常会受到影响。美国项目管理协会提出的项目管理框架就可以解决这样的问题。

美国项目管理协会的项目管理框架

美国项目管理协会的项目管理框架是一个有效的项目管理工具，经过简单的修改，即可形成一套用于任何本地化组织的正式或非正式流程（参见图 2-33）。这个框架是一个连续的流程：首先，识别和评级风险；其次，决定是否和怎样应对这些风险（通过已经制定的风险应对策略，包括规避、缓解、应变计划、风险转移或者接受风险）；再次，监督和控制发现的风险；最后，寻求在整个项目过程中发现新的风险。这样看来，风险管理框架是一种管理方式。项目管理团队可在项目执行的流程中，通过这种方式降低已知风险事件发生的概率，尽量减少已发生事件的不利影响，从而增加项目成功的可能性。

风险识别

风险管理的第一步是识别项目中潜在的风险。风险识别能加深我们对项目未知事件的认识，了解可能发生的不利因素；这些因素可能延迟项目进度，使项目超出预算，影响项目的质量。项目风险识别贯穿整个项目的始终，从项目的策划阶段一直持续到整个项目的执行流程。

那么如何提前识别风险呢?最好的方法就是依据团队在类似项目中的经验。大多数项目团队都会进行项目回顾和总结。项目回顾的目的就是确定这个项目的成功与失败之处，总结经验教训。项目总结和从中得到的经验教训就形成了一个项目“知识宝库”，为识别类似项目中的风险提供依据。

有些团队以风险管控表（电子数据表或数据库）的方式记录了以前项目中出现的风险。收集这些信息几乎是团队应对风险最有效的方法。风险管控表包括完整的风险描述（条件和风险）以及风险发生的概率、影响、缓解策略、附带事件和风险诱因（风险的表现）（在下文将会介绍这些概念）。项目经理可以参考风险管控表中的信息，并根据过去遇过和记录的历史风险，识别现行项目中潜在的风险。也可以分析风险记录中的数据，帮助项目团队确认自身未来的发展趋势。这样项目团队就可以通过实际项目中的风险数据了解自身的不足（参见图 2-33）。

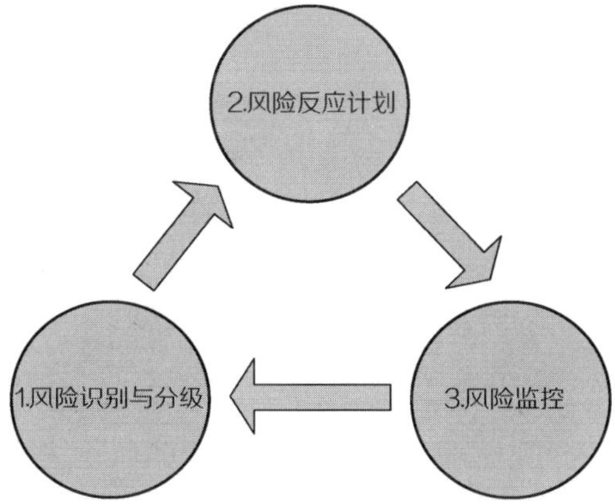

图 2-33 美国项目管理协会的项目风险管理框架（PMI，2004：237-268）

其余具体的项目风险可以咨询（技术或项目流程领域的）专业人士，可以是参加这个项目的专业人士，也可以是不参加这个项目的专业人士。这种咨询流程可以采取集体讨论，也可以是一对一沟通的形式。对于那些只有专业人士才能发现的风险，或之前从未遇到过的风险来说，求助于专业人士是识别这些风险的最好方法。

但是，项目团队也不能只专注于识别风险。项目中会有成百上千的风险，全部识别出来既不必要也不可取。团队也不可能处理过多的风险，即使简单地应对风险，也需要耗费团队大量的时间。团队的风险容忍度和制订风险计划的时间都会影响需要识别的风险大小的程度。一些公司的风险容忍度很高，意味着它们愿意承担大量的风险。这样的公司往往只会识别危害程度高的风险，并只会处理最危急的风险。而有的公司不愿接受风险，所以它们就会处理危害程度相对更低的风险。它们会花更多的时间应对风险。软件开发公司风险容忍度往往比较高，而制药公司和医疗器械制造商就不愿接受风险。

识别风险需要一个团队的共同努力。一些项目经理可能会这样认为：因为他们对项目风险担负最大的责任，所以必须承担所有的风险识别工作。然而这样的想法本身就具有风险性：一个项目经理即使竭尽全力去识别风险，也比不上整个项目团队的共同努力。在风险识别流程中，项目经理采纳的意见越多，就会发现更多的风险。笔者认为，只有部分成员参加的风险识别是不可取的。在笔者管理过的本地化项目中，外包商和客户公司共同参与风险识别流程。听取外包商和客户公司的意见，可以发现之前未能发现的风险。外包商和客户公司从不同的角度审视项目，以提供多样化的观点，这样就会强化风险识别流程。

风险评级

风险识别之后，就可以得到一份风险清单，将每个潜在风险明确地定义为条件以及与之配套的事件（或“触发器”）。如上所说，这份风险清单往往会以风险管控表的形式存档和维护。一份可以影响整个项目的风险清单是风险管理的基础。但是项目团队没有足够的时间和资源应对全部风险。因此，项目团队应根据风险发生概率和风险危害性对风险进行评级。这样，团队就可以着重关注危害大、发生概率高的风险。

风险的发生概率指风险发生的可能性。最好的风险发生概率评定方法是将风险分为高、中、低三等。通常，在相关专业人士和历史数据的帮助下，项目团队就可以准确地评估风险发生概率。风险危害性指某个风险对项目目标或者项目成果造成的危害。风险的危害程度也分为高、中、低三等。当项目团队一次性评定完毕所有的风险概率和危害时，风险评级才最有效。

最简单的风险评级方法是根据规定的可能性、危害性将它们填入风险矩阵中。图 2-34 展示的风险矩阵样本就可以用来评级风险。此矩阵可以画在白色书写板或简报纸上，个别风险可以写在便利贴上。风险评级小组需要在每个风险的发生概率和危害性规定上达成一致意见。一旦达成一致，就应在矩阵中合适的位置贴上标有风险的便利贴。矩阵应黑白相间，或者用颜色深浅表示不同的级别，这样团队成员可以更容易理解矩阵。在图 2-34 中，颜色最暗的阴影部分表示发生概率高的风险，对应的是影响力大；反过来，影响力大的风险对应的发生概率高。

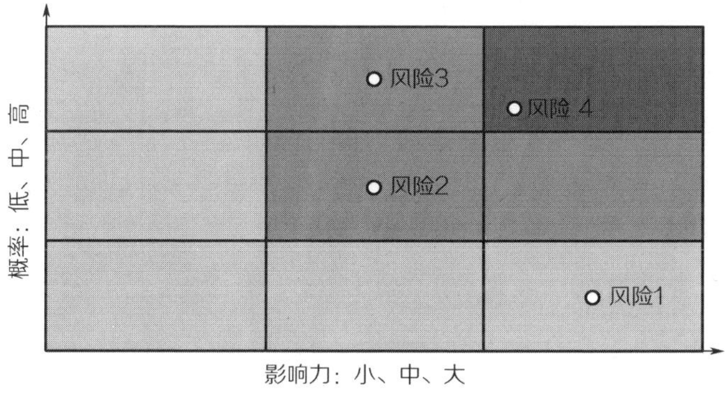

图 2-34　风险发生概率和影响矩阵示例

在矩阵中，阴影部分颜色最暗，表示风险优先级最高，在制订计划流程中，应为其制定相应的缓解策略和备用方案，并且应重点关注这个区域内的风险。颜色最浅的阴影部分表示发生概率低的风险，其影响力也小；而影响力小的风险发生的可能性也低。颜色最浅的阴影部分表示的风险威胁最小，对于这类风险，可以制订相应的应急计划，或者直接置之不理。中等颜色深度的阴影部分中的风险，发生概率不高不低，产生的影响力也是如此。例如，在翻译或本地化项目中，没有及时更改术语或者产品名字。如果在上个开发阶段已经出现了这样的状况，但在这个项目开始时，这个阶段所用的术语又是稳定的，那么这种风险发生的概率就是中等的。如果某个风险会加大工作量，但不会引起难以克服的困难，甚至延误项目进程，这样的风险也属于中等危害性风险。

然而，风险评级却使得一些公司几近瘫痪。它们在风险发生概率和危害程度评定方面未能达成一致，进而未能对风险做出评定。项目团队成员可能各执己见，有时可能是强烈地反对对方的看法。在这种情况下，最好的办法是要求团队成员根据个人的最初反应评级风险，且不要过分地分析评定结果。如果团队成员未能达成一致，项目经理就应充当督促者的身份，帮助团队达成一致。如果所有的方法都没有效果，那么团队应警示成员不要过于谨慎，并且使用更高级的风险评级标准。然而，团队还应注意不要将过多的风险评级为高优先级别。如果每个风险都是高优先级别，那么风险评级矩阵就失去了作用，不能显示出风险的危急程度。如果每个风险都是危急级别，那么就等于没有危急级别。此外，也就需要更多的时间和资源来应对这些风险。风险评级的最后一个挑战是每个风险的发生概率和危害性可能会在项目执行中不断变化。例如，有的风险在项目开始时是高优先级，而在项目后面阶段优先级可能会降低。

总而言之，风险评级就是监控风险管控表，决定哪个风险需要制定相应的应急预案。一旦某个风险被评定为高优先级，就应有专人监管。监管人在应急预案执行期间应一直跟踪风险的发展状况。预案结束后，也应继续跟踪。风险监控人员应对相应的风险了如指掌，并制定合适的应急策略。

风险应急预案

风险识别和评级之后，风险管理的重点就转移到了制定合适的应急预案上。尽管项目经理最终对风险管理负责，但每个团队成员都应知道应急预案是怎么回事。对此，美国项目管理协会提出了五大策略：规避风险、缓解风险、风险转移、接受风险和备用方案（PMI，2004：261-263）。

规避风险：这个策略包括改变风险的范围、项目成果或者项目管理计划，以便减少风险威胁。这一策略适用于早期发现的风险，并且通过修改项目需求就可以轻易应对。有时尽管风险相对紧急，但如果没有清晰的应对策略，也可以采用这一策略。为了更好地解释这一策略，我们不妨举个例子。假设在一个产品或者部件本地化项目中，翻译工作没有按时完成，并延误了本地化产品的发布。在这种情况下，取消产品功能或者部件的本地化就是一个规避策略。

缓解风险：这个策略包含的计划可以减少风险发生的概率，或者降低风险的消极影响，目的是将这个风险的危害程度降低到可接受的状态。例如，图 2-35 中颜色最深的阴影区域所表示的风险，就可以用缓解风险这个策略来应对，也就是将这些风险转化为可接受的风险（在风险评级矩阵中，将它们转化到概率和危害最小的区域，也就是颜色最浅的区域）。为了更好地说明这一点，假设在某个目标市场，由于公共节假日耽误了工作时间，本地化服务公司不能按时完成翻译工作。如果他们在节假日照常工作，他们是可以完成这些工作的。对于这个风险，可采取的风险缓解措施就是雇用更多的员工，这样就可以在更短的时间内完成既定的工作，降低翻译工作延迟交付的可能性。

风险转移：这个策略就是将风险的应对工作和危害性转移到另一方。整个业务外包模式就是在转移风险，比如，客户公司将翻译工作外包给外部的翻译公司。在这个模式中，外部的供应商承担大量的日常风险和质量风险。购买保险是另一个风险转移的典型方法。

接受风险：采用这个策略意味着不采取任何缓解风险的措施。当风险很小，以至于不需要采取任何措施时，就可以采取这个策略。在图 2-35 中，颜色最浅的阴影部分所表示的风险都是可以接受的，意思是没有必要采取缓解措施。尽管有时需要制定应急预案，但有的风险又不得不接受，比如，不能及时控制的风险，或风险太大，以至于不能有效地管理，例如，政治动乱或者自然灾害。

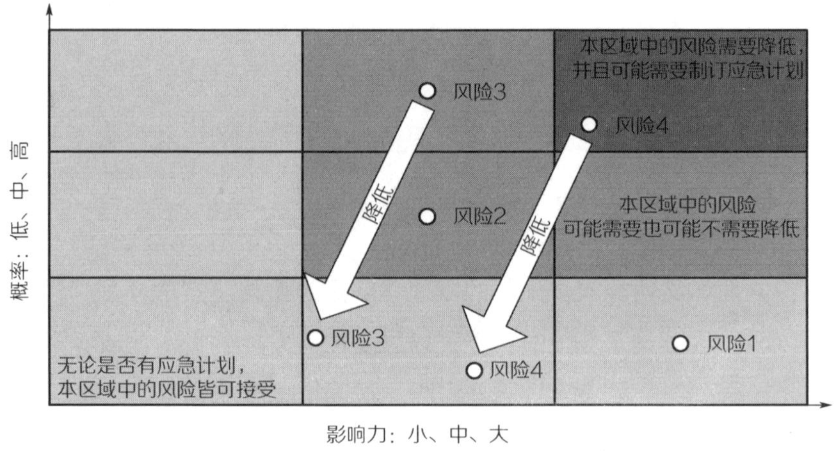

图 2-35　风险降低反应计划

（高优先级风险需要降低，而较低优先级的风险只在制订应急计划时才需要降低）

备用方案：这个策略包含典型的 B 计划，或者变通方案。优先级低的风险发生概率也低，但是消极影响却很大，所以只需制订备用方案，不需要缓解措施。例如，如果工作流自动处理工具的性能没有达到预期，就可以采用备用方案。除了缓解措施外，发生概率高和危害性大的风险还需要制订相应的备用方案，以防止缓解措施达不到预期效果。

从理论到实践：应对常见的本地化风险

为了明确说明上述应急方案的应用时机和方法，不妨研究一下本地化项目中常见的风险（参见图 2-31）。

时间表风险

① 风险识别：本地化项目中的日程十分紧凑，不允许任何错误的发生（条件）。即使延迟一天交付（事件），项目日程安排的关键路径就会受阻，项目就不能准时完成（影响）（如果想要详细了解日程安排关键路径的重要性，参见本文附录）。

② 风险评级：这个风险发生概率高，危险性大。

③ 应急预案：

● 缓解风险：应对这一风险的可行策略是增加资源，这样就可以在更短的时间内完成工作，增加缓冲的余地，降低日程延迟的可能性。另一个可行的缓解策略是重新协商项目日程，在不影响交付日期的条件下，预留充足的缓冲时间，规避项目延误的发生。最后的缓解策略就是分析项目日程，看看是否存在可同时进行的任务，进而缩短项目关键路径。

● 备用方案：如果缓解策略没有达到预期效果，工作任务未能按时完成，就会延迟项目进度。可采取的备用方案是与项目利益相关者（较高管理层）建立沟通机制，及时告知工作延迟的事实，以便及时调整项目日程。

与使用自动工具有关的风险

① 风险识别：在本地化项目中，项目团队要使用第三方开发的自动文件管理工具。但工具的开发日程十分紧迫。该开发公司既没有相关经验，又没有足够的资金聘请测试员对这个工具进行测试，以便确认工具实现了预期的功能（条件）。一旦开始使用，这个工具的运转情况很可能没有预期的那么好，或者完成工作的时间超出了预期（事件）。这样就会延误项目日程，甚至延误整个项目（影响）。

② 风险评级：这个风险的发生概率和危害性都属于中等程度。

③ 应急预案：

● 缓解风险：与第三方工具开发公司签订合同时，一定要将工具测试定为工作验收的标准。换句话说，如果项目团队所用的工具是最近由外部公司开发的，通过测试是验收工具的前提条件之一。

● 备用方案：应对这种风险时，要确保有其他备用工具或者以前用过的工具，因为用过的工具已经过验证。如果要使用这个应急方案，那么就需要对所有的员工进行培训，确保他们都会使用新旧工具。这样在启动备用方案时，老员工不会花时间学习旧工具的操作流程。另外，也可以采取手动操作的备用方案。

与术语有关的风险

① 风险识别：团队手头的项目使用的是另一种目标语，且某些硬件和软件功

能仍未确定。这种语言没有计算机术语词汇表（条件）。如果软件中的基本术语晦涩难懂，用户就会感到十分困扰（事件）。如果目标语产品难看懂，目标用户就会使用该产品的英文版，从而降低该产品在这个市场的销售额，不能率先实现这个产品的本地化（影响）。

② 风险评级：这个风险的发生概率和影响力都比较大。

③ 应急预案：

● 缓解风险：在项目启动前，就与目标市场的政府和大学合作确定基本的术语，这对整个项目大有好处。也可以通过社区的努力建立术语表。另一种办法是在项目初期，对目标市场产品用户进行可用性研究，了解用户对产品的认识。

项目范围风险

① 风险识别：软件本地化项目的范围在项目开始的时候就已经确定下来了。然而，在项目执行流程中，项目策划团队会继续扩展项目内容（条件），致使项目范围不断扩大，导致最后的实际项目范围超过了预计的范围（事件）。由于没有预料到这种情况，项目成本会随之增加，时间也会延长（影响）。

② 风险评级：这个风险的发生概率和危害性都很大。

③ 应急预案：

● 缓解风险：应对这种风险最有效的缓解策略就是在风险计划之初，制定好指导方针，以便控制项目的范围。这样，所有的利益相关者就会明白：如果要更改项目范围，就必须考虑此类更改会影响项目日程和预算。

● 备用方案：应对这种风险的备用方案之一就是增加员工，确保在分配的时间内完成增加的工作。这种方案需要有备用预算的支持，才能确保有足够的资金启动方案（参见本书 Zouncourides-Lull 的相关论述）。

与天气有关的风险

① 风险识别：大西洋西北部的冬天，气候十分恶劣。每年 12 月到次年 1 月，狂风、骤雨、冰雹频繁发生（条件）。这些极端气候曾经造成办公室供电中断、交通瘫痪、员工不能正常上班（事件）。在一个项目的关键阶段，类似事情可能会延

迟项目的整体进程，甚至延误产品的发布（影响）。

② 风险评级：这个风险在特定月份的发生概率为中等，但有很大的影响力。

③ 应急预案：

● 备用方案：制订灾后恢复计划。这个计划应包括计算机备份和场外存放的日程安排，确保在极端恶劣的天气情况下，员工可以在家里工作。这几乎是唯一的缓解方案，因为谁也不能左右天气。对于风险管理来说，应急预案十分重要，但是它也不是一门精密的科学。有的缓解方法有效，有的则没有什么效果。在风险应急预案中，没有哪种风险缓解策略可以完全保证项目的成功。随着风险管理方法的改善和管理经验的积累，项目团队如果掌握了有效应对方法，就能提高阿普加（Apgar）所说的“风险智慧”（2006：12-13）。风险管理团队应跟踪和评估风险缓解策略，观察这些策略在风险管理中是否有效，并培养团队的“风险智慧”，这对团队都是很重要的。

风险监管

即使项目结束了，风险管理也没有结束。当应对计划制订好后，风险管理团队还应跟踪计划的执行情况。因为有可能出现新的风险，它们同样需要制定应对措施。当项目结束之后，风险管理团队应将与此项目有关的风险信息存档，并且应用到将来的项目中，并周而复始，循环往复下去。许多公司和项目经理都不明白这个流程需要持续进行，所以当风险管理初步结束之后，就中断了风险管理的进程。这种管理方法的效率远远不如持续性的风险管理方法。

监管项目风险的方法很多，风险管控表是最常用的一种。风险管控表包含风险的详细信息、风险的负责人和诱发因素。风险负责人的任务就是在项目执行流程中监控风险，并向项目经理或者整个团队汇报风险的状态。风险负责人可以在项目状态会议或风险状态汇报会上汇报风险的最新状态。问题的关键是，如果风险发生了但没有采取任何措施，那么，即使项目风险识别和应急措施已经完成，这个风险仍会继续威胁项目目标。

在项目计划阶段，要充分运用获得的全部信息来识别风险，并且制定应急预案。在项目进行流程中，团队不断搜集新的信息，有些在项目计划阶段没有显现出来的风险会在执行阶段逐渐出现。处理已知的风险会带来新的风险，例如，有一个缓解进度风险的办法，就是在翻译工作阶段增加翻译人员的数量，尽管这个策略可以加快翻译工作的进程，但也相应地增加了翻译质量低下的风险。因为与原有的翻译人员相比，新翻译人员的能力可能不足，或没有经过良好的训练。这样就引发了新的风险——翻译质量的风险。因此，必须评定这个风险并制订相应的缓解措施或备用方案。

风险识别的方法也不止一种。第一种是在整个项目过程中定期召开集体讨论会议。例如，当阶段性工作完成之后，就可以召开这样的会议。当项目的翻译工作完成到一定程度，应召开风险总结会议。通过这个会议，团队可以审视所有已知的风险，确定缓解措施或备用方案的相对有效性，寻找有可能影响下一项目阶段的新风险。第二种是召开项目状态会议。在项目状态会议中，项目经理（或会议主持人）应组织圆桌讨论会议，让成员各自分享最担心的问题，并提出潜在的风险。

持续的风险管理也应包括对未发生风险的管理，它们可能是由于缓解措施有效，也可能是因为运气好，所以没有爆发。团队应明白哪些缓解措施是有效的，而哪些是无效的。这些经验就可以成为团队的“风险智慧”。在项目经理流动性高的行业或者组织里，经验记录尤其重要。没有相关记录，项目经理离任了，累积的“风险智慧”也会随之而去。通过记录这些经验，组织就可以持有并使用这些经验。

成功的风险管理

从定义上说，项目具有唯一性。不管对本地化了解多少，每个项目都有不确定因素，它们在时间、成本、范围或者质量上，会影响几个甚至更多个项目目标。

没有哪个项目经理能忽略项目所面临的风险。但是很多项目经理并没有积极地管理风险，而是在风险事件发生后才机械地采取对应措施。但已不能有效地管理风险了。美国项目管理协会的项目风险管理框架提供了有效的风险管理方法。在风险事件发生前，就为各种项目提供了风险缓解策略。正确应用这个框架可以减少风险事件的发生概率，降低其消极影响，提高项目成功的概率。

很多项目经理都认为风险管理是一个好办法。和我一起从事过本地化项目工作的同事都认为，本地化项目管理应包含风险管理。然而，当意识到正规的风险管理方法会带来额外工作时，他们的热情随之大减。他们认为这种管理方法太耗时，成本太高。这种想法完全可以理解。值得注意的是，风险管理既是一门艺术，也是一门科学。项目经理所面临的挑战是，在应用这种管理方法时，保持所耗时间和资源成本与所挽救损失之间的平衡。没有绝对正确的风险管理方法。

每个组织和项目都存在其特有的问题和困难。项目管理团队应根据项目和组织的具体要求，灵活使用美国项目管理协会提出的风险管理方法。不论是初出茅庐，还是身经百战，笔者建议项目经理和项目管理教师都来学习这个项目管理方法，让他们的整个团队也可以应用这个方法。在组织中，如果想知道什么可行，什么不可行，那么就需要都尝试一下。不断地识别项目风险，并且积极地管理这些风险，才是走向成功的有效方法。

附录

关键路径方法

在风险应急预案中，识别和了解项目的关键路径十分重要。根据美国项目管理协会的定义，关键路径方法指的是“所有计划活动理论上的最早开始、最早完成日期和最晚开始、最晚完成日期，其中不考虑任何资源限制（PMI，2004：145）”。换句话说，这种方法审视的是项目时间表中具有依存关系的各项任务，它们如果出现延迟，整个项目的完成时间也会相应地延迟。

用条形图将一个项目的所有活动根据日期表示出来，就可以更容易地理解关键路径这个概念。例如，一个项目有 5 项任务，计划在 20 个工作日内完成（参见图 2-36）。假设有两组任务同时进行［也就是任务 2（图 2-36 中的 Task2，下同）和任务 4 同时进行，任务 3 和任务 5 同时进行，但由不同的人员完成］。最后，再假设任务 2 和任务 4 与任务 1 的开始日期和结束日期间具有依存关系（也就是说，完成了任务 1 之后，才能开始任务 2 或者任务 4）。

当两项或两项以上的任务根据进度同时进行时，关键路径就是与项目完成日期有直接关联的路径，也就是在工期延长或因为任何原因而延迟时，可能延迟项目完成的一组任务的路径。在图 2-36 假设的项目日程中，任务 2、任务 3 与任务 1 是上下游的依赖关系，但是在整体上，它们并不会影响整个项目的完成。相反，任务 5 会决定整个项目的完成日期。这样，在假设的项目日程中，关键路径就是任务 1—任务 4—任务 5。

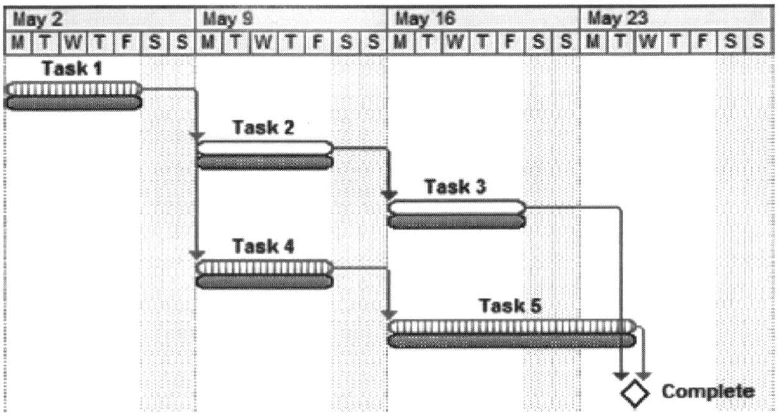

图 2-36　只要关键路径上的任一任务延迟，就会导致整个项目进度延迟

（本例中，项目的关键路径为：任务 1—任务 4—任务 5）

在图 2-36 所示的项目时间表中，如果任务 4 延迟了 3 天，那么整个项目就会延迟 3 天（参见图 2-37）。如图 2-37 所示，如果任务 3 所用的时间，从预定的 5 天增至 8 天，这并不会影响项目的完成日期，因为任务 3 总是在任务 5 之前完成。

在某些情形中，如果关键路径之外的任务不断延迟，那么它们也有可能转化为关键路径。以图 2-37 所示的假设项目时间表为例，如果任务 3 的工期从 5 天增至 11 天，那么任务 3 就处于关键路径上，因为工期延长的话，任务 3 就会在项目完成之后才能完成，因此影响了最终的项目完成日期（参见图 2-38）。

关键路径概念对风险管理十分重要，因为关键路径上的风险产生的影响比其他风险的影响更广。这并不意味着我们可以忽略非关键路径上的风险；这只是意味着，与关键路径上的风险相比，其他风险优先级比较低。

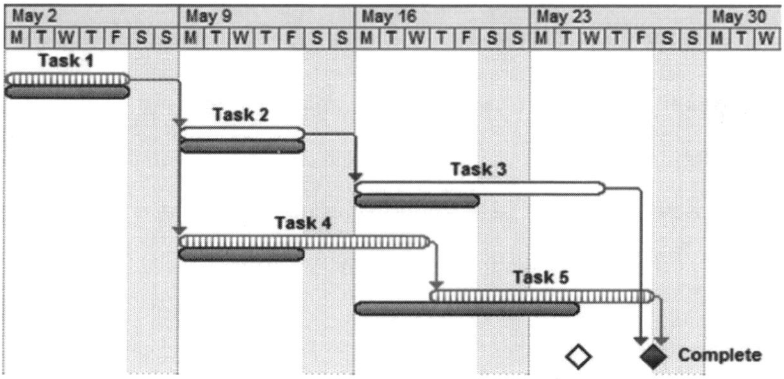

图 2-37　只要关键路径上的任一任务延迟，就会导致整个项目完成日期的延迟

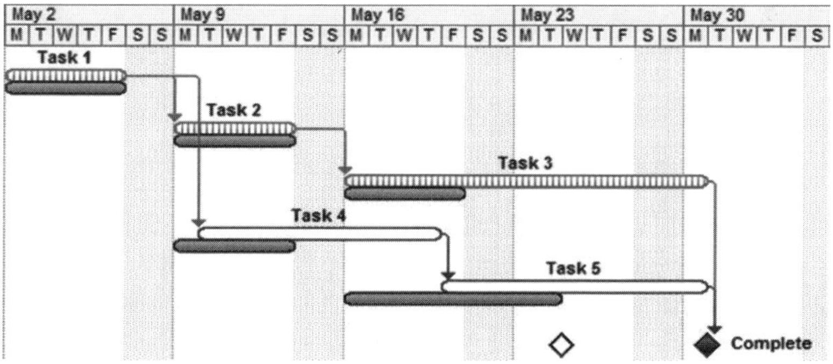

图 2-38　任务延迟后，关键路径发生了改变

参考文献

Apgar, David. 2006. *Risk Intelligence: Learning How to Manage What We Don't Know.* Boston:Harvard University Press.

Beninatto, Renato. 2006. "A review of the global translation marketplace." Association of Translation Companies Conference, London, UK, Sep. 21. http://www.atc.org.uk/RenatoBenitatto2006.ppt.

Dr. International. 2002. *Developing International Software.* 2nd ed. Seattle: Microsoft Press.

Esselink, Bert. 2000. *A Practical Guide to Localization.* Rev. ed. Amsterdam/Philadelphia: John Benjamins.

Project Management Institute (PMI). 2004. *A Guide to the Project Management Body of Knowledge (PMBOK® Guide).* 3rd ed. Newtown Square, PA: PMI Press.

第三部分

管理人力和组织因素

对本地化项目经理角色的再思考

理查德·塞克斯

很多公司不了解本地化、国际化和全球化之间的关系和依存关系。这一现状为本地化项目经理带来了挑战和机遇。本地化项目经理都希望进一步整合本地化、国际化和全球化，提升他们在这个过程中的职业前景。但这需要项目经理在项目管理之外，还应掌握传统的翻译、项目管理、业务培训方案或学术课程未能提供的知识和技能。本文将分析本地化项目经理所需具备的知识和技能，以及可以运用的一些策略，争取弥补这一差距，帮助他们进一步实现本地化、国际化和全球化的整合，并且带领公司“更上一层楼”。

引言：全球化、国际化和本地化和组织的成熟度

对于希望全球营销的数码产品企业而言，必须运用 3 个基本流程：全球化、国际化和本地化。目前业内对这 3 个流程的理解如下。

● 全球化是公司通过扩大其营销策略来应对各种区域需求。

● 国际化是对产品进行工程处理，以便有效地适应和满足当地需求，后续无须重新设计。

● 本地化是对数码产品和相关材料进行修改，使之适应目标市场的语言环境。

尽管这 3 个流程能够有效而且彼此独立地进行（有时确实如此），但最有效的总体公司战略应是相互整合，使三者之间的摩擦降至最低。在理想的成熟组织中，这 3 个流程被视为一个金字塔。其中全球化是地基，本地化只是顶石，国际化成为将这 3 个流程结合在一起的中间层（参见图 3-1）。要提高本地化的成熟度，就

需要让这种观点和思维模式成为总体战略的本质。正如笔者在其他作品中所指出的，“没有以全球化为基础的国际产品开发是失败的根本原因……应该在任务的高度上考虑全球化思维”（Sikes，2009：3）。

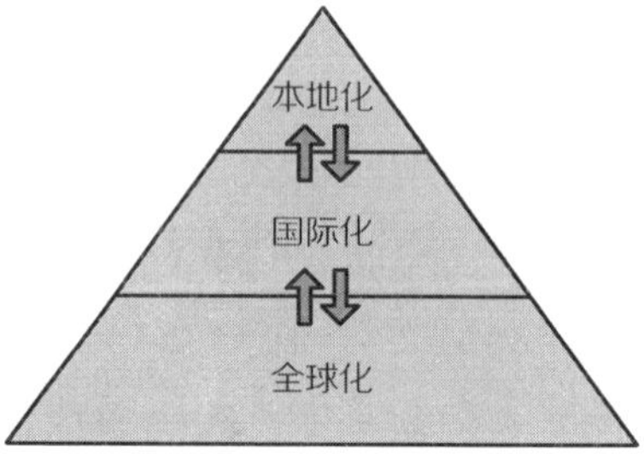

图 3-1 在一家成熟的公司中，较广泛的全球化为国际化提供了基础，进而支持高效的本地化，3 个层面相互依存

深入了解全球化、国际化和本地化的功能和三者之间的关系，对国际或跨国公司尤其是本地化项目经理来说是必需的。根据公司结构，可在 1 个部门或者 2～3 个独立的部门内实施这些活动，也可以按照产品开发流水线或其他标准进行划分。如果公司各职能部门理解了全球化、国际化和本地化之间的关系，所有参与人之间和/或这些活动的相关人员之间存在有效的沟通，那么任何方法都可能奏效。每个领域使用的目标、时间表和方法也应同步。但事实并非总是这样，在没有安排具体的人对 3 个流程的全面整合成败负责并在整个公司活动框架中发挥最佳实践倡导者的作用时，尤其如此。

事实上，大多数组织都不太成熟，没有达到整合这些流程的程度。我们常常看到，新进入国际市场的公司会在没有奠定必要的基础上试图进行本地化，并最终酿成代价高昂的错误。因为从发现前瞻性国际化的价值到面向研究、向前看的全球化发展方向上，它沿袭了一条痛苦的道路。在认识到这点后，语言行业的研究公司——卡门森斯顾问公司开发了一种本地化成熟度模型，定义了 5 个级别的进化成熟度以及 3 个层次的相对不成熟度（DePalma，2006；DePalma、Beninatto & Sargent，2006）（参见图 3-2）。

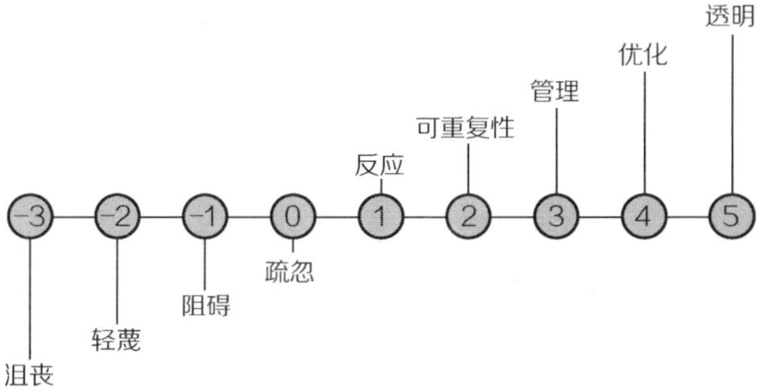

图 3-2　本地化的（不）成熟阶段

（©卡门森斯顾问公司，DePalma，2006；DePalma、Beninatto & Sargent，2006：13）

在处于或低于“反应”成熟阶段的组织，在本地化上投入的工作和支出超过了国际化和全球化，结果造成 3 个流程之间的平衡最不稳定（参见图 3-3）。在不太成熟的组织中，这 3 个流程背后的推动因素通常是拥有一个或多个流程专长的项目经理的个人努力，而不是前瞻性的公司战略。在通常情况下，这位项目经理既要发挥“胶水”作用，将公司中的这 3 个流程紧密联系在一起，还要经常担任跨学科的领域专家和说客，确保它们的可行性以及它们的存在是有意义的。

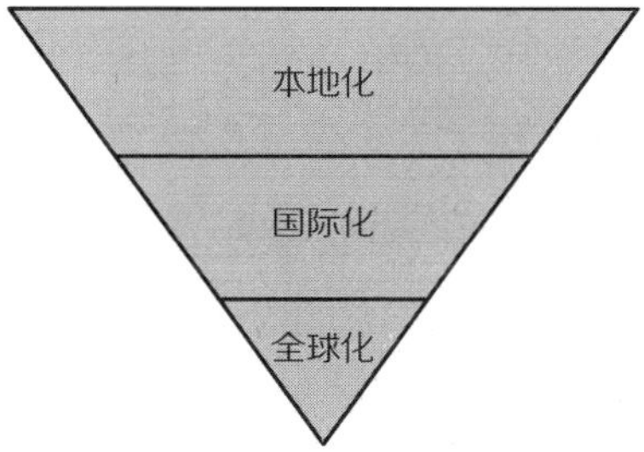

图 3-3　在成熟度处于或低于反应级的公司（参见图 3-2），本地化、国际化和全球化的管理像是摇摇欲坠地走平衡木

本地化发展之痛：挑战和机遇

这种状况为本地化项目经理带来了挑战和机遇。一方面，本地化与国际化和

全球化策略一样有效，其中，国际化和全球化是本地化的基础。事实上，高级管理人员经常询问为什么本地化如此费钱、费时且缓慢，但未能理解依存关系链和自己的决策对本地化的影响。全球化和国际化层面上的决策深远地影响了本地化层面的成本，并可能导致面市时间的延迟、产品质量缺陷、本可避免的返工和大量的其他低效现象（参见图 3-4）。换句话说，上游产品开发流程的决策和行动在很大程度上决定了本地化项目经理是否能够按时、按预算并根据规范交付项目。

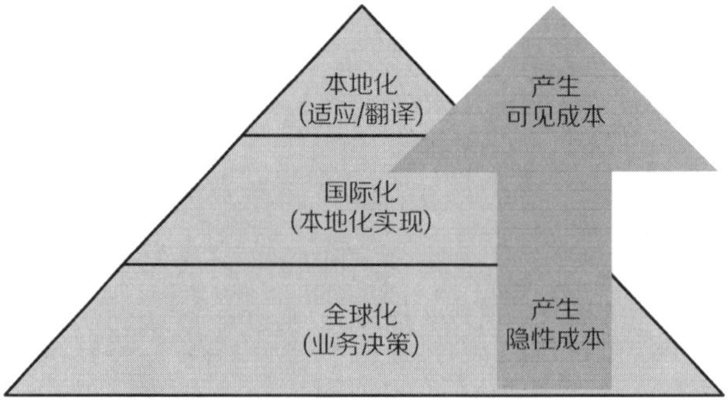

图 3-4　全球化和国际化决策不当将导致本地化成本过高，这就是为什么在不成熟的组织中，本地化成本看起来（也常常是）特别不呈比例地昂贵（参见图 3-2）

另外，本地化项目经理是唯一能够加强全球化、国际化和本地化整合的人。如果能促进所在组织成熟度的提高，并向更高效的本地化迈进，这些项目经理就会显著提升他们的职业前景。然而，领导要想在各方面的工作上都做到这点，就需要具备传统项目管理领域之外的知识和技能。以及项目管理、业务培训项目或学术课程中通常不提供的知识和技能，即正确理解“语言区域”、本地化、国际化和全球化的概念，并能够以指导专家的身份提升大家的意识，在涉及的每个流程中倡导采用各种最佳做法。

本文将探讨如何弥补这一差距。我们将首先研究语言区域、本地化、国际化和全球化的概念。其次讨论各种策略，让本地化项目经理通过介绍这些策略使用概念知识及概念间的依赖关系知识来提高大家的意识，培养同事以及提倡采用各种最佳做法，达到带领公司进一步接近全球成熟度的目标。虽然本地化成熟度指标包括负值，但我们会侧重于正值部分，也就是从“疏忽”级到“透明”级这段连续上升的部分（参见图 3-2）。本文假设大家对于学习如何实现“透明”级本地化至少抱有潜在的兴趣。

语言区域

在更详细地分析本地化、国际化和全球化之前，研究语言区域的概念会非常有用，因为它是这 3 个流程最核心的目标。语言区域不仅仅是指一个国家或者一门语言，而是二者的结合，它反映的是这样一个事实，即许多国家都在使用多种语言，而不是所有国家都只使用一种语言。例如，法国、比利时部分地区、加拿大和瑞士（各郡将法语作为官方语言）都讲法语，葡萄牙和巴西都讲葡萄牙语。另一个突出的例子是简体中文和繁体中文之间的区别。语言区域的概念也反映了这样一个事实：使用语言不同的国家内部或国家之间可能存在重大的文化差异。例如，在爱尔兰和意大利，日期“10/12/11”会被解读为 2011 年 12 月 10 日；在菲律宾和美国，则是 2011 年 10 月 12 日；而在日本和韩国则是 2010 年 12 月 11 日。语言区域的概念不仅包括语言，也包括各种类型的数据，如日期、时间、数字、货币、重量、尺寸，以及按照特定语言和地理区域的文化传统显示和排序这些数据的规则（Ray，2004：116）。

在产品开发流程中，如果公司没有查明特定语言区域的需求和/或客户期望就贸然进入国际市场，会出现很多问题。例如，我们假设一个公司为北美市场（即美国和加拿大）制造产品。在产品交付后，该公司意识到有机会将其卖给加拿大省级政府之外的联邦政府。但在这些市场，法律强制规定必须提供法语版产品，即使购买产品时无须使用法语。所以公司开始将其译成法语。然而，如果公司在产品开发流程中没有考虑与语言区域相关的变量，那么，产品设计时很可能就不会将货币符号置于数值后，而这是加拿大法语区（尤其是魁北克地区）的习惯做法。但是，如果要在该语言区域销售该产品的英文版，这种货币符号后置做法几乎是行不通的。在这种情况下，公司将不得不做出一些艰难而代价高昂的选择：一种是立即交付语言不符合规定的产品，并承担相应的后果；另一种是延迟交付（即改进产品设计，直至符合目标语区域规范时再交付），并且承担另一系列不同的后果。

在进入国际市场之前，各个公司可在产品开发和设计过程中前瞻性地考虑语言区域的适用情况，从而避免这类问题。但这需要具备本地化、国际化和全球化领域内的知识与行动。

本地化

本地化的目标是通过修改使产品和配套资料适应目标市场的语言区域，目的是让产品在该语言区域变得“清晰易懂”，从而方便本地用户与它进行交互，好像它就是在该语言区域开发而且只属于该语言区域一样。本地化不仅仅是翻译。事实上，可以合理地将本地化视为一种施加特定文化属性的行为，也就是对一个在理想情况下应该国际化的、在文化上为中性的产品添加其他文化属性。本地化产品极有可能主要与特定语言的用户互动，并使用必要的字形字符集显示该语言。还会设置诸如十进制定界、时间和日期及货币显示等规范，使其成为操作系统的默认语言区域设置。同时，切换到特定语言区域的技术、法律和/或财务会计规范，并根据语言区域控制或关闭不符合该语言区域的产品行为，换句话说，就是产品的显示方式或接受用户互动的方式。[1]颜色运用和图形符号可能会有调整。比较广告可能被其他形式的广告所取代。换句话说，一个本质呈中性的产品带有专门为目标语区域设计和适合该目标语区域的属性。

国际化

国际化是一个必须由软件开发人员执行的技术任务，包括 3 个基本任务类型，每一个都由众多的子任务提供支持。第一个是从软件设计中去除文化预设，方便随后的适应性调整。第二个是表示层和应用逻辑层的架构分离。第三个是实现对

[1] 根据若森达尔（Rozendaal）、济森（Keyson）和德·瑞达（de Ridder），“产品行为充分体现了一种产品对用户行为的响应能力，并将产品的可能性同其操作方法结合起来”（Rozendaal、Keyson & de Ridder，2007：182）。

全球规范，如字符集或会计程序处理的支持。国际化的目标是设计一个可以有效满足特定语言区域的需求而不需要后续重新设计的产品。

去除文化预设

国际化涉及从产品行为中去除文化预设。文化预设的情形较多，比如，小数部分应始终通过小数点与整数部分分开，因此要把该类数字表示硬编码到产品中。或者一只手的食指和拇指合成一个圈，其他 3 根手指伸直，是一个通用的认可手势。或者绿色总是好的，而红色总是不好的，所以财务软件编码中的绿色字体显示股票升值，红色字体显示股票贬值，却没有意识到亚洲国家使用完全不同的颜色，甚至完全相反的颜色来表示这些概念。

文化预设并不局限于用户界面，还可能扩展到字符数据的编码、存储和处理方式。❶然而文化预设的去除说起来容易做起来难。它们不是软件开发人员的恶意行为，而是由于纯粹无知或有时出于时间压力导致的。许多北美人不熟悉其他国家的标准。例如，美国公司培训的开发员可能不知道世界上许多地区使用逗号而不是句点表示小数分隔。同样，没有受过外语培训的开发人员可能不知道其他语言的词法、句法和语法规则可能与英语的大不相同，或不知道特定文本的译文可能明显比英语原文短或长。这种知识匮乏会导致字符串连接产生不能解决的语法悖论，以及开发的软件不支持字符宽度的扩大。不幸的是，美国计算机科学课程很少传授国际化原则，所以很难责怪这些毕业生。然而，由于企业层面对国际化往往知之甚少，没能合理地使产品国际化而造成的本地化问题，经常错误地算到了本地化团队头上。

三层设计法

国际化需要对数据存储、处理和显示进行架构上的分离。这是通过创建 3 个离散的程序代码虚拟“层”来实现的。显示层供用户查看和交互。业务逻辑层构成程序的功能核心。简单来说，就是程序执行操作的地方。可能还有一个数据库

❶ 更多信息请参见 Urien、Howard & Perinotti，1993；Kano，1995；Luong、Lok、Taylor & Driscoll，1995；Deitsch & Czarnecki，2001；Smith-Ferrier，2007 的相关论述。

层，用于存储和检索数据。在大多数程序里，数据在这些层之间来回传输。因此，开发人员必须仔细检查这 3 个层之间的传输机制，以防出现国际化问题，因为它们执行的是定义层间操作的程序代码。

实现全球规范支持

国际化还应实现一些预期的产品行为，并可能包括支持全球规范，如标准语言字符集或多样化的国际会计准则。换句话说，它是一个工程设计流程，其目标是使产品能在各种目标语的语言区域里正常工作。相反，如果在禁止相关特性的语言区域里销售产品，在某些情况下甚至可能包含限制使用某些产品属性（如 128 位加密）。在这个意义上，国际化指的是使一个公司的产品可本地化的流程。国际化不需要专门指编码，也可能适用于一些任务，例如，在源文档预留足够的空白，方便文本扩展，或设计构建一个网站以便轻易地添加本地化内容。

具有充分满足特定语言区域要求的适应性

在本地化的语境里，“适应”主要指翻译。然而，除用户界面和文档翻译之外，可能很有必要进行其他重新配置，使经过本地化的产品适用于不同的语言区域。甚至语言内容未被翻译的产品也可能不得不做出功能上的调整。细想一下，如一个专为美国、加拿大和英国的金融服务业设计的产品，即使产品不翻译，由于法规和税务法律的不同以及某些金融交易的处理方式的不同，也需要针对这 3 个市场进行本地化。

总之，因为通用语言区域的产品所包括的潜在功能范围超过特定语言区域的产品，所以国际化可以看作产品功能的扩大。因为很少有开发人员接受过国际化的正式培训，所以教授他们重要的国际化概念、技术和测试策略的责任往往落到下游流程受到缺乏国际化的不利影响的同事（如本地化项目经理）身上。此外，由于国际化增加了工程工作的开销，所以，经常被推迟或被当作一种功能而非核心产品开发的内在方面。从长远来看，这种做法必然会导致问题。

全球化

我们对全球化的实际定义是扩大营销策略以应对各种区域市场，这反映的不仅仅是一个概念，也是一个目标，可以视为一个公司的使命声明。全球化思维对产品开发和营销有深远的影响，如果它成为一个普遍的心理状态，则尤为明显。在下文各节中，我们将探讨其中的一些影响。

应对主要营销计划和组织策略中的区域市场

讨论全球化就要先从公司的组织结构着手。许多公司把当地营销委托给当地具有专业知识的区域办事处,而不是在国内总部打造一个具有更广阔视野的环境。这种授权可能导致出现重复的跨语言区域工作、淡化公司的形象、导致欺诈性的营销活动和冲突的议程。相反，更有意义的做法是将全球专业知识集中在生产中心，这样有助于建立一个灵活和集中的全球产品基地。它反过来可以作为一个跳板，使星罗棋布在各区域的办事处突出其功用并利用其当地的特异性。

国际市场调研

许多北美公司低估了国际市场调研的价值或对其投资不足，它们往往倾向于“自上而下”而非“自下而上”地设计各种特性。在这种情况下，“自上而下”意味着创新，即在公司内部开发出一个概念或设计实体，通过头脑风暴激发新的工作方法或发现问题，让创新产品设计为这些问题提供解决方案。然后，将解决方案交给营销实体，让它们打开产品的市场。这种方法可能奏效，也可能不奏效。假设一个公司设计出了一种新型织物柔软剂，并在北美典型的“两洗两清循环”中获得良好效果。但这个产品在用水成本高或者不易获取水源的地区销售可能不佳。要在这类市场里获得成功，就必须评估该语言区域用户的需要，生产出只需清洗一次的产品，从而节约用水。这就是宝洁公司在研发“柔和单一清洗”时所采用的方法。该产品只需 3 个步骤（清洗、添加柔软剂、滤洗），2004 年 3 月在墨西哥推出后“一炮而红”（Lafley & Charan，2004：38-40）。后一种方法可以视为“自下而上”法，即分析目标地区的用户需要和需求，然后集中创新资源，设计出可以吸引目标地区用户的方案。

类似的，如果把公司看作内部，把世界市场看作外部，也可以说，产品设计通常是由内而外而非由外而内的。例如，在产品开发周期，公司内部实体（如产品营销部）经常决定什么功能组合是世界上最好的。如果这个内部实体有来自世界市场的足够输入，这个方法就会不错，但情况并非如此。事实上，一个公司的营销工作通常只有相对较小的比例（如 20%，基于作者的经验）专门用在考虑国际市场上，通常会将其视为当地（通常是北美）产品概念和个性派生出来的核心产品概念的扩展。❶

以服务多样目标市场为目标的产品计划

规划时地理视野狭隘是一种典型的北美现象。事实上，北美公司往往满足于专注北美市场（DePalma，2002：18-19；Bean，2003：12）。然而，采取积极的措施避免重新设计和/或改进现有产品，获得吸引各种市场注意力的支持和功能，从长远来看是能够节省金钱和时间的。此外，与语言环境无关的通用产品适用的语言区域更广，所以，可照此对面向国内市场的产品设计进行概念上的处理，这类处理无须仅仅限于物理产品设计，它可以扩展到公司文化和战略的方方面面，还可扩展到相应的营销策略上。

语言区域分组的量化业务案例分层

每个组织都必须确定优先事项。人力、时间和金钱都是有限的资源。然而，公司重点往往更多地基于直觉和公司政治，而不是定量的市场分析。当公司的推动因素是交易而不是计划时，就会出现这种状况。此类公司产品的优先事项深受销售机会影响，是出了“名”的变化无常，它们总是临时转变方向，从销售向销售（和/或从危机向危机）倾斜，而不是向规定和计划的产品目标稳步努力。

要让组织制订合理的目标和计划，就必须让业务案例思维占上风。业务案例文档会将收入预测与成本预测进行对比，从而揭示潜在的盈利能力，为高级管理

❶ 更多关于产品个性的信息请参见 Norman，2004：56-60；de Mooij，2005：225-229；Jordan，2002。

层的决策流程提供量化的指导。业务案例的准备会有两个问题。第一个问题是，销售人员往往拒绝对预测数字做出承诺。这是可以理解的，因为这样做意味着接受不可知的未来。第二个问题是，本地化成本也必须具有可预测性，但如果产品的开发仍在不断变化，那么不可能有任何确定性的把握预测本地化成本。然而，可通过历史趋势数据对销售或成本进行外推预测。

历史销售和成本趋势也可为产品和地区的分类或分层提供依据，以便进行优先安排。分层的依据可以是许多标准。收入显然是一个强有力的指标，但盈利能力可能更重要。例如，在日本的销售可能比在中国的销售产生更多的收入，但在中国的销量可能会更有利可图，因为中国本地化成本数量级低于日本本地化成本。用收入而非盈利能力来对产品进行分组的一个主要缺点是，销售人员得到的补偿通常与他们创造的收入成比例，与收入的盈利能力无关。因此，销售人员不一定有在低收入、高利润地区销售产品的动机。成本还提供了一个建立分组的基础。例如，当几种产品语言同时由一家服务提供商（如巴西葡萄牙语和拉丁美洲西班牙语）进行本地化时，分层可反映出实现规模经济的潜在区域组合。

新兴市场的专用业务案例

新兴市场提供了一个独特的挑战：如果一个公司在这些市场的经验很少或没有经验，它将很少或没有可供客观计算使用的历史数据。因此，新兴市场的本地化业务案例必须依靠宏观经济数据分析，观察竞争对手的成功和失败，以及在这些市场拥有直接经验的人身上获得的任何小道消息。如果选择的新兴市场策略未能产生结果，那么，以金融门槛作为确定是否针对新兴市场进行本地化的决策标准便没有什么意义，除非目标是确定公司可以承担多少资金损失。

在任何情况下审视新兴市场时，公司必须考虑本地化成本之外的因素。分销渠道的选择就是一个主要问题。公司还必须考虑在产品生命周期的不同阶段，即引入、成长、成熟（假设本地化产品最后证明是成功的）阶段，如何支持这些新市场的产品，以及与新的核心市场版本相比，他们将多久更新一次本地化产品。最后，公司还必须评估失败的风险，并加入产品发布失败时的退出战略成本。

按语言区域跟踪收益

每一个业务案例都必须回答下面一个基本问题:“如果进行产品本地化,那么,和不进行本地化相比,会在该语言区域增加多少销售?”因为这个问题是业务案例分析的基础,人们自然会期望公司以语言区域为基础追踪本地化产品带来的增量收入。但令人惊讶的是,几乎没有公司对此安排必要的会计流程和起码的会计制度。特定区域的总收入通常是已知的,但不幸的是,在通常情况下,收入不是根据源语产品和本地化产品的销售对比进行细分的。如果不了解这个信息,业务案例最终将建立在假设或道听途说而不是事实的基础上,从而放大了不确定性和风险。这种业务做法并不恰当,而且在其他情况下是不可想象的,如国内(国内市场)销售或并购另一家公司。

在详细剖析了本地化、国际化和全球化流程后,现在我们同时也介绍一些方法,帮助本地化项目经理承担起指导人员和倡导者的角色,提高大家的认识和实施最佳做法,为每个区域组织的成功做贡献。

从理论到实践

要成为一位合格的指导人员和倡导者,帮助大家提高认识和实施最佳做法,就要求项目经理能够客观地记录低效情况,扩展自己的视野,从公司全局出发,更好地理解困扰日常任务的问题根源、潜在的补救措施和相关的权衡取舍。记录低效情况并找出问题的根源反过来要求本地化项目经理能够收集和分析相关数据。借助于电子表格、客观性、跨学科和以解决方案为导向的方法,项目经理就有更大的机会赢得高级管理层的合作与支持,让自己的工作更容易并且节省公司的资金。在理想状态下,富有效率的本地化项目经理不仅记录低效情况,而且为流程改进提供建设性的想法,并用数学方法展示翻译记忆等技术的投资回报。但最重要的是,他们清楚并令人信服地证明了为什么产品开发上游流程的决定对下游效率有深远的影响。

打个比方,如果我们把全球化产品的制造流程当作一条河,从更高海拔的产品概念和制造流向世界市场的海洋，那么本地化就是产品开发流程遥远下游的一个活动（参见图3-5）。因为产品本地化能否成功很大程度上取决于全球化和国际化中所做出的决定和采取的行动（也可能没有，视具体情况而定），所以，本地化项目经理的游说和教育活动必须面向上游流程。这在业内通常称为“上游参与度”。换句话说，本地化项目经理需要了解决策者的思想和意志，因为他们影响着极其接近源头的流程。这话说得容易，做起来难：就像在快速流动的河里逆流划船，“上游参与度”需要大量的体力劳动和脑力劳动。

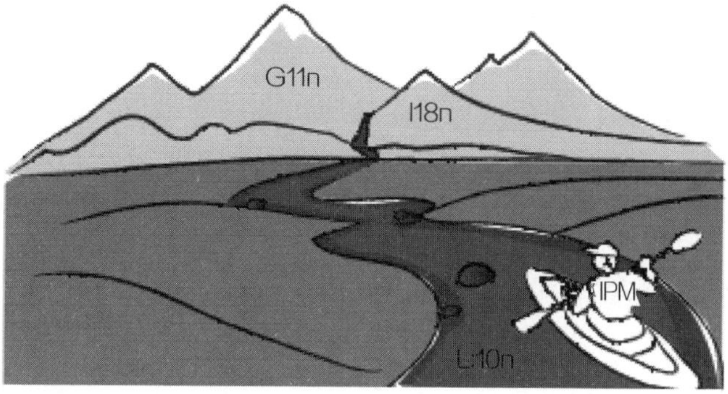

图3-5　为解决（或避免）本地化问题，需要从本地化（L10n）的上游入手，将国际化（I18n）和全球化（G11n）领域的这些问题从根源上予以解决

培养本地化的成功

本地化项目经理的主要责任是有效、及时、完整、低成本地提交生产本地化产品所需的材料。实现这些目标的一个主导因素是在客户方本地化项目经理和服务方项目经理之间建立健康的业务关系和开放的沟通渠道；本地化项目的成败很大程度上取决于这一关系的强度（参见本书库姆所撰写的文章）。同样，客户方项目经理和服务方项目经理必须努力在各自的组织内维系开放的沟通渠道。

谨慎的项目经理努力将自己定位为同事间务实的倡导者，并坚持不懈地努力产生善意。当要求本地化项目经理在不可能的时间内完成不可能的任务时，或当他们必须如此要求同行或同事时（业内对此已见怪不怪了），这种善意可能就变得非常重要了。

供应商的项目经理负责确保子供应商（通常是自由职业者）以恰当的方式获得材料和指令，借此简化供应商的工作，提高他们的产出。这意味着任务和材料的组织应清晰而直观，能响应各种查询和为供应商提供支持，确保不浪费他们的时间并及时为他们发放工作报酬。如果子供应商看到项目经理支持并顾及他们的需求，他们往往会更愿意按要求多做一些工作。

在客户方，项目经理应经常追着开发人员获取及时的回答，退回不合理的要求和不切实际的时间表，并在公司中立场坚定地反对最后时刻提出的任何更改。此外，像服务方的同事一样，客户方项目经理必须不断地监控付款流程，确保供应商及时交付材料并获得付款。为了确保这种互惠关系，客户方本地化项目经理可能需要与财务管理人员培养关系，尤其是与办公室的首席财务官或知情人士的关系。

客户方或服务方的本地化项目经理都可以通过申请业务辅导与公司的财务管理人员建立联系，包括如何创建和使用成本会计电子表格、业务案例模板和/或项目预算。在充分掌握辅导内容后，请求帮助本身就说明本地化项目经理关心雇主的财务状况，也愿意从更大的角度思考公司形象，并借此建立信誉关系。在本地化项目经理回访首席财务官并请求优先处理特定供应商的付款事宜时，这种信誉关系会非常有用。

同时，任何与自由职业者一起工作的本地化项目经理必须教他们如何出具发票，快速走完雇主的财务系统流程。许多自由译员主要是语言专家，对商业惯例不太上心。因此，尽管这些语言专家在翻译活动中对细节极度关注，但开出的发票往往缺乏快速付款所需的基本信息。有些水平最高的译员就像工匠，会把翻译当作职业而不是工作。本地化项目经理可以帮助他们的分包商学习如何成为更好的服务提供商，以及如何成为优秀的译员。

根据组织的本地化成熟度级别，本地化项目经理还可在其他方面帮助优化流程和巩固语言资产。我们将在以下各节探讨这些内容。

管理本地化测试

本地化测试包括 3 种评估类型：语言测试、外观测试和功能测试（Esselink，2000：150-154）。在语言测试中，准确性的验证体现在两个层面。所有的文本翻译都必须正确且术语前后保持一致，这样译文意思才会明确，语法和标点符号才会正确，才符合可读性要求，并且在适当的时候，可以使用与语言区域相适应的方言。虽然标准配套齐全，但就算是一个文体适当、语法正确的翻译也很有可能传递的实际上是与源语材料并不相同的信息。语言测试还需要阅读本地化后的文本，并与本地化后的产品行为进行对比。当修改源语文本时，实际的产品行为会经常随之变化，而在进行本地化前，并不总是会修改源语材料，使之反映这些变化。在这种情况下，就算是一个无可挑剔的翻译文本也无法按设计的那样发挥作用，因为它并没有准确地描述产品的行为。换句话说，本地化的文本不起作用，因为它没有达到其设计目标（当然，源语文本也未达到）。在本地化的流程中，警觉性高的译员会注意到这些差异，并提交有关这些差异的疑问，然后把这些疑问的答案实施到他们的翻译里面，这样产生的本地化文本会比原有的源语文本更能达到它们的设计目标。不幸的是，从本地化到文档的反馈机制本来能够捕捉到这些变化，并且能相应地更新源语材料，但却常常缺乏这样的机制。是否应当将这种检验视为语言审阅、校对、语言测试或语言功能测试可能还有待探讨，但无论使用哪种称呼，都必须进行语言测试。这在保健产品（如医疗器械和医药信息）的本地化中尤为重要，如果翻译不准确，可能会危及用户的生命安全，或给产品制造商惹来法律责任。

外观测试旨在确保产品外观符合目标市场的预期。在以目标语进行操作时，产品应让用户感到赏心悦目；译文既不能出现截断现象，也不能堆砌在一起。如果用户界面在设计时不可避免地要使用到缩写，那么以目标语给出的缩写都应使用正确的语法，且外观整洁（理论上，这种设计缺陷应在本地化准备测试阶段全部消除）。应有足够的空白部分将用户界面各元素隔开，文档里的图和文字描述应放在一起。在本地化版本中，不能因为语言文本的增加而随意进行分页。只要有可能，译文都应根据逻辑单元或主题进行分页。如果原文文本没有留出足够的空白满足目标受众的预期和/或没能适应译文长度增加的话，就应当调整译文文档中的分页。应相应调整配色方案和图解，符合目标市场用户的文化。

最后，要进行功能测试，确保本地化没有破坏原有的任何功能。如果在早期，也就是产品开发的前本地化阶段就完成了全面深入的国际化测试和本地化准备测试，那么，通过功能测试发现的问题就会非常少。如果对国际化和本地化准备测试的深入性和全面性存有怀疑的话，那么应在模拟目标语的环境里重新测试每个本地化产品版本。

应该清楚的是，在多个本地化产品版本上执行功能测试，效率远远低于在某个候选语言区域中立性的产品版本上运行相同类型的测试，即使后者采取了更通用的设计方式，可涵盖所有类型的本地化条件。这对本地化项目经理来说是一个非常具有吸引力的概念，因为这种方法可以大大降低成本，并大大减少本地化产品推向市场所需的交付时间。但要核心开发经理执行这一方法很难，因为这意味着他们要完成额外的工作量。在这种情况下，本地化项目经理应制定战略，将国际化和本地化准备测试职责从本地化集团公司转移到核心开发团队中，向大家揭示公司所能实现的全部资金节约。

协调方法和服务提供商

在特定客户公司，尤其是通过收购而实现增长的公司，本地化流程通常要涉及不同的方法和服务提供商。正是这种千差万别会产生各种潜在的低效情况，本地化项目经理必须对此做好充分的应对准备。当然，解决这种不连续性并非没有政治影响，其中最大的可能是对同行本地化项目经理的工作安全构成威胁，甚至是对那些不畏艰险游说并购的人的安全构成威胁。在方法上，可能存在理念上的分歧，在所有相关实体里，尤其是在复杂的软件开发环境里，应用千篇一律的解决方案可能会比它原来的方法效率更低。考虑到本地化客户方和供应商项目经理之间的人际关系的重要性，整合方法和/或合作伙伴是有风险的。至少，要以极高的敏感度探索和解决这些变化，避免破坏士气或者友好的合作关系。

此外，整合方法和人员时必须注意保留知识。可能会出现这种状况：从技术上或理念上看，新合并的公司在某个领域使用的系统优于另一家公司所使用的系统，但在知识转移前，如果那些十分熟悉较差系统或其支持产品的人员放手不管，那么其他的人员可能就会发现自己需要解决很多问题，他们要么就是根本不知有这些问题存在，要么就是完全没有准备。当收购公司未能在收购流程中进行适当的尽职调查时，可能会出现这样的情况。审计人员可能只会询问本地化产品是否为该公司被收购的产品中的一部分，而不会试图了解这些产品是如何生产并交付的。

合并和维护语言资产的价值

在通常情况下，公司对其语言资产的内在价值没有给予足够的重视。在通过收购实现增长的公司中尤其如此。对那些支付大量资金的公司来说，翻译记忆库和多语种术语库是它们的资产。然而，这些公司在获得这些资产之后往往忽视它们的价值。原因之一是这些资产自身的性质：比如，文字明显没有卡车车队显眼，难以引起人们的注意。任何一家理智经营的公司都不会在没有定期对他们的卡车进行维修、更换润滑油、购买新轮胎的情况下就去使用它们。他们也会在翻译上花大价钱，但在后期却让这些翻译以及其他的附属产品，如多语种术语库，陷入"无人问津"的境地。本地化项目经理可以说服高级管理层避免出现"大事糊涂小事精明"这一倾向，即不维护生成的语言资产。

因为缺乏验证翻译记忆质量和一致性的自动技术，所以维护语言资产十分昂贵，还需要人工操作，而经常出现的局面是时间不够或者资金缺乏。无论如何，保持语言资产价值的投资是值得的。当要求产品提供互动功能或用作配套产品时，术语不同步会带来很大的麻烦。术语的不一致（也就是概念上的不一致）会给源语产品造成复杂的相互矛盾之处，这种情况在本地化的流程中只会愈演愈烈。

解决此类问题要求本地化项目经理在整个组织中非常积极主动，首先，在文档流程中与那些能够理解术语一致性价值的利益相关者进行沟通。其次，将范围扩大到开发部门和产品营销部门。最后，高级管理人员必须了解术语和语言的一致性是如何帮助公司实现基本的底线效益；或者反过来说，必须了解由于语言维护和控制不足，而导致的浪费会有多大的潜在负面影响。要让高级管理人员了解这类事宜，项目经理可以量化术语或语言不一致时所产生的费用，然后将相应数据以简短的白皮书或者演示文稿的形式提交给管理层，来阐明成本效益分析。任何这样的分析都应强调本地化之后的成本增长并非线性，而是以指数形式增长的。

在与高级管理层进行沟通的准备流程中，本地化项目经理必须认识到，这是一群时间观念很强的目标群体。任何演示流程都应简短并且突出重点。高级管理层通常最了解的是数字，因此，通过清晰的图形来论述简单的财务示例，可以非常有效地完成观念的表达。高层通常会直接忽略任何需要花很长时间阅读或者消化的演示或白皮书。此外，将逻辑划成 3 个部分会非常有效。例如，一种有效的演示可以通过 3 张幻灯片实现，每一张都有 3 个子主题。如果一张幻灯片上充斥着各种要点，效果可能会适得其反，因为会让人毫无头绪，还可能喧宾夺主。最后，基于图像的隐喻（例如，通过图片传达概念）效果也不错，但必须小心使用。它们与主题的联系应十分清晰，而不是如艺术般抽象。

通过教育和诚信建设改善与版本控制系统的交互作用

版本控制系统在软件开发团队中用得很多，但在其他团队较为少见。在通常情况下，将非开发人员对归档资料的权限限制在版本控制系统之内是令人难以接受或严令禁止的。这种政策的讽刺之处在于，本地化项目经理需要准确地管理并追踪的文件往往比任何单个开发者需要维护的要多出许多倍。当本地化项目经理即兴发挥他们的命名规则、目录结构和其他个人技巧，以便对成千上万份文件进行正确编目的时候，版本控制访问权限仍然是软件开发人员的专属专业领域。

事实上，版本控制系统可能会显示出一定的脆弱性，因此需要教育新手让他们了解并掌握这些系统的使用。但是，使用版本控制系统并不是什么高深的学问，而且本地化项目经理在应用软件的操作上也一般没有计算机程序员擅长。他们只是缺乏使用这些系统的知识和经验。要冲破这个无形的屏障，获得版本控制的权限，本地化项目经理必须集中力量说服系统管理员为他们提供必要的理论和操作基础知识与训练。只有在本地化项目经理能够向开发部的同事们证明他们理解并完全有能力运作这样的系统之后，他们才能成功地解决这一问题。

更好地了解最佳实践、日程安排和成功情况

本地化项目经理总是在认真、安静地完成他们的工作。他们的同行则不同，时不时会抱怨一下没有人感谢他们花费的时间、承受的压力以及在更大的组织里对产品交付做出的整体贡献。但总体而言，他们不爱出风头。本地化项目经理如果希望将自己的部门、同事或自己暴露在聚光灯下，展示领先地位，就必须找到适当的方法，把成功信息传播出去。比如，可以在全公司范围内定期发布电子邮件公告，内容可以是本地化产品的发布、生产效率的提高、对日程安排的遵循以及其他成功的案例。

此外，本地化部门可以开发自己的内部网站，公布预计的产品发布日期，突出显示最佳实践信息，还可以授予公司内部人员"本月最佳本地化之友"大奖，为需要本地化服务的同事提供可下载的清单，发布一两页本地化幽默文章等。当然，也应该安排一个栏目，高调宣传本地化部门的成功例子，例如，缩短周转时间、得到客户的一致好评等。

制定和应用合适的指标

管理界公认的一个观点是"无法度量就无法控制"（DeMarco，1982：6）。但在本地化的背景下很难形成可靠的指标，因为产量和生产力受众多外部因素（如源语材料改变、源语交付时间表转变、源语质量差）及其他很多变量的影响。尽管如此，本地化项目经理有必要在混沌的森林里找到几棵稳定的树木，并开始记录基准生产力度量指标。

探索各种本地化产品开发方式，更好地满足客户需求

在缺乏足够的国际产品管理人员的情况下，制定本地化需求的责任通常就落在了本地化项目经理的身上，这些需求应（表面上）反映目标语区域中客户的需求。例如，一台医疗设备的使用说明在有些语言区域可能要求比较多，而在有些语言区域里要求比较少，而一辆摩托车的修理说明，可能不会有任何特别的要求。大型公司产品的软件用户界面如果是由英语流利的客户人员安装在服务器上的，

与完全不会英语的普通员工安装的，要求会很不一样。至少，本地化项目经理可以充当国际产品管理的传声筒，要么在产品管理和本地各个专业领域专家之间发挥联络的作用，要么充当“反派”的角色，或发挥国际产品管理工作人员的作用，重新审视自己的假设。

为国际化工作做贡献

有人会觉得最大限度提高本地化效率的重要性是显而易见的，但当前的市场现实并非如此。过分强调短期的国内市场收入常常会导致国际化进度遥遥无期。国际化管理水平低下的一个直接后果是，需要在国内市场发布后加装产品的设计，才能在其他地方发布。但是把成本分摊到未来或其他部门并不能提高工作效率；它只会在整个公司进行成本汇总时让成本数字更大而已（参见图 3-4）。总之，延期或分摊成本不等同于效率。

国际化管理效率低下的另一个后果是，把针对本地化的加装费用看作本地化费用。然而，如果一开始设计产品时就采取正确做法的话，这些费用就不会存在。这一观察可以得到一个推论：由于加装费用是开发团队未能合理地将产品国际化造成的，那么应由开发团队对额外的费用负责。本地化项目经理很难让开发部经理认同这种问责的观点，他们可能对此有非常不同的见解。

本地化项目经理通过研究因产品开发生命周期内缺乏及时的国际化管理而导致的低效情况和相关增量成本，量化这些费用，并为管理层展示，这样能够促进国际化的开发进度。如果展示的同时体现备用方案的话会更加有效。这种方案可以侧重说明以下 4 个方面所讨论的专业领域。

定义文化和语言区域中立性

本地化项目经理通常是公司里最熟悉语言区域中立性产品或文档的人。他们面临的第一个挑战是如何定义公司开发和销售的产品的语言区域中立性。解决这一问题的关键是要认识到语言区域中立性是一个核心设计元素，而不是一个功能或者附加部分。换句话说，如果刚开始用的就不是英语，产品就会具有中立性。

实际情况恰恰相反，在刚开始的基本设计中，语言区域并不重要，在随后的产品开发中却使用了英语，而英语正好是在各个方面最为便利的语言，这样，语言区域中立性就消失了。

不会第二语言的人可能会觉得难以把握语言区域中立性是核心设计价值而不是功能这一观念。因此，找到有效的方式来表达这个关键的观念是本地化项目经理义不容辞的责任。

传递目标

在研究和定义了公司及其生产线语言区域中立性后，将语言区域中立性的设计目标传递给负责实施的同事，对本地化项目经理来说很重要。方法之一是编写一本全面的白皮书，详细介绍国际化最佳实践，并为公司的产品提供实用的指导方针。虽然我们一般通过互联网就能找到需要的信息，尤其是国际化公司的网站，但是本地化项目经理是将这些信息应用到公司环境的最佳人选。第二个方法是以文件的形式发放参考资料，其中列出各种最佳做法，如“不要使用硬编码字符串”，一家公司将参考页放在坚硬的透明塑料里，这样它就不容易破损，然后钉在每个开发人员的隔间上。传递国际化目标的第三种方式是，在简短的午餐时间里随意、友善地向同事解释这些目标，而不占用正常的工作时间。最后，还可以采用一些公司的做法，设计一个精美的证书和一块美味的外国巧克力作为奖品，授予每个月在产品代码中支持国际化做得最好的开发人员。这种认同给目标带来了可见性。

启动早期国际化测试

本地化项目经理是启动国际化缺陷早期测试项目的理想人选。就此而言，在软件方面建议使用可生成伪本地化产品的可视化本地化工具。伪本地化策略经常用于成熟公司的软件开发之中，它涉及使用专门的工具模拟特定市场中本地化软件产品带来的影响（参见图 3-6）。例如，它可能随机使用中国汉字替换源语的字母或文字，以此模拟中文本地化，或将用户界面字符串长度扩展 30%，模拟翻译成德语或其他欧洲语言的翻译效果（参见图 3-7）。

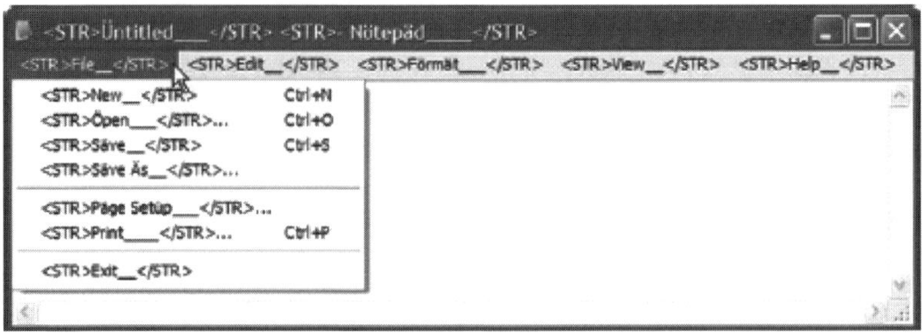

图 3-6 使用 SDL Passolo 2009 对微软记事本进行德语的伪本地化

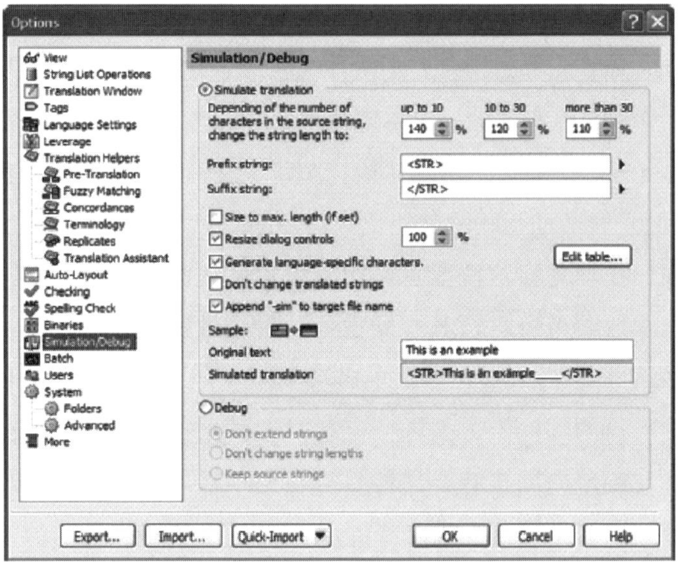

图 3-7 在 SDL Passolo 2009 中创建图 3-6 所示微软记事本的德语伪本地化任务的选项

伪本地化产品构建测试可能会在开发生命周期，甚至在本地化开始之前就暴露出各种类型的国际化和本地化准备缺陷。产品构建一开始包括用户交互，就应开始进行伪本地化产品测试。在理想情况下，应由核心质量保证团队确保本地化准备测试扎根在所有团队成员的流程和头脑中。在公司本地化成熟的早期，核心质量控制团队相比本地化质量控制团队成员会更认真地对待记录的国际化缺陷。这当然不是理想状态，但这是本地化项目经理必须考虑到的一个现实情况。

早期阶段的测试应涵盖国际化测试和本地化准备测试。我们所说的“早期阶段”是指在构建待发布的产品前，应在核心代码里解决这两种测试所发现的任何缺陷。如果公司打算在推出本地化产品 Build 版本的同时推出核心语言 Build 版，那么就必须在开发流程提前进行早期测试，以预留足够的时间进行后续的本地化测试。在本地化更为成熟的公司（参见图 3-2）里，通常会由高级管理层授权并在整个公司内发布实行这样一个政策，即在核心开发和质量控制团队的工作中，安排一部分时间将国际化和本地化准备测试纳入核心开发周期中。但是，这一强制性措施在经济下行周期往往会迅速地被遗忘。过于频繁地把国际化实施和测试的费用当成可延期的费用，一旦经济复苏，这种短浅的眼光经常会被重新带到公司，带来消极影响，产生更高的成本。[1]

与以外观导向为主的本地化准备测试相反，国际化测试侧重于验证是否成功实现了对于目标市场所需特性或功能的支持，即是否支持全球销售产品的日期、时间和数字格式、特定语言环境的字符集和其他典型特征。这种支持可能还包括内置可配置性，例如，可改变用户界面的皮肤，使之反映本地颜色和布局偏好，增加产品在目标市场的接受程度。成功的国际化测试也可能需要限制相关功能，如 128 位加密方法在有些市场是合法的，但是在其他市场不合法，如上文所述，或根据地理位置更改产品使用的图标和符号（即内置一定的灵活性，使之适应产品操作所在地的语言区域）。最后，产品如果能在目标语区域字符集里正确支持数据的输入，能将数据从产品的业务逻辑内部的一个模块传输到另一个模块，并将数据准确地存储到数据库中，那么当它再次出现在用户界面上的时候就不会被破坏，并能正确地显示数据，这些能力对国际化的功能来说十分重要，同时必须作为产品设计的核心性质来测试。

探索有利于改善和扩大前瞻性国际质量保证与质量控制的新方法

对于公司内部已形成的最佳国际化做法，在缺乏相关知识的情况下，本地化项目经理可以协助提供这类知识，并且倡导大家开展恰当而及时的国际化测试。本地化项目经理可能需要研究主题，并帮助制订国际测试计划和脚

---

[1] 这种短视一部分是在北美商业占主导地位的季度性调整的副作用（Laverty，1996；McCarthy，2004）。

本和/或率先通过技术创建伪本地化的产品 Build 版本。测试计划一般包括一个文档，用于向有关人员（尤其是监督管理层）解释测试内容。在国际测试计划下，应当解释清楚检测的目标，例如，目标是确保该产品能被正确安装在本地化的操作系统上，或者确保该日语字符集在整个应用程序能够正确地启用。相较于测试计划，测试脚本用于指导测试人员，并详细阐释如何才能完成测试计划的目标。其中会列出生成预期的产品行为所要求的步骤，并描述预期的行为。这使得测试人员能够注意到执行流程中产生的任何与预期行为有偏差的细节。

本地化项目经理可以监控的另一个产品开发专业领域是配置管理系统存储、记录并管理多语言产品构建中使用的所有文件的设计流程。这就要求本地化项目经理同负责创建和维护构建系统的软件开发人员沟通交流。积极思考公司的文件存储位置，并保证与本地化有关的所有文件的识别与权限，这是非常重要的。多语言构建环境既复杂又容易出现人为错误，特别是如果他们容纳和记录多种语言形式的组成部分文件。本地化项目经理应参加多语言的构建环境测试，最好使用伪本地化的源语文件。

本地化项目经理还可以与开发团队经理和配置管理工程师沟通，设计文件命名规则，这将有利于管理数百（或数千）功能相同但语言内容不同的文件。我们不能假定软件开发人员能够仅仅通过查看文件的内容就很轻松地区分不同的语言。尽管日语可以很容易地与德语区分开来，但是一些西方语言，如挪威语和瑞典语，不是语言方面专家的软件开发人员有可能会混淆这两种语言。因此，明确的文件命名规则和直观的目录结构都是降低不经意间制造语言混合产品构建风险的主要策略。

本地化项目经理还可以通过提供相似语言的直观样本捕捉语言混合情况，促进二次质量控制。通过这些做法，即使质量控制专家既不了解也不使用这些语言，他们也会非常善于区分不同的语言。随着时间的推移，他们也可以学到经常检查的典型用户界面术语。如果用人单位将控制专家在受到本地化项目经理的鼓舞之后去学习语言课程作为他们个人发展目标的一部分，会对所有有关人员产生协同效应。

发展全球化战略

生产和监控国际产品的业务案例成本是本地化项目经理日常工作的一部分。在本地化的产品供应链上，没有人能比本地化项目经理通过区域集团或规模经济来更好地识别可实现的潜在效率。除了最大限度减少不受欢迎的突发风险这一原因之外，本地化项目经理应积极联系并发展与国际销售人员的关系，积极寻求必须进行本地化的产品要求信号。国际销售人员还可以提供数据，这将对事先准备非常有用。打动管理层最好的办法是在提出请求的那一刻准备好风险分析和有建设性的解决方案。

促进信息双向流动

在我们所定义的全球化的背景下，本地化项目经理最重要的作用是促进和推动集中营销人员和区域办事处同事之间的沟通。在此流程中，重要的是本地化项目经理重视促进信息的双向流动。例如，如果本地化项目经理为了产品的新版本，通过基于表单的系统生成更深刻的、面向区域中心的营销需求文档，那么他或她肩负双重的责任：（a）确保表格填写完整并且在各个时区及时填写；（b）确保总公司的合适的利益相关者充分明白记录在表格里的功能要求。

与内容制作者建立强有力的相互支持关系

本地化项目经理最好能够与文档经理、技术文档撰写人和图形专家建立关系。同本地化一样，技术交流直接取决于产品开发生命周期。因此，文档部门会对本地化部门所承受的压力深有体会。本地化和文档部门所面临的挑战的相似性使本地化项目经理有机会识别和建立自然的盟友关系。

倡导国外销售办事处的提案

在各种公司中，有些是销售驱动型，有些是市场驱动型，还有些则是发展驱动型。通常公司的这些部门之间存在一种天然的紧张关系，因为资源有限，他们会面临目标和日程安排上的冲突。本地化项目经理协助制定和实施公司战略时，可能会被某些利益相关者拒绝，其理由是所有人的战线都拉得太长，他们无法让本地化项目经理加快速度。克服这一障碍的一个办法是开展前瞻性的省时和省资金研究。因为本地化项目经理将时间和精力放在了监督产品运往区域市场的输送上，所以他们常常成为国外办事处同事的关键联系人。那些同事经常会感到沮丧，因为他们不能给通用的产品管理团队提供输入或反馈信息，所以他们可能会在公司里寻求同情他们的工作的其他盟友。

宣传和倡导源自国外的提案对本地化项目经理来说既是机会也是负担。如果她能够承担额外的责任，并具备表达国外观点所需要的沟通技巧，那么她也许能够以建设性的方式增加产品营销活动，为核心营销团队节约时间，更加深入地洞察离岸市场的需求。参加这样的活动既能给公司这个整体也能给本地化项目经理个人带来协同效应。然而，如果这个角色执行得太过，也会让本地化项目经理无法专心完成其主要职责，即按时、按预算以及按指定的质量级别交付项目。而且，如果这些倡导活动经过证明十分成功的话，对本地化项目经理的时间需求可能急剧增加，因为其他国际公司也会寻求这些项目经理协助相关提案。本地化项目经理在为这些提案制定明确定义的基本规则时一定要慎重，避免一次承担过多的责任。

倾听、学习和综合

通过促进交流，项目经理可以深入了解多个地方的想法和创意，在综合后形成一个紧密结合的整体方案。如果本地化项目经理发现区域办事处有不满意的地方并认为可能会导致违规活动，如未经批准的区域网站、弱化企业形象或与中心营销计划冲突的日程安排，还可以为中心营销提供预警。同时，作为地区需求、审美和法律约束的拥护者，本地化项目经理能够向总公司里没有意识到这些的员工解释，协助教育总部的工作人员，开阔他们的眼界。此外，本地化项目经理处在许多地区的连接节点上，这意味着他们是理想的人选，可帮助设计产品发布路线图，并制定适用于各种目标市场的全球同步营销活动，从而节省公司的时间和资金。最后，鉴于营销活动经常安排在实际的产品发布之前，本地化项目经理最好采取积极主动的姿态面对市场营销部门确定的术语和措辞方式。至少，捕捉营销术语中的单语和多语词汇表或术语库，以便在后续的本地化产品发布中使用是非常有用的做法。这样做可以为下游带来显而易见的时间和资金节约。如果能从政治角度在公司里直接参与创作流程的话，就可在概念设计阶段避免潜在的下游返工，那就更好了。

坚定不移地倡导以计划为基础的纪律

成功的本地化项目经理会坚持基于计划的决策方式，而不是被动的、情感的、交易驱动型的方式，从而尽可能维持一定程度的公司纪律。在这方面，项目经理可以采取的一种方法是与公司会计积极合作，为在国际语言区域里发布的本地化和非本地化的产品获取收入信息。当其他部门的同事表现出对他们的工作感兴趣时，人们往往会受宠若惊，公司财务人员也不例外。他们几乎总是乐于指导项目经理相关财务事项，并且在建立以知识为基础的关系之后，可以实现极高程度的信任和信息共享。[1]本地化项目经理利用从公司财务收集到的信息和概念撰写白皮书，对以计划为基础的全球化的优势与以交易为基础的进行比较，说明在没有考虑到所有后果的情况下提出融入全球化的风险，正如前面所讨论的。

最重要的是，应由本地化项目经理决定谁、哪个部门及什么时候需要更强的公司意识。

建议

项目管理知识、技能、工具和技术，以及在项目中正确运用它们的能力是必不可少的，但在本地化还不够成熟的公司里，光靠这些还不足以成为一名成功的项目经理（参见图 3-2）。正如前面所阐述的，本地化项目经理按照预算和约定按时交付项目的能力在很大程度上是由产品开发流程中上游采取的决策和行动所塑

[1] 这种方法在笔者所工作过的几家公司都已被证明既可行又富有成效。同样地，每年由本地化协会主办的本地化经理圆桌会议的一些与会者，已经成功地采用了这种策略。项目经理与公司会计发展关系的能力当然取决于许多因素，包括公司的规模、语言区域分布（即远程建立这种类型的关系会更难），甚至还包括人格类型。但是，总体而言，我们可以说公司会计部门的工作人员会以一种积极和支持的方式回应希望编写更多有关受托责任内容的项目经理。

造的，甚至是在本地化项目开始之前。在过去的20年中，不同的职能部门独立工作，无法进行相互间的沟通的情况在“筒仓效应”的文献和行业中被普遍提及（Barabbam & Zaltman，1991；Twomey，1993）。

本地化和翻译项目中的问题往往归咎于筒仓效应（Hoffman & Mehnert，2000；Rockley、Kostur & Manning，2003；Swisher，2010）。职能和信息孤岛在许多公司的存在毫无疑问会让项目变得更加困难。然而，筒仓效应的持续性和普遍性是其他问题的征兆。一方面，它们是很多公司高级管理层普遍没有定义和实施明确、连贯策略的证据；另一方面，它们也可以被解读为本地化项目经理和其他本地化团队成员缺乏技能、知识，对本地化前后以及全球整体战略理解不足的证据。

这种情况相当讽刺。因为本地化项目经理的工作涉及并依赖公司的很多部门，所以他们在公司层次结构中的位置很独特，使得他们能以几乎无与伦比的视角观察组成产出矩阵的各种职能孤岛（参见图3-8）。实际上，在公司组织结构里，除了高级管理层的某些职位之外，其他职位都不能以广阔的视野将公司视为一个协调（或有时不协调）的职能实体。

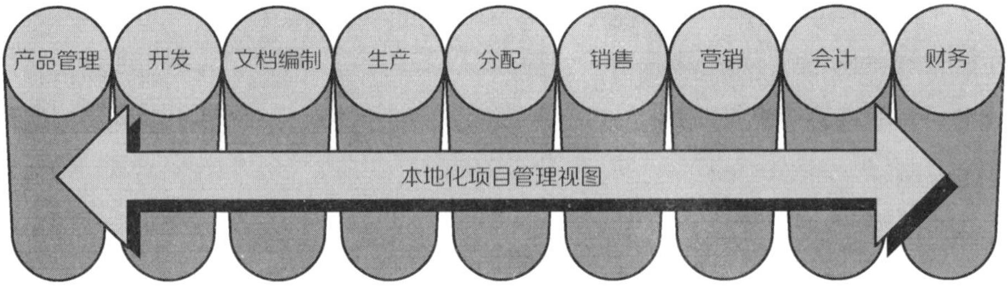

图3-8 本地化项目经理必须在高层次理解许多公司“筒仓”中的活动

要提高这些职能部门的绩效，就要求本地化项目经理了解公司各职能领域的方法和问题，并积极说服这些部门的决策者采取措施，促进本地化、国际化和全球化的成功。本文概述了一些必要知识和策略，帮助本地化项目经理实现以上目标。笔者希望本文能开启产业界和学术界之间的对话，探讨在如今的经济形势下本地化项目经理的角色及其想要成功需要具备的知识和技能。

由于本地化项目经理与公司所有的部门都相互影响，因而他们处于一个独特的位置，能够观察和分析各种活动和议程之间的依赖关系，然后制订措施，促进公司信息孤岛之间的相互理解与合作，最终获益的将不仅是公司这个整体，还有本地化项目经理。在深思熟虑之后采取综合办法实行本地化、国际化和全球化的公司流程，通过实施跨公司信息孤岛边界的适度措施，然后利用这些成功案例进一步推动全球整体水平的提升，这样本地化项目经理就能够帮助公司打破信息孤岛状态，迈向更成熟的本地化，同时作为公司矩阵的焦点下的个人参与人员，自身也得以学习、成长。

参考文献

Barabbam, Vincent P. and Zaltman, Gérald. 1991. *Hearing the Voice of the Market: Competitive Advantage through Creative Use of Market Information.* Boston, MA: Harvard Business School Press.

Bean, James. 2003. *Engineering Global E-Commerce Sites: A Guide to Data Capture, Content,and Transactions.* San Francisco: Morgan Kaufmann.

Deitsch, Andrew and Czarnecki, David. 2001. *Java Internationalization.* Sebastopol, CA: O'Reilly.

DeMarco, Tom. 1982. *Controlling Software Projects: Management, Measurement & Estimation.*New York: Yourdon.

de Mooij, Marieke K. 2005. *Global Marketing and Advertising: Understanding Cultural Paradoxes.*3rd ed. London: SAGE.

DePalma, Donald A. 2002. Business without Borders: A Strategic Guide to Global Marketing.New York: John Wiley & Sons.

——. 2006. "Localization maturity model." *GALAxy Newsletter.* Globalization & Localization Association. http://www.gala-global.org/articles/ localization-maturity-model.

DePalma, Donald A., Beninatto, Renato S. and Sargent, Benjamin B. 2006. *Localization Maturity Model.* Lowell, MA: Common Sense Advisory, Inc.

Esselink, Bert. 2000. *A Practical Guide to Localization.* Amsterdam/Philadelphia: John

Benjamins.

Hoffman, Cornelia and Mehnert, Thorsten. 2000. "Multilingual information management at Schneider Automation." In *Translating into Success: Cutting-Edge Strategies for Going Multilingual in a Global Age,* Robert C. Sprung and Simone Jaroniec (eds), 59–79. Amsterdam/Philadelphia: John Benjamins.

Jordan, Patrick W. 2002. "The personalities of products." In *Pleasure with Products: Beyond Usability,* William S. Green and Patrick W. Jordan (eds), 19–47. London/New York: Taylor & Francis.

Kano, Nadine. 1995. *Developing International Software for Windows 95 and Windows NT.* Redmond,WA: Microsoft Press.

Laverty, Kevin J. 1996. "Economic 'short-termism': The debate, the unresolved issues and the implications for management practice and research." *Academy of Management Review 21* (3): 825–860.

Luong, Tuok V., Lok, James S. H., Taylor, David J. and Driscoll, Kevin. 1995. *Internationalization:*

Developing Software for Global Markets. [New York]: John Wiley & Sons.

McCarthy, Brian F. 2004. "Instant gratification or long-term value? A lesson in enhancing.

shareholder wealth." *Journal of Business Strategy* 25 (4): 10–17.

Norman, Donald A. 2004. *Emotional Design: Why We Love (or Hate) Everyday Things.* New York: Basic Books.

Ray, Julian J. 2004. "Business-to-business (B2B) electronic commerce." In *The Internet Encyclopedia.*

Hossein Bidgoli (ed.), Vol. 1, 106–120. New York: John Wiley & Sons.

Rockley, Ann, Kostur, Pamela and Manning, Steve. 2003. *Managing Enterprise Content: A Unified.*

Content Strategy. Indianapolis, IN: New Riders.

Rozendaal, Marco, Keyson, David V. and de Ridder, Huib. 2007. "Product behavior and appearance effects on experienced engagement during experiential and goal-directed tasks."In *DPPI 2007 – Proceedings of the 2007 International Conference on Designing Pleasurable Products and Interfaces,* Ilpo Koskinen and Turkka Keinonen (eds), 181–193. New York:ACM.

Sikes, Richard. 2009. "Localization: The global pyramid capstone." *Getting Started Guide: Localization.*Supplement to *MultiLingual* 20 (3): 3–6. http://www.multilingual.com/downloads/screenSupp103.pdf.

Smith-Ferrier, Guy. 2007. *.NET Internationalization. The Developer's Guide to Building Global Windows and Web Applications.* Upper Saddle River, NJ: Addison-Wesley.

Twomey, Daniel F. 1993. "Organizational competitiveness: Building performance and learning."*Competitiveness Review: An International Business Journal incorporating Journal of Global Competitiveness* 12 (2): 1–12.

Urien, Emmanuel, Howard, Robert and Perinotti, Tiziana. 1993. *Software Internationalization and Localization: An Introduction.* New York: Van Nostrand Reinhold.

Swisher, Val. 2010. "Content silos." Content Rules blog. May 22. http://www.contentrules.com/blog/localization-and-translation/content-silos/

项目与学习环境：翻译项目中的支架式团队学习

埃琳娜·S. 邓恩

学习并非强制性的，生存亦是如此。

——爱德华兹·戴明

经验丰富往往是指比你所犯的错误多得多。

——劳伦斯·冈萨雷斯

学习是项目成功的基础。在翻译项目中，学习并不局限于译文层面（如专业领域、主题和文本类型），也不限于实用文本方面的变量（如源语、目标语文本的写作目的及目标读者）。它还涉及项目本身，包括要使用的流程和工具、各个利益相关方的期望以及项目必须满足的要求。实证研究表明，项目经理可以通过管理自己及其团队的学习流程来提高项目成功的可能性。为此，本章将详细介绍支架式教学法在管理项目团队学习中的应用。

引言：求生对于项目和学习的意义

1945年1月23日，美国第八空军的一架B-17轰炸机在德国的杜斯尔多夫市被防空部队击落，左翼断裂。[1]机上人员唯独费德里科·冈萨雷斯（Federico Gonzales）在一堆飞机残骸中存活了下来，但他刚一恢复意识就看到一个德国老农拿枪指着他，并扣动了扳机。但枪哑火了。尽管在没有降落伞的情况下从8200多米的高空落下，身上多处骨头都已粉碎，冈萨雷斯还是活下来了，他随后被判

[1] 本段的信息来源于Gonzales，2003：9-12，262-269。

处死刑，并被关进德国的战俘集中营。

这位飞行员的儿子劳伦斯·冈萨雷斯深受这个奇迹般的生还故事鼓舞。他燃起了强烈的兴趣，研究了人们在生死攸关时刻的不同表现，试图了解为什么有的人能存活而另一些人不能。他将研究结果写进《深度生存》这本书里，用大量的例子证明了相关设备、训练以及经验未必能使人们在极端处境中存活。生存需要的不仅仅是准备。以下特质对于能否存活极为关键，即决心、为人谦卑、心胸开阔以及适应不断变化的环境的能力。

乍看之下，生死攸关的情况或许和项目没有什么共同之处，然而，如果我们将"存活"和"项目成功"联系起来，那它们间的相似性就不言而喻了。在这方面，斯坦迪什咨询集团 2009 年的 CHAOS 摘要报告提供了一些发人深省的统计数据[1]：

- 2009 年，斯坦迪什公司审查的项目中只有 32%的项目真正成功（即达到了准时交付、不超预算、具备所有要求的特性和功能标准）；
- 44%的项目则受到质疑（即出现了延期、超出预算、未完全具备所要求的特性和功能的情况）；
- 24%的项目彻底失败（即中途终止或者虽已交付但从未使用）。

从这个调查可以发现，成功的项目不到三分之一。但要了解为什么说存活是一个攸关项目经理生死的概念，上述数据还不是唯一的原因。极端处境和项目都具有下列特征，即改变、不确定性和对于适应的迫切要求。事实上，从基础层面来说，一个项目的目的就在于实现改变。美国项目管理协会的《项目管理知识体系指南》将项目定义为"为获得独特的产品、服务或结果而进行的临时努力"(PMI，2008：5)。[2]换句话说，项目可以看作状态的改变："项目就是要实现一个特定的目标。在项目实施前的事物是一种状态，实施后又是另一种状态，这种前后差异就是项目的目的。"（O'Connell 2001：2）一个项目具有唯一性就意味着该项目实

---

[1] 斯坦迪什咨询集团自 1994 年来就进行项目成功与失败的研究，并将结果发布于 CHAOS 报告。普遍认为该报告是此类统计数据中引用最为广泛的资源，尽管必须指出，艾弗林斯和范霍夫（Eveleens & Verhoef，2010）最近已对 CHAOS 数据的有效性提出了质疑。

[2] 本章对《项目管理知识体系指南》的引用均出自第四版（2008），该版已被认定为美国国家标准学会（ANSI）标准（ANSI/PMI，99-001-2008），且截至本文写作之时，该版本是可获取的最新版本。

现的产品、服务或结果在某种程度上是独一无二的。因此，每个项目都会呈现出不确定因素，也没有两个完全相同的项目。一个新的项目制造出的产品也许和一些固有产品类似，或者提供类似已有服务的服务。但新项目也不可避免地会呈现出新的元素，例如，会引入一个或多个新的项目团队成员，使用新的软件程序版本或硬件平台等。在各方面都非常熟悉的项目模式中突然出现新元素，会产生不确定性。当然，如果是不熟悉的项目模式，又或产品、服务、结果和其他的项目完全不同，那么项目会表现出更大程度的不确定性。

在上述唯一性和不确定性的综合作用下，出现的结果之一便是事先无法详细了解即将制造出来的产品或提供的服务的特征，因而必须在项目期间逐步进行定义和优化。随着新信息的提供，不断修订项目估计、项目计划，同时不断更新相关的项目文件，从而提高整个项目的准确性和完整性。这种适应性学习方式也称为逐步完善，是项目管理不可缺少的方面。

最后，项目本身就是在不断变化的环境中进行的，因此，它也是潜在不确定性和变化的根源。

赫拉克利特说过：人不能两次踏入同一条河流。用专业术语说，就是边界条件或相变地带。因此，即使非常了解项目特征的细微之处，也可能会使周密的计划付诸东流。环境一旦改变，就必须意识到自己的经验将可能不再适用（Gonzales，2003：118）。

考虑到失败的风险以及不确定性、变化所带来的挑战，很显然，成功的项目运行、管理（即项目“存活”）不仅需要适当的人员训练与经验，还需要具备适应和学习能力。正如冈萨雷斯提出的一样：“生存就是适应，适应就是改变，但改变是基于对环境的正确解读。”能够避免意外的人都是能够洞察世界的人，他们能看清变化，并随着变化而做出相应改变。正是为了精准实现这种适应和学习效果，最佳项目管理实践方法才建议在整个项目中使用某种类型的“经验教训”存档流程和回顾性项目后评审。

学习对所有项目都至关重要，但对翻译项目尤为重要。[1]本章首先探讨翻译项目中为什么要学习以及如何进行学习，然后讨论是否能够对学习进行管理，如果可以，应如何进行管理。最后，将介绍学习流程的支架策略，探讨如何使用该

[1] 由于外包翻译项目团队的分散、虚拟特性，本文讨论的概念与总体翻译项目及外包翻译项目有关。

策略简化翻译项目管理，丰富项目参与者的经验。

学习在翻译项目中的作用

翻译既可以视为一个项目（一种以完成翻译为目标的承诺），也可以视为一个活动（执行翻译的任务），对两者进行区分是极为重要的。尽管一个翻译项目可能包括多个活动，但翻译活动必然是其中之一，并且通常属于主要活动。翻译任务由什么构成？需要具备什么样的能力、次能力或知识才能成功完成翻译任务?这两个问题几十年来一直都是学术研究的对象。

历史上，翻译学者将注意力主要集中在翻译任务的语言层面。语言方法可帮助我们了解翻译流程的产品，而不是翻译流程本身。换言之，语言方法为翻译提供了一个分析翻译产品特性的框架，但忽略了生产翻译产品的翻译流程。除了源语和目标语的知识以外，语言层面的认知并不能丰富我们对于执行翻译任务所需能力或知识的理解。20 世纪七八十年代，人们对语用学的兴趣不断增长，将翻译研究的侧重点从语言本身转移到类型学和语用学因素上。赖斯的文本类型学（1981）以及赖斯和维米尔（1984）对目的论的研究，霍尔兹-曼塔利的翻译行为以及之后诺德的功能主义，都阐释了翻译中语用学层面上的重要性。例如，文本类型、流派、翻译的功能与目的、目标受众、文本转换的时间、地点及媒介、翻译的动机等。如同翻译的语言学理论一样，这些功能翻译理论因其缺乏实证基础（Lorscher，1988；Koller，1995；Pym，1996）而受到批评。然而，无论如何，译员在翻译中起到的积极作用以及外界因素对翻译流程的影响，这两个观点在其他专业领域的研究中——如描述翻译研究，甚至是文学翻译中的文化策略——也都是成立的。学者们探究了翻译文学在文学系统所处的地位（Even-Zohar，1987）、赞助人、诗学、意识形态（Lefevere，1992）、不对等的权利关系和政治（Niranjana，1992；Spivak，1992；Brisset，1996）、译员角色概念（Venuti，1986，1995）以及其他各方面。学者们在文学与语用翻译两方面的研究都注重于文本。这项工作强调了这样一个事实，即决定翻译的语境远远超出了直接的语言限制和源语文本、目标语文本的语用状况。的确，学者在文学与语用翻译上的研究强调变量的多样性和复杂性，这些变量都能够影响译员在翻译流程中所做的判断和决定。正如勒弗菲尔指出的，“作为一种文化的表达（和仓库），语言是文化转换（即翻译）中的一个元素”（Lefever，1992：57）。

然而，去理解那些影响译员完成任务的各种要素对于理解译员怎样完成任务，或者需要学习怎样的知识是远远不够的。因此，翻译研究人员开始从认知的角度来研究这些问题（Séguinot，1989；Jääskeläinen，1989；Dancette，1997；Danks & Griffin，1997；House，2000；Shreve & Angelone，2010）。例如，Shreve（2002：156）认为，翻译至少需要以下五种类型的知识：

- 语言知识（源语方面的接受能力及目标语方面的产出能力）；
- 文本知识（源语文化和目标语文化中适当文本形式的知识）；
- 迁移知识（在源语文化和目标语文化之间进行信息传递的程序和方法）；
- 学科知识（有关文本所涉及的学科或专业领域的知识）；
- 信息知识（对于形成概念所必需的知识，如学习专业词汇和术语）。信息知识也可以包括工具（工具使用）能力。

从理论上讲，当要求一个人参与一个项目的翻译工作时，这个人之所以被选中是因为她或他在这五个领域中都有适当的知识。但是，在实际操作中，这并不总是可能的。此外，译者也不可能具备在某一特定项目中进行翻译所需的全部精确知识。下面的章节将讨论其中一些原因。

所有的项目都是独一无二的，所有的翻译也是如此

正如上面所说，唯一性是项目的基本特性。因此，每一个翻译项目都会形成新的翻译内容。如果一个给定文本已有可接受的翻译，且符合项目需求，那么这个文本就没必要再翻译出来。相反，如果一个项目涉及重新翻译先前译过的文本，那么，根据唯一性原则，该项目的一个或多个方面与原来的翻译项目相比必须是新的。换句话说，出现了现有翻译不符合的新要求，或者现有翻译不符合现有要求。

文本相关变量和语用变量对于每个项目都是独一无二的

译员在翻译流程中做出的选择受语用变量及文本变量的影响，如类型和体裁。

由于每一个项目的情况都是独一无二的，因此，每一个项目的实际语用因素和文本变量也是独一无二的，因为这些因素和变量在不同的项目中是不断变化的，必须根据每一个项目对它们进行重新考虑。当译员分析源语文本（如类型或体裁）时，通常能识别出其中的多种因素和变量。但是，不应该假定影响源语文本生成的因素对目标语文本也自动有效，否则会导致预期出现不匹配（例如，当译文的预期目的与源语不一致时，就会出现这种情况）。[1]另一方面，期盼项目发起方清晰说明目标语文本的所有必要特征是不切实际的，因为项目发起方不一定具有所需的专业知识。获取此类必要信息需要译员、翻译项目经理和项目发起方联手确定：

- 谁创作了源语文本（作者）；
- 源语文本是写给谁看的（源语文本读者）；
- 为什么要写源语文本（源语文本的目的和预期用途）；
- 为什么需要翻译（目标语文本的目的和预期用途）；
- 谁将阅读这些译文（目标读者）；
- 何时、何地、以何种方式（媒介）向读者/用户提供翻译。

必须界定和管理项目利益相关者的期望

在翻译期间解释各种文本相关变量和语用变量虽然必要，但不足以保证翻译项目的成功。即使翻译在语言上正确无误，文化上合适恰当，并符合语用情况，但在项目发起方眼里项目可能仍是失败的。例如，假设一个项目要翻译技术手册文档，且对于手册中的许多源语术语，目标语中存在多种对等的说法，而项目发起方对于特定的目标语对等说法又有特定偏好，应在翻译这些术语时予以遵循。如果翻译后的技术手册不能反映项目发起方的这些偏好，项目发起方很可能会对翻译不满。

因此，《项目管理知识体系指南》对项目经理有如下建议“项目成功的关键在于项目早期识别利益相关方，并分析其兴趣、期待、重要性和影响力”(2008: 246)。

---

[1] 诺德（Nord，1997）根据功能对等的不同程度，将翻译分为等功能翻译、异功能翻译和相同翻译，从而解决了这个问题。同样参见本书邓恩所著部分。

此外，认为“项目的成功”对于所有参加项目的人有着同等意义的想法是错误的。例如，对于项目经理而言，项目的成功意味着在双方协定的时间里把翻译稿提交给客户，而不超过分配的预算。对于参与翻译的第三方审校而言，项目的成功或许意味着保证译文反映术语和风格偏好，而按时交稿或许并非那么相关。对于项目发起方而言，项目的成功意味着审校对翻译稿没有不满，项目经理也不要求增加项目时间或项目预算。

尽管项目经理应负责确定利益相关者及其预期，权衡和管理这些预期，并确保尽可能满足这些预期，但很显然，项目相关者的预期会间接或者直接影响译员的翻译工作。如果权威部门对项目成功与否的评估是在第三方审校的鉴定下进行的，而审校又倾向于使用特定目标语术语，那么，译员就必须了解审校的这些倾向并且能够在翻译中对这些加以说明，最大限度地提高项目成功的机会。如果由于技术或其他限制而无法满足审校的这些倾向，译员就必须准备好合理地说明和解释翻译中所采取的决定。如果译员不能或不愿了解审校的这些倾向并且在翻译中加以说明，就会增加该项目返工或失败的风险。

大多数译员是通才

大多数译员具有一定的语言、文化或翻译研究背景，因此，尽管译员或许仅限于某一特定专业领域，如石油/汽油工程或会计学，但他们并不是该专业领域的专家（Goetschalckx，1979；Wilss，1992；Woyde，2001；Zielinski & Ramírez Safar，2005）。这一现实强调了学习对译员的重要性。减小译员同某专业领域专家的差距需要译员不断努力学习，使自身在专业领域中变得更加专业。此外，译员的学习必须是一个不断进行的过程。即使译员已经对专业概念和特定专业领域有着广博知识，也需继续学习，使自己跟得上该专业领域的发展。

对于转为从事翻译的专业领域专家而言，也是如此。翻译耗费的是时间，而不是不断提高专业领域的技能。这些专家转行的翻译应学习自己参与的翻译项目专业领域内的最新发展，从而提高自己在专业翻译领域（而不是专业本身）的专业知识。例如，一旦一位科学家变成了翻译家，他的科学专业知识的提高将让位于科学翻译专业知识的提高。

最后，译员必须跟上源语和目标语的一般使用趋势。这对于移民国外的译员尤为重要。语言同社区一样，本质上是动态的。译员的翻译如果没有新意，最后就不会有人看了。下面是凯利、比尼奈托（Beninatto）以及德帕尔玛（2008：14）讨论的客户审校反馈的例子。

当我们的内部审校人员检查一个项目的质量时，给出的反馈是“很俏皮”（cheesy）。然而，cheesy 这个词已经非常过时了。我们后来发现，这位翻译人员过去的 30 年里一直住在国外，也从不更新术语。所以，她虽然确实是一个母语翻译，但与原来的母语世界完全隔绝了，使用的都是老一辈的语言。

译员必须不断学习其专业领域和通用语言的新概念和新用法。如果他们的知识和语言应用没有与专业领域及整个社会齐头并进，他们的翻译就有可能出现过时和不合格的风险。

合格译员的数量有限

鉴于互联网的出现和基于 Web 的自由翻译社区网站（如 GoTranslators.com、Proz.com、TranslatorsCafe.com 等）的普及，人们或许会觉得找到合格译员是件轻而易举的事，这一想法与事实情况真是相差万里。尽管全世界全职和兼职译员的数量估计约有 30 万（Allied Business Intelligence，1998；Allen，2006）到 70 万人（Beninatto & DePalma，2008），而且搜索给定语言对的翻译可以返回数百甚至数千个候选对象，但某一特定项目的特殊要求会使得潜在译员人数大大减少。例如，即使是项目量大和服务提供商为数众多的语言对，只需简单地指定语言对、领域和要使用的翻译工具，就可以将看起来合格的翻译人数从几百筛到只剩下十几个。如果加上有空参与和具备必要的专业知识水平这两个筛选条件，还会进一步缩小这个资源池。而当项目涉及的是较少使用的翻译语言、不常用的语言对或翻译方向时，这些问题更会急剧恶化。下例有助于说明这些问题。在 Proz.com 上搜索英语译泰语且母语为泰语的翻译有 434 个结果，而搜索泰语译英语且母语为英语的翻译只有 57 个结果。如果再用诸如专业领域、多年经验和 CAT 工具使用等指标对搜索结果进行过滤，则人数会进一步减少。项目经理可能必须选择使用不符合所有必要标准并且在他们的知识和/或技能方面有重大差距的翻译，特别是在高度专业化的项目中。在这种情况下，在决定聘用哪些翻译人员时需要做出妥协，并且还需制订规定，为译员提供学习机会，使得译员能够填补他们的知识差距。

学科领域或学科领域的结合会加剧知识差距

新的研究领域不断出现，公司在不断地竞争，新颖独特的产品、技术和服务层出不穷。因此，译员可能会发现自己所翻译的是世界上独一无二的设备或技术，既没有参考资料，也没有可供提取术语的平行文本。因为译员无法翻译自己不懂的内容，所以，必须了解任何待译源语文本的具体概念或方面。当项目涉及独一无二的产品或服务时，需要学习的范围便大幅提升。

此外，由于某些类型的翻译项目（如软件本地化）需要多个专业领域的专业知识以及熟悉多种文本类型和体裁，因此，所需知识和可用知识之间的差距常常被放大。例如，一个基于 Windows 的项目管理软件应用程序的用户界面的翻译会要求译员熟悉（a）一般软件概念；（b）Windows 术语；（c）项目管理的概念。此外，译员还需要对特定应用程序的功能有某种程度的理解，并且需要学习如何在运行的应用程序中找到特定的字符串，以便确定它们的含义。

特定服务提供商或客户的项目流程要求十分具体

除了目前所讨论的因素，项目可能涉及翻译人员不熟悉的具体工具、流程或物流。例如，一个项目发起方公司（即翻译服务提供商或直接客户）会有下列要求：(a) 使用门户访问/下载项目文件和上传交付文件；（b）使用专有翻译或术语管理工具；和/或（c）完成流程中的具体步骤，例如，提交交付成果的完整清单，提供翻译日志，遵循特定的查询或发票提交流程等。这些也必须学习。

学习：翻译的核心竞争力

考虑到翻译活动所处的现实环境的复杂性及其因素数量，很显然在每个项目中都必须进行某种程度的学习，以此弥补译员拥有的知识和完成项目所需知识之间的差距。这个观察结果对翻译项目经理有较大的影响。学习不仅对译员或翻译任务至关重要，而且所有项目团队成员都必须在一定程度上参与这一学习过程。因此，对于在 MadCap Flare 中编译帮助系统的本地化工程师而言，可能已知道如何使用 Flare 和特定的语言编译帮助系统，但仍须了解特定 Flare 项目是如何结构化的、需要哪些类型的输出等。项目经理本人就是一个专业的学习者：作为项目管理的核心，逐步细化技术本质上是一个迭代的学习过程。此外，学习是核心项目管理流程（如范围管理和风险管理）的先决条件。如果没有首先确定范围究竟包括哪些内容，就无法进行管理；而风险管理要求项目团队确定项目中的哪些地方存在不确定性，以便确定潜在的风险来源。

将学习当作项目环境中的流程进行管理

市场经济的现实是：所有参与其中的公司和个人都在相互竞争。这个竞争的环境不是静态的。那些不及时更新技能和经验的个人承担着被那些能够更新技能和经验的人取代的风险。同样地，无论目前多么成功的公司，若不能持续进步，最终也会丢失市场份额。正如美国喜剧演员威尔 • 罗杰斯（Will Rogers）所说："即使上了正确的轨道，若只是停在那里，也会被撞飞。"因此，公司和个人必须持续不断地适应以求生存，并在竞争的环境里茁壮成长。

关于项目团队的实证研究表明，对学习进行积极管理可以提高团队绩效。例如，对一个手术团队的观察研究发现，"大多数成功的团队都拥有积极管理团队学习能力的领导者"（Edmondson、Bohmer & Pisano，2005：140）。另一项研究的侧重点是跨国团队的有效性，它分析了小组结构和电子沟通模式对 18 个跨国团队 8 个月绩效的影响，发现成员资格、交流沟通、信任、身份、学习是预测团队绩效的五大因素（DeSanctis & Jiang，2005）。

管理项目团队中的学习流程应该纳入当前许多组织正在制订的、范围更广的知识和信息管理战略中。正如德鲁克 20 多年前在他具有预见性的《新组织的来临》（*The Coming of the New Organization*，1998）一文中所写的，经济的演变，特别是信息技术的发展，决定了业务的基础必然是信息。在以信息为基础的组织里，知识存在于开展实际工作的专业人士头脑中，而不是像传统的分层式职能组织一样，掌握在中层或高层管理人员手中。这意味着在基于项目的组织中，项目经理必须营造出一种团队学习环境，以便团队成员交换所需的知识、记录所需的信息，从而使他们能够做出正确的决策，成功完成任务。在适当的时间获得恰当的信息，或者对任何一个团队成员来说，掌握一种更有效的执行任务方法，可能就意味着胜负立判，天差地别。

即使项目团队成员激发了高度的积极性，也意识到了学习流程的重要性，但如果在特定的项目中对他们进行限制，仍会妨碍他们全身心参与该学习流程。正如森斯（Sense）所认为的，“的确，投机取巧式的、无条理的学习方法一定会限制项目背景下的学习活动的质量和数量”（2007：411）。相反，在有助于促进学习的条理化环境中，学习的质量和数量都会提高，进而改善团队完成或交付的产品或服务的质量。例如，在多语翻译项目中，从事一种语言翻译的译员可能会问一个翻译其他语言的译员不会问的问题，或在源语文本中发现其他译员忽视的事实错误。一旦作者就此进行了澄清或者更正了源语文本的错误，项目管理人员就应向整个翻译团队提供这个信息。如果仅提供给那些提出问题或者发现错误的译员，就会产生这样的危险：翻译其他语言的译员依然会不明就里，并引入错误的翻译，或在目标语文本中直接复制源语文本的错误。

因此，制订和实施适用于管理项目团队学习流程的框架，能使项目经理提高团队绩效，减轻或消除某些项目风险。而支架学习法就可以用来创建这样的框架。

项目团队的支架学习法

“支架”的概念最早在20世纪50年代后期由杰罗姆·布鲁纳（Jerome Bruner）引入发展心理学和教育学。然而，这个概念的起源可以追溯到20世纪上半叶和维果斯基（Vygotsky，1935）的最近发展区概念。最近发展区是一名学生的已知领域和未知领域之间的过渡地带。通过反思维果斯基的发展心理学和教育学的影响，布鲁纳创建了支架这个比喻性说法，也是受了维果斯基的作品和其他来源的启发。

布鲁纳同意维果斯基的观点，即“在所有的知识获取形式中，至少有一个深度平行区，确切地说，就是存在一个最近发展区，以及帮助学习者进入及跨越这个区域的各种程序”（1987：78）。作为一种在最近发展区中辅助学习者的教学策略（Roehler & Cantlon，1997：9），支架对于认知和发展心理学及教育领域的社会建构主义理论家和实践者有着重要的作用。目前，支架理论已从定义（即“一个能使孩子或初学者解决问题、完成任务或达成超出其能力的目标的流程”）（Wood，Bruner，Ross，1976：90）推广到基于课堂的学生学习中，包括成年学生的学习[1]，并且在学生-教师交互之外广为大家讨论（有关例子请参见 Lai & Law，2006 关于同行支架的讨论）。

在意识到没有人能在不“借助”语言教员/导师知识的情况下学会语言这一事实后，维果斯基和布鲁纳都认为语言习得就是一个最令人信服的、应使用支架策略的学习活动例子。但是，比喻性的支架说法让我们超越了“借助”概念，而进入“建筑”概念。实际上，支架一词来源于建筑施工中的脚手架，脚手架本身就是一种临时结构，每次建造一层建筑物。教学上的支架理论与此类似，它也是教师设计的一个临时的框架，帮助学生获取特定的知识或技能，以便满足特定的教学目标。

在教室里，教师是能力最强、能为学生提供知识或协助学生获取知识的人。在项目环境中，每个团队成员都是其各自专业领域的佼佼者，然而，团队成员之间往往存在知识的不对称性。进一步说，知识不对称往往存在于项目团队与译员之间。更为关键的是，项目团队和源语材料的撰写人员之间经常存在知识不对称性。因此，即使译员是某一特定专业领域的翻译专家，他们拥有的专业知识也可能依然无法与特定项目的源语文件撰写人员相媲美。此外，译员很可能不是这些产品/服务的用户，可能不熟悉这些撰写人员所在公司使用的行话（尤其是外包翻译项目中）。在这种情况下，大量关于所译内容的知识和翻译预期只能存在于撰写人员以及领域专家的脑海里。要想项目获得成功，就必须解决这种知识不对称性。因此，项目经理必须像教室里的教师一样，能够用支架理论帮助翻译组。霍尔顿

[1] 例如，凯勒和沃尘（Keller & Werchan，2006：407）以及泰勒（Taylor，2006：209）讨论了知识或自支架建构中的支架。

（Holton）和克拉克（Clark）认为支架理论是“一个支持学习者构建知识的社会流程”（2006：128）。由此可见，项目经理应对这一流程进行支持和管理，让团队通过支架理论获取所缺的知识。

支架的类型多种多样。霍尔顿和克拉克（2006）将它们分为专家型、互动型和自我建构型支架，并区分了认知和探索两个领域。认知型的支架有利于概念的发展，而探索型支架有助于促进启发（例如，面向解决问题和学习的策略、方法或技术）。三种类型的支架和两个领域全部适用于翻译项目。

专家型支架里一定有一个能在学习流程中起领导作用的专业人士。在翻译项目中，当领域专家和团队通过互动为特定概念提供信息，或为解决特定问题提供建议时，此类支架的作用就显现了。例如，在本地化项目中翻译用户界面时，译员必须能够在语境中查看字符串以便理解它们的真正含义。但考虑到外包的现实情况、多语版本的同时发布（simship）压力和翻译价格的不断下降，译员越来越难以花时间全面了解应用程序的功能和如何（容易地）在语境中查找特定字符串。此外，如果要翻译的内容太过于国际化或完全和语境脱离，那么，就无法轻松地将每个字符串或消息与其位置一一对应起来。在这种情况下，项目经理就可以联合团队或专业领域问题专家，通过网络研讨会或现场培训就具体应用给大家做一个基本介绍。这种培训必须专门针对译员的需求（与一般定向培训不同），并应回答以下问题：

- 什么是应用程序的高级结构?
- 译员该如何确定哪个部分、文件、附带条款、信息板块与哪个应用模块或功能对应?
- 用户最普遍使用的操作是什么?
- 如果要对任何字符串进行串联，是否有办法让译员重建完整的句子结构并在运行时查看?

除了培训，专业领域问题专家也可以提供脚本，用于访问应用程序中的核心功能。在软件升级期间，提供相关脚本并使其仅包含关于访问新功能的各种方法信息，即可发挥“支架”的作用，帮助翻译团队快速了解应用程序中的新功能。此外，因为脚本能让译员在语境中查看字符串，所以，可避免译出未知的内容，从而降低理解错误和误译的风险。这反过来也可以减少后续质量检查的时间和提高成本效益。

在专家互动型支架中，会有两个或两个以上的人协同工作。霍尔顿和克拉克认为，“因为（同事）会带来不同的技能，每个人都可能做出贡献，这就形成了支架”（2006：136）。在翻译项目中，团队成员能够彼此协作，这时，专家互动型支架就开始发挥作用。很多时候，翻译项目都是采用瀑布方法进行的，其中的步骤和阶段采取了按顺序完成的方式，没有任何种类的合作或反馈循环（参见本书邓恩相关论述）。例如，反馈回路支持滚动式编辑，并允许和鼓励编辑人员在项目进行中提供反馈给译员，所以，引入反馈回路让译员有机会提高后续译稿的质量，并（在万一出现的情况下）防止编辑引入不正确或不必要的修改，以及交流概念性的主题知识和/或产品知识。此外，还允许项目经理平衡团队内部的技能。例如，如果译员对主题有很好的理解，但对本地化的产品缺乏相关知识，那么对产品有一定了解的编辑就可以提供必要的指导。相反，如果译员对本地化产品的理解超过编辑，则可以指示编辑不要对用户界面术语做任何更改。

最后，当一个人面对新问题或概念时能够为自己提供支架，那自我构建型支架就开始起作用（Holton & Clark，2006：136）。虽然自我构建型支架是在内部激励和构建出来的，但“学会学习”是在社会环境中与他人互动形成的技能。凯利沃什·伯恩（Kelly Washbourne）认为，自我建构本身就是一种能力，而且肯定是向自我指导学习（自主）迈出的巨大一步；虽然不是每个团队成员都能够进行自我建构，但或许可以成为他人的支架（个人沟通）。

虽然项目经理无法控制自我建构型支架，但可以主动参与到专家互动型支架中去，增加翻译团队内部的学习效率。通过创建支持学习环境，和实施支持专家互动型支架的流程，项目经理可以提高项目团队对项目本身的理解，从而强化逐步完善的流程，同时促进项目团队成员之间（甚至项目团队和客户利益相关者之间）的知识交流和获取。

创建支架，促进翻译项目中的学习

要实现从理论到实践的转变，就必须将支架的特征应用到项目管理中去。麦肯齐（McKenzie，2000：155-160）认为支架有八个基本的特征：（a）明确的方向；（b）明确目的；（c）坚持任务进度；（d）通过评估明确预期；（e）获取有价值的信息；（f）减少不确定性、意外和失望；（g）效率；（h）动力。以下部分将讨论这些特征，因为它们可以应用到翻译项目中。

明确的方向

提供明确的指示，往往是一个翻译项目经理极具挑战性的任务之一。虽然基本特征方面的信息（诸如语言区域和目标受众）相对容易获得，但是译员通常不需要这样的信息。同样，刚接触翻译或刚与公司合作的客户也经常无法理解为什么需要这样的信息。“你为什么需要那个?”他们经常问。“不就是翻译吗?”然而翻译都是通过这些细节来开展工作的，这些信息很重要，也能帮助项目经理制定项目规范。作为一种流程，尽量发现和识别这些项目需求可使翻译项目经理为翻译团队确定清晰的方向。反过来，团队也可以根据这些方向形成最终的产品，确保它符合项目经理的要求。

然而，指定的语用变量（如目标语文本的用途和读者）并不一定足以确保项目的成功。翻译中的每一个字都反映了译员有意识（或自动）的决定，这些决定深受他们在语言、文化、翻译和专业领域方面独特的背景、经验和专业知识的影响。由此可见，在任何特定翻译的情况下，都会存在这样的风险，即他人（如编辑、客户等）根据不同的技术和知识背景做出不同的决定。两个决定可能都是正确的，毕竟，没有所谓正确的翻译，因为翻译存在多个版本。确定谁的版本是最终版本对于项目经理是种挑战，他要在让客户满意的同时保持翻译团队间的和谐。

支架理论有助于改善这种情况。它会在翻译前确定好翻译的某些要素（例如术语、文体要求等）并达成一致意见，从而将出现不一致的风险降到最低程度。此外，要让流程中有最终决定权的利益相关者（如编辑或客户审校）了解可接受的解决方案范围，这点相当重要，并设计相关的机制，让他们做好自己负责的项目工作部分，同时不侵犯其他团队成员的决策权利。具体来说，可要求编辑将源语与目标语进行比较，发现和纠正拼写、语法、标点错误、漏译和不一致的术语，但不对已批准的术语进行任何更改。或者，要求客户审校人员查看各种目标语术语的等价说法建议，确保它们反映公司的特定用途，并且纠正任何不合适的术语，之后翻译团队将不能修改批准的术语，从而限制他们的翻译决定范围。从技术角度来看，项目经理可以选择（或开发）和维护基础设施（工具、平台），更好地进行设置并遵守项目要求。因此，只需使用平面文件（如文字处理或电子表格文档），就足以满足术语数量有限且只有一种目标语的项目需求，而对于多语言和/或术语众多的项目，就需要用一个集中管理的库才能存储、访问和审校各种术语的等价说法。

明确目的

翻译研究的功能翻译理论通常主张使用所谓的“翻译纲要”，其中包括关于目标语文本的读者和目的等信息（Nord，1997：30）。项目发起方、项目经理和译员理解并同意目标语文本的目的十分重要，但这样的理解和同意并不足以确保项目的成功。确定完成项目总体目标是项目经理的职责。就项目管理而言，目的是从最高层面上确定项目的范围，包括最终交付成果将在哪里使用、目标语受众是谁、目标语文档应实现哪些目标以及最重要的是客户希望通过这个项目完成什么任务。很多时候，在收到报价请求时，翻译公司提供的只是价格和项目提交时间——而没有询问项目如何才能适应项目发起方公司的战略大局。❶

如果没有清楚了解目标语受众、文件目的、出版或发行的时间、地点和媒介，撰写人员就不会开始写作。在流程的这个阶段，撰写人员和译员没有什么绝对的区别：两者都必须了解撰写内容的目的。就下面一个事实而言，即技术文档撰写人员想表达的是开发商或经理的想法或创意，而译员想表达的是源语文本中的想法或创意，只是一个题外话。在为每个团队成员和项目利益相关者制定清晰而详细的指导意见前，必须先明确目的。

---

❶ 这个陈述基于笔者参与翻译项目竞标的经验。客户有许多次在竞标过程结束时，指出笔者工作的公司（Advanced Language Translation Inc.）是唯一一家询问项目用途和翻译使用目的等问题的供应商。

坚持任务进度

虽然“项目经理”头衔意味着对项目进行管理，但实际上，他们管理的是执行项目工作的人。为了保证翻译团队按时完成任务，项目经理应完成以下工作：在项目规划阶段设置时间表；将时间表和里程碑日期通知给所有翻译团队成员；指明哪些期限是灵活的，哪些不是；最后是监控时间表，当然如果必要，也可以调整时间表，以便提高团队的效率，同时满足定义的项目产出标准。

通过评估明确预期

项目经理可以确定一个大的项目框架，并根据该框架指定项目目的、提供参考材料、定义和批准首选术语和风格并提供清晰的项目指示，从而间接地确定出评估最终翻译质量的框架。评估标准可以包括但不一定限于以下内容，包括使用已批准的术语、遵循认可的风格指南、遵守具体的格式要求、使用特定转换器转换度量单位、使用特定语言所需的字体以及使用提供的脚本执行 QC 检查。通过确定客户和/或最终用户认为重要的参数，项目经理可将工作从未识别的需求（或期望）的领域转到已识别的需求（或期望），从而提高项目满足客户期望的可能性。

然而，必须记住，在大多数情况下，从客户那里获取明确的规格列表是不可能的。语言服务的一些客户可能会在翻译/本地化方面具备足够高的成熟度（DePalma，2006），可以提出明确的需求，但绝大多数做不到（Txabarriaga，2009：1）。正是由于这个原因，项目经理和翻译服务提供商必须与项目发起方设计一个协作的、持续迭代的流程，获取上述必要信息。事实上，通过弗雷泽的调查，只有 12%的译员说，他们能定期收到关于目标读者的信息，其中只有 21%的译员被告知翻译的目的（2000：54）。

获取有价值的信息

在提供了最终客户或最终用户推荐（理想情况下是批准）的参考材料[1]，规

[1] 客户并不一定是译文的最终用户。例如，假设一家软件开发公司正在本地化一款软件以及后续销售的相应文件。在这种情况下，购买了翻译/本地化服务的软件开发公司是最终客户，而本地化软件的购买者则是最终用户。

定期望的术语或风格，澄清翻译的对象和目的后，项目经理就可把翻译团队的注意力集中在一系列审批完成的源语文件上，不然，他们就会“像沙漠上的探矿者”一样漫无头绪（McKenzie，2000：157）。除了原来可能存在的已译内容外，选择一系列参考材料并从所有利益相关者那里获得使用这些材料的正式批准，是一个简单但有效的翻译支架策略。

较少不确定性、意外和失望

减少不确定性、意外情况和失望，这是管理风险和利益相关方期望的本质，是所有项目经理职责的一部分。

效率

通过事先确定关键的术语和文体，译员、编辑和客户就不再需要了解在目标语文本中应使用哪个术语或字符串（或标语）的哪种形式。这种方法通过消除团队可能遇到的困难障碍，提高翻译团队的效率。这种事先确定策略的方式还可显著降低甚至消除项目结束时昂贵而低效的修复风险，因为敲定的术语或风格与审校或最终用户的喜好不会相差甚远。

动力

通过在所有关键方面（术语、风格、沟通框架等）为翻译团队提供强有力的支持，翻译项目经理就可将团队的注意力从项目流程中转移出来，专注于手头的任务，这样可以产生动力。

关于支架的其他观点

虽然麦肯齐的支架模式在文献中十分流行，但还是有人提出不同的观点。例如，艾普比和兰格（1983，1986）就支架给出了这样的定义：（a）意向性；（b）适当性；（c）结构性；（d）协作性；（e）内在化。艾普比和兰格的模式与麦肯齐的没有什么不同，只不过是从略有不同的角度看相同的对象。此外，这两种模式都可以应用到翻译项目管理中。因此，意向性结合了说明和翻译的目的，它们共同构成项目范围定义的基础。和教育相比，适当性在项目管理环境下采取了不同的转变。在教育中，任务提出的问题不能由学生自己解决，在翻译中则是项目本身不能由任何一个人“解决”，需要根据项目安排译员、编辑、项目经理、本地化工程师、技术作者、开发人员和/或其他人合作完成。除了项目经理建立的合作框架外，源语文本本身在某种程度上就是一种结构或蓝图，可在其基础上以目标语重建新的文本。也就是说，源语文本包含必须由译员传达的信息，但是由译员决定如何在指示性、内涵性、语用和其他级别上以目标语语言将该信息最有效地表达出来。最后，内部化贯彻在整个项目始终。项目团队内部化越多，项目经理需要直接参与的就越少。

结语

学习对于翻译项目成功与否十分重要。尽管面临着典型翻译项目的挑战，前瞻性管理仍能够创建一个结构化的学习环境。学习流程支架化有助于项目经理通过逐步完善的方式了解项目范围、发展团队、管理利益相关者的期望和平衡团队中存在的优势和弱点。翻译项目经理必须了解项目管理的核心原则，通过翻译对项目管理的挑战，能够清楚地了解将产品的最终愿景传达给翻译团队的重要性。换句话说，项目经理必须了解项目管理和翻译的本质。

在项目的收尾阶段，翻译团队成员必须明白，没有一个人能独自拥有使项目成功的所有知识。因此，翻译团队成员，特别是翻译和编辑，需要知道如何识别并获取他们缺乏的知识。项目参与者如果不理解大的蓝图，就不能成功地完成他们的任务。其中各项条件和每个人所应完成的任务对最终产品的质量和项目的成功可能有直接影响。项目发起方必须明白，翻译项目（或任何相关项目）不能简单地推卸责任。如果客户希望他们的项目获得成功，他们必须做好准备，积极参与，促进项目沟通，告诉项目经理和项目团队大的蓝图，确保他们成功。

学习在项目中十分必要，不仅是因为项目本身的性质，而且是因为它的特征是变化的，不确定的，因此迫切需要适应。在当今不断变化的商业环境下，成功需要项目团队拥抱变化。项目管理专家罗伯特·威索基（Robert Wysocki）指出，

“（我们）需要一种建立在变化上的、在整个项目生命周期中都拥抱学习和发现的方法。此外，它必须有内置的流程，可适应这种学习和发现带来的变化”（2009：xiv）。如果不通过学习来适应不断变化的项目环境，团队、项目经理和项目本身都将无法“生存”下去。学习和发现流程的支架化是一种制定框架的方式，可使团队在这个框架中学习并始终适应项目固有的变化和不确定性。

最后，创建“支架”[如经过审核的术语列表（或甚至综合术语库）]和以结构化的方式定义一般翻译要求（如目的、受众等）还有其他好处，即这些创建形成的信息和知识资产以后还可在类似项目、相关项目或新团队成员的培训上使用。从这个角度看，支架并不仅仅帮助项目经理管理学习的流程，而且还提供了一种结构，管理项目期间获得的知识。

参 考 文 献

Allen, Jeff. 2006. “Number of translators who use CAT TM tools.” TranslatorsCafe.com,April 28. http://www.translatorscafe.com/ cafe/MegaBBS/thread-view.asp? threadid=6473&messageid=86440#86440.

Allied Business Intelligence. 1998. *Language Translation: World Market Overview, Current Development and Competitive Assessment.* Oyster Bay, NY: Allied Business Intelligence, Inc.

Applebee, Arthur N. and Langer, Judith A. 1983. “Instructional scaffolding: Reading and writing as natural language activities.” *Language Arts* 60 (2): 168–175.

——. 1986. “Reading and writing instruction: Toward a theory of teaching and learning.”*Review of Research in Education* 13: 171–194.

Beninatto, Renato S. and DePalma, Donald A. 2008. “The top 25 translation companies and some really big revenue numbers.” *The Global Watchtower* [Common Sense Advisory blog], June 20. http://upgrade.globalwatchtower.com/2008/06/top-25-revenue -08.

Bickhard, Mark H. 2005. “Functional scaffolding and self-scaffolding.” *New Ideas in*

Psychology 23 (3): 166–173.

Brisset, Annie. 1996. "The search for a native language: Translation and cultural identity." In *A Sociocritique of Translation: Theatre and Alterity in Quebec, 1968–1988*, Trans. Rosalind Gill and Roger Gannon, 162–194. Toronto: University of Toronto Press.

Bruner, Jerome. 1987. *Actual Minds, Possible Worlds*. Cambridge, MA: Harvard University Press.

Dancette, Jeanne. 1997. "Mapping meaning and comprehension in translation: Theoretical and experimental issues." In *Cognitive Processes in Translation and Interpreting*, Joseph H.Danks, Gregory M. Shreve, Stephen B. Fountain and Michael K. McBeath (eds), 77–103.Thousand Oaks/London/New Delhi: Sage.

Danks, Joseph H. and Griffin, Jennifer. 1997. "Reading and translation: A psycholinguistic perspective."In *Cognitive Processes in Translation and Interpreting*, Joseph H. Danks, Gregory M. Shreve, Stephen B. Fountain and Michael K. McBeath (eds), 161–175. Thousand Oaks/London/New Delhi: Sage.

DePalma, Don. 2006. "Localization maturity model." *GALAxy Newsletter*. Globalization & Localization Association. http://www.gala-global.org/articles/localization-maturity-model.

DeSanctis, Gerardine and Jiang, Lu. 2005. "Communication and the learning effectiveness of multinational teams." In *Managing Multinational Teams: Global Perspectives*, Debra L. Shapiro, Mary Ann Von Glinow and Joseph L.C. Cheng (eds), 97–123. Amsterdam:Elsevier.

Drucker, Peter F. 1988. "The coming of the new organization." *Harvard Business Review* 66 (1) : 45–53.

Edmondson, Amy, Bohmer, Richard and Pisano, Gary. 2005. "Speeding up team learning." In *Harvard Business Review on Managing Projects*, 190–197. Boston, MA: Harvard Business School Press.

Eveleens, J. Laurenz and Verhoef, Chris. 2010. "The rise and fall of the Chaos Report figures."*IEEE Software* 27 (1): 30–36.

Even-Zohar, Itamar. 1978. "The position of translated literature within the literary polysystem."In *Literature and Translation: New Perspectives in Literary Studies*, James S. Holmes et al.(eds), 117–127. Leuven: ACCO.

Fraser, Janet. 2000. "The broader view: How freelance translators define translation competence."In *Developing Translation Competence*, Christina Schäffner and Beverly Adab (eds), 51–62. Amsterdam/Philadelphia: John Benjamins.

Goetschalckx, J. 1979. "EURODICAUTOM." In *Translating and the Computer: Proceedings of a seminar*, B. M. Snell (ed.), 71–75. Amsterdam: North-Holland.

Gonzales, Laurence. 2003. *Deep Survival: Who Lives, Who Dies, and Why*. London/New York:W. W. Norton.

Holz-Mänttäri, Justa.1984. *Translatorisches Handeln: Theorie und Methode.* Helsinki: Suomalainen Tiedeakatemia.

Holton, Derek and Clark, David. 2006. "Scaffolding and metacognition." *International Journal of Mathematical Education in Science and Technology* 37 (2): 127–143.

House, Juliane. 2000. "Consciousness and the strategic use of aids in translation." In *Tapping and Mapping the Processes of Translation and Interpreting*, Sonja Tirkkonen-Condit and Riitta Jääskeläinen (eds), 149–162. Amsterdam/Philadelphia: John Benjamins.

Jääskeläinen, Riitta. 1989. "Translation assignment in professional vs. non-professional translation: A think-aloud protocol study." In *The Translation Process*, Candace Séginot (ed.),87–98. Toronto: H. G. Publications.

Keller, Heidi and Werchan, Anne. 2006. "Culture, learning, and adult development." In *Handbook of Adult Development and Learning,* Carol Hoare (ed.), 407–430. Oxford: Oxford University Press.

Kelly, Nataly, Beninatto, Renato S. and DePalma, Donald A. 2008. *Buyer-Defined Translation Quality: Illuminating the Customer's Perspective on What Good Language Services Mean.*Lowell, MA: Common Sense Advisory.

Koller, Werner. 1995. "The concept of equivalence and the object of translation studies." *Target* 7 (2): 191–222.

Lai, Ming and Law, Nancy. 2006. "Peer scaffolding of knowledge building through collaborative groups with differential learning experiences." *Journal of Educational Computing Research* 35 (2): 123–144.

Lefevere, André. 1992. *Translation, Rewriting, and the Manipulation of Literary Fame.* London; New York: Routledge.

Lörscher, Wolfgang. 1988. "Modelle des Übersetzungsprozesses: Anspruch und Wirklichkeit."*Fremdsprache lehren und lehrnen* 17: 62–83.

McKenzie, Jamie. 2000. *Beyond Technology. Questioning, Research and the Information Literate School.* Bellingham, WA: FNO Press.

Niranjana, Tejaswini. 1992. *Siting Translation History, Post-Structuralism, and the Colonial Text.* Berkeley, CA: University of California Press.

Nord, Christiane. 1997. *Translating as a Purposeful Activity: Functionalist Approaches Explained.* Manchester: St Jerome.

O'Connell, Fergus. 2001. *How To Run Successful Projects III: The Silver Bullet.* 3rd ed. Harlow,UK: Pearson Education.

Project Management Institute. 2008. *A Guide to the Project Management Body of Knowledge (PMBOK® Guide).* 4th ed. Newtown Square, PA: Project Management Institute.

Pym, Anthony. 1996. "Material text transfer as a key to the purposes of translation." In *Basic Issues in Translation Studies. Proceedings of the Fifth International Conference,* Albrecht Neubert, Gregory M. Shreve and Klaus Gommlich (eds), 337–346. Kent, OH: Kent State University Institute for Applied Linguistics.

Reiss, Katharina. 1981. "Type, kind, and individuality of text: Decision making in translation." Trans. Suzan Kitron. *Poetics Today* 2 (4): 121–131.

Reiss, Katharina and Vermeer, Hans J. 1984. *Grundlegung einer allgemeinen Translationstheorie*. Tübingen: Niemeyer.

Roehler, Laura R. and Cantlon, Danise J. 1997. "Scaffolding: A powerful tool in social constructivist classrooms." In *Scaffolding Student Learning: Instructional Approaches and Issues*, Kathleen Hogan and Michael Pressley (eds), 6–42. Cambridge, MA: Brookline.

Séguinot, Candace. 1989. "The translation process: An experimental study." In *The Translation Process*, Candace Séginot (ed.), 21–53. Toronto: H. G. Publications.

Sense, Andrew J. 2007. "Structuring the project environment for learning." *International Journal of Project Management* 25: 405–412.

Shreve, Gregory M. 2002. "Knowing translation: Cognitive and experiential aspects of translation expertise from the perspective of expertise studies." In *Translation Studies: Perspectives on an Emerging Discipline,* Alessandra Riccardi (ed.), 150–171. Cambridge: Cambridge University Press.

Shreve, Gregory M. and Angelone, Erik. 2010. "Translation and cognition: Recent developments."In *Translation and Cognition*, Gregory M. Shreve and Erik Angelone (eds), 1–13. Amsterdam/Philadelphia: John Benjamins.

Spivak, Gayatri. 1992. "The politics of translation." In *Destabilizing Theory: Contemporary Feminist Debates*, Michèle Barret and Anne Phillips (eds), 177–200. Stanford, CA: Stanford University Press.

Taylor, Kathleen. 2006. "Autonomy and self-directed learning: A developmental journey." In *Handbook of Adult Development and Learning*, Carol Hoare (ed.), 196–218. Oxford: Oxford University Press.

The Standish Group. 2009. "CHAOS 2009." The Standish Group. http://www1.standishgroup.com/newsroom/chaos_2009.php.

Txabarriaga, Rocío. 2009. *Best Practices for Client Review Processes*. Lowell, MA: Common Sense Advisory.

Venuti, Lawrence. 1986. "The translator's invisibility." *Criticism* 28 (Spring): 179–212.

——. 1995. *The Translator's Invisibility: A History of Translation*. London/New York:

Routledge.

Vygotsky, Lev Semyonovich. 1935. *Умственное развитие ребенка в процессе обучения* [Mental Development of the Child During the Learning Process]. Moscow/Leningrad: Государственное учебно-педагогическое издательство [State Educational-Pedagogical Press].

Wood, David, Bruner, Jerome S. and Ross, Gail. 1976. "The role of tutoring in problem solving." *Journal of Child Psychology and Psychiatry* 17 (2): 89–100.

Wilss, Wolfram. 1992. "The future of translator training." *Meta* 37 (3): 391–396.

Woyde, Rick. 2001. "Managing quality translations." LISA Forum USA, Chicago, IL, Aug.31. Localization Industry Standards Association Knowledge Archive: Forum Presentations. Retrieved Jan. 6, 2011. http://www.lisa.org/Chicago2001.631.0.html.

Wysocki, Robert K. 2009. *Effective Project Management: Traditional, Adaptive, Extreme.* 5th ed. Indianapolis, IN: Wiley.

Zielinski, Daniel and Ramírez Safar, Yamile. 2005. "Research meets practice: T-survey 2005."*Translating and the Computer 27: Proceedings of the Twenty-Seventh International Conference on Translating and the Computer, 24–25 November 2005, London.* London: ASLIB. http: //fr46.uni-saarland.de/download/publs/ sdv/t-survey_ aslib2005_zielinski.htm.

全球虚拟团队

埃伦娜·S.邓恩

作为一个项目团体，全球虚拟团队的成员并不是集中在同一个物理地点工作，而是跨越地理、国度、时间、文化和语言的边界开展协作。在过去的10年中，绝大多数组织开始应用全球虚拟团队这种模式，在翻译行业中尤为盛行。除了因为距离、语言和时间的差异而造成的传统挑战外，全球虚拟团队为翻译行业和本地化项目经理带来了一系列特殊的挑战。这些挑战因文化的差异而加剧，从而影响了成员之间的沟通、决策、共同的信任以及期望。本章的第一部分将介绍一些应对上述挑战的最佳策略。此外，由于通信技术是推动虚拟团队发展的重要因素，所以第二部分将讨论这些技术在翻译行业背景下的应用。

引言

过去的20年，个人计算机、智能手机的商业化以及网络的普及为我们带来了一个前所未有的全球连接时代。这一全球性的互联给知识的产生和传播带来了革命性的改变，并且深刻改变了全球服务业和制造业的供应链。今天，得益于信息和通信技术的扩张，分布式的工作变得比以往任何时候都更加容易、更加快速和有效。面对着变化速度的加快和全球按需经济竞争的加剧，公司业务流程的分散化使它们逐渐趋于全球化，并跨越地理、时间、文化和语言边界建立全球虚拟团队以加快目标的完成。

本地化行业也没有逃过这一趋势。相反，它的外包翻译和本地化工作可以追溯到20世纪80年代，是全球虚拟团队最早广泛使用的例子，同时在虚拟团队的基础上，本地化行业形成了自己作为一个产业的定位。尽管虚拟团队在业内占据着至关重要的地位，但是迄今为止它依然只被当作一个分析的对象，而被翻译界和本地化的学者所忽视。

本章通过在本地化项目管理的背景下分析全球虚拟团队中关系最为紧密的方面，填补文献领域中的这一空白。首先给全球虚拟团队下一个定义，并探讨这种团队可以采取的其他形式；然后分析全球虚拟团队对项目管理的普遍影响，尤其是对本地化项目管理的影响。随后本章将讨论文化差异在全球虚拟团队中的表现，以及采取何种措施来管理这种差异。最后，本章将探讨当今国际团队在贸易中使用的工具。

什么是全球虚拟团队?

本章的目的是用利普耐克和斯丹普斯（Lipnack & Stamps，1997：6-7）的方法来定义虚拟团队：虚拟团队和其他的团队一样，都是一群人在共同目标的指引下通过彼此间的信任和默契来完成任务。不同于传统意义上的团队，虚拟团队通过网络通信技术的支持跨越时间、空间、文化和组织的阻碍来完成工作。

事实上，离开了互联网和其他先进通信技术的支持，全球虚拟团队是不可能运作的。

全球虚拟团队的类型

卡肖和舒耶盖洛（Cascio & Shurygailo，2003）根据两个主要变量（即办公地点数量和经理数量）把虚拟团队分为四种类型：远程工作人员团队以一个位置为基地，向一位经理报告，而远程团队分布在多个位置（见图 3-9）。远程工作人员团队和远程团队都只向一位经理报告，而矩阵式的团队则向多个经理报告。

为了说明远程办公中的团队参与，我们来看一下技术文档撰写人的例子，他们大多数时候是在家里远程工作。技术文档撰写人通过网络就能获取他/她供职公司所有必要的信息，通常为了进入公司防火墙和为了增强安全性，他们会使用虚拟私人网络（VPN）。技术文档撰写人也可以通过网络语音（VOIP）电话业务、即时通信和电子邮件使用公司的通信设施。这种网络还可以实现日历、文件和日程安排的分享。撰写人每周去办公室参加一次面对面会议，借此与团队成员维持更紧密的联系，以达到彼此信任和拥有共识。另一个远程工作团队协作的例子是一位自由职业译员，她在远离大城市的法国阿尔卑斯山区的家中工作。固定的无线宽带让译员仍然可以很快连上网络。她通过网络语音电话业务、即时通信和电子邮件联系她的客户。文件通过电邮、文件传送协议（FTP）或者一些像谷歌文档或 Documentum eRoom 协作软件传送。在有些时候我们的翻译要用一些在线工作流程系统，例如莱博智的 Freeway & LingotekCollaborative Translation Platform。自由译者通常会加入几个独立的团队。大多数时候她可能是和当地项目经理与客户审校人员接触。这种情况下，这个译员不是她所在公司的职员，而是一个签约合作伙伴。这意味着她需要协调不同的公司文化，因为这些文化会让双方的沟通和培养信任变得复杂。这需要本地化项目经理提供视角并朝着互信关系努力，特别是我们的自由职业译员从未与她的客户面对面交流过。

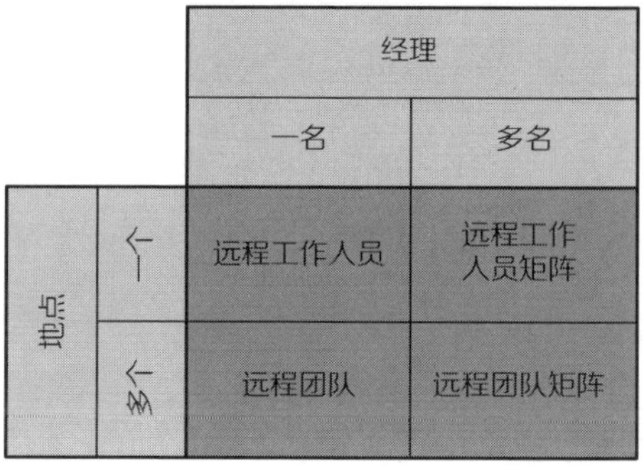

图 3-9　虚拟团队形式（Cascio & Shurygailo，2003：364）

为了说明远距离团队的参与，下面介绍一个在加州的软件公司和一个在都柏林的软件公司合并的例子。这两家独立的公司合并后，双方的开发团队开始在一个共同的项目上合作，即使他们相隔千里，面临 8 小时的时差。尽管英语是两地的工作语言，文化差异还是很大，而且这种差异可能一开始会被忽略。通过互联网，两个地方的开发人员可以访问相同的开发环境和源代码控制软件。每周通过 GoTo meeting & Adobe Acrobat Connect 软件进行团队交流，这些工具可在通过网络拨打语音电话时实现桌面共享。面对面的会议不常见，但为了解决文化差异建议举办。另一个远程团队协作的例子是，一家总部在硅谷的 500 强公司和国内市场营销经理主持计划会议，该公司的营销和销售团队需要与 20 多个国家的销售和营销经理进行接洽。因为各地时差较大，一些参与者需要熬夜或起早来参加会议。不过，也可以使用远程视频呈现工具进行有效的虚拟会议，因为肢体语言在这里也是沟通的一个重要部分（图 3-10）。因为交通成本太高，很少举行面对面会议。

图 3-10 虚拟团队使用 Cisco TelePresence 开会

（本图为思科系统公司许可使用，未经授权不得使用）

最后一个关于远程团队的例子是一群 Facebook（脸书）用户通过 Facebook Translations 应用程序参与 Facebook 网站和应用的翻译。在这个情况下，虚拟团队规模很大，联系也很松散。当这个项目完成后，这个靠金钱酬劳联系在一起的团队成员之间就不存在合同关系了。这种情况下，本地化项目经理就是一个协调人，并不直接控制截止日期和质量。团队成员对使用 Facebook 有着情感承诺，也都希望能使用非英语语言访问 Facebook。团队成员们之间的交互仅限于 Facebook 沟通。在像 Facebook 这样的众包项目中，团队成员经常只是通过他们的头像认识对方的（他们选择描述自己的图像）。

今天，许多组织执行本地化项目时采用了全球虚拟团队的模式。全球虚拟团队广泛运用于以下几种情形：

● 在完成收购或合并后通过分散在各地的和/或临时的人员资源执行本地化项目。

- 将本地化或测试外包给低成本地区的承包商或雇员，如印度、越南、泰国、中国和东欧国家。

- 把专业的工作外包给不受地理位置限制的专业人士，尤其是可以远程工作的翻译、编辑和桌面排版专家。

- 将翻译众包给超级用户志愿者或开发者社区，其中的一个例子就是开源开发者社区完成了 Moblin 的翻译。[1]

全球虚拟团队带来的挑战

领导一个项目团队在任何时候都是具有挑战性的，然而，全球虚拟团队所带来的挑战是独一无二的，其中，最可能发生的问题就是由于距离、语言、文化和时间的差异而造成的沟通失效，以及由于文化差异和团队成员间的陌生而产生的缺乏信任或者意见分歧的情况。

文化的差异将会在沟通、谈判、决议和会议中通过不同的形式大量地表现出来，即使是我们的伦理观念也深受文化的影响。西方文化更加重视个人主义，而亚洲和拉丁美洲的文化则相对重视家庭和社会的义务。在后面的章节中，我们将更详细地研究这些问题，在此之前我们必须在本地化项目管理的背景下定义全球虚拟团队。

全球虚拟团队对本地化项目管理的影响

通用的项目管理

美国项目管理协会的《项目管理知识体系指南》在不考虑具体项目执行领域

[1] Moblin 是一个优化的 Linux 平台，为移动设备（如上网本、移动互联网设备和车内信息娱乐（IVI）系统）提供现代的、引人入胜的用户体验。Moblin 有一个共同的核心应用程序和用户界面服务，以及应用程序的编程界面（API），能够跨多个设备为应用程序开发人员提供丰富而一致的开发环境。有关详细信息，请参阅 www.moblin.org。Moblin 在 2010 年改名为 MeeGo，是一个开源 Linux 项目，将英特尔领导的 Moblin 项目和诺基亚领导的 Maemo 项目整合成为一种单一的开源活动。

（例如建筑、软件以及翻译）的情况下提供了一个通用的项目管理框架、工具和技术。[1]《项目管理知识体系指南》既是事实上的国际标准，也是美国国家标准协会的标准（ANSI/PMI，99-001-2008）。

本地化项目管理技能

要理解《项目管理知识体系指南》是如何指导项目经理的，我们必须清楚成功地管理本地化项目所需的技能。这些技术可以大致分为三种。[2]

① 本地化技术与国际技术

a．本地化流程、活动和工具

Ⅰ．软件、多媒体、网站、培训和营销材料的本地化流程；

Ⅱ．本地化活动，诸如翻译、本地化工程、桌面排版（DTP）、质量保证（QA）；

Ⅲ．工具，如 TRADOS 等翻译记忆（TM）系统、内容管理系统（CMS）、全球化管理系统（GMS，如 SDL、Across Lingotek）、项目管理工具。

b．国际化概念

Ⅰ．编码、字体和语言支持；

Ⅱ．用户界面（UI）组成部分的外化；

Ⅲ．语言环境的支持；

Ⅳ．面向国际受众的全球英语和写作。

② 工业和产品知识

a．懂得客户所在的产业（例如软件、药物、汽车等）

b．懂得待本地化的产品

Ⅰ．产品目标和尤其应重视经常被忽视的目标用户；

Ⅱ．用户界面和功能；

Ⅲ．产品组成部分；

Ⅳ．质量评价问题。

---

[1] 美国项目管理协会是世界领先的非营利会员协会，项目管理专业，有近 50 万的会员，持证人员分布在近 185 个国家。美国项目管理协会的项目管理专家（PMP）认证是世界上最受认可的个人与项目管理相关的专业证书，全球有近 30 万人持证。

[2] 此列表并不详尽。

③ 项目管理技巧

a. 分析技巧

Ⅰ. 范围定义和管理；

Ⅱ. 行程安排和管理；

Ⅲ. 质量管理；

Ⅳ. 风险管理。

b. “软”（以人为导向）管理技巧

Ⅰ. 管理利益相关者的预期；

Ⅱ. 开发团队动力和信任；

Ⅲ. 使用良好的人力资源管理技巧。

作者的经验表明，《项目管理知识体系指南》中描述的非产业专业知识技巧工具和技术约占成功管理大型本地化项目所需技能和知识的三分之二（参见图 3-11）。本地化的知识和客户行业的知识（延伸后也包括待本地化的产品）占其他三分之一。

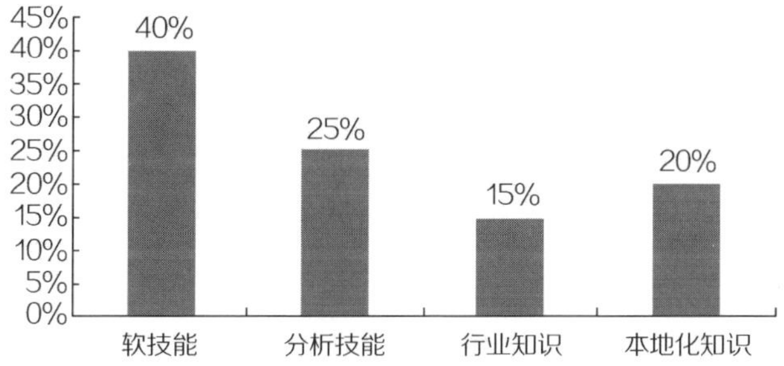

图 3-11　管理大型本地化项目所需的项目管理技能

根据《项目管理知识体系指南》，项目管理包括五个主要方面。在接下来的部分，我们会简要介绍 PMI 项目管理方法的主要流程在本地化项目管理中的应用。

项目管理流程

根据《项目管理知识体系指南》，项目管理包括五个高级别流程：启动、计划、执行、监督与控制以及结束流程（参见图 3-12）。启动和计划阶段拟出了所有的项目文件；在执行阶段，项目文件用来完成工作；在监督和控制阶段，项目文件根据已有进度、需要解决的问题和风险转化进行更新及重新分布；最后，在结束阶段，归档项目文件，创建一个事后文档并将其添加到归档中。

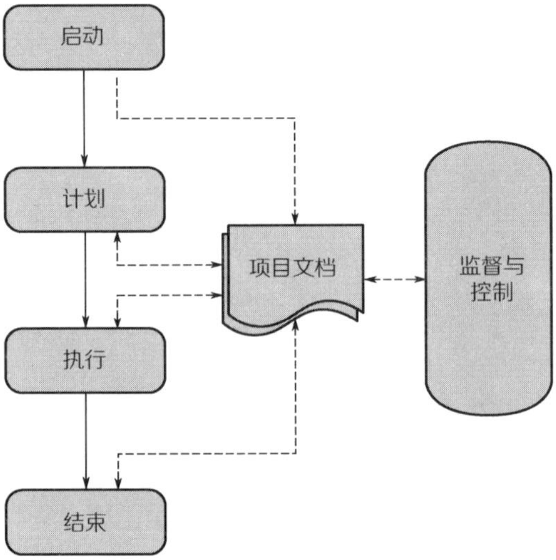

图 3-12　美国项目管理协会项目管理的主要流程

启动阶段包括下面活动：

- 征得客户对工作说明书（SOW）的同意；
- 客户发布订购单（PO）；
- 确定项目开始时间；
- 确定项目需求，包括交付格式细节；
- 确定项目方式和工作流程。

计划阶段包括下面活动：

- 确定和分配项目活动的资源；
- 决定项目时间表和预算；
- 训练团队成员掌握必要的工具和熟悉项目流程；
- 和客户开一个启动会议；

● 获取客户项目词汇表的认可；

● 确定主要项目风险和确定风险应对策略。

执行阶段包括下面活动：

● 让客户了解项目进度；

● 从客户处获取关于术语和/或内容的查询的反馈。

监督和控制阶段包括下面活动：

● 衡量项目预算的实际使用和计划（例如安排的）使用的对比情况：项目是高于、低于还是正好符合预算?

● 衡量实际项目进度和计划（例如安排的）进度的对比情况：项目是早于、晚于还是正好符合时间安排?

● 衡量实际任务完成情况和计划任务完成情况的对比：工作流程的所有阶段都完成了吗?

● 在范围更改的情况下，管理更改并调整时间表和/或预算。

● 跟踪和解决问题。

● 监控和管理项目的风险，看看任何风险的影响和概率是否出现变化，是否需要修改我们的风险应对策略和/或添加任何已识别的新风险。

结束阶段包括以下活动：

● 从客户处获取对于交付项目的正式验收意见；

● 与客户举行项目后会议；

● 记录项目期间吸取的经验教训；

● 归档各类项目交付成果和项目的元数据，即用于执行和监视/控制项目的项目文件，如项目进度报告、需求定义、范围说明、质量统计等。

全球虚拟团队所影响的《项目管理知识体系指南》知识领域

《项目管理知识体系指南》把管理项目必需的分析技能和人员技能大致分为九个知识领域：

① 项目整合管理；

② 项目范围管理；

③ 项目时间管理；

④ 项目成本管理；

⑤ 项目质量管理；

⑥ 项目人力资源管理；

⑦ 项目沟通管理；

⑧ 项目风险管理；

⑨ 项目采购管理。

在这九个领域中，以下几个领域受到了来自全球虚拟团队的独特挑战：

- 项目整合管理；
- 项目沟通管理；
- 项目人力资源管理；
- 项目质量管理；
- 项目采购管理。

项目整合管理

项目整合管理包括识别和协调不同流程组中的各种项目管理活动所需的流程和活动：

- 创建工作说明书；
- 制定一个考虑公司全球目标的业务案例；
- 设计本地化合同，并取得该合同的使用批准；
- 制定预算、时间表和质量计划；
- 制定人员配备和采购计划；
- 建立沟通计划。

财务预算案将会受到支持全球虚拟团队（组件、电话会议、远程视频呈现等）所需的附加硬件或软件资源的影响。此外，人力资源成本和第三方服务成本因国而异。

时间表也会受到影响，因为全球虚拟团队由于缺乏沟通和共同愿景而导致的延误（项目延迟）风险通常比传统的非分布式项目团队高。所以时间表需要包含缓冲区间来应对这种风险。由于团队成员国的法律、财务和人力资源要求不同，人员配置、采购计划和合同将需要更多时间处理位于其他国家和第三方的资源。

使用全球虚拟团队的决定将对沟通计划产生最强烈的影响，这是由于地理位置、时区和文化差异造成的。然而，对于一个全球虚拟团队经理来说，最主要的挑战在于，文化差异将影响沟通、谈判、决策和会议的进行。这些问题将在下面更详细地讨论。

项目沟通管理

项目沟通管理包括确保及时生成、分发和存储项目信息所需的流程：

- 确认利益相关者并管理他们的预期；
- 制定项目沟通计划：报告、会议、沟通方式和上报流程；
- 分发信息，特别是流程信息。

本地化项目经理最重要的任务之一就是管理利益相关者，如果那些利益相关者来自不同的文化背景就更具挑战性了。项目沟通流程的规划受时区、地理和文化差异的影响。电子邮件和语音邮件的回复时间需要严格的标准。如果团队成员不及时返回消息，项目沟通将崩溃。最后，全球虚拟团队中的信息分发应该使用协作组件完成。

项目人力资源管理

项目人力资源管理包括人事安排、培训和监管整个项目团队。项目人力资源管理也包括监控团队环境、团队成员的地理位置、解决文化问题、管理内外部政策和专业及道德行为。

如果团队成员来自不同的文化背景，培训和监管都会更具挑战性。在没有面对面会谈的情况下，这些挑战困难指数就加倍了。

项目质量管理

项目质量管理包括定义一种满足或超过客户期望所需的质量水平、质量保证（审计质量控制流程）和质量控制本身（测试、审校等）。目标是在项目中计划和管理质量，而不是经过成品检测和多次修订质量才能合格。因为和传统集中的项目团队交流相比，与全球虚拟团队交流更具有挑战性，所以，与集中式团队执行的项目相比，虚拟团队执行的项目的质量管理需要更详尽的文档。而文化和语言上存在的差异，更加需要对细节详细记录。

项目采购管理

项目采购管理包括购买或获取项目团队不能提供的产品服务所必需的流程，这包括挑选、签订合同和监管提供这些产品和服务的第三方。

在全球虚拟团队和相关联的利益相关者中维护沟通所需的技术产品和/或服务，必须在预算和时间方面作为项目采购管理的一部分。对那些习惯在西欧和北美经营的人来说，在其他国家获取这些服务（例如，用中国 ISP 托管软件）可能会感到沮丧和缓慢。

全球虚拟团队和文化差异

全球化是今天的现实，跨文化沟通正在成为常态，而不是例外。在全球化时代，弄清楚文化是怎样影响商业行为的尤为重要。

众所周知，来自不同国家的人做事情方式不同，文化因素解释了部分原因。所以，在我们研究文化差异如何（以及为什么）会影响伦理、决策、沟通、谈判、决策和多元文化环境中的团队管理之前，首先简要讨论一下文化和文化差异。

熟悉不同文化

根据著名的社会科学家吉尔特·霍夫斯塔德的理论，文化包括个人面对环境共同的“精神状态”(Hofstede，2001：XIX；1-7；Hofstede & Hofstede，2005：3-5)。在 20 世纪 60 年代晚期和 70 年代早期，霍夫斯塔德进行了基于调查的广泛研究（包括超过 10 万份问卷调查），探讨了超过 50 个国家的跨文化差异。基于研究结果，霍夫斯塔德归纳出这些国家组成价值系统的四个维度，包含研究和影响这些国家人民思考、感受和行为的方式。迈克尔·哈里斯·邦德（Michael Harris

Bond）随后的研究表明了另一个维度，霍夫斯塔德将它作为自己模型的第五个维度。他的研究被不断更新延展，也被很多人质疑，但一直没有可以取代它的理论。洛姆•施瓦茨（Shalom Schwartz）的价值理论（Schwartz & Bilsky，1987，1990；Schwartz，1992）显然是个例外。他提出了 10 个不同的塑造行为和态度的价值动力类型。

因为对文化差异的细节分析超过了本章的范围，我们会围绕吉尔特•霍夫斯塔德的五个维度来检验文化差异和它们对全球虚拟团队的影响。这五个维度分别为：

- 权力距离指数（PDI）。权力距离是用来表示“人们对组织中权力分配不平等情况的接受程度。机构是社会的基本要素，例如家庭、学校和社区，组织是人们的工作的场所。权力距离描述的是基于实力较弱的成员的价值体系”。
- 个人主义（IDV）。“在个人主义文化中，我们可以看到个体之间的联系非常松散：每个人都只应该照顾好自己的直系亲属。而在集体主义文化中，我们能发现人们从出生起就融入一个强大而团结的群体里，例如，庞大的家族（包括叔叔阿姨以及祖父母），而这个大家族则要承担起保护每一个成员的责任，从而换取每个家族成员对家族绝对的忠诚。”
- 男子气概（MAS）。“社会被称为男性社会时情感性别角色有明显的区别：男人理应是自信、坚韧，而且专注于物质上的成功，而妇女理应是更谦虚、温柔，而且关心生活的质量。一个社会被称为女性社会时性别角色重叠：男人和女人应要谦虚、温柔、关心生活的质量。”
- 不确定性回避指数（UAI）。“该指数表明了一个社会对于不确定性和模棱两可的事情的容忍度。这种感觉的表现形式是神经紧张和对可预见性的需要：即需要书面和不成文的规则。”
- 长期导向（LTO）。“长线思维模式所对应的价值观是节省和坚持不懈；而短线思维模式所对应的价值观是尊重传统，尽社会义务，以及保护某人的面子。”

霍斯夫塔德的模式在研究中将不同的文化维度的数值分配给不同国家，从而可以进行比较分析。然而，值得注意的是，霍夫斯塔德的模式通过描述平均或倾向与跨国家而非个人的特征揭示了文化差异。此外，随后的研究表明，文化与文化的差异随时间的变化而变化。最后，虽然本章侧重于说明国与国之间的文化差异，但是要记住，在任何地区和民族群体都存在文化差异。例如，印第安人的文化价值观与其他美国人和加拿大人非常不同（图 3-13）。

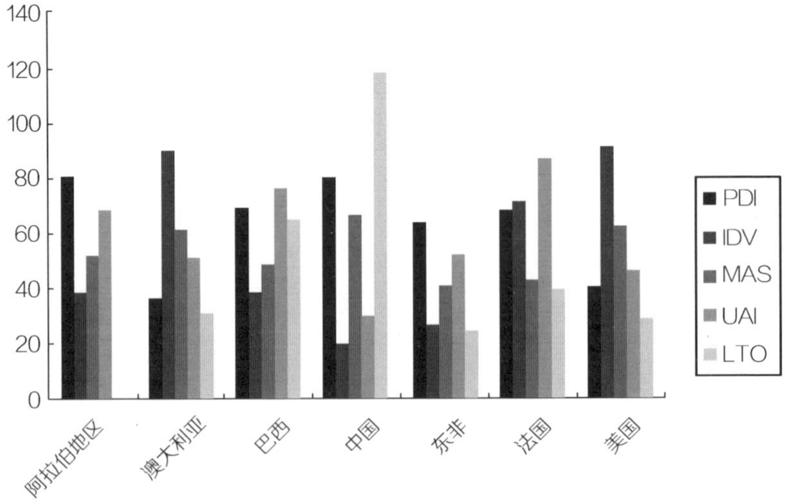

图 3-13　文化维度对比示例（Hofstede & Hofstede，2005：43，78-79，120-121，168-169，211；Hofstede，2010），阿拉伯地区无长期导向数据

在讨论了全球虚拟团队对本地化项目管理知识领域和进度的影响，探讨了以霍斯夫塔德的文化分类为框架分析文化差异后，让我们把注意力转向文化差异在全球虚拟团队的具体表现，即在决策和道德、沟通、谈判、团队领导能力和会议上的表现。

决策和伦理

文化的伦理部分需要在决策前进行讨论。毕竟，任何事务的决定都会有一个道德标准。例如外包到低成本劳动力的国家可能会引起本国工作机会的减少，而且工人可能会受到外国公司的剥削（血汗工厂）的伦理问题。

一个类似的例子是外包生产到一个环境政策相对宽松的国家，公司往往陷入道德的困境，那就是为了取得更高的利润而破坏环境，损害当地人的利益。在翻译行业，供应商经常在圣诞节的时候，送礼物给他们主要的客户：这是贿赂，还是只是建立良好的人际关系?我们经常很难把自己的道德标准与当地的习俗很好地协调，特别是由于许多商业决定在道德维度上是含糊不清的。

人们用不同的规则做道德决定。例如，有些人选择为每个人谋取最大利益，基本概念就是谋求对每一个人有益的利益。因为这个规则对利益的解读很狭隘主观，很多人拒绝由这个规则产生的决定。其他人依赖于一些固定的道德模式（通常来源于宗教），这种方式源于对一切不符合道德规则的事情的否定，并且不接受来自其他文化的道德规则。最后，其他人可能基于文化相对论使用来自其他文化环境的道德规则。这个规则可能导致人们接受侵犯基本人权的本该受到谴责的行为。解决道德维度的决定最好的方法是，将一些固定的道德规则，如世界人权宣言（联合国人权事务高级专员办事处，1998）和谨慎运用文化相对论合理地结合起来。

文化不仅形成了做出决定的伦理框架，而且决定了决策流程本身。大多数在西方国家长大的人深受这种文化的制约（或者用 Hofstede 的话来说，精神程序化），在做决定时会用很理智的模型：

① 定义一个问题；

② 提出不同的解决方法；

③ 系统化分析和用预先定义的标准评判可能的解决方案；

④ 基于分析选择最佳方案。

然而这个看起来理性的流程并不完美。提出和分析所有可能的解决方案在很多情况下是非常耗时的，并因为使用了其中部分备选方案，导致形成次优决策。尤其是人们倾向于重视和他们精神程序（经验）相符的选择，所以不会跳出束缚或横向思考（de Bono，1970）。此外，分析流程所依据的标准通常不清楚或不完整。经常用于简化分析的启发法，例如惯例参考和经验法则，却把这个问题复杂化了。最后，在这一体系内的人，感情往往取代了理性。人们经常对早期决策制定中的某个选择有偏见，于是用理性选择流程论证他们决定的合理性，这个策略叫作“满意法”（Simon，1957）。就虚拟团队而言，文化决定了在解决方案选择的理性分析上应用什么标准。例如裙带关系在大多数西方文化被人鄙夷，但在中国和俄罗斯则完全可以被接受，因为事实上这是这些文化中的最高标准，在这个情境下，没有人比亲戚和家人更值得信赖。

之前的讨论说明了为什么很多理性决策都质量不高，但是在管理全球虚拟团队时，应考虑另一个决策制定标准，即对决定的接受程度。如果一个决定不能被很好地接受，项目团队成员会觉得对这个决定没有责任或者责任很小。这种责任缺乏会反过来导致执行时间出现问题。文化对决策接受程度有很大影响。例如，选一位女性担任很高的公共职位，在日本很难被人接受，因为日本有非常崇尚男性的价值观。同样，任何与宗教禁忌冲突的决策都会产生接受度问题。

集体主义、男性地位和权力差距都对决策制定流程有重大影响。例如，在拉美和日本，一个团队通常共同制定决定，而不是团队领导单独做决定。所以项目经理在做决定之前，了解团队成员的动机（目的、文化价值、传统和习俗）很重要。

沟通和谈判

在面对面沟通中，语言和非语言行为都可以传达意思。在一个由非语言交流态度推论的开创性研究中，梅拉比安（Mehrabian）和弗里斯（Ferris）发现观察员在判断一个说话者是否喜欢倾听者时，55%对他们态度和感受的推论是由面部表情（如肢体语言）的交流得出的，38%的推断是由声音部分（例如语调）的交流得出的，只有7%是由具体的语言（用词）交流得出的。[1]图3-14清楚地阐释了当我们由面对面交流变为电话交谈时，我们推断别人的感觉和态度的能力能达到何种程度。梅拉比安和弗里斯的发现有力表明了，当面对面交流变为电话交流时，同样也会极大地影响其他交流形式。从口头交流转变为文字交流可能会对交流产生更强的影响。

这些观察报告在多语言、多文化、国际虚拟团队的环境下对交流有深远影响，因为语言、语言习惯、面部表情和其他肢体语言都依赖于文化。

语言是最基本的潜在沟通障碍。在没有共同语言做基础的情况下，进行沟通几乎是不可能的。目前英语的确是世界通用的商业语言，但是我们也只是把它当

---

[1] 梅拉比安和弗里斯的研究专注于态度和感觉，而不是人类认知的三个渠道的相对重要性，认识到这一点很重要。所以，尽管梅拉比安和弗里斯发现观察者在推断别人的态度和感觉时主要依靠非语言交流，但这并不意味着93%的交流是非语言的。

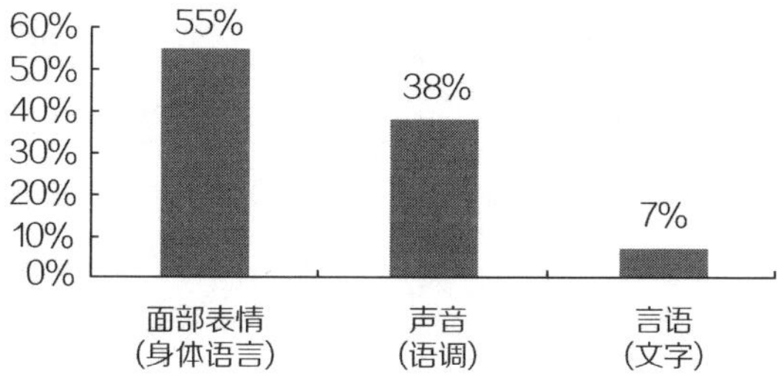

图 3-14　梅拉比安和弗里斯（Mehrabian & Ferris，1967：252）的衡量表明，在面对面交流中，人们通过面部表情、声音和言语来解码感情和态度

作第二语言来学习它的基本用法，而忽略了它的一些方言、俚语和俗语的表达。此外英语的声音音调可能与其他语言非常不同，所以当项目经理和一位把英语作为第二语言的人进行沟通时，应当尽量避免使用俚语、行话或委婉语（例如，“他去世了”，而不是“他死了”）以及一些习惯的表达法（例如，“要替某人打抱不平”“自出现切片面包以来最伟大的事情”和“志趣相投”），且说话时语速缓慢、语调清晰。会议期间很好的做法是，要求学员用自己的语言写下他们所了解的目标、任务，以确认预期的消息已经被正确理解。一个直接的是或否的问题，如“你明白吗?”或者“你有任何问题吗?”可能不足以揭示理解的问题。例如，来自亚洲文化区的学员会因担心自己的面子问题，即使他们真的没听懂，也会否认他们没有听懂。

文化也塑造了非言语交流，包括肢体语言、手势和面部表情，但在不同的文化有着不同的含义。例如，在大部分文化中点头常常意味着同意或同意的方式。然而，这种含义也并不是通用的，在一些文化中（如保加利亚），点头却意味着不同意。类似的，摇头（或点头，视情况而定）不是表达分歧的唯一方法。例如，在土耳其，用挑眉来代替说“不”是一种有礼貌的做法。

个人主义的文化维度直接影响说话态度。个人主义盛行的地区，如美国和西欧国家倾向于使用低语境的沟通：主要由词语本身的字面意义传达消息的含义。相反，在个人主义指数较低的地区，也就是推崇集体主义的地区，例如，拉丁美洲、朝鲜半岛、日本和中国，人们倾向于使用高语境的沟通：信息接收者更依赖于通过语境接收信息，而不是话语的字面意义。在高语境文化中，信息接收者接受的信息大都是间接的，隐晦的。亚洲的许多传统文化被保留下来，成为他们沟通中的敏感点，而北美洲和中东地区的文化则更倾向于激进，大声讲话，这些差异很容易引起文化误解。例如，一位来自美国的项目经理和一位来自中国的译员进行交流，中国的译员会认为这位美国经理鲁莽而又强势，而这位美国经理会认为这位翻译不够尊重他。

谈判是一种特殊的沟通方式，在谈判中双方克服利益分歧而达到一个共同满意的结果。在个人主义盛行的文化里，例如，美国和中东，谈判常常是一方试图能够通过一些优惠说服对方而达成一致意见。而在集体主义盛行的南美洲和东亚，谈判通常是建立一种长期持久可以共享信息的关系，且适当地交换一些利益。

一种谈判的模式是在权利距离指数高的文化中，更高层次的权威人物将对双方的决定产生影响，这在日本十分普遍。另一种谈判的模式涉及具体规章和制度，这种官僚化的谈判方式消除了大部分的谈判，这种形式在德国受到欢迎。

总的来说，有效的跨文化交流需要了解不同的文化习俗和文化维度、在交流和谈判时观察与注意语境及文化习俗，并适应不同文化习俗下的行为。但是值得注意的是，过度的适应会引起不必要的猜测和嘲笑。

领导全球虚拟团队

领导全球虚拟团队涉及主持团队会议、协作型任务、决策和谈判。本地化项目经理不仅需要了解文化差异，还要学会灵活变通并尊重其他的文化习俗，并且他/她还应要求自己团队的所有成员了解文化差异的存在，更重要的是在和其他来自不同文化的成员工作时乐于适应不同文化所带来的差异。

例如，如果成员来自日本这样的集体主义文化国家，需要在做决定时接受规定的期限，而来自美国、西欧这样的个人主义文化的队员若要明白做出一个决定，需要团队奉献和团队认同感。中国人拥有集体主义、权力距离高以及英语作为第二语言的背景，很难在西方国家成员主导的团队里做出贡献。本地化项目经理需要意识到这个事实并采取措施帮助小组成员缩小他们之间的文化距离，培养互信、合作和协作。

建立信任和共同愿景对全球虚拟小组的领导来说是真正的挑战。Lipnack & Stamps 观察到，“在信息时代的网络和虚拟团队中，信任是一个富有效率的关系中‘必须拥有的’品质”（1997：225）。Platt 认为，“基于信任的关系对于虚拟团队是至关重要的，因为这些团队没有日常的互动，失去信任的可能性要高得多”（1999：41）。高信任团队应尽可能面对面交流，定期使用同步计算机软件沟通（例如，通过 GoToMeeting，Adobe Connect & Live Meeting），并进行社交互动。后者可建立各种关系，而这种关系在许多文化中是信任的关键与先决条件。

全球虚拟小组的领导必须特别注意避免过多地关注小组任务以及任务的交付情况，而忽视小组完成任务的流程。文化差异导致团队对于应使用什么流程出现非常不同的观点。在项目开始时（在启动和规划流程期间），团队主管应安排时间研究一下流程，并协商出一套所有团队成员都可以接受的、旨在完成项目使命的流程，这一点是特别重要的。在本地化项目中，项目启动会议期间应详细讨论流程的主题。

为了建立信任，团队领导也需要鼓励小组参与人际交往。方法是组织名为“破冰之旅”的团队会议来建立基调（Lipnack，2010）。团队领导也可以鼓励团队成员之间用 Facebook 或 Twitter（推特）培养社交联系。

确实，多语言国际虚拟团队的管理提出了一些独特的文化挑战。然而，这不代表管理同一种语言、文化的团队没有文化问题。相反，这样的团队可能产生负面结果，如“群体思维”，也就是因为所有的队员有同样背景和特征而难以产生跳出固有思维的想法。另一个，项目经理必须防止的负面结果是“社会惰化”（Latané，Williams & Harkins，1979），也就是小组成员希望其他成员而非自己来完成工作。来自个人主义国家的人容易产生“社会惰化”，而来自集体主义文化的团队成员则更可能产生“群体思维”。

这里又给了我们一些警示。正如前文所述，霍夫斯塔德的文化维度描述了国家特征文化，但是在一个特定国家文化中个体成员的文化习俗差别很大。认识到国家还存在着亚文化也很重要，亚文化的价值取向可能和霍夫斯塔德定义的整个国家的文化相差甚远。

技术

没有技术，尤其是互联网，全球虚拟团队就不能运作起来。尽管科技可以帮助不同地方的人们联系、交流和合作，但使用技术并不一定保证达到更好的效果。

例如，几年前我为一家全球语言服务提供商工作，我们想要通过微软的 Share Point Server & Project Server 来实现全球虚拟团队的管理流程。基本思路是存储要在 Share Point 上共享的所有信息，并跟踪 Project Server 中所有资源的可用性和任务。我们的尝试失败了，有几个原因。因为这项实施涉及采用现成的商业系统，所以没有像从头开始设计新系统那样收集和详细定义需求。因此，在系统部署之前，一直没有将易于查找项目和客户数据视为关键要求。而且，跟踪 300 多个资源的可用性也是一项非常耗费人工的任务。最后，过于关注 Project Server 中的任务完成情况导致对高级客户服务的参与和承诺减少。这个项目表明了使用技术必须计划得尽可能周详，更重要的是本地化采用流水线方法产量虽然会很高，质量却很低。在流水线情况下，团队成员倾向于迅速完成个人任务，转向下一个项目，所以对成果的质量就不能保证（没有看到全局），每个客户也没有服务质量的保证。

这个例子应给那些相信科技能够解决人力项目问题的人警示。确实，协作科技在过去五年发展迅速。这些协作工具使竞争环境更加公平。小公司和本地化提供商可以用最低的成本和费用使用很好的协作交流工具。而且，云计算（基于网络）减少了对内部服务器和信息技术支持的需求。尽管如此，谨记科技不是一切沟通问题的万能药，这一点很重要。如果团队成员不回电子邮件、语言邮件和其他沟通形式，一个全球虚拟团队可能会很快机能失调。如果发生这种情况，而团队成员又不能进行面对面会议，那么团队沟通将面临完全崩溃的风险。考虑到这一点，让我们把注意力转向虚拟团队的沟通工具上。

电子邮件、即时通信和社交网络

电子邮件具有快速、简单、双向和异步的特点。人们可以在任何时候阅读和回答电子邮件，因此，时差对这种形式的交流比其他方式的影响都小（如电话）。

邮件同样也降低了全球虚拟团队中出现交流误解的风险，因为对于那些非母语的表达者来说书写比口头更加有效。最后，电子邮件的收件人可以通过现成的免费机器翻译，对电子邮件进行翻译，了解消息的要点。

然而，邮件也提出了诸多的问题。在如今这个商业化的大环境中，许多人一天可能会接到几百封邮件；信息超载的后果就是延迟回应邮件或忽视有重要信息的邮件。未及时回复的电子邮件可能导致沟通障碍和失败。

讽刺的是，大多数电子邮件客户端不是理想的电子邮件存储工具。高效的存储有利于后续检索，但需要具备文本搜索功能，可以创建智能邮箱，并识别电子邮件客户端的讨论线程。基于这些原因，在讨论板或 Wiki 组件中创建讨论线程显然更可取，而不是使用电子邮件客户端进行项目信息的存储和检索。基于服务器的邮件系统，如 Lotus Notes & Microsoft Exchange，需要强大的 IT 支持和专用服务器来提供这样的功能。基于云的选项（如 Google Apps）可降低成本和管理开销，但异地托管可能会存在有关公司控制和安全性的问题，特别是必须遵守“萨班斯-奥克斯利法案”报告和审计要求的大公司和上市公司。

此外，电子邮件沟通的异步和无形特点非常容易导致出现突兀甚至粗鲁的情况。人们永远都不要在盛怒或感情非常激烈的时候发出侮辱、诽谤性或带有情绪“怒火”的回复邮件。团队成员需要知道在什么时候从电子邮件切换到其他的沟通方式，例如打电话，又或者知道在什么情况下应当把一个问题上报给主管（例如，发生的纠纷涉及权利距离指数高的成员）。通过邮件建立关系很难，但摧毁它则轻而易举。

如同任何其他形式的沟通一样，电子邮件沟通是在一定文化的维度下形成的。来自高语境文化的成员很难通过电子邮件和来自低语境文化的成员（西方）进行直接沟通，相反的是他们的邮件对于来自于西方文化的成员来说显得模糊不清，表达不清。有关电子邮件收件人数的概念也是受文化影响的。来自于集体主义文化的成员会把邮件发给大多数同事，而个人主义文化的成员只会把邮件发给需要接收的同事。重要的是，团队的成员要学会怎样在团队项目沟通中恰当地对待不同类型的邮件。基于项目团队的不同文化构成，项目经理可能会决定完全避免使用邮件。来自于集体主义文化的成员可能会认为邮件太过于冰冷，是一种没有人情味的沟通方式，他们更倾向于选择电话会议或面对面的直接会议。要求这样的团队成员只能或主要通过电子邮件交流会适得其反。

通过即时消息（IM）客户端聊天是与团队成员非正式沟通一个很好的方式。即时聊天与电子邮件不同，是一种同步的沟通方式。对于需要快速解决的问题，这种方法是非常理想的，但不适用于主持会议。由于时差的因素，使得跨越全球的一对多的交流十分困难；这种即时沟通更适合于简短的一对一的沟通方式。笔者以前在一家大型 LSP 工作，美国和欧洲的所有项目经理都用 IM 与中国的员工交流。由于中国员工有限的英语口语表达，他们更倾向于聊天而不是电话交流。

即时消息不必局限于与整个项目团队进行沟通，一些客户则更喜欢用一个快速聊天会话的方式来讨论进度和项目的问题。当在这方面使用即时沟通时，务必保存聊天历史以供将来参考，或者通过电子邮件或类似方法发送结论、活动任务和决定摘要的方式，跟进 IM 会话。如今，即时沟通已成为一种相对成熟的技术。许多即时沟通的客户端不仅提供免费服务，或收取很低的费用（例如，Windows Live Messenger，Skype，AOL Instant Messenger，Google Talk 等），还有一些客户端（如 Pidgin & Trillian）支持所有或大部分常用的聊天协议。把聊天与社交网络（如 Facebook，LinkedIn，Plaxo，Twitter & L10NCafe）相结合是保持团队内部关系的有效途径。此外，参与以本地化为重点的讨论小组在 LinkedIn 上的沟通，成为网络与本地化行业广大成员的好方法。此外，参与 LinkedIn 上的本地化讨论组也是与本地化行业成员进行沟通和联系的一个好方法。

最后，不可忽略的事实是，大量的邮件和聊天是在智能手机上进行的，这就意味着团队成员即使是高度流动的，但依然可以保持沟通。[1]然而我们不要忘了肢体语言和音调在交流中的重要性。因为电子邮件和聊天中不会有肢体语言，也没有语调表现，所以，它们本质上都是有限的沟通形式。如果可行的话，团队最好先通过电话和电话会议交流，再用电子邮件总结每次谈话，特别是和来自集体主义背景的团队成员交流时。

---

[1] 2010 年 3 月 23 日，爱立信发布了一份新闻稿，它根据公司“覆盖全球所有地区的活跃网络的评测结果”宣布，“2009 年 12 月期间，全球范围内的移动数据超过了语音通信”。

远程会议

如果面对面会议和视频会议不可行的话，远程会议对语言服务提供商和他们的客户来说是很理想的工具。尽管电话会议只能够在电话中进行对话，但是如果在交流中使用文档或桌面分享工具，例如，Webex、Live Meeting、Adobe Connect 或者 GoToMeeting，交流价值会大大增加。因为这些工具能让远程参与者看到演示者屏幕上的任何东西，例如一个文档、演示文件或者软件应用的演示。

为了最大限度地提高远程会议的效率，应在会议之前将议程发给所有团队成员，并在总结会议后向所有与会者发送会议记录进行跟进。会议可以通过组件（如 Google Apps 或电子邮件）分发给与会者。它们的好处在于不需要发电子邮件信息，团队成员就随时可以通过浏览器得到这些文件。为更清楚地了解其他成员在会议上所表达的内容，会提醒所有团队成员放慢语速，避免使用俚语、术语和成语。为了给来自集体主义文化的成员和依赖于高语境交流的人们一个友好的环境，在远程会议开始讨论手头工作时，先应安排一个培养关系的小对话。一个有效的方法就是采取破冰之旅。例如，项目经理可能会在远程会议开始时，让团队成员分享个人经验。全球虚拟团队开远程会议面临时差的挑战。共享日历可以帮助处理后勤安排的人员查看每个参与者是否有空，方便流程的顺利进行。最后，对远程会议来说最糟的一种情况是团队绝大多数是当地人，只有几个远程团队成员。在这种情况下，远程团队成员经常会觉得自己被忽视，并且会错过很多当地团队成员之间的交流。有一个解决这个问题的办法是强制每个与会者在办公室或者家里打电话进来。

视频会议和远程视频呈现技术

像 Skype（只支持一对一视频会议）、Adobe Connect & Tokbox 这类基本视频会议工具使用的是标准网络摄像头和宽带连接，只能让有限数量的用户同时听到和看到对方。这类视频会议改进了普通电话会议，因为能够看到一些肢体语言和面部表情。然而，因为网络摄像头的分辨率有限，摆放位置也是固定的，一般摄像头是在笔记本或平板显示器上，所以，这类视频会议不能取代面对面会议。

像思科的 TelePresence（见图 3-9）远程视频呈现工具提供了更接近现场的面对面的体验，但是要求昂贵的专业视频会议设备和很高的带宽，所以只有能租用公共远程视频呈现室的大型公司公司能够使用这些设备。目前大多数语言服务提供商负担不了购买安装这些设备的费用，但是租用公共远程视频呈现室则将近 1000 美元/时。

在和来自集体主义文化习惯高语境交流的团队成员相处时，视频会议就特别有用了。然而媒体技术的局限，包括低质量音频视频接收和传递延迟导致声音和图像不匹配，大大削弱了视频会议的优势。同样地，如果团队成员参加会议时对会议所用语言没有信心，或团队成员所在时区分散以致找到每个人都方便的开会时间很难，也会限制视频会议的优势。

语言服务提供商可以使用基本的视频会议工具，在内部或与客户工作人员一起进行非正式的小型团队会议。对大型项目来说，可以使用公共远程视频呈现设备满足项目启动会议和项目后审校这类重要场合的需要。

组件

本章讨论的组件包括传统操作系统或应用软件（“胖”客户端）可以访问的、基于服务器的软件，依靠服务器软件处理大部分数据的简化应用程序软件（“瘦”客户端），或者越来越多的基于浏览器的客户端。顾名思义，组件允许用户共享文件和多媒体内容。大多数组件系统还允许协作创建和维护这些文档和富媒体，其中，最特别的是还提供诸如团队时间表、共享日历的潜在项目管理应用。而且，组件往往还提供讨论板，能取代很多与项目有关的电子邮件。

过去的五年里目睹了产业从在室内安装和维持昂贵的系统，如 Documentum eRoom & IBM 的 Lotus Notes，转型到安装低成本、基于云计算的系统（基于互联网的 Google Apps），通过文档、邮件、即时消息、共享日历或作为项目管理的大本营进行共享和协作。

组件的使用对于本地化行业的全球虚拟团队至关重要。组件可以促进各种流程协作，包括收集和定义用户需求、制定时间表、定义团队成员职责、跟踪和解决项目问题、制定和执行测试计划和/或本地化流程以及跟踪项目进度。

可在本地化工业中使用的特殊组件示例包括：

- 本地化客户的门户网站，通过组件传输文件，并通过面板显示关键指标。
- 翻译管理系统，包括工作流程自动化和（有时）在线翻译/审校人员工作台，其中的细节超出了本章的范围。
- 众包或社区的翻译平台，如 Lingotek 平台或 Facebook 的应用翻译程序。

技术限制

到目前为止，全球虚拟团队使用上述技术的最重要制约因素是时间滞后，即由于沟通宽带速度的限制以及国家特定控件的限制，而导致的接收和发送数据延误。如果项目团队成员无法使用始终在线的高速宽带互联网（参见图 3-15 和图 3-16），那么在本章里讨论的技术大部分是不可行的。[1]但是电子邮件、聊天和社交网络是例外，它们在有限的宽带连接中会发挥良好的作用。图 3-15 和图 3-16 说明了每个国家高速连接的平均连接速度和可用情况都非常不同。

无线技术（也称为“Wi-Fi”）是除了 DSL、电缆和光纤之外的另一种方法，尤其适合一些传统电信基础设施不能支持广泛的发展或部署 DSL 或电缆连接的国家。越来越多的人正在通过智能手机、笔记本和上网本使用无线技术来开展业务。3G 和 4G 蜂窝网络允许使用即时通信、社会网络、VOIP（如果蜂窝网络供应商允许）、低分辨率视频、低分辨率照片传输和通常情况下视为缓慢的互联网接入。Wi-Fi 提供低至中等带宽的宽带连接。

---

[1] 经济合作与发展组织（OECD）将宽带定义为提供“至少 256 千比特每秒或 256000 比特每秒”速度的网络连接（OECD 2010）。美国联邦通信委员会（FCC）将宽带服务定义为“至少一个方向……的数据传输速度超过 200 千比特每秒”（FCC，2010b）。美国联邦通信委员会的既定目标之一是拟定的国家宽带计划（National Broadband Plan），提出“至少 1 亿美国家庭能负担得起至少 100 兆每秒的实际下载速度和至少 50 兆比特每秒的实际上传速度”（FCC，2010a）。

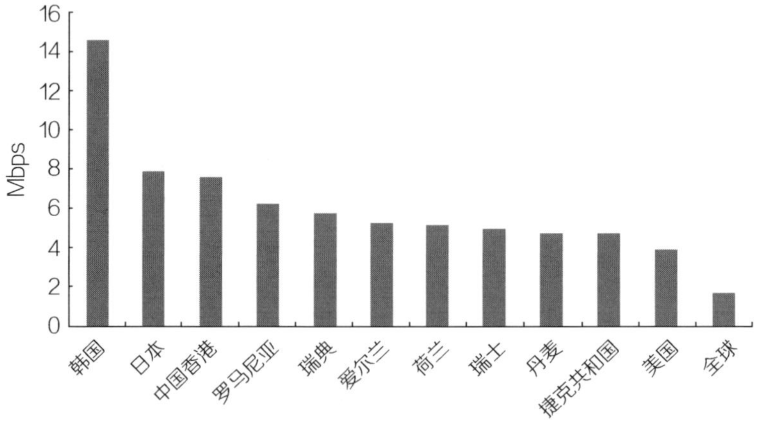

图 3-15　2009 年第三季度测量的平均网络连接速度排名前十的国家和地区（外加美国与全球平均值）（Akamai，2010：10）

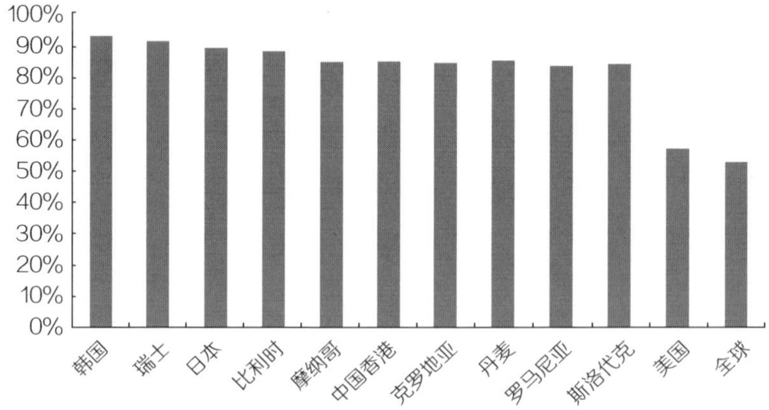

图 3-16　全球宽带连接情况：在 2009 年第三季度连接速度排名前十的国家和地区中（外加美国与全球平均值），带宽连接速度超过 2M 的国家和地区百分比（Akamai，2010：19）

以下技术在中速宽带网络连接下也能正常工作（<3000kb/s）：

- 电子邮件、即时通信和社交网络（例如，Facebook，Plaxo & LinkedIn）；
- 网络语音电话业务，在一对一和会议模式下都用的是 Skype（需要大概 100kb/s 的带宽）；
- 访问大多数组件，用于简单查看文本内容或上传/下载小文件（小于 10Mb）。

以下技术需要中到高速带宽连接（3000kb/s 到 15000kb/s）：

- 使用 Skype 或其他低分辨率视频工具进行视频会议，可能无法提供正式演示所需的质量水平，但可用于非正式或社交沟通；
- 访问组件，以便使用多媒体、基于云的高度交互应用程序和上传/下载大文件（小于 100Mb）；
- 电话会议与共享演示文稿、文档和/或桌面（如 Live Meeting 或 GoToMeeting）；
- 访问 VPN，以便传输文件和使用基于云的适度交互应用程序。

以下技术需要高速宽带连接（>15000kb/s）：

- 高分辨率视频会议或者远程视频呈现（要求双方的带宽都大于 15Mb/s）；
- 使用 VPN 或其他安全数据路径传输非常大的文件（大于 1Gb）。

中国面临两项挑战：网络延时和接入。中国的通信基础设施和“金盾工程”（通俗称作“防火墙”）使国外的应用使用延迟。这也限制了使用那些官方网络的网站，如大学的网站。为了让组件和其他应用在中国可以使用，需要将这些应用交给连接良好的网络服务提供商进行托管。

结语

全球虚拟团队的管理面临许多挑战，其中一些挑战可以用科技手段成功地解决。距离使文档协作、日程安排和团队沟通复杂化；组件（如 Google Apps）为这类问题提供了低成本的协作解决方案。电子邮件、远程会议和即时沟通可促进交流，而推特或者 Facebook 等社交网络可以增进团队成员之间的社交联系。还可以通过视频会议或者更好的远程视频呈现科技实现电子邮件、远程会议、聊天和社交网络达不到的语言和非语言交流。

时差让全球虚拟团队同步交流更加困难。通过电子邮件、即时通信和团队软件实现的异步交流可以部分代替同步交流。但是，使用电话呼叫和电话会议进行的直接同步沟通对于团队的正常运行至关重要。这意味着有些团队成员需要在正常工作时间之外参与电话会议。

语言是一个特殊的问题。如果团队成员说的语言不同，那么就只剩下非语言交流了。因为英语是一个在工作中普遍被接受的语言，很多人都把它作为第二外语。然而对英语非母语的人来说，很难弄懂方言、俚语和术语。在使用电子邮件或即时消息的情况下，可以使用实时机器翻译更好地理解国际团队成员的书面沟通，但是由于后勤方面的困难和成本，通过口译译员进行口头沟通通常无法实现。

决策制定、团队参与、信任和动力对成功的项目管理都至关重要，但是它们都极大地依赖于文化。权力差距（接受等级制度和权力），集体主义和个人主义，还有低语境和高语境交流都对全球虚拟团队的正确运作至关重要。科技不能帮助管理跨文化交流中的这些变量，项目经理必须很了解文化的各个维度，并注意不同的价值观、动机和传统，才能管理变量。这是迄今为止与全球虚拟团队合作中最复杂的方面。

参考文献

Akamai. 2010. “The state of the Internet.” 2:3 (3rd quarter 2009). Retrieved January 13. http://www.akamai.com/dl/whitepapers/Akamai_State_Internet_Q3_2009.pdf?curl=/dl/whitepapers/ Akamai_State_Internet_Q3_2009.pdf&solcheck=1&ver=1&.

Cascio, Wayne F. and Shurygailo, Stan. 2003. “E-leadership and virtual teams.” *Organizational Dynamics* 31 (4): 362–376.

de Bono, Edward. 1970. *Lateral Thinking: Creativity Step by Step*. New York: Harper & Row.

Ericsson. 2010. “Mobile data traffic surpasses voice.” Press release, March 23. http://www.ericsson.com/thecompany/press/releases/2010/03/1396928.

Federal Communications Commission [of the United States of America] (FCC). 2010a. “The National Broadband Plan: Connecting America.” Retrieved March 29. http://www.broadband.gov.

——. 2010b. “What is broadband?” Retrieved March 29. http://www.fcc.gov/cgb/ broadband.html

Friedman, Thomas L. 2005. *The World is Flat.* New York: Farrar, Strauss and Giroux.

Hofstede, Geert. 2001. *Culture's Consequences: International Differences in Work-Related Values.*1980. 2nd ed. Beverly Hills, CA: SAGE.

——. 2010. "Geert Hofstede Cultural Dimensions." http://www.geert-hofstede.com/hofstede_dimensions.php.

Hofstede, Geert and Hofstede, Gert Jan. 2005. *Cultures and Organizations: Software of the Mind.*Rev. ed. New York: McGraw-Hill.

Janis, Irving L. 1972. *Victims of Groupthink: A Psychological Study of Foreign-Policy Decisions and Fiascoes.* Boston: Houghton Mifflin.

Latané, Bibb, Williams, Kipling and Harkins, Stephen. 1979. "Many hands make light the work: The causes and consequences of social loafing." *Journal of Personality and Social Psychology* 37 (6): 822–832.

Lipnack, Jessica. 2010. "Virtual teams." *NetAge Endless Knots* [blog]. March 7. http://endlessknots.netage.com/endlessknots/virtual_teams.

Lipnack, Jessica and Stamps, Jeffrey. 1997. *Virtual Teams: Reaching Across Space, Time and Organizations With Technology.* New York: John Wiley & Sons.

Mehrabian, Albert and Ferris, Susan R. 1967. "Inference of attitudes from nonverbal communication in two channels." *Journal of Consulting Psychology* 31 (3): 248–252.

Organisation for Economic Co-Operation and Development (OECD). 2010. "OECD broadband subscriber criteria." Retrieved March 29. http://www.oecd.org/document/46/0,3343,en_2649_34225_39575598_1_1_1_1,00.html.

Platt, Lilly. 1999. "Virtual teaming: Where is everyone?" *The Journal for Quality & Participation* 22 (5): 41–43.

Project Management Institute (PMI). 2008. *A Guide to the Project Management Body of Knowledge (PMBOK® Guide).* 4th ed. Newton Square, PA: Project Management Institute.

Schwartz, Shalom H. 1992. "Universals in the content and structure of values:

Theoretical advanced and empirical tests in 20 countries." *Advanced in Experimental Social Psychology* 25: 1–49.

Schwartz, Shalom H. and Bilsky, Wolfgang. 1987. "Toward a universal psychological structure of human values." *Journal of Personality and Social Psychology* 53 (3): 550–562.

Simon, Herbert A. 1957. *Models of Man, Social and Rational: Mathematical Essays on Rational Human Behavior in a Social Setting*. New York: Wiley.

United Nations Office of the High Commissioner for Human Rights (UN OHCHR). 1998. "Universal declaration of human rights." United Nations Office of the High Commissioner for Human Rights. http://www.ohchr.org/EN/UDHR/ Pages/Language.aspx?LangID=eng.

关系管理：促进本地化成功的策略[1]

凯伦·R. 库姆

本地化成功与否很大程度上取决于本地化之前的准备活动。这些活动由本地化项目之外的人开展，而这些人有的可能意识不到自己在本地化流程中所扮演的角色轻重，有的甚至会直接无视自己的角色。所以，本地化项目经理必须和其他项目的利益相关者，甚至是其他团队成员处理好关系，才能确保项目的成功。因此，本章主要讲的是在关系管理视角下的本地化项目外包的管理。这与之前“客户VS供应商”的本地化项目管理里的变量大相径庭。它提出的是处理这些变量的关系管理策略，本章末尾分析了各种可以促进本地化外包项目管理中关系管理的工具。

本地化项目管理悖论：项目成功与否很大程度上取决于本地化之前的活动

本地化项目经理（LPM）都会执行一定数量的公共活动，并会在不同程度上负责本地化项目的范围、预算和规划。然而，本地化项目经理有一个通病：他们实现项目成功的能力大小或多或少取决于为项目成功所做的前提准备，而这些前提条件往往不受他们的直接控制。这些前提条件基于一个事实，即本地化仅仅是开发国际性产品这一大工程的一小部分。而且，本地化是在许多活动后的下游环节上出现的，而这些活动是项目成功的前提条件，包括：

- 收集当地市场的需求；
- 国际化；

[1] 本章着重讨论本地化项目外包，但其中概念也适用于外包翻译项目。

- 制订本地化产品测试计划；
- 实施全球发布战略；
- 在主产品发布时间表中纳入本地化里程碑事件。

自相矛盾的是，虽然以上每个前提条件在成功的本地化所需的环境里起着举足轻重的作用，但每个都是由本地化项目之外的团队负责。所以，为确保本地化项目的成功，本地化项目经理必须与负责开展以上活动的团队成员处理好关系。

收集当地市场的需求

美国项目管理协会认为项目需求就是主办方、客户和其他利益相关者的数量要求和期盼，同时指出需求是成本、计划和质量策划得以建立的基础（2008：105）。但清楚而全面地将需求书面表达出来的重要性不能夸大。当地市场需求由一个职能部门专门提供，这一职能部门有不同的叫法，如产品管理、技术营销、产品营销，甚至是销售。在很多公司，关于当地市场的决定都是严格基于投资收益率的，当地产品发布也都是经过周密的收入和成本分析。新语言的使用都是基于公司全球商业策略，包括产品本地化、市场营销、销售公司或者增值产品的经销商关系、产品分配机制和合法的会计基础设施。但是，那些负责建立需求和决定什么该本地化的人往往缺乏清晰的决策标准，要么随意决策，要么不能及时决策。由于缺乏清晰或即时的需求决策，项目经理会发现自己处于恳求利益相关者的尴尬境地，他们可能不知道该如何抉择，或者不会坚持自己的选择。所以，项目经理必须处理好相关关系以便获得必要的信息。

国际化

国际化是开发团队的专属领域。这个小组负责开发既能适用于任意区域又能有效实现本地化的产品。国际化不是自发或自动地发生的。一般地，它是受上级公司委托，由下级公司执行。在此情境下，本地化项目经理的角色取决于本地化在该公司的地位。在用户界面本地化流程中，翻译人员必须让项目经理注意一些常见的国际化问题，如一系列相关联的事物或参数的不正当使用。开发项目组可能愿意，也可能不愿意解决这类问题，这取决于公司是否看重国际市场，更广泛地说，取决于本地化对公司数量的影响程度。固执的开发者会以各种方式拖延国际化补救工作，如将一个问题标记为对产品发布影响不大。但是，如果本地化部门能够积极引起开发部门对国际化标准的重视并引导其主动进行内部沟通，就可以预防很多本地化问题的发生。否则，项目经理将会遇到很多麻烦。

制订本地化产品的测试计划

本地化产品的测试质量保证有三种形式：（a）国际化测试，这是在本地化之前为确保本地化产品适用所有区域、语言和书写系统而进行的测试；（b）本地化测试，包括翻译的语言验证和 UI 元素的格式验证；（c）功能测试，在本地化之后进行，旨在确保本地化流程中没有破坏任何内容，且本地化产品在特定语言区域的操作环境中运行正常，包含很多操作系统、浏览器或其他软件。核心（源代码）开发团队或质量保证（QA）团队应测试任何将被本地化的产品，以确保其实际上已完成正确的国际化。由于本地化质量保证测试需要语言技能，所以它一般不由开发部门或质量保证部门测试，而是由本地化服务商内部的质量保证部门、本地化服务提供商或当地技术领域的个人去测试。本地化产品的功能测试则由核心质量保证部门或本地化的质量保证部门负责，一般会采用自动测试工具，这样可以复制对源语软件执行的测试。

无论谁执行质量保证步骤，本地化的成功都需要开发部门或核心质量保证部门参与本地化产品测试计划的制定。这个计划会明确规定谁负责测试的内容及时间。例如，只有核心产品在市场稳定后，本地化测试才能开始。否则，本地化测试工程师会发现多语种本地化软件中存在瑕疵，同时核心质量保证部门也会发现这些问题，这样同一问题就会有几个错误报告。如果错误报告用不同的词汇来描述这些问题，那么开发部门的工作量会因重复提交的错误报告而增加，因为他们要亲自评估每个问题来确定是否重复。所以，本地化项目经理至少需要和核心质量保证部门进行状态交流。本地化质量保证部门也要接受核心质量保证部门的案例测试和新功能培训，或者与测试管理系统集成，抑或与核心质量保证部门一起合作以便开发适应所有语言的自动测试策略。由于核心质量保证部门成员经常认为本地化的一些要求不是他们分内之事,所以本地化项目经理需要平衡这一分工,从而确保所有促进本地化成功的事情都已完成。

实施全球发布战略

发布团队往往会根据创建工具所需的源语输出功能挑选编译和发布的工具与流程。与本地化部门接触有助于促进共同做出决策，但是合作的程度往往取决于各部门在公司中的相对关系。在典型的情况下，发布部门会独立进行编译和发布决策，而本地化部门则想办法应对这些决策的后果。例如，发布部门使用的编译工具不支持亚洲语言，那么负责日语和简体中文的本地化部门将需要找出解决方案或执行手动工作，以弥补不支持亚洲语言这一缺陷。在这种情况下，公司将因为制定了恰当的全球发布战略而受益，因为它优化了所有语言的生产效率和用户体验。全球发布策略将确保发布部门和本地化团队能协作选择相应的工具及其实现方法，或使用支持所有语言的样式表。他们可能会就用户选择何种语言寻求在线帮助的机制而做出共同决定。[1]如果一个公司的本地化部门运作良好，那么它有可能在运用这种合作战略时起到好的带头作用，因为在多语言工作环境下，不合适的工具或程序的影响是立竿见影的。

在主产品发布时间表中纳入本地化里程碑事件

无论公司是否同时发布给定产品的源语和本地化版本（称为“同步上市”),主产品版本的时间表中都应该包括本地化里程碑事件。跨部门间的里程碑和交付日期最初大都是基于个人之间的握手建立的，但如果不进行正式规定，本地化项目经理在随后执行协议时可能会遇到麻烦。本地化项目经理必须让发布管理部门意识到跨部门间的依存关系，以便促进所有项目组的成功。发布经理可能是拥有项目经理、程序经理或者版本经理头衔的人，也可能是发布部门的部分成员。他们根据产品管理部门的需求和开发部门的资源制定计划并跟踪项目的进度。

---

[1] 在缺少全球发布策略的情况下，这种决策常常由个体开发人员或开发团体做出，损害了产品间的一般用户体验，也可能损害了非英语用户的体验。

虽然不具备上述前提条件本地化项目也可能成功，但是在这种情况下将更难实现最佳项目管理，项目经理可能不得不制定临时方案解决由此产生的问题。

通过关系管理识别依赖关系并提高利益相关者的意识

由于成功的本地化项目必须具备下列条件，包括本地市场需求、国际化、本地化产品测试计划、全球发布战略和在主产品发布计划中纳入里程碑事件，所以，从定义上看，开展这些活动的团队就是本地化项目利益相关者。

利益相关者是积极参与项目，或其利益可能受项目绩效或项目完成度影响的个人或组织（例如，客户、赞助商、执行组织或公众）。利益相关者还可能对项目交付成果和项目团队成员产生影响。

本地化项目经理遇到的难题在于负责开展活动的职能组可能没有意识到他们对本地化的影响，或者根本不承认其影响。此时，本地化项目组应明确规定，为了本地化项目的成功其他小组应做些什么。但是如果这些小组没有正式确定为利益相关者，那么项目经理可能很难平衡他们之间的责任。使这一问题更复杂的是，即使这些小组没有意识到或不承认他们在本地化流程中利益相关者这一角色，依存关系依然存在。

目标相互冲突会在利益相关者的参与方面导致问题和压力，而关系管理提供了一种解决方案。正如麦克唐纳（2008：169）所说：

> 关系管理绝不仅仅是交流、解决问题和平息冲突。这些技能正如马鞍和缰绳对骑马和控制方向的作用一样至关重要，但是没有马你哪儿也去不了。关系管理就是如此。要想前进，我们必须与人打交道。这包括在公司内明确目的和方向、发展战略、制定策略和项目细节。它还涉及与外部合作伙伴共同探讨问题、分析机遇和利用我们的集体创造力与思维力量。

至关重要的是，本地化项目经理应明确本地化部门与其他职能部门之间的依存关系，并让这些部门中的决策者意识到他们实际上是本地化利益相关者，必须在商定的时间根据商定条件向本地化部门提供交付成果。如果达到以上要求，那么管理层就可以判断这些团队的成功情况，至少部分判断依据是缘于他们能够在商定的日期将所需材料交给本地化团队。但是，如果这种情况未正确管理，并且本地化所依赖的一个或多个小组无法在需要时提供所需材料，从而导致项目延迟，那么本地化人员将被视为延迟或错过了截止日期。正是出于这样的原因，专家们同意“必须建立和培养与关键利益相关者的合作关系”（Kerzner，2003：21），而且认为“从项目一开始就积极地管理利益相关者的关系是项目管理的核心成功战略[之一]”（Dobson，2003：106）。

外包延伸了本地化依存关系和关系的范围

翻译和本地化项目会需要大量的资源，但这通常只持续几周或几个月。项目结束后，在新项目开始前将会有大量空闲的时间。这段时间的长短将取决于公司产品开发周期和产品版本更新频率。在面对翻译和本地化服务需求的波峰和波谷（即项目大，但时间短，且完成即无），且考虑到翻译和本地化不是其核心竞争力时，大多数公司都会选择将项目外包给其他公司。事实上，翻译和本地化市场调研公司 Common Sense Advisory 的报告称，87%的翻译客户外包了大部分或全部的翻译项目（Beninatto，2006：4）。

外包流程中会形成一个组织内部的客户关系或供应商关系，有时称为买卖双方关系，从定义上看，它属于“外包供应商和客户之间由于合同协议而产生的长期持续联系，其目的是提供一个或多个全面的……[业务]服务，双方理解每个企业的收益至少部分依赖于另一方”（Goles & Chin，2005：49）。在翻译和本地化外包服务的背景下，客户和供应商的项目经理是这种关系的主要参与者。

关系管理对于成功的外包项目的重要性在文献中有充分体现（详见下列著作者的相关论述，包括 Konsynski & McFarlan，1990；Fitzgerald & Willcocks，1994；McFarlan & Nolan，1995；Quinn，1999；Kern & Willcocks，2001；Stading & Altay，2007：29；Farn & Huang，2008）。所以，透过关系管理的角度，能够清楚洞察客

户方项目经理和供应商项目经理各自的角色。

环境因素及其对本地化项目管理的影响

除了以上提到的具体前提条件外，本地化项目管理会形成于更基础的层面即本地化实施的环境，一方面是开发与编译之间固有的依存关系，另一方面是开发与本地化之间固有的依存关系。毕竟，开发和编译的产品是本地化的源语材料。因此，本地化项目经理在客户组织中的角色尤其具有挑战性，因为项目经理不仅需要了解本地化进程，还需要了解开发和编写流程，以及它们在集成和测试方面与本地化的相互关系。

开发

许多软件公司坚持形式化开发策略，它们会运用比较传统的瀑布模型、敏捷开发模式、其他开发方法（参见本卷中的 Dunne 以及 Zhou 的相关论述）或者结合运用这几种方法。本地化项目经理如果不了解开发生命周期，将无法作为一个知识渊博、值得信任的合作伙伴与其他小组进行接洽和互动。在不了解其他小组的限制之处时，本地化项目组不能对发布部门有任何理所当然的要求。例如，在产品不稳定的情况下，有关产品的文档信息就不会完整和准确。所以，如果发布部门由于研发周期得不到保障而导致延期，而本地化部门此时依然要求其遵守截止日期就变得毫无意义。同样地，如果营销部门依据持续变化的市场条件修改了功能需求，开发部门将无法承诺提交冻结代码（即超过该时间不允许进一步更改的源代码）。要想成为一个具有团队精神的有效合作伙伴，本地化项目经理需要了解产品从开始到结束的整个开发周期。

重要的是，参与本地化工作的项目经理应理解与各种开发环境相关的主要问题，软件开发周期的各个阶段，以及给定产品的本地化开发的具体情况。不同的开发环境和不同的编译语言会引起不同的国际化问题。例如，Java 语言中的撇号如果使用不当，会在产品的本地化版本中消失，或者以双撇号的形式出现。[1]项目经理至少应能从开发的具体流程、工具、制造产品所用的程序语言中得出一些信息，并能将这些信息传达给本地化服务提供商，方便他们选择合适的工具或过滤器。

集成

集成或构建流程因公司而异（甚至可能因产品而异）。构建团队由一组开发人员组成，他们负责编写脚本，并将各种程序代码集成到完整的运行产品中。大多数情况下，在线帮助和其他形式的文档也包含在产品构建中。有些公司是由本地化部门负责本地化产品的集成，而其他公司则是由一个中央集成部门完成所有的构建任务。每个构建一般都有截止日期，且最终产品的构建具有周期性。在任何时候，本地化项目经理都应明白如何让翻译的软件文本适应较大的流程，比如，何时开始提交文本，翻译文本会如何影响构建，本地化中的失误是否会中断构建，等等。本地化项目经理不需要详细地了解工程问题，但有必要了解基本限制。例如，集成团队通常不希望在发布周期后期接收大量文件或大量内容，因为构建组件的更改越大，构建流程中出现中断的可能性就越大。然而，在同步上市项目中，本地化通常不得不在发布周期后期提交大量内容，因为本地化流程在创建流程（开发代码和编写文档）之后。无论具体的项目配置如何，本地化项目经理都可以与集成部门一起协作制定预期方案，最大限度地减少发布中断的风险。

测试

本地化项目经理应了解本地化之前的国际化测试的相关类型和内容，这包含由本地化部门运用本地化工具进行的伪本地化流程。尽管产品的国际化应由开发部门负责，但饱受国际化不完整或无效困扰的是本地化部门。所以，本地化项目

[1] 这个问题源于 Java 中有两种字符串格式的处理方式，即 PropertyResourceBundle 和 MessageFormat，导致了撇号的处理方式不同（Sun Developer Network，2010）。在 PropertyResourceBundle 方法中，撇号被视为正常字符，并在出现时就给予显示；而在 MessageFormat 方法中，撇号被视为特殊符号，在显示时予以忽略，因此要在 MessageFormat 字符串中正常显示单撇号，就需要键入双撇号（"）。如果未能输入双撇号，就不会显示任何符号。相反，如果在 PropertyResourceBundle 字符串中使用双撇号，就会显示两个撇号。

经理需了解国际化测试的类型和内容，从而衡量项目的国际化风险。例如，如果在本地化之前未进行伪构建测试，那么本地化产品中出现字符长度问题、连接问题甚至字符显示等问题的风险就更大。本地化项目经理应提醒翻译团队注意这类问题，并延长本地化测试的期限以发现并解决相关问题。

本地化产品运行的平台有可能和源语中通常使用的一样，也可能不一样。例如，中国用户更喜欢用 IBM 平台，而不是 Windows 系统，而日本用户则喜欢 Windows 系统，并拒绝其他所有操作系统。这样的本地爱好决定了测试的优先级。

本地化项目经理可能要负责使用错误报告系统，并跟踪和监督与本地化相关的软件缺陷的处理进度，所以项目经理必须了解这一系统，包括软件缺陷的生命周期以及用于确定是否修复和什么时候修复特定产品发布期间问题的标准。例如，任何提交到构建的部分，无论是小部分代码还是翻译的字符，只要发布的最后质量保证阶段已开始，这些就都会受到限制。在这些情况下，如果按限制规定执行，会导致整个提交失败。当出现严重的翻译错误时，本地化项目经理就应破例请求不照流程处理，并据理力争。

创作和发布的工具及流程

正如不同的开发环境和创作语言会导致不同的国际化问题一样，不同的创作和发布工具及流程也会引起不同的翻译和本地化问题。例如，如果段落开始或结束的索引标记分组不当，那么一些翻译工具就很难进行正确的解析。如果创作工具不能按字母顺序对文本进行排序，在创建目标语术语表时就会出现问题。所以本地化项目经理需要知道创作和原软件发布流程中使用了什么工具，以便能传递正确的信息给本地化服务提供商或那些提供本地化相关文件的人。

如果源语是英语，那么许多公司会选择将一些本地化文本保留为英文。人们通常希望安装和配置软件的管理员会英语，那么安装文本用的很有可能就是英语。在这种情况下，同一帮助系统中可能存在英语和本地化内容混合的现象，最终产品 CD 上也可能出现本地化和非本地化文本相混合的现象，这取决于文本以何种形式呈献给用户。如果联机帮助系统包含两种或两种以上语言编写的主题，则必须确定目录的下列问题：每个标题是否应和在线帮助系统中对应的主题用同一种语言（此时目录中会同时出现英语标题和翻译语言标题）?是否应翻译所有的标题，即便有些主题没有本地化?是否需要为未翻译的主题提供附加说明的翻译?所以，本地化项目经理需要了解消费者实际收到的软件安装包内容，以便了解该代表用户咨询了哪些问题。产品管理部或市场营销部，无论谁负责产品需求，他们对本地化产品都了解得不够详细，所以无法预见和解决产品需求的相关问题，或许他们可能根本没有考虑非英语用户体验产品的方式。遗憾的是，这一现象确实存在。所以本地化项目经理可以作为非英语客户的代言人，将这些问题提请相关决策者注意。

总结

站在客户角度，本地化项目经理应明确自己在以下环境中如何发挥作用，在这个环境里本地化不是主要活动，而是依赖开发流程上游小组提供信息和需求，因为这些项目团队成员一般与公司高层的联系更紧密。为确保工作的有效性，项目经理必须了解开发流程，以便能够作为一个知情的、可信的合作伙伴参与跨职能团队，并能够向语言服务提供商传达适当的信息。

公司组织结构及其对本地化项目管理的影响

总的说来，本地化在客户公司等级结构中的相对地位决定了本地化项目经理从其他职能小组获得所需信息的能力大小。反过来，本地化在公司结构中的相对地位又取决于公司本地化经验的深度。下文将讨论本地化是在哪些方面以及如何适应典型公司结构的，及本地化地位是如何随着公司本地化经验增长和掌握程度而变化的。

在作为本地化新手的公司中，通常会授权发布部门去聘请专人负责翻译和本地化项目，当然也包括项目经理（在一些运气不佳的撰写人员试图以兼职身份承担此项工作后，就可能出现这种情况）。在这种情况下，新的项目经理通常会被派往公司基层，在那里，他们根本无法影响公司高层的决策（图 3-17）。本地化项目经理可能会尝试影响高层决策者，但是正如图 3-17 所示的等级结构那样，他根本无权迫使发布团队或开发团队改变他们的行为。在公司基层，本地化项目经理遇到的问题也正是他们的职责所在，即便有些问题源于上一级的同事。改善本地化条件的最佳机会取决于项目经理说服发布经理的能力，项目经理要使发布经理相信通过发布部门或开发部门的一些改变可以降低成本或减少时间，从而推动发布经理再将此类建议传达给高层的开发总监，以此展现自己提高生产效率和降低成本的决心。这是建立标准化流程的第一步，可让本地化项目经理以可重复和可预测的方式计划和执行项目。

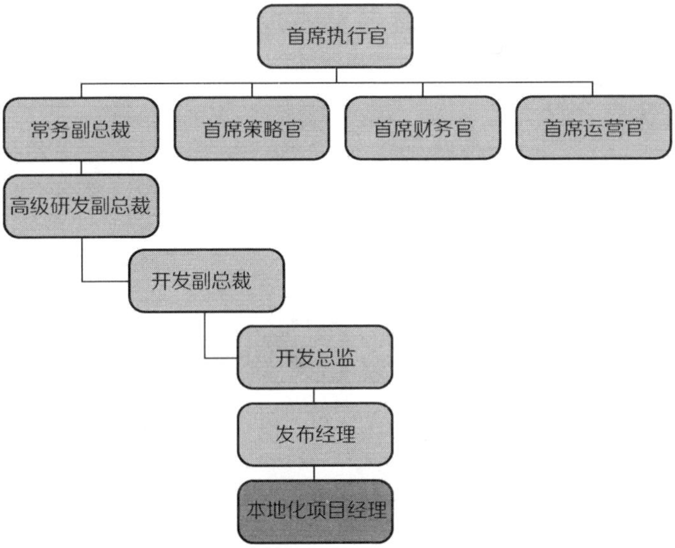

图 3-17　无本地化经验或本地化经验不多的公司结构

最终，本地化会不断演化和发展，直到能以可重复和可预测的方式进行，且升级到部门一级的状态和管理（图 3-18）。只要本地化在公司层次结构中上升到和发布部门同一级别，也就是直接位于开发部的下一级时，本地化经理就能为实现项目的成功而制定要求，且可以将这些要求呈现给开发总监。通常，管理人员对向其报告的人员或团队的成功承担一定的责任，因此本地化经理就获得了合理的表达意见机会。除此之外，发布部门经理和本地化部门可能会通过确定共同的需求而发挥更大的作用。例如，假设公司正在开展一个项目，该项目涉及同时发布产品的源语版本和一个或多个本地化版本。在这种情况下，如果发布部门和本地化部门打算在截止日之前准确地完成任务，就需要开发小组在主计划里确定用户界面冻结时间。本地化部门是向开发部门还是市场部、产品管理部门报告，取决于公司的组织结构。然而，本地化部门越接近公司等级结构的上层管理，它拥有的可见性就越高，就能更有效地通过开发小组促进形成标准流程。依据此流程，一个成熟的全球产品战略就会诞生（图 3-19）。

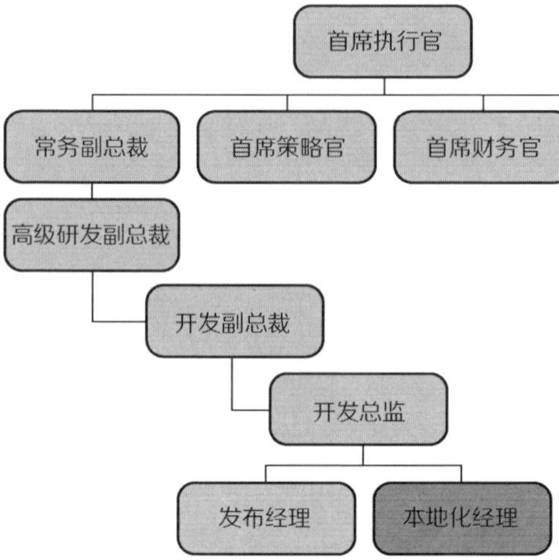

图 3-18　需要专门本地化管理的公司结构

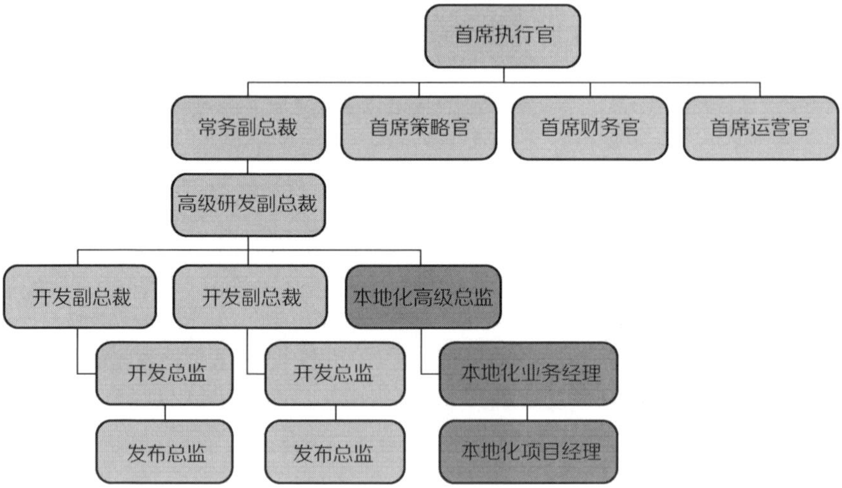

图 3-19　本地化业务成熟的公司结构

不管他们各自在公司的地位如何，本地化项目经理都需要和其他单位部门的同事处理好关系。一般说来，有目的性地进行本地化项目，确定明确的目标并努力实现该目标，项目经理才有可能成功。例如，在日期 *Y* 之前，为了确保翻译文件包含于产品制作流程中，发布部门必须在日期 *X* 之前将文件发包给本地化项目经理。并不是项目经理要求发布部门在这个日期前发包文件，而是项目进度所需。对于发布产品的移交时间或交换时间来说，应考虑的是多种备选方案各自伴随的风险以及可能对项目和/或进度造成的影响，而不是考虑日期变更可能给本地化部门带来的不便。不从事本地化工作的人一般对本地化和本地化一般惯例知之甚少。本地化项目经理能利用相关专业领域的知识与惯例来解释对于某个特殊本地化项目做出种种要求的原因。甚至一个简单的解释就足够了。例如，项目经理可能需要向同事说明，在时间表中需要给翻译分配一个定量时间，这基于翻译的传统概念，即专业译员每天大约能翻译 2000 个单词的源语文本。否则，高质量翻译只能通过限定参与制定项目的译员总人数来实现。重要的是，项目经理自己必须是知识渊博、足够专业的从业者。

成功的必经之路：跨部门建立关系

本地化项目经理可通过向其他部门同事说明什么是国际化、与其他部门联合确定共同需求以及进行项目后期检查的方式，让大家更多地了解本地化部门和其他职能部门之间的逻辑依存关系，以及这些部门在创造条件协助实现本地化项目成功方面发挥的重要作用。

跨职能团队

在跨职能团队中，每个团体都有机会和义务说明项目成功所需的条件。参与跨职能团队使得本地化项目经理有机会让发布部、开发部和其他部门的同事了解特定的国际化问题。例如，众所周知，运行时软件字符串的连接使翻译变得困难，因为字符串的衔接基于相关的语法和句法，再加上目标语的语法规则与句法规则与源语不同，所以，甚至可能无法按字面意思翻译字符串。一般说来，在没有开发者详细解释的情况下，译员无法明白在运行时哪些字符串会一起出现。在没有连接映射方案的情况下，确保所有目标连接字符串的语法正确及句法正确是一件不可能的事。本地化项目经理能很轻易地向开发部说明这个问题并寻求解决方案。类似的，制作项目时间表之后，本地化项目经理能与发布部门和质检部门的同事确认这些部门的发包日期，从而确保项目及时完成。这样，就可以指定和跟踪从发布部门到本地化部门与从质量保证部门到本地化部门的交付日期，并使之成为跨职能团队的部分工作内容。

明确共同需求

本地化项目经理能寻求天然盟友来建立共同需求。例如，质检部门、发布部门和本地化部门都要依靠研发周期：即需要稳定的用户界面才能执行测试、创建文档和/或进行本地化工作。因为以上三者都需要代码冻结的日期来完成文字记录并进入最终发布周期的质检阶段，所以，他们都可以与版本管理或程序管理职能部门一起合作，在主产品发布计划中，共同确定用户界面和代码冻结里程碑事件，让所有小组都获得成功。

项目后期检查

大多数公司都会进行某种项目后期检查，也叫作“经验学习”、“过往回顾”（在灵活多变类环境中较为常见）或“后期剖析”。项目后期检查使项目经理有机会发现那些可能妨碍本地化最终达到最优状态的因素，也能为下一次发布或项目提出具体的优化措施。如果对于提出的优化措施没有采取回应行动，那么项目后期检查将毫无意义。本地化项目经理极有可能需要负责接下来的应对措施，甚至需要组建特别工作组或其他特设工作组来解决疑难问题。

外包提高了关系管理的重要性

如上所说，大多数公司会将本地化工作外包出去。但是，在处理由内部本地化需求的高峰期和低谷期所引起的员工问题时，这些公司有可能使上述问题复杂化，供应商项目经理会遵循上面讨论的客户环境依存关系和相关流程依存关系。但是，相较于客户项目经理，外部转包商对于本地化利益相关者的影响较小。如果客户对外包不闻不问，对与供应商建立关系毫不在意，那么这只会损害客户自身的利益。

正如 Robbins-Gioia 项目管理咨询公司总裁兼首席执行官 Jim Leto 所说："外包并不意味着对其没有任何责任。客户提供的管理质量是关系成功与否的重要因素之一"（Santana，2004）。

因此，外包提高了关系管理的重要性。明智的客户和供应商明白"双方与外包公司之间的依存关系会使关系管理成为最终获利的关键原因之一"（Meier，1995：137）。不仅如此，"在价值链中，良好的关系管理已成为具有竞争力的必要条件"（McIlvor，2005：10）。因为"合同既不会自我执行也不会自我调整"（Kern，1997：52）。不幸的是，实际上"客户和供应商在外包之前极有可能并不计划进行任何关系管理的安排，或为其提供足够资源"（Kern & Willcocks，2001：357）。对于需要外包一个或多个业务流程的公司来说，格瑞夫（1999：269）提出如下指导：

为了有效地建立关系……[外包]公司必须积极监控、评估绩效和解决问题。如果无法做到这一点，供应商的绩效可能受损。这可能是因为供应商走了捷径，又未被发现或纠正。但是，如果供应商的问题（造成延期或引起不必要的责任承担）无法得到解决或供应商为外包公司提出的优化建议（这会影响供应商的绩效）未被采纳，那么供应商的业绩更有可能受损。而管理关系需要时间。

在考察了客户的本地化项目管理后，我们来看一看供应商公司的本地化项目管理。

供应商本地化项目经理的角色

客户项目经理的角色很大程度上依赖于本地化在其公司的地位，而供应商项目经理的角色则依赖于公司规模的大小。在一家小型公司中，项目经理可能是个杂而不精的万事通，因为他既要了解文件格式、软件本地化、桌面排版，又要有翻译背景。随着本地化服务提供商规模不断变大，能力不断提升，以及内部公司功能更有层次性，本地化项目经理的角色也变得更加专业，专注于主要项目的成本、质量和时间等变量。与较小的本地化服务提供商的项目经理相比，较大的本地化服务提供商的项目经理可能并不那么了解工艺流程、桌面排版工具或亚洲语言。在这种情况下，项目经理倚赖于以上相关信息的制作团队提供专业知识。

组织内部的依存关系

正如客户本地化项目经理一样，供应商本地化项目经理也倚赖于其他小组。为了获得项目信息、了解相应要求，供应商项目经理需要和客户项目经理建立关系。不仅如此，对于供应商本地化项目经理来说，最重要的是与销售人员建立关系，因为早在项目经理介入之前，是销售人员与潜在客户接洽并且提出方案。在传统的项目管理中，最坏的情况是销售人员在销售时推出的是只有超级优秀的项目经理和项目团队才可以交付的项目方案。销售人员可能会同意接受非常短的项目交付时间，因为项目经常发生变化，并且后面还有机会修改时间表。或者，为了以竞争性的出价赢得业务，销售人员可能会接受一个非常低的价格，从而导致本地化项目超出预算。在项目导向型公司中，项目销售人员与项目执行人员以及议定产品或服务的调度人员之间联系不紧密是很常见的问题。

在过去，客户经理可能将物品出售后就让其他人代表客户方进行安装和提供服务。而项目经理则习惯于接受客户经理提供的订单，因为在项目经理看来，客户经理对于安装难度及此项工作所需时间一无所知。传统的客户经理和传统的项目经理对彼此的专业尊重性往往很低（Davis & Pharro，2003：103）。

在一家公司里，销售人员会售出有可能（甚至必然）失败的项目，本地化项目经理最应采取的策略是：以专业的态度展现对本地化相关选择和风险的管理。项目由三个相互依赖的变量决定：时间、成本和质量（参见图 3-20）。[1]修改某一变量，另一变量或两种变量均会受到影响。例如，如果时间进度太短，只能向首

[1] 只要涉及语言服务提供商，项目范围就假定是固定不变的，这是一般性规则。语言服务提供商通常为项目投标，并获得项目，而这些项目则需要创建一组特定的预定义范围的交付成果。在实践中，范围实际上会产生改变，也通常会发生改变。

选译员或代理机构支付加急费用或雇用额外的译员或具有等效资源的代理机构（假设有）来控制质量。不论哪种选择，都会导致项目成本的增加。类似的，如果与客户达成的价格太低，那么根据供求规律，产品质量也会受到影响，除非时间进度能够充分延长，确保相对便宜且供应不足的资源能够物尽其用。在过去，项目管理会采纳以下做法：客户优先考虑三个变量中的任意两个；并且试图以最小的成本和最少的时间获得最好的质量。由于三个变量的相互依存性，毫无疑问，项目终将失败。

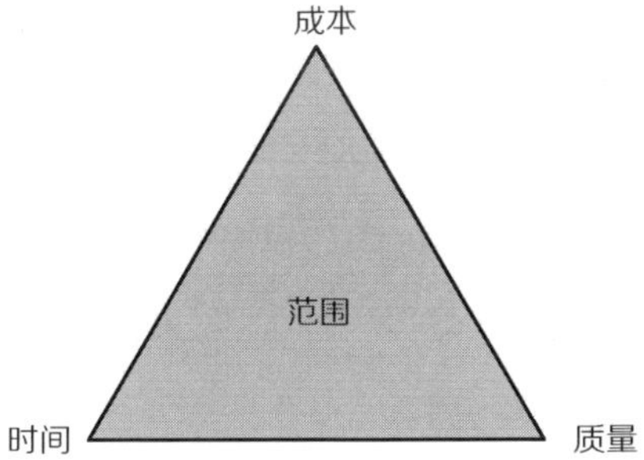

图 3-20　项目管理三角

（也被称为三重限制定律）

此类问题的解决方法是，销售和项目管理的全体职员在赢得潜在客户方面进行合作。事实上，这在很多本地化服务提供商中很常见。例如，项目经理可能会与潜在客户参加重要会议，弄清客户特别关心的地方并做出回应，或者讨论时间上的限制。此类合作可向潜在客户展现良好的项目管理和问题解决技巧，促进销售，确保公司卖出的项目最终能够获得成功。

除了销售人员，供应商本地化项目经理也需要与生产部门建立重要关系（前提是有专设的生产部门管理工程、翻译和桌面排版员工），或者与公司中负责管理工程、翻译和桌面排版的员工建立重要关系。对于本地化服务提供商来说，最大的挑战之一是需求低谷和高峰时的人力资源管理。原则上，语言服务提供商会开发各种系统和流程，确保项目经理以有序的方式分配人力资源。但实际上，项目经理有时会为得到重要职员而相互竞争。

在许多公司里，人力资源经由多个项目小组共享。如今，越来越多的公司努力以更少的资源获取更大的利益。因此，关键资源的供给上经常存在限制，这会涉及三到五个项目。在这样的环境下，为了及时获得关键的人力资源，项目经理之间会互相竞争（Mersino，2007：112）。

当供不应求时，可能需要对时间表进行调整，否则质量将会受损。

公司间的依存关系

正如客户本地化项目经理一样，供应商本地化项目经理也必须了解项目的进展流程。但是，供应商项目经理经常面临的多重挑战是：他们常常需要和许多不同的客户公司打交道，而每个公司的进度又各不相同，因为每个客户的处事方式不同。因此，对于项目最终获得成功来说，供应商本地化项目经理对于本地化业务方面和本地化进度方面（包括项目配置的各种方式）的了解要比仅仅只了解项目进度更重要。对于客户来说，供应商本地化项目经理可能需要充当建议者和老师的角色。当客户需要延期或者在不影响项目最终完成时间的情况下，改变项目组成部分的提交时间，供应商本地化项目经理就需要提出解决方案。

软件本地化项目通常涉及软件、在线帮助和文档这三个主要组件的目标语版本的创建。[1]在一般项目流程中，软件本地化是第一步，然后是在线帮助和/或文档。但需要指出的是，由于时间关系，在线帮助的翻译往往于软件本地化完成之前就已经开始了。不管怎样，获得三个主要部分的本地化版本这项工作必须独立进行，这是项目中可以灵活变通的部分。本地化项目经理能以不同的方式安排这些任务，质量受损的可能性大小则取决于客户需求。例如，如果客户延迟导致耗时较长的话，那么有必要在界面本地化完成之前对文档进行屏幕截图。但在这种情况下，应在最终桌面排版阶段前就在项目时间表中插入相应的任务，以跟踪本地化软件的更改，并根据需要重新进行屏幕截图，使之反映用户界面更新。重新进行屏幕截图可能导致额外的成本，所以项目经理需要说服客户是有必要支付这笔钱的。例如，项目经理可以指出，如果文档的某些屏幕截图没有反映真实的用户界面内容，那么最终产品的质量会受到

[1] 文件编制指支持（记录）产品的所有书面内容。如今，文件编制主要包括在线帮助和 PDF 文件（先前一般印刷成书）。

影响。

最终，本地化项目经理以协调者的身份实现成功。正如他们的头衔“项目经理”所暗示的，本地化项目经理的首要责任是对项目的管理，而不是对员工的管理。本地化项目经理很少有直接向他们汇报的员工。因此，即便本地化项目经理在一项特殊项目中被指派为生产人员，那也是产品经理（或翻译经理、工程经理）管理员工和制定时间表，而非本地化项目经理。所以本地化项目经理必须确定清晰的项目目标，找到解决无法预测的问题的办法。例如，如果指派一位工程师参与本地化项目经理的新项目，但是当项目开始时，工程师由于之前项目的延期而无法参与工作，此时本地化项目经理该怎么做？如果没有替代人选，本地化项目经理可能需要重新调整整个项目的时间表，用完项目的缓冲时间，或者找到使项目在没有工程师的情况下也能照常进行的解决方法，也许可转而指派译员评估用户界面文件的可译性问题。

总结

客户本地化项目经理的作用很大程度上取决于公司的规模，但是就客户方来说，本地化项目经理一般没有直接权力，因此，本地化项目经理必须与利益相关者交流、谈判并且有效地管理与利益相关者的关系，以此获得自己想要的东西。而供销商项目经理获得成功则需要在项目规模、时间、质量和成本的限制下，优化流程构建块的配置。

建立卓有成效的关系

对于任何外包本地化项目的成功而言，客户本地化项目经理和供应商本地化项目经理与他们的利益相关者之间保持良好的关系是至关重要的。图 3-21 揭示了客户和供应商项目管理必须维护的关系。某些关系（例如，与上级管理层、财务部门或法律部门的职员建立关系）对于客户和供应商来说都是类似的。例如，为确保采购订单的发出以及账款的交付，客户项目经理可能需要与财务部门联系。客户项目经理也需要就订单的工作进展情况做出月度报告和季度报告，甚至可能需要与筛选本地化供应商的采购实体联系。同样地，供应商项目经理也需要与财务部门联系，确保供应商公司收到了采购订单并且将这些订单划分到恰当的项目中，还必须确认已根据约定数额完成了开票。供应商项目经理也必须报告工作进展情况，便于公司能够准确地跟踪收益情况，进行财务记录。虽然客户项目经理和供应商项目经理需要建立的某些关系很相似，但是其他关系则需要区别对待（例如，客户项目经理与跨职能项目团队的关系，供应商项目经理与销售代表、资源配置员工的关系）。

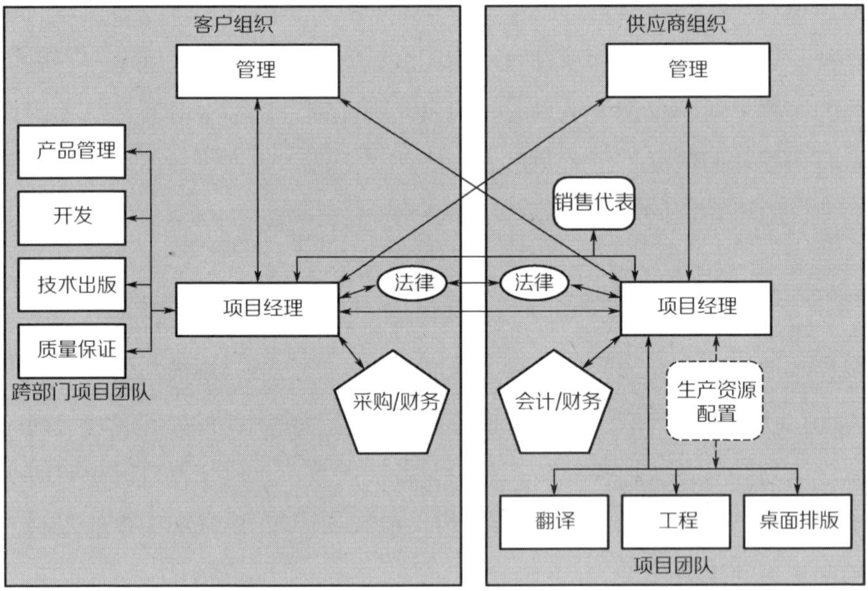

图 3-21　关系网络：项目经理在客户和供应商组织中互动的不同部门

关系管理的工具

之前已经提到过，本地化项目管理是获得成功的先决条件，也讨论了在外包本地化项目中关系管理如此重要的原因，也列举了一些建立关系的相关例子。现在，让我们来看看在外包本地化项目管理中，有利于关系管理的一些工具。这些工具包括但不限于项目计划书、基础预算文件或电子表格、启动会议、进度报告和变更管理流程。

报价请求书/项目计划书

在客户项目经理和供应商项目经理的关系中，项目计划的确定是重要的第一步。这样，客户项目经理和供应商项目经理明白他们将要一起做什么，也明白项目的价值是什么。从这点看，报价请求书或项目计划书极其重要。它一般包括范围信息（包括组件列表、字数、页数和其他可用数字）、成本、交付成果和时间表。如果这份文件中的某些说明不太准确，例如，将“交付成果”描述成“最终软件文件”，那么，在项目的某个时间点上（最可能是结束时）就存在出现问题的风险。但如果这个文件对要完成的工作和项目交付成果做出明确的规定，项目经理们便会有坚实的项目基础？

预算基准

类似的，即使项目经常发生变动，但是，除非/直到供应商接受采购订单，项目才能进行。采购订单必须详细说明客户愿意为完成项目而支付给供应商的金额。客户和供应商就项目内容和相应成本达成一项协议，而上述金额是根据这项协议确定的。预算可以采取电子表格、基于网络的工具，甚至 Word 文档的形式，可以把它称作预算书或工作报表。不论称为什么，这份文件必须由客户公司和供应商公司的授权代表签署，因为它会成为定义双方关系的法律文件之一。

启动会议

不论远程启动会议还是面对面地启动会议，都让利益相关者有机会再次查看一下项目说明，提醒大家注意重要信息（例如，特别紧急的时间进度或进入新市场），陈述风险并讨论应对计划，以及相互认识彼此。启动会议一般包括对本地化文件包的检查，包括要本地化的文件、要使用的工具和流程的规范、参考资料和任何相关说明。对本地化文件包的检查旨在确保客户项目经理和供应商项目经理基本理解需要翻译的文件和必须遵循的指示。启动会议也使项目经理有机会为小组成员介绍项目背景信息并开始建立团队精神。或许这个项目代表了客户公司在日本市场的第一次风险投资，其根本目的或许是在竞争对手之前生产出具有突破性意义的产品。这就是项目经理需要做的事情，即让小组成员以这样的方式了解项目的目标和目的，于是这些目标便成为项目进行流程中的额外动力，当项目圆满完成时，这也成为大家的骄傲。

状态报告

一些项目经理觉得状态报告多余且麻烦，因为电子邮件的频繁交流就能作为提出的问题以及解决方案的书面记录。但是，电子邮件可能会丢失或错误归类。关于项目进度和项目问题做出的精确书面报告能避免产生误解，而且不需要依赖于记忆力。项目状态和项目问题包括解决方案、里程碑事件、交付内容和预算变化。通常来说，供应商本地化项目经理负责向客户项目经理提供状态报告。

变更管理

很多本地化关系是在项目规模不断变化的情况下建立的。项目规模的变化往往需要供应商完成更多的工作，这导致项目规模预算增多。如果客户公司和供应商对潜在变化没有提前做出计划，那么规模变化将导致预算问题。通过下面两个原则，可以相对轻松地避免预算问题。第一，超出预算范围的任何变化，应在发现时立即通过双方商定的流程进行控制。例如，假设供应商发现客户提供的本地化文件字数高于原来报价请求书里的字数，那么在这种情况下，变更管理程序就很简单了，只需要供应商本地化项目经理用电子邮件通知客户本地化项目经理就行了。然后，客户本地化项目经理就会执行正式的变更管理程序。（在下一次进度报告中，供应商本地化项目经理会向客户本地化项目经理提到这一数据的增加）。第二，供应商绝对不要执行未正式批准的工作，不管是项目基准范围的一部分，还是变更流程的一部分。在美国，根据2002年“萨班斯-奥克斯利法案”规定，更具体地说是证券交易委员会为执行“萨班斯-奥克斯利法案”第302条规定而采用的规则，要求上市公司提供全面的财务报告。为了符合这一规定，许多上市公司有严格的指导方针，明确禁止供应商不遵守合同办事。即使许多语言服务提供商没有上市交易，他们也可以通过遵循明确的、相互同意的变更管理流程保护自己，避免与客户出现潜在的分歧。变更管理程序应包括以下几步：

- 检查采购订单是否包括额外工作。如果包括，那么正规的指导方针就足够了，因为采购订单代表合同；
- 修订预算，使其包含额外成本；
- 启动审批流程，授权供应商开展工作。

即使不需要一份新的采购订单涵盖额外的工作，上述变更程序也可使客户项目经理和供应商项目经理确保他们各自的范围和预算随着项目的进行而保持不变。

项目后期检查

有时，项目会由于某些原因发生意外，而这远非客户项目经理或供应商项目经理能控制的。因此，项目后期检查是一个重要环节。在目标框架内，此流程能够检查项目中的优劣两方面，以此完善项目而且至少能避免在将来的项目中出现同样地问题。项目后期检查对客户项目团队以及供应商项目团队最终获得成功也很重要。

衡量成功的标准：报告

优秀的项目经理会撰写项目后期报告。项目经理可从各利益相关者处收集相关信息，然后根据这些信息编写报告，其中应列出项目的基本数据，并总结项目进展顺利的环节和薄弱环节。一些项目经理会提供大量有关改进的细节，并为未来的项目给出具体的纠正措施建议。无论项目流程中是否出现其他问题，大部分项目经理衡量项目是否成功的依据是：是否按时完成，是否超出预算，以及是否达到议定的质量标准。除了这些高标准的要求外，还有许多额外的标准来衡量项目是否成功，这让项目经理能够就项目执行问题，向上级管理层提供一份更详细的报告。

进度执行

不论是由哪方向哪方交付项目最终成果，查看重大交付成果清单对于客户和供应商都具有重要意义。这能显示计划交付日期与实际交付日期的对比情况并且说明差异。实际交付日期可能由于多种原因而偏离计划交付日期，但在报告中均可对这些差异进行分析和总结。

成本效益

同样地，比较计划成本与实际成本也很有用。在确定预算底线之后，大部分大项目的预算在某种情况下都会进行修订。理想情况下，对这些变化也是可以进行预料并做出相应计划的。客户组织的目标应该是尽可能准确地估计项目范围，从而估计项目成本，并不断提高这些估计的准确性。尽可能有效地管理变更从而最大限度地减少中断，这应成为客户公司和供应商公司共同的奋斗目标。计划成本与实际成本之间的比较有助于衡量付出的努力是否白费，并且发现问题的起因（如果存在问题的话）。

质量评估

能详细地或大致地评估质量的好坏。从客户方来说，可在公司内部的检查期间评估质量。安排人手获取备注个数及审校标记的错误个数，并将其与审校的总单词数进行对比，就能得出质量结果。可以要求供应商组织提供此信息，并作为实施审校反馈的一部分工作。如果客户在本地化公司内测试产品，就可以发现各类缺陷个数，如翻译、国际化或功能问题。许多供应商都规定了相应的流程用于评估分包商或自由职业者的翻译质量。对所有翻译进行全方位的评价非常耗时，而且成本高昂。只有在翻译质量事关成败的某些行业中（即药品和医疗器械制造），才会全方位评估翻译的质量。因此，评估流程往往采用的是现场检查或抽样检查。例如，如果一个分包商翻译 2 万个单词的内容，就可以随机选取 500 个或 1000 个单词内容进行评估，评估结果将代表整体的翻译水平。项目经理可在最终项目报告中指出 *X* 个单词翻译内容的错误个数。

总量

项目经理能轻易地追踪项目组件的总量，这是成本的重要组成部分。与组件相关的统计信息包括：语言个数、单词总数、帮助主题、文件页数或者软件对话框总数等任何可计入成本的内容。这样，在每个季度、每年或者其他财务报告时期，项目经理都能量化自己部门或业务部门的工作内容。

客户公司的高级管理人员一般对本地化进度知之甚少，但是，高级管理人员看得懂数字。小公司的项目经理能通过收集、记录和报告项目数据来展现他的商业才智，并且展示取得的良好成果，甚至可以展现未来能取得更好的成果。较大的客户本地化部门会定期追踪、报告这类数据；供应商项目经理能提供基础信息，部门数据就来源于此。如果供应商能够汇总并提交项目执行情况数据，并将其作为工作关系中的一部分，那么任何客户项目经理都会对此感激不尽的。

结语

即使客户和供应商都有本地化项目经理，但他们经常扮演不同的角色。客户项目经理经常在本地化进度中扮演多重角色，包括翻译、使用翻译工具、桌面排版甚至是工程。但是，项目经理管理项目资产和及时有序地向供应商提供发包文件的能力取决于其他项目组的利益相关者对自己确定的项目里程碑的认知程度。而供应商项目经理则依赖于公司的规模，他们关注的是规模、预算和时间表。项目经理要依靠公司的其他小组提供有关本地化产品制造的专业知识和完成工作所需的资源。明白各自的地位和限制之后，在精确的关系管理工具和关系管理进度的帮助下，项目经理们可以取得合作成功。项目经理之间是相互依赖的，毕竟是为了实现预期的结果：按预算、按时、按商定的质量水平完成项目。

参考文献

Beninatto, Renato. 2006. "A review of the global translation marketplace." Association of Translation Companies Conference, London, UK, Sep. 21. http://www.atc.org.uk/RenatoBenitatto2006.ppt.

Davis, Tony and Pharro, Richard. 2003. *The Relationship Manager: The Next Generation of Project Management*. Burlington, VT: Gower.

Dobson, Michael Singer. 2003. *Streetwise Project Management: How to Manage People, Processes, and Time to Achieve the Results You Need*. Avon, MA: Adams Media.

Farn, Cheng-Kiang and Huang, Li-Ting. 2008. "Exploring determinants of industrial customers loyalty on service providers in the e-business environment – the perspective of.

relationship management." In *Proceedings of the 7th WSEAS International Conference on E-ACTIVITIES*, Azami Zaharim, Nikos Mastorakis and Ioannis Gonos (eds), 60–67. N.p.:WSEAS.

Fitzgerald, Guy and Willcocks, Leslie. 1994. "Contracts and partnerships in the outsourcing of IT." In *Proceedings of the Fifteenth International Conference on Information Systems: December 14–17, 1994, Vancouver, British Columbia, Canada,* Janice I. DeGross, Sid L. Huff and Malcom C. Munro (eds), 91–98. Victoria, BC: ICIS.

Goles, Tim and Chin, Wynne W. 2005. "Information systems outsourcing relationship factors:Detailed conceptualization and initial evidence." *The DATA BASE for Advances in Information Systems* 36 (4): 47–67.

Greaver, Maurice F. II. 1999. *Strategic Outsourcing: A Structured Approach to Outsourcing Decisions and Initiatives*. New York: AMACOM.

Kern, Thomas. 1997. "The gestalt of an information technology outsourcing relationship: An exploratory analysis." In *Proceedings of the Eighteenth International Conference on Information Systems, December 15–17 1997, Atlanta, Georgia,* Kuldeep Kumar and Janice I. DeGross (eds), 37–58. [N.p.]: ACM.

Kern, Thomas and Willcocks, Leslie. 2001. *The Relationship Advantage: Information Technologies, Sourcing, and Management*. Oxford/New York: Oxford University Press.

Kerzner, Harold. 2003. "Strategic planning for a project office." *Project Management Journal* 34 (2): 13–25.

Konsynski, Benn R. and McFarlan, F. Warren. 1990. "Information partnerships – Shared data,shared scale." *Harvard Business Review* 68 (5): 114–120.

MacDonald, Hugh. 2008. *The Arts of Influence: Soft Power and Distant Relationships.* Victoria, BC: Trafford Publishing.

McFarlan, F. Warren and Nolan, Richard L. 1995. "How to manage an IT outsourcing alliance." *Sloan Management Review* 36 (2): 9–23.

McIlvor, Ronan. 2005. *The Outsourcing Process: Strategies for Evaluation and Management*.Cambridge, UK: New York: Cambridge University Press.

Meier, Johannes. 1995. "The importance of relationship management in establishing successful interorganizational systems." *Journal of Strategic Information Systems* 4 (2): 135–148.

Mersino, Anthony C. 2007. *Emotional Intelligence for Project Managers: The People Skills You Need to Achieve Outstanding Results*. New York: AMACOM.

Project Management Institute (PMI). 2008. *A Guide to the Project Management Body of Knowledge (PMBOK® Guide)*. Newtown Square, PA: Project Management Institute, Inc.

Quinn, James Brian. 1999. "Strategic outsourcing: Leveraging knowledge capabilities." *Sloan Management Review* 40 (4): 9–21.

Santana, Joe. 2004. "Decision support: Outsourcing relationship don't stop at negotiations, part 2." *TechRepublic* (Feb. 11). http://articles.techrepublic. com.com/5100-10878_11-

5140304.html.

Stading, Gary and Altay, Nezih. 2007. "Delineating the 'ease of doing business" construct within the supplier-customer interface." *Journal of Supply Chain Management* 43 (2): 29–38.

Sun Developer Network (SDN). 2010 [1999–2001]. "Bug ID: 4293299 RFE [Request for Enhancement]:Need better handling/documentation of single quotes in MessageFormat." Sun Developer Network Bug Database. http://bugs.sun.com/bugdatabase/view_bug.do;jsessionid=5d9bbe21b6cb3757c3ff711812460?bug_id=4293229.

第四部分

翻译与本地化项目管理实践

应对游戏本地化中的挑战

周　萍

本章描述了游戏本地化项目带来的独特挑战。首先分析组成一般多平台游戏本地化项目的各个活动，然后陈述游戏发行企业中本地化的功能，并探讨游戏本地化团队的构成，以及在某一典型的游戏本地化项目中团队成员扮演的角色和各自的责任。文章进一步分析了开发和本地化职能之间的关系，探讨了当今游戏本地化的两大方法，即“后补推出”和“同步翻译”项目。最后提出对游戏本地化项目管理的成功起着至关重要作用的四个流程，即沟通管理、范围管理、风险管理和变更管理。

引言

作为一项复杂的工作，游戏本地化一般涉及多种媒体，包括文本、图形、视频和音频。除了来自用户界面本地化的挑战，还可能因为文化和法律问题，需要对故事情节和内容进行修改甚至再创作。游戏本地化的目的，是为目标市场的玩家提供所需信息，使他们能够在游戏中顺利完成交互之旅。游戏本地化需要高度组织化、灵活且大胆的团队让本地化的改编游戏成为具有价值的作品，进而帮助企业实现业务目标。

游戏本地化项目

在讨论游戏本地化项目管理的挑战前，我们首先要明白一个游戏本地化项目是由什么组成的。一个典型而完整的多平台游戏本地化项目涉及了文本的翻译、音频的修改或再创作、完成本地化之后游戏内容的整合、质量保证、交付厂家和项目行政管理（参见图 4-1）。

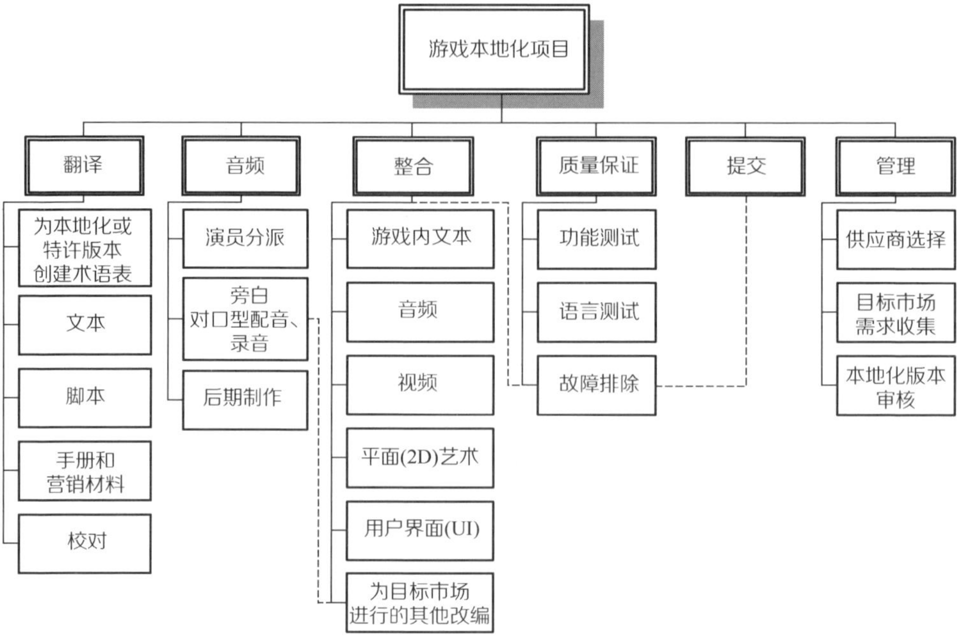

图 4-1　多平台完整版游戏本地化项目的工作分解结构

翻译是游戏本地化的中心任务。游戏本地化进程中，翻译有双重目的：一是准确传达源语文本的含义，让玩家在游戏中能够获取所需信息；二是传递源语文本营造的体验及氛围。正如迪茨所说（Dietz，2006：122）："游戏能够创造一个与现实交错的世界，从极端现实到异想天开，变幻无穷。"以幻想游戏为例，要想保持原文的语调，译者需要对特定术语"深挖源文化中的民间传说与神话故事，寻求情感上的对等（Dietz，2006：124）"。如果文本是游戏内角色对话的脚本，译文中使用的词语需要小心挑选，方便配音时对口型。有时会把翻译外包给翻译企业，这种情况下，本地化项目经理通常为改编游戏或者授权作品创建术语表，帮助外部供应商保证翻译的准确性和一致性。[1]术语表既可在翻译时使用，也可

[1] 特许产品可能包含根据同一个情节组所涉及的故事和角色而开发的多个游戏产品，也可能包括首次发布的故事情节的前传或后传。

在校对时使用。

完整的游戏本地化项目也包括音频文件的修改或替换。例如，游戏里每个角色的对话使用的都是源语，必须由演员（有时称为“配音演员”）使用目标语来演绎，使游戏内影片有目标语旁白和配音。通常，本地化项目经理与国别专员协作，根据角色需要以及开发团队在游戏设计指南中提供的游戏信息指定演员。有时录音是在外部工作室进行的。在这种情况下，工作室按照要求的格式输出声音文件。一旦录音和对口型工作完成，音频文件就进入后期制作阶段，将录制好的音频文件与音乐和/或音效（如果需要的话）进行合成。最后，为了在本地化版本中使用，原图也可能需要修改，例如一些原图包含了需要翻译的嵌入文本。

整合过程涉及将全部资源融合进游戏，这些资源由需要本地化的内容组成，包括翻译好的文本和本地化声音文件、影片、原图和用户界面。如果特定目标市场还有其他要求，那么就在整合过程中解决并完成。

译文和本地化音频的整合过程之后，就需要对游戏的本地化版本进行质量保证（也称为测试）。在许多情况下，有必要进行功能测试和语言测试，确保游戏的本地化版本没有程序错误，且质量上乘。功能测试的目的是确认本地化工作不会影响游戏的正常运行，而语言测试的目的则是发现和纠正翻译错误。

整合与质量保证环节之后，在主机游戏的本地化中，就要进入提交环节。如索尼、任天堂、微软等主机制造商，要求游戏在授权发布和在游戏机上使用之前必须提审通过。制造商的具体要求各不相同，开发人员都必须遵守。主机制造商执行各自的质量评估，评价游戏质量，确认游戏企业是否满足他们的要求。如果不满意，制造商将会驳回提交，把游戏退回本地化团队，令其修正漏洞及问题。直到制造商对游戏完全满意，这一过程才会结束。如果主机制造商要求分开提交不同语言的本地化版本，那么就由主机制造商或其指定代表，对提交的本地化版本执行功能测试。

最后，本地化项目经理可能也要负责选择供应商，并与国别专员合作收集目标市场的要求。如果是虚拟团队，本地化项目经理还要管理已本地化游戏版本的评估。还有非常重要的一点，任何游戏本地化项目都包括日常任务和例行行政管理，例如进行预算和开具发票。

游戏发行企业中本地化职能的构成

在一家多语言游戏发行与开发企业中，本地化团队一般由项目经理、国别专员和本地化工程师组成（参见图 4-2）。在有紧急项目时，本地化团队也可能包含内部图像艺术家、翻译人员和测试人员，以弥补外部供应商的不足，尽快解决问题。团队成员通常分布在世界各地，远程进行工作。

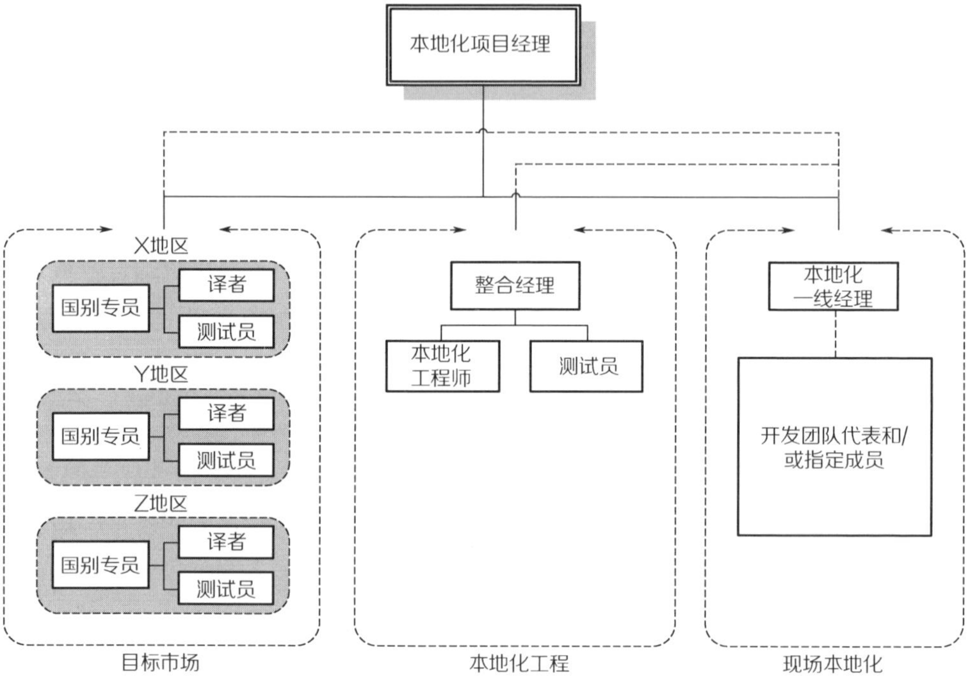

图 4-2 游戏本地化团队的一般组成

（虚线代表了部门差别与空间距离，因为三者角色不同，所在工作地点也不同）

本地化项目经理（LPM）

本地化项目经理协调安排和监督游戏内容多个本地化版本的交付。通常本地化项目经理负责几个不同的语言版本，承担计划制定、工作进度安排、预算编制、演员和配音员人选确定、供应商管理、质量保证，以及本地化所需的技术支持等富有挑战性的工作。本地化项目经理是内外部利益相关者之间，以及与赞助商之间的唯一联系节点，负责所有同其管理的多语言版本有关的问题和决策。考虑到在全世界越来越多的地区发行越来越多种语言的版本已成为游戏产业的趋势，本地化项目经理有时也会参与有关游戏内容的全球战略开发。

国别专员

国别专员是二级项目经理，负责协调其负责某国或某地区发行的语言版本。国别专员通常在当地居住，是当地语言、文化、法律法规以及该国或该地区事件的指定专家，因此可以据此详细提出某些要求。例如，在日本，如果一款游戏的剧情涉及朝鲜导弹发射和日朝两国现实世界中的紧张局势，那么这款游戏的发行就很难获得通过。《汤姆 • 克兰西之幽灵行动 2》就是一个典型的例子。[1]该游戏的法语、意大利语、德语和西班牙语（合称 FIGS）版本于 2004 年 11 月发布，而日语版在 2005 年 8 月才最终发布。再如，日本玩家觉得把"切腹"（指以切开腹部的形式自杀，是原日本武士道精神的一部分）放到现代背景的日本角色身上实在有点过时落伍、滑稽可笑，与当代日本文化相去甚远。《汤姆 • 克兰西之细胞分裂》系列游戏的本地化版本中就出现了这个问题。

国别专员安排整理用户界面字符串、消息、口语对话脚本等内容，安排其他非屏幕内容的翻译，还负责校对、测试、本地演员的遴选和声音录制。国别专员也要保证游戏内容对目标国家合宜，以及本地化语言版本的质量符合既定的标准。

本地化工程师

本地化工程师解决技术问题（通常与用户界面相关），整合本地化资源，发布本地化版本。[2]如果某个国家的本地化需求必须修改游戏的核心技术，本地化工

---

[1] 1998 年 8 月，朝鲜未经日本同意，测试飞经日本领空的长距导弹，引起国际骚动，并导致日本极度担忧。而 2000 年上半年朝鲜大幅增强军备，又进一步恶化了与各国的关系。

[2] 维基百科（Wikipedia，2010b）将版本（build）定义为"将源代码转换为能够在计算机上运行的独立软件产品的过程，或该过程的结果。软件版本最为重要的一步是汇编过程，即将源代码转换为可执行代码。"

程师可能需要额外的支持（如员工的协助）以执行必要的修改。若该国特定的本地化需求获得批准，本地化项目经理很可能需要从开发团队里招募资源，弥补本地化团队里专业工程人员的不足。由于并非所有的本地化所在地都有游戏开发人员，一些企业便在一个或几个固定的地点组建本地化工程团队，其中包括游戏开发工作室和开发团队。这样可以让企业避免对多种语言版本的支持进行重复性工作，从而提高效率。

通常，国别专员和本地化工程师分别向各自的职能经理汇报。他们可以向本地化项目经理或者各自的直属经理汇报项目问题，直属经理负责协调和监管所有进行中的项目。国别专员和本地化工程师的工作流程、职责和担任角色，可能因项目采用的本地化过程类型不同而有所变化。

整合经理

整合经理监督多个需要技术解决方案的本地化项目，负责确保全部的翻译文本、本地化音频文件、影片和原图能够成功置入游戏的本地化版本。此外，如果国别专员要求对游戏进行额外修改，整合经理就会调查实施改动是否可行。一家跨国游戏企业可能会指定几个离开发团队和目标市场较近的地点，建立整合中心。这些整合中心可以利用海外开发团队生产的技术，并且/或是得益于其对目标市场文化的熟悉。

游戏开发与本地化

游戏由内容和技术组成，技术将内容呈现给玩家，并控制游戏的顺序。内容由图形设计师、音频设计师、动画师以及游戏等级设计师创造，可能以游戏等级、角色、动画和影片等形式体现。[1]技术就是游戏运行时计算机（或主机和其他设备）所读取的可执行代码。可执行的游戏代码使用编程语言或脚本创建，由工程师开发，目的在于给游戏角色注入生命，将内容组装在一起，使玩家能够通过游

[1] 维基百科（Wikipedia，2010a）将游戏等级定义为“视频游戏的虚拟世界或挑战场景中的独立细分”。

戏的故事情节、场景，以及设计的情节（场景）等，合理地进行游戏。只有当目标市场要求实现特殊功能，或者变更特定功能时，才会修改游戏代码。因此，游戏本地化的大部分任务集中在内容方面。一旦游戏源版本的开发接近完成，确认源代码不需要作额外改动，这个版本就被称为“代码完成”版。当所有源语文件通过最后测试，并被认定为可以配送给经销商和客户（不论是通过 CD、DVD，还是下载的方式）时，游戏就会正式发布（release to manufacturing，RTM）。最终交付成果有时以“母盘”形式用于大规模生产。

本地化的后补推出与同步翻译

在源版本的母盘制作完成以后开始的本地化项目称为“后补推出”项目。相对的，与源版本开发同步进行以实现最终同时交付的本地化项目则称为“同步翻译”项目（参见图 4-3）。

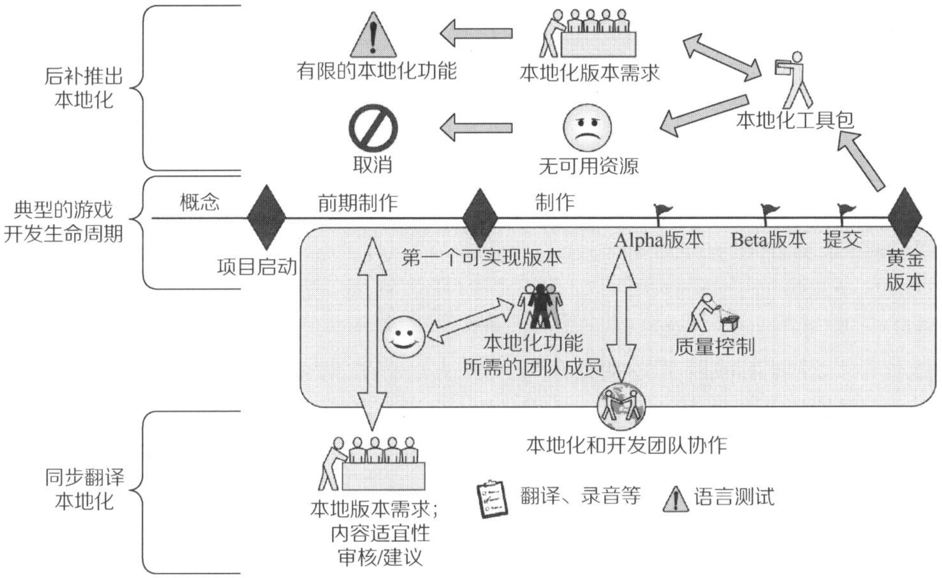

图 4-3　同步翻译本地化与源版本的开发同步进行，而后补推出本地化则在源版本的开发之后进行

如果本地化版本与原始版本需要同时交付，那么游戏开发团队就将本地化列入

开发计划之中，并通常将本地化版本视作产品的“功能”予以支持。在这种情况下，本地化团队本身是更大组织内的一个功能实体，就像美工、工程、设计和质量保证等。因此，本地化项目时间表也会包括项目开发时间表中的诸多重要事件里程碑。

后补推出本地化模式

开发团队的时间表一般没有给国别专员留有增强地区特性的余地；同样，本地化团队一般也只能“自力更生”去解决问题。如果本地化团队发现源材料里出现错误，或者出现同某个甚至多个目标地区文化相冲突的内容，则需要修改本地化日程表，给团队充足的时间对材料做必要的改动。最坏情况下，出现这类问题可能会迫使整个项目取消。原则上，本地化团队能否顺利地制作目标版本，首先取决于本地化工具箱的质量以及原游戏的可改编性。对于将要在特定地区发行的游戏，国别专员可能会识别出相当多需要改进的方面，但是如果本地化团队不得不依赖自身的工程和创新能力去满足该国特定的要求，那么这些需要很有可能无法被满足，或者最多满足一部分。游戏出版商可能会投资有市场前景的语言版本，在一定时间内为本地化项目保留必要的开发团队资源。所以，后补推出并不是完成复杂本地化项目的最佳途径，因为这会让本地化团队错过有效解决问题的最佳时间。

同步翻译本地化模式

同步翻译方式解决了后补推出本地化模式的一些缺点。在同步翻译的情景下，本地化项目经理在项目开发初期就与制作人合作，即使本地化在阿尔法测试里程碑（Alpha milestone）完成之后才会开始。阿尔法测试里程碑是指完成全部内容且游戏运行没有大缺陷的时刻。

如果本地化项目经理同时负责多个改编游戏的本地化，管理不在同一个固定地点的开发团队，可能要额外分配一位现场本地化的一线经理，代替本地化项目经理与开发团队一起工作，监督授权作品或者原作的同步翻译版本或项目（即产品“线”，参见图 4-2）。现场经理更容易在开发期间影响开发团队，说服制作人考虑并实施本地化需求，因为现场经理能够面对面与这些利益相关者交流。相较于技术开发完成后，在技术开发完成前更容易把对基础、特定于市场或地区的本地化需求支持构建到游戏技术中。[1]可以这种方式将本地化工程转移给开发团队，本地化团队就能专注于语言文化方面的问题。

游戏开发团队也能受益于本地化现场一线经理的参与。假设游戏有多个情节以及特定的国家和/或文化要求，当某个非玩家角色（NPC）需说方言时，开发团队就可向本地化现场经理寻求即时支援。采用同步翻译的方式进行本地化和开发能够给游戏所有语言版本带来高产值、高质量。

理论上，同步翻译过程允许多种语言版本同时发行，但实际上，人力财力资源的约束常常限制出版商可以同时发布的版本数量。

在这样的情况下，出版商根据相关市场的经济重要程度，优先考虑开发哪些语言版本。假设制作人认为欧中非（欧洲、中东、非洲）地区和美国地区是最重要的市场，那么，为了保证在资源有限的条件下能安全发布最重要市场的语言版本，制作人可决定最优先同步翻译的版本只包括英语、法语、德语、意大利语和西班牙语，排除最优先开发范围之外的其他版本。

指明最优先范围里一共支持多少种语言及其相对优先级。这并不意味着本地化项目经理不得不采用后补推出流程的方式去本地化那些也在计划之中，但是优先级较低的本地化语言版本，如日语、汉语，等等。本地化项目经理依旧可以计划与核心版本同时完成这些版本的本地化，例如，召集非现场团队中不在开发项目里的人员同时进行余下版本的本地化。

尽管这支团队不会与开发团队直接接触，但是本地化现场经理能够有效地给非现场团队提供最新游戏内容配置，如游戏内文本、脚本、最新编译构建，还有即时状态更新。如果管理得当，余下的版本仍可以与源版本和同步翻译核心版本同时发布，或者在它们发布后不久发布。

迄今为止对本地化功能和流程的讨论集中在本地化项目经理、本地化团队与外国项目资源及利益相关者的沟通方式。

本地化项目经理或国别专员同样需要外国供应商对用户界面内容进行翻译、配

---

[1] 基础本地化需求指为实现本地化游戏技术必须具备的能力。统一的字符编码标准（Unicode）支持与源代码中语言和文化负载内容的外部化就是其中两个常见的实例。特定市场或区域的本地化要求涉及内容的一些方面，如在一个特定国家禁止涉及一些主题，以避免潜在的审查问题。

音和语言测试。供应商管理一开始是选择合适的外国合作伙伴。本地化项目经理可规定所有项目一般或是总供应商的选择标准。能够满足标准的供应商可添加到供应商池。然后，本地化项目经理可以根据指定项目的明确要求选择合适的供应商。

例如，在军事模拟游戏中，本地化项目经理或许会寻找有军事翻译经验的供应商。选择好供应商之后，本地化项目经理需要拟定过程，确保滚动交付的事项没有问题。如果是同步翻译项目，本地化项目经理应考虑整合供应商内部的工作流程。

游戏本地化项目管理极具挑战性，但是，通过执行合适的项目管理流程，本地化项目经理就能克服挑战，成功完成复杂严苛的项目。以下这四个流程尤其重要：（a）沟通管理；（b）范围管理；（c）风险管理；（d）变更管理。在下面的部分，我们将会依次讨论这四个流程。

沟通管理

本地化项目经理向其部门经理和改编游戏的本地化版本制作人报告。反过来，很多人要汇报给本地化项目经理，包括国别专员和本地化工程师，人数与本地化项目经理管理的人数成正比。本地化项目经理也与制作人、高级管理层和供应商打交道。在这样的环境下，沟通管理是一项复杂且具有挑战性的工作。但是，若能使用恰当的工具，就能促进本地化团队内良好的沟通。

本地化维基

建立本地化维基能够使本地化团队与企业其他小组及远程工作的团队成员共享信息。[1]当进行同步翻译项目时，开发团队的项目维基可以应用于处理项目特有的本地化问题，还能够作为本地化知识库的基础。本地化项目维基可用于存储时间表、人员配备计划、设计文档、状态报告、目标国家条例更新、政策、新闻、流行文化、历史和本地化团队视为有用的其他信息。所有团队成员和利益相关者

---

[1] 关于建立维基百科的信息，请参见 WikiHow，2010。除了维基，越来越多的公司也使用微软的 Sharepoint 作为协作平台。注意，按一般规则，本地化项目经理实际上并不真正地建立维基站点，而只是进行维护，并在站点可用时添加本地化相关的信息。

可随时利用该资源，不论其地理位置在何处。该资源可滚动更新，始终包含最新信息。本地化维基同样可以帮助开发团队了解游戏将要发行的目标市场。类似地，本地化维基也能作为游戏设计师的参考，帮助他们避免创作难以本地化甚至不可能本地化的内容。总而言之，投资创建这样的一个资源库可以带来立竿见影的效果，在特定项目中，实现通过集中式平台的分散化、按需可用的信息传输。另一方面，本地化维基也能够在一段时间后给本地化工作带来益处，因为当维基获取越来越多的知识供开发团队使用时，会扩充材料的规模、范围和材料内容的容量。

报告

除了通过创建一个如维基的被动资源，本地化项目经理还可以通过每周或双周向项目相关者和赞助商发送报告的方式进行沟通管理。这些报告可能包含项目是提前于时间表还是滞后于时间表，是在预算内还是超出预算，还有目标市场的新闻和信息，还包含项目状况、风险、交付、新趋势重点等目标市场的新闻和信息。重要信息可采用图解或总结性的格式，这能让忙碌的人即使在阅读时间极少时也能加速完成项目。

创建邮件列表可以加快团队成员间的信息交换。同样，创建专门的邮件列表也能实现与项目利益相关者和/或赞助商的及时沟通。为不同的利益相关者创建和采用不同的项目邮件列表，可以促进定向交流，减少本地化流程。

书面沟通是一种与分散在世界各地的团队和利益相关者保持联系的非常有效的方式。在一些国家，人们用书面沟通更轻松自在。而且，很多游戏本地化团队成员和利益相关者的母语并非是英语，在这方面，书面沟通就比口头交流更有优势，因为书面沟通没有口音干扰。

但是，当出现紧急情况时，书面沟通可能无法使发件人快速联系上收件人，所以项目沟通计划不应仅仅限于书面沟通。

虽然书面沟通可以连接地理上分散的团队成员，但是书面建立起的联系也存在限制。项目进行中时，为了培养友情，深入开发团队，有必要执行团队建设活动。同样，客户和高级管理层有时需要的可能不只是书面状态报告，还要求面对面的会议和/或任务报告。因此，除了书面沟通，本地化项目经理还需要主动预测实时互动沟通需求，通过安排电话或视频会议，与客户和管理层讨论项目状态、时间表、问题以及解决办法，让他们安心。

类似的，会议也是管理供应商进度的一种有效方法。

本地化项目经理应处在客户位置，确保能与供应商进行面对面评估。

如果本地化团队成员和利益相关者在不同地点，本地化项目经理也可以利用电话会议来启动项目，相互引荐团队成员，确定各自负责的角色和职责。

电话会议的随时性能让本地化项目经理获得项目状态更新情况，讨论风险和风险应对策略以及问题与解决办法，等等。

游戏本地化需要在整个项目周期中进行广泛、详细而又委婉、积极主动的沟通。建立这种等级的沟通可以帮助本地化项目经理应对管理中不断出现的变化，这些变化描绘了同步翻译项目；帮助赞助商和利益相关者理解在本地化项目中后补推出可能产生的困难的实质，例如包含不恰当内容而导致被审查。

范围管理

根据美国项目管理协会规定，项目范围管理“包括要求的过程，保证项目包含所有且仅限必需工作，顺利完成项目”（PMI，2008：103）。

完整合适的范围定义能决定项目的成败。如果范围定义得不够精确，如果本地化项目经理、管理层和客户不去确认他们关于范围的共识，如果项目范围出现不可控的改变（工业上一种常见的现象，称为“范围蠕变”），或是范围一开始就很难操控，那么就会产生交付成果无法满足管理层和/或客户期望的巨大风险。

绝大多数项目的失败归根结底在于存在缺陷的范围定义和/或失败的范围管理。

首先，在定义项目范围时，本地化项目经理应与全体利益相关者共同协作。这就要求与目标市场的代表，通常是目标市场国的专家们合作，收集并记录特别内容的要求和语言方面的需求，就最终交付成果达成一致。

所有概念都必须清楚定义，所有需求都必须明确指出。项目交付成果的验收标准应获得全体利益相关者的同意，每个人都对创造出的成果、完成的工作抱有同样地愿景，那就是让项目成功。

其次，范围定义的目的应是获取需求，而不是为了迎合那些需求而去寻求可实现的解决办法。例如，显示目标市场发行商的制作组名单是一种需求。把所有参与游戏工作的人员的名字加入原始的制作组名单影片中是执行。随着项目的进行，可能会发现制作组名单影片源语文件不存在，或是无法编辑，但是可以创建一个新的影片去展示名单。不论哪种方式——对现有制作人员名单影片文件进行修改，或者创建新的影片——都能展示新的名单。发现需求（而不是具体实施）能让本地化项目经理明白并明确基本要求。

再次，必须简明扼要且没有歧义地描述需求。例如在上文讨论的展示目标市场发行商名单的例子中，本地化项目经理要在范围声明中详细指明应将本地化团队人员名单添加在哪里（但是，如上文所指出的，不是如何去添加）。例如，是在开发团队名单的之前、之后，还是中间。这样能避免将来在交付时产生关于人员名单位置的不必要争议。

最后，必须指出那些可能对范围产生冲击，可能导致最终交付成果改变的内外制约与假设，例如规章、标准、法律和其他因素。尽管这样的因素在技术上是风险管理的领域，但也提供了洞悉潜在范围蠕变的机会，应包括正式项目范围文档内容，否则本地化项目经理面对的可能是永无休止的项目。

正如前文所述，典型的游戏本地化交付成果包括游戏内文本和音频、字幕，用户界面字符串、图形，视频（参见图 4-1）。定义一个游戏本地化项目的范围时，项目经理必须将交付成果分解成(a)确定并估算文本和其他可本地化内容的总量；(b) 评估内容的文化适当性；(c) 决定本地化是否需要修改游戏核心技术。决定这三方面相关的工作量将会帮助项目经理更好地理解项目的复杂程度。

范围定义与本地化复杂度

作为范围定义过程的一部分，本地化项目经理应对开发团队制作人、产品经理、市场经理、国别专员和本地化工程师提些试探性问题。复杂程度的对比将会让经验丰富的本地化项目经理更好地明白利益相关者的需求是什么。泰勒和柯尔克（Thayer & Kolko，2004：482）根据相对复杂度和成本，提出了游戏本地化项目分类的三层结构范围。

① 基本本地化：游戏保持原有的图形用户界面和图标，只有文本需要翻译。

② 复杂本地化：图形用户界面和图标必须随着文本一起翻译。

③ 混合本地化：重新创作故事，重新制作图片，以匹配不同文化的要求。

泰勒和柯尔克提出的范围说是一个有用的出发点。但是，假设源语文件已被正确地国际化，不包含硬编码字符串，他们定义的“基本”和“复杂”本地化项目在复杂程度上便没有显著区别。如今，本地化由主流游戏发行企业制作的游戏，硬编码字符串已经普遍不是什么大问题，从游戏本地化项目管理的角度来说，评估本地化是否需要对游戏进行如增删功能、改动多媒体等功能性修改，更能准确估量项目的复杂度。因此，就讨论目的来说，我们将只区分两种本地化项目：不需要功能性修改的基本本地化项目和需要功能性修改的复杂本地化项目。

基本本地化

典型的基本本地化关注的是文本翻译，目的是传达和原版一样的信息。然而，必须注意，不要翻译任何进入游戏功能的文本。例如，如果一个文本消息弹出，告诉玩家输入“lion”，来打开陷阱门，那么就不应把“lion”一词译成目标语。否则，一旦翻译了这个单词，游戏引擎将无法把输入的目标语识别成关键词“lion”，也就不会执行要求的动作，阻止玩家进行下一步动作（这样有效结束游戏的错误被称为“游戏终结者”）。翻译应保持原有风格，“感觉”同源语文本一样，同时，也要进行改编，以适应目标市场的文化。假如某人正在本地化一个中世纪的实时战略（RTS）游戏，对特定等级军官的参考可以替换成对目标国军队体系中地位相当的等级的参考，同时使用那个时间段的术语和习语表达。玩家就能感到更加贴近现实，并且/或是喜欢上游戏试图推销的故事和行为。配音应匹配角色的面部动作。翻译脚本时，译者必须努力让目标语的嘴部运动顺序尽可能地贴近源对话，同时也要保证文本的信息量。

复杂本地化

复杂本地化需求内容和功能都要改变，使游戏更接近目标市场的文化。游戏技术必须支持这样的改变。如果需要更改或增加功能，这类支持应不限于对用户界面双字节字符的实现或是对 Unicode 的支持，还要有延伸到源代码每个地方的可能。复杂本地化项目有时需要大量返工。

本地化项目经理可以完全依赖团队去处理基本本地化工程任务，但是如果需要大量返工，超出本地化工程的范围，就可能需要招募额外的开发资源。因此，在定义复杂本地化项目时，评估开发资源的可利用度是非常重要的。正如前文所述，如果本地化项目经理正在进行后补推出本地化项目，到项目开始的时候，开发团队通常已经被分配到其他项目了。缺少本地化团队中的任何一员，缺少可利用的开发资源，都可能会危害团队完成某些游戏功能的能力。举例而言，如果目标市场需要字幕，但是产品的源版本不支持字幕，游戏体系中的事件触发机制就必须修改。在这种情况下，本地化项目经理需要安排一位人工智能工程师、一位音频工程师和一位等级设计师去实现字幕的执行。本地化项目经理和团队成员可以通过研究本地化工具箱或试玩游戏，来帮助他们决定本地化团队是否能在不动用外部资源的情况下，实现必要的功能性修改。一旦做出决定，本地化项目经理应与利益相关者讨论，确定最终范围。

相对于后补推出的方式，复杂本地化项目更适合同步翻译的方式。本地化项目经理应在开发阶段与游戏制作者进行讨论，明确本地化的需求，并把需求纳入游戏开发项目的范围之中。在同步翻译项目中，游戏范围在开发初始阶段还没被完全定义。因此，本地化项目经理只能在源项目开发初始阶段，对本地化范围进行粗略的总体估计。但是，随着开发的进展，游戏范围被慢慢明确并被最终敲定，本地化项目经理将逐渐对游戏有更准确的理解，进而循序渐进地更新本地化范围定义。如果本地化范围包含在开发项目中，执行合适的目标游戏功能和内容会变得简单一些。

最后，一旦范围确定下来，范围变更管理流程也应确定下来。变更管理是风险管理的一个方面，将会在下面的部分中讨论。

风险管理

风险管理通常在项目发起阶段就要计划好，是一个系统的、前摄的、持续的过程，目的是管理项目的不确定性（Wideman，1992；Stoeller，2004）。风险管理的目标是最小化或消除由威胁产生的负面影响，以及最大化由机遇带来的积极影响。使风险管理成为贯穿整个项目期间的项目活动中不可分割的一部分，能带来诸多好处。风险管理可以帮助项目经理提高实现项目目标的可能性，即按照预定义的质量要求，在预算内按时完成项目。由于项目创造性的本质、游戏开发中频繁的改动，以及技术、艺术与设计团队之间合作的复杂程度等因素，游戏制作过程中需要完成未预料到的任务。上述因素中，复杂程度是指团队必须经常完成超出满足定义里程碑的原计划的额外范围。周期、里程碑，尤其是最终交付成果，逐渐以“关键”时间这一俗称而在游戏开发圈子里广为人知，这段时间内每个人为了完成里程碑，工作更长时间、更努力、更快速。风险管理能使里程碑和项目交付成果成功的可能性达到最大，也能帮助项目经理创造一个更加自信、快乐的团队，通过降低挤压时间的可能性，减少团队成员经常发生问题的状况。通过展示成果的风险控制策略，项目团队能赢得利益相关者和赞助商的信任。

不管产品的目标版本是同时交付，还是在原版发行后交付，风险管理对本地化版本是否能成功引入目标市场至关重要。某些情况下，风险管理对游戏财务目标的实现和整个全球策略的执行来说，也是非常关键的。某些风险因素，例如游戏内容对目标市场文化上的适应性，可能影响关键的决定，如项目的发起或取消、预算和人员配置。项目经理的责任是在项目初期计划并向利益相关者提交一个实用且充分的本地化相关风险计划。❶

在同步翻译项目中，因为本地化被整合入开发计划，本地化团队被视为一个类似于美术、工程、设计、质量保证等的功能实体，本地化团队会应邀参加风险计划会议，会议上会记录本地化相关的问题。本地化团队应根据制作人的安排，承担降低本地化相关风险的责任。由于制作人负责整个项目的风险管理，其在决定应如何解决认定的本地化风险的问题上发挥决定性的作用。同步翻译项目期间，本地化项目经理更重要的责任是制定风险计划，在项目初期与其他项目领导和成员讨论，主动制定初步计划，帮助制作人制定准确、现实的项目风险计划。

---

❶ 团队领导（常常称为“团队主管”）是游戏开发团队中代表某一特定专长的成员，例如人工智能、游戏性等。团队主管和项目经理不同，并不负责管理项目进度。

通过对比发现，正如上文所述，后补推出项目中，游戏开发团队通常不涉及游戏本地化版本的制作。游戏制作人可能非常了解目标国家，但是并不会考虑项目范围的本地化部分，或者至多把本地化相关问题放在一个很低的优先级上。因此，在后补推出本地化情况中，目标语版本的要求与潜在的风险很可能在产品的源版本开发期间没有得到解决。后补推出项目中，在收到初始的本地化工具箱时，本地化项目经理将开始起草一份风险管理计划，与营销和产品经理密切合作，管理整个项目过程中的风险。

风险管理流程包括风险识别、风险分析、风险计划、风险监控。

风险识别

风险识别的目标是揭示存在于项目中的不确定因素。为了识别游戏中的风险，本地化项目经理可能要考虑查看变量，如技术、内容、资源、团队士气、预算、企划、沟通、范围、质量要求、交付、供应商机构、规章、目标市场文化、目标市场的政治局势和时事等。要识别某些专业领域的风险，可能需要专业而深入的了解，因此需要向专家咨询。风险识别可能需要更多的假设和/或估计。有些风险在接收本地化工具箱前就已识别出来，而另一些风险则只有在接收并评估本地化工具箱之后才能识别。本地化项目经理可以鼓励团队集思广益，共同识别风险，也可以回顾先前项目总结的“经验教训”报告，帮助识别潜在的风险。尽管项目是独一无二的，但是相似种类的游戏本地化项目会呈现相似的风险类型。通过从利益相关者处收集尽可能多的信息，本地化项目经理能够避免在风险识别过程中忽视重要的活动，从而忽视了风险。风险识别流程的结果为随后的分析给出一个全面的风险列表。

风险分析

风险分析的目的是对列表上的风险进行逐一分类，通过识别风险的根源，评估风险事件发生的可能性，确定风险事件确实发生时影响的严重程度，最后根据优先级定出风险的等级（参见图4-4）（参见本书中拉莫斯对风险管理的详细讨论）。本地化项目经理和团队应从不同角度着手风险分析，更加透彻地评估并了解每项风险。

风险矩阵		概率		
		高	中	低
影响	重大	1（严重）	3（高）	6（中）
	平均	2（高）	5（中）	8（低）
	小	4（中）	7（低）	9（低）

图 4-4　风险矩阵示例

风险不一定都是负面的，来自相同根源的风险可能在带来威胁的同时，也带来机遇。具体来说，假设游戏内的一个角色设定被视为不合适而受到目标市场的审查，此时修改设定将会导致计划的推迟。为了创建该角色的替代品，还需要把额外的任务和资源添加到时间表中。但是，把现有的“外国”角色替换成目标市场熟知的另一个角色，也是一次吸引本地玩家的好机会。

风险既可来自外部因素，也可来自内部因素。理论上，内部风险因素是在企业能力掌控范围内的风险。举例而言，特定项目计划要求团队持续地加班，对团队士气产生威胁。轮班要求，或是本地化团队外的利益相关者提供的时间进度要求大量或持续的加班，导致时间表频繁变动，是内部风险的另一个例子。后者是同步翻译项目中一个十分常见的风险。相对地，外部风险因素是理论上不在企业能力掌控范围内的风险，例如政治动荡、电源故障和自然灾害。高质量的评估带有风险等级和分类，对制订有效的风险应对计划很有价值，前提是评估能够基于多角度的透彻分析，反映出各位利益相关者的关注点。

风险计划

风险计划是指对已识别的风险采取什么行动，以及为实施这些行动而执行的策略。可采用几种策略来缓解风险，例如，转移、回避、降低和应急计划，将风险转移到第三方。当团队没有足够资源或是缺乏某项专门技术时，本地化项目经理就会采取这种策略。把本地化项目范围中本地化特定要求的功能实现移动到项目开发范围中去，满足这些需求的责任就从本地化团队转移到了开发团队，这就是一个风险转移的例子。

风险回避是指在项目生命周期中采取措施以避免遇到风险。举例而言，如果风险会使项目无法圆满完成，那么就终止项目；如果供应商不具备必需的技术能力，那么就更改供应商。这就是回避策略。

就缓解措施而言，需要承认风险的存在并确定相关方法，以便减少其影响。举例而言，挑选后备供应商可缓解风险，满足项目质量标准的供应商可以解决未预见的问题，否则要解决这些问题就超出了项目团队能够执行的工作量。在后补推出本地化项目中，可能包含挑选能够增添本地化需求功能的供应商，完成内部开发专家不能执行的工作。这样会让项目经理（进一步引申的话，整个组织）避免发布一款不那么吸引目标市场用户的最终产品。

应急计划包含“确定替代策略的管理计划的制定，为保证项目的成功，在特定风险事件发生时就要使用替代策略”（Field，2002）。举例而言，应急计划可用于确定额外或后备供应商。当选定的供应商无法完成项目时，本地化项目经理就可以执行应急计划，把任务分配给后备供应商。

风险管理策略一旦被确定，本地化项目经理就可以给每个风险分配管理者。管理权分配不仅确定谁会执行策略，完成必需任务，还确定谁为策略的执行买单。我们来假设游戏设计有一个改动，要求重新录制旁白。为满足原定的里程碑，本地化项目经理必须请求团队和供应商加班工作，而加班工资导致额外的预算。因此，额外预算应提前计算好。

风险管理另一个重要方面是与风险相关的高效沟通。首先，风险管理者需要了解他们的责任。其次，团队和利益相关者要意识到风险，缓解风险带来的影响，并避免识别新风险的时候重复报告。最佳实践方法之一是在项目沟通计划中增加风险话题，把风险评估添加到会议日程表，且/或每周报告中包括一个风险清单。当风险计划准备好时，持续追踪和迭代便可启动。需要特别指出的是，尽管项目风险管理计划可能确定许多风险，但只有至关重要的风险事件，例如增加项目预算或是推迟项目里程碑，才需要与项目赞助商进行沟通。

风险监控

风险监控是确保追踪并恰当解决现有风险的过程，同时也是良好项目管理进程中识别新风险的过程。追踪风险不同于追踪任务。风险追踪关注的是现状以及愈发明显的风险趋势，忽略与风险关联的任务状况。风险监控寻求诸多问题的答案：风险是否消失?应急策略是否减轻了威胁?这样做是否会制造二次风险?各种风险的优先级是否发生了变化?预估的风险影响是否有所改变?通过回答这些问题，更新风险管理计划，本地化项目经理会随着项目进展，对各类风险有一个清楚的看法和良好的掌控。

乍看之下，风险管理流程整体非常复杂。但是，在游戏本地化项目中，风险管理流程是一项明确的实践。本地化项目经理可以定期安排风险会议，在初次会议之前询问每位与会者认定的优先级排前三位的新风险。在初次会议期间，本地化项目经理可以同其余团队成员，完成识别、分析、计划的初步过程，与会者可使用类似于图 4-4 的风险矩阵，以确定风险的优先顺序。然后本地化项目经理请求风险所有人回顾风险状况，在随后的会议之前确定新的风险。而在随后的会议中，团队可以讨论并解决任何新风险，执行风险监控。做好提前准备将节约会议上大家的时间。

本地化项目经理可创建一个电子表格，记录风险识别、优先级、计划、监控和控制信息。所有利益相关者都可在共享网络上或通过维基获取该文档，并在风险会议上使用。文件包括但不限于以下信息：

- 每项风险的来源（技术、内容、资源、供应商组织、预算、目标市场法规、范围、质量、提交内容，等等）；
- 风险描述；
- 风险矩阵中的排名（参见图 4-4）；
- 分析；
- 应对计划；
- 管理者；
- 状态；
- 首次识别的时间；
- 最近评估的时间；
- 决定采取策略的截止日期，或执行策略的截止日期。

会议之后，本地化项目经理应给团队成员和其他利益相关者分发电子表格，或者可以单独写一份报告，强调新风险和最为关键的现有风险，链接到完整的风险日志。

本地化项目经理为赞助商准备的每周报告，应包含最重要的风险信息、状态信息以及风险相关的截止日期。前述策略能把有效的风险管理与游戏本地化项目联系起来。

变更管理

任何类型的项目都无法避免变更，尤其是游戏本地化项目。在游戏开发领域，高级管理层几乎一直把创新定义为关键策略。由于客户身处在一个有越来越多选择的市场环境，游戏企业必须不断发展，迅速脱颖而出。为了保持竞争力，满足客户期望，开发项目在项目开始时就面临不断的变更压力。随着项目的开展，范围、资源、计划、成本和/或质量要求可能都会更改。变更通常相互联系，可能引发连锁反应。例如，假设要把一个新功能添加到源产品规格中，为实现新功能，项目经理需要修改时间表和资源计划。同时，团队里的专家也被要求调查总时间、资源和技术，以确定执行新功能是否可行。项目经理随后明确几个解决办法：（a）增加资源；（b）推迟交付日期；（c）移除不太重要的功能；（d）简化或移除最后目标为使最终的特征设置尽可能完美无瑕的“打磨”步骤。不管选择哪种解决方法，项目经理都不能在没有咨询团队重要成员、上级经理或客户并征得其同意的情况下实现新功能。因为提出的更改最终影响管理者和客户关心的领域，例如，项目预算、财务目标、人员配备或是质量，有必要建立合适的变更控制过程，以保证涉事多方之间有效沟通，支持他们的决策制定。

变更控制过程

变更控制过程通常包括三个主要活动：发起正式变更请求、由变更控制委员会审核请求、执行变更（假设请求被批准）。变更请求可以由团队成员、客户、赞助商，或其他利益相关者发起，目的是改进游戏。变更请求通常集中在项目构成的物理方面，正如前文的假设，请求给产品添加一个新功能。项目经理还可接收过程相关的请求，例如团队成员提出的工作流程优化建议。变更请求提交给风险控制委员会，由该委员会进行审核。变更控制委员会是代表项目团队、客户和赞助商的团体。他们评议变更请求，决定是否决还是通过。如果变更控制委员会驳回变更请求，那么变更事件就会结束。如果变更请求获得批准，那么将会执行变更，项目经理进一步更新项目计划、资源、预算，等等。

为了使变更控制过程便于管理，保证它不会妨碍团队及时完成预定任务的能力，一些项目经理会将变更控制过程推迟一定的时间，允许提交变更请求之后变更委员会有两周时间宣布决定。由于项目进展和自我修正，这种推迟有时可能使某些变更请求显得无关痛痒。

项目经理面临的挑战来自于其无法控制每一个变更。有时，项目团队成员会执行任何他们认为有必要、有利于项目的变更，而不告知其他人。项目经理必须意识到这种风险，阻止团队成员单方面行动，因为不受控制的变更可能反过来导致里程碑进度后退。团队成员通常对整个项目过程的复杂程度，以及个人任务之间的独立性都缺乏一个清晰的认识，因此他们在理解整个变更的波及面时不能摆正位置。没有正式的、谨慎管理的变更控制过程，将很难实现创新并让客户满意。

后补推出本地化项目中的变更管理

变更控制过程会随着游戏本地化项目的类型和复杂度的不同而改变。如果本地化项目经理负责的是基本本地化项目，例如一个几乎不可能有产品功能性更改的后补推出本地化项目，那么本地化项目经理就能使用上文所述的变更控制过程。在基本本地化项目中，由开发团队提供综合的本地化工具箱，包括文本、游戏对话脚本、制作本地化版本的详细指南。通常情况下没有必要替换资产或者更改游戏设计，必要的代码更改常常比较简单。通过使用工具箱，本地化团队能在尽可能少向甚至不向开发团队咨询的情况下完成项目。一般来说，各种本地化项目没有很多迭代工作，简单的变更控制过程就足够了。

同步翻译和本地化项目中的变更管理

如果本地化项目经理处理一个复杂本地化项目，涉及同步翻译或者要求定期更新的网络版本，前文所述的变更过程就无法满足需求，本地化项目经理只能接受源开发版本快节奏的变更，这反映出游戏开发过程的动态本质以及团队成员的集体创造性。如前文所述，当本地化团队进行同步翻译项目时，本地化团队是开发团队的一部分，和开发团队有着共同的项目目标。因此，在项目开发期间，本地化团队必须接受并跟随开发团队的任何变更过程。

开发过程的变更管理

尽管变更管理对本地化至关重要，但也可能成为游戏开发流程的绊脚石。在现实世界中，使用上述变更控制方法很难有效地管理游戏开发。游戏是科技与艺术的结合。对沉浸在游戏世界中的玩家来说，游戏的观感和体验至关重要，可以帮助玩家成功通关。开发者不能判定艺术、动画、互动和特效是否会出现，只有在屏幕上看到，或者在玩的时候亲自体验，才能知道功能是否和预期的一样。有时开发者脑中没有明确目标，只想探索不同的途径。当他们看到荧幕上的结果，灵光一闪，有了新主意，便想在游戏中实施。而几周过去，在实现了其他新想法、评估他们做出的努力之后，开发者可能觉得某些旧想法已经不合适了，又想做出修改。

这样的频繁变更与密集反复贯穿于游戏开发生命周期的大多数阶段。因为前文所述的变更控制过程不能迅速解决请求，正式的变更请求不是要推迟，就是被直接驳回。如果无法迅速对变更请求做出反应，就会对创造性产生负面影响，而创造性是游戏开发的必要组成部分。

许多游戏项目不选择控制变更，而是使用敏捷开发过程和敏捷开发方法来应对变更。与传统的瀑布式方法相比，这些方法代表了彻底的转变。瀑布式方法强调可重复的流程和结果，如海史密斯（Highsmith，2004：51-52）所述："可重复性"一词不存在于敏捷词典中。执行可重复的流程是很多企业的目标，但是在快速变化的环境下，可重复性成了错误的目标；事实上，可重复性恰恰适得其反。让我们了解可靠与可重复之间的关键区别。可重复意味着以相同的方式做同样地事情，并产生相同的结果。可靠的意思是满足目标，不考虑前路上的阻碍——意味着不断调节以满足目标。

采用敏捷开发方法会怎样影响本地化团队和本地化项目呢?要进行本地化，就需要先完成内容的制作。在通常情况下，要在阿尔法测试里程碑完成后，才能开始本地化。按照阿尔法测试里程碑的定义，在这个时间点，内容或主要代码不会再更改。所以理论上来说在阿尔法测试阶段之后，本地化项目中不应发生内容或代码的更改。那么现实中的确如此吗?

为了回答这个问题，让我们来仔细研究敏捷开发的方法敏捷开发方法。允许功能、美术和技术在整个项目过程中出现，而不是让开发团队一直等到设计完成、实现技术进行更改之后。敏捷是重复和增加的过程，允许在产品开发期间的任何时间，即使在开发的最后阶段也可进行更改。敏捷项目包含重复的短开发周期，称作迭代。

敏捷的核心在于迭代。团队根据要求，思考可用技术，评估自身的技术和能力，然后共同决定如何构建功能，并每天修改方法，因为团队会遇到更复杂、更困难以及更意外的事情。团队发现需要做什么，选择最佳方法去做。这个创造性过程是敏捷生产能力的关键所在（Schwaber，2004：6）。

在敏捷项目中，按照要求确定的产品和技术特征并不构成形式规约本身，而是构成“产品积压（product backlog）”的工作清单（参见图 4-5）。完成敏捷项目工作和创建功能期间的单个迭代被称作冲刺。每段冲刺可以持续二到四周，期间根据优先级反复递增提交功能和内容。特定冲刺期间的待开发功能和内容被称作冲刺积压工作，包含产品积压工作的子集。冲刺计划发生在整个项目期间，到交付的游戏满足客户需要为止。

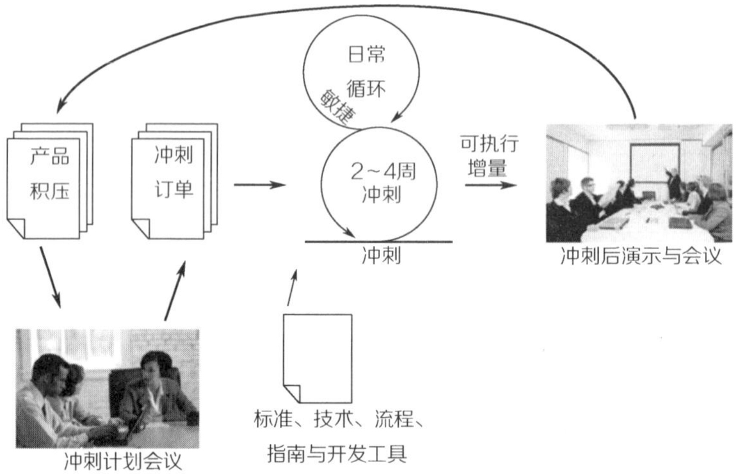

图 4-5 整体敏捷流程

（改编自 Highsmith，2002：243）

然而，敏捷开发方法并不是完美无瑕的，其主要缺点是缺乏固定的截止日期，可能会使项目产生无休止的风险。因此，很多游戏开发团队使用瀑布式—敏捷式混合流程，其中主要的里程碑，例如阿尔法测试和贝塔测试，已经预先定好范围，项目截止日期也预先确定，通过主要阶段和里程碑的项目收益以线性连续的方式呈现。但不能保证在阿尔法测试里程碑与创建母盘之间没有内容的变更。敏捷开发方法与传统的瀑布式方法结合在一起，是开发团队应对变更，及时而有效地控制变更的一种切实方式。

这种创新、实验与不断变更的环境是锻造新游戏的熔炉。但是，不断的变更给本地化带来巨大挑战。本地化不是从零开始，而是对开发团队创建的材料进行翻译和改编。敏捷流程的一大优势是它可以让团队自我组织，正如海史密斯（2004：64）所指出的：

> 在自我组织的团队中，每个人负责管理自己的工作量，根据需求和最佳匹配进行轮班工作，参与团队的决策。团队成员有充分余地考虑如何交付结果，但他们要对结果负责，并且有责任在确立的灵活框架下工作。

在游戏开发项目中，敏捷团队是跨功能的，大约由七名成员组成，他们能把冲刺要求转换成互动的艺术体验。团队的唯一责任是交付。这就给本地化团队一次在开发中扮演建设性、参与式角色的机会。如果有本地化需求，项目经理可以要求制作人在冲刺计划过程中解决，尤其是构建游戏引擎所必需的技术、为实现本地化或在本地化过程中随后使用的工具。当冲刺开始时，本地化团队成员将会成为敏捷开发团队的一部分，并规定要交付的本地化功能。本地化项目经理也可确定功能，这些功能的开发将会间接影响随后的本地化任务。本地化项目经理可以把制作人分配到敏捷开发团队中，以便尽早为开发团队提供关于各种功能对产品本地化影响的反馈。即使本地化项目经理不能加入敏捷开发团队，也仍然可以从外部监控并了解那些有可能对本地化产生影响的特征。这样在时间上的投入帮助本地化项目经理拓展知识。在随后的任务中，这些知识将对本地化团队大有裨益。如果本地化项目经理了解到冲刺期间开发出的一个或多个功能会对本地化项目产生消极影响，那么可以向制作人提出在下一个冲刺阶段（或者随后的一个冲刺阶段）进行纠正。

在传统的瀑布式开发方法中，很难在开发过程中关注本地化问题。阿尔法测试里程碑之前的开发过程中，几乎没有本地化项目人员的参与。本地化项目经理可能会被邀请去参加日常例会，也会有人向其咨询一些本地化问题。但是，在开发期间，本地化需求通常处在次要的地位。当开发项目处于忙碌阶段时，本地化需求很可能完全被忽略。如果本地化被视为低优先级，开发负责人不会与他们的团队交流本地化相关的问题。大多数时间，开发团队成员甚至没有意识到本地化需求的存在，尤其是那些毫无本地化经验的成员。忽视本地化的需要可能导致产品中结构或内容相关的本地化需求无法或只有部分得到满足。随后的本地化项目开始时，不能嵌入本地化支持，团队就没有多少回旋的余地，需要使用应急措施克服障碍，有时会导致目标语版本存在不完善之处。

即使敏捷流程比瀑布式方法要求多变更和复杂的开发迭代，敏捷流程也能使本地化团队有效而及时地管理变更，让本地化团队影响开发，通过使用和本地化团队相同的方法，主动解决潜在的本地化问题。虽然敏捷开发方法极具挑战性，但它最终能使本地化团队帮助开发团队创造出本地化程度最高的最终产品。敏捷开发方法尤其适合同步翻译项目，比起传统的开发方式，它能使更多本地化版本得以交付，并都带有满足目标市场的功能。敏捷开发方法也能被用来管理涉及持续更新内容的在线游戏。它非常灵活，因此能够适应每个开发团队的独特周期。

游戏本地化开发成功的关键要素

游戏开发的三个方面在提高游戏本地化的成功率上起着至关重要的作用，即游戏设计、用户界面和游戏音频。为了能在目标市场发行本地化游戏，本地化项目经理必须严格监控准时、符合预算以及最后一刻不做修改或返工这三个方面，必须保证开发团队理解它们的重要性。

游戏设计

游戏设计者可能借鉴各国的文化元素，丰富游戏情节。可是，假如他们了解的该国文化不是基于个人经验，而是来自文学或者电影，就会产生风险。他们创造的角色或者背景可能让那些地区的玩家感觉过时而且晦涩难懂，甚至不合实际。本地化项目经理应在开发阶段明确这类问题。如果用不恰当的方式描绘某件敏感的历史或政治事件，则可能导致类似的却更为严重的问题。目标市场的政治气候风云莫测，因此本地化项目经理需要时时刻刻对文化与政治风险保持警惕，一旦发现潜在的问题，应立即向开发团队反馈（如在幽灵行动 2 中的“朝鲜导弹发射”问题）。当游戏开发和/或本地化涉及国外时，一定要考虑当地的文化与政治风险。假如一款新开发的游戏被外国团队发现有涉及攻击性或招致非议的情节或内容，就要修改这些部分，以避免潜在的麻烦，并与当地工作人员和政府保持良好的关系。

用户界面

同样需要密切关注用户界面的开发。如果有人问开发者，他们认为在开发过程中游戏的哪项功能会变化最多，十之八九他们会回答：用户界面。因为用户界面是一个游戏最直观、明显的部分，用户界面是游戏细节最大程度上的典型性体现。用户界面设计工作和改变一直持续到某些开发项目的最后。尽管本地化工程可以解决大多数用户界面问题，例如译文的扩充和断句，本地化项目经理仍应确保开发团队设计的游戏用户界面中，用户图标和标识不会对目标市场的玩家产生歧义或有攻击性。

音频

音频开发的挑战主要涉及质量、成本和时间的问题。准备同步翻译的版本时，首批接收的音频源文件经常是不完整的，文件可能随时发生改变。然而，源文件的变化不定并不会改变本地化项目经理要在既定的截止日期前完成项目的事实。本地化项目经理需要与外国供应商协调翻译、配音、录制、语言测试等事宜。此外，等级设计师与人工智能工程师需要参与进来，把对话加入游戏中去。即使细微的改变也会耗费大量的时间和金钱，并且需要进行大量的跨国沟通。音频材料的创建是一个复杂的过程，需要仔细关注，以便按时达到预期的结果。

结语

目前没有一个明确的方法或是流程适用于所有游戏本地化项目。同步翻译和本地化项目与后补推出项目需要面对不同的挑战，复杂本地化项目与基本本地化项目亦是如此。不过，在游戏本地化项目管理方面，倒是可以总结出一些最佳实践。考虑到游戏发行产业中创新的战略重要性，变化是无可避免的常态。在当今高速发展、不断变化的环境中，保持思想开放，采取积极态度，采用长远办法管理变更，是非常重要的。除了积极的变更管理、有效的范围、风险和沟通计划以及创新的项目整合管理，协调每个单独项目的全部成分也是游戏本地化项目成功的关键。

参 考 文 献

Dietz, Frank. 2006. “Issues in localizing computer games.” In *Perspectives on Localization*, Keiran J. Dunne (ed.), 121–134. Amsterdam/Philadelphia: John Benjamins.

Field, John C. [“Buck”]. 2002. “Glossary C.” Field Operative Project Management. http://www.fieldoperative.com/Tools/Glossary/Glossary%20c.htm.

Highsmith, Jim. 2002. *Agile Software Development Ecosystems.* Boston: Addison-Wesley.

——. 2004. *Agile Project Management: Creating Innovative Products*. Boston: Addison-Wesley.

Project Management Institute (PMI). 2008. *A Guide to the Project Management Body of Knowledge(PMBOK® Guide)*. 4th ed. Newton Square, PA: Project Management Institute.

Schwaber, Ken. 2004. *Agile Project Management with Scrum*. Redmond, WA: Microsoft Press.

Stoeller, Willem. 2004. "Risky business! Risk management for localization project managers."TranslationDirectory.com http://www.translationdirectory. com/ article462. htm (Orig. pub.*The Globalization Insider* 3.7, http://www.lisa.org/globalizationinsider/ 2003/09/risky_busines.html).

Thayer, Alexander and Kolko, Beth E. 2004. "Localization of digital games: The process of blending for the global games market." *Technical Communication* 51 (4): 477–488.

Wideman, R. Max. 1992. *Project and Program Management: A Guide to Managing Project Risks and Opportunities*. Drexel Hill, PA: Project Management Institute.

wikiHow. 2010. "How to start a wiki." http://www.wikihow.com/Start-a-Wiki.

Wikipedia. 2010a. "Level (video gaming)." http://en.wikipedia.org/wiki/Game_level.

——. 2010b. "Software build." http://en.wikipedia.org/wiki/Software_build.

众包翻译项目管理：用户翻译内容项目实践

唐纳德·A.德帕尔玛　娜塔莉·凯利[1]

从财务角度看，有些内容不具备通过资金支持之外的方式译成其他语言的可行性，而社区或“众包”项目模式可让各种组织有机会翻译这些内容。本章作者发现，这些依靠社区志愿工作开展的翻译，也引出了各种传统的和新的项目管理问题。另外，本章介绍了社区翻译领域四大商业开拓公司面临的挑战和选择的解决方案，包括Facebook、Plaxo、微软和太阳计算机系统公司（Sun Microsystems）。这些公司都认可志愿社区存在的价值，即志愿者愿意投入时间和专业知识，获得除直接补偿以外的一些好处。因此，这些公司都积极投入资金发展社区、完善流程、整合技术和管理工作。

众包翻译简介

2007年12月，当卡门森斯顾问公司发表第一篇关于社区翻译、协作翻译或众包翻译（Howe，2006）的报告（Beninatto & DePalma，2007b）时，几乎没有可供参考的例子。在最初的研究中，我们解释了协作工具、开源的概念和新的工作流程视野是如何提高翻译效率和取代那些模仿工业制造的分布式同步程序的，这种程序我们也称之为“翻译泰勒主义”（Beninatto & DePalma，2007a）（参见图4-6）。

---

[1] 笔者要感谢众包翻译创新者们对本研究的大力支持，包括Facebook公司的Ghassan Hassad & Kate Losse、微软公司的Britta Simon & Sara Nicolini、Regina Bustamente（先前在Plaxo公司任职）& Janice Campbell（先前在太阳计算机系统公司任职，目前在Adobe公司）。同样还要感谢Merle Tenney帮助我们对这些案例进行最初的文档记录。

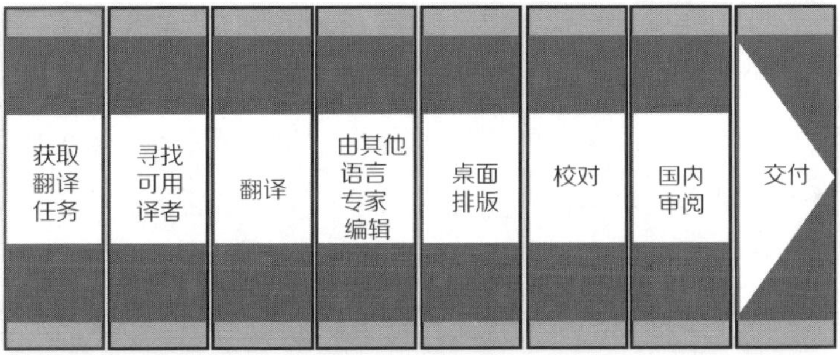

图 4-6 传统的翻译时间表：每个步骤都需要等待前一步完成

（来源：卡门森斯顾问公司）

我们将集中讨论这些流程的协作以及这些项目的运作。我们认为社区方法可以取代传统的 T-E-P 流程，即“翻译、编辑、校对”流程。通过协作，翻译及译文修订工作与源内容的创作和编辑可以同时进行，一方面大大缩小了开发与创作之间的差距，另一方面可以同时完成产品本地化和翻译内容的发布（参见图 4-7）。社区是协作翻译流程中每个工具、流程和参与者的关键。

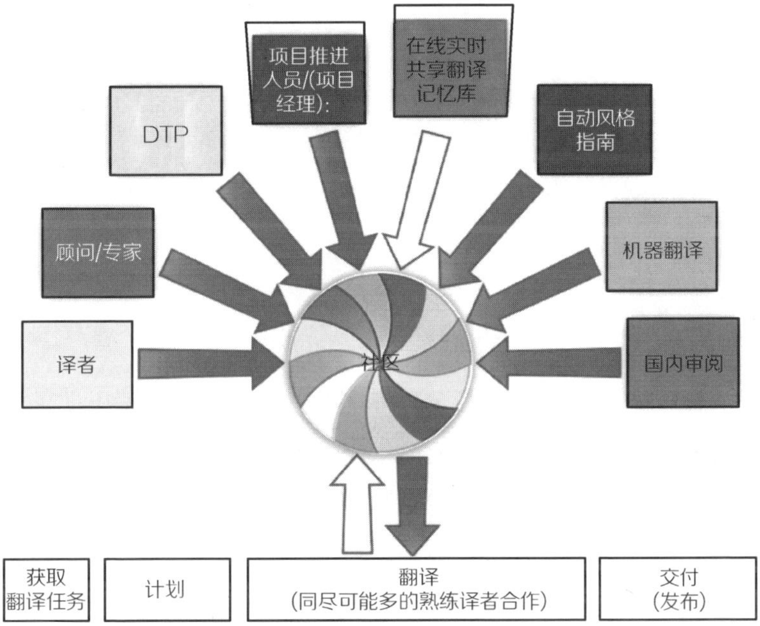

图 4-7 现代协作翻译时间表，无须等待中间活动

（来源：卡门森斯顾问公司）

自从首份报告出版以来，我们已经看到语言服务提供商和买家都在受控环境下使用这个新模式，在短时间内完成大型项目，或将其作为系统翻译和本地化工作的一部分。这个模式具有真正的协作潜力，可实现增值和缩短项目周转时间。然而，这些益处也是有代价的，毕竟社区翻译涉及传统顺序翻译流程的调整，并影响翻译来源搜集、技术使用和翻译输出形式。在任何情况下它都涉及对项目管理方式和管理实施环节进行的一些根本性的重新思考。

本章着眼于众包翻译中的四个开拓者，集中研究他们做什么、怎么做、所使用的工具以及他们针对“众包控制”所采取的项目管理策略。

在众包翻译中运用已知的模式

当下众包翻译的发展趋势表现为日益增加的不同步异地翻译项目，这种转变需要多个译员同时通过互联网进行合作。译员们也掌握了结合使用 Web 2.0 的服务和概念与基于网络的实时翻译记忆库工具与服务器。而客户也希望从翻译速度的提高中获益，扩大他们的产能，以相同或更低的成本处理更多的内容。

开源社区早已在产品本地化中使用这种合作模式，如配有各种工具（如 Launchpad）的 Ubuntu 操作系统。然后，Google 和太阳计算机系统公司分别在搜索和 NetBeans 上采用了使用本地化志愿者的做法。2008 年初，Facebook 推出了西班牙语和德语的网站，使用了自己成员提供的免费翻译，并根据这种方法迅速增加了新的语种。

与众包相关的术语定义

正如翻译流程中常常出现的情况一样，随着技术创新早就出现了一种新的现象，但描述这种现象的新创词汇却迟迟未来。当我们讨论与人们相关的、由人们构思的、面向人们的翻译时，我们想到了应结合使用三个核心元素，形成一种关于翻译和本地化的新思维方式。

● 社区翻译（或社会翻译）通常以自愿为基础，由一组成员或有共同目标和兴趣的人合作完成。正如我们将在本章的案例研究中看到的，这些团体有的以技术为重点，对使用自己的语言访问信息感兴趣，有的只是普通的语言爱好者。

● 协作技术和流程使得围绕项目工作形成的社区可以在相同的内容和代码上协作。社区成员可以检查和纠正彼此的工作。我们也使用协作翻译这个词来形容专业翻译团队作为一个“群体”的工作，在这个群体里多个译员使用先进的翻译记忆库工具同时处理相同的文档或源语内容。

● 众包为志愿译员、员工、承包商或语言服务提供商所组成的团队开辟了一个协作完成翻译项目的途径。它利用群体的力量来完成翻译任务，这比单独一个译员甚至是语言服务提供商所能做的要多得多。众包需要技术和业务流程引进临时资源，然后以用户的身份在联机协作环境内进行管理。在某些情况下，它也指从外部商业资源处获取志愿者或有偿劳动的商业战略。

这三个概念已开始重叠，以至于它们之间的界限变得模糊了。为了保持一致性，我们将这些现象统称为“众包翻译”。

案例分析：Facebook 在翻译中应用社交网络

2007 年 8 月，卡门森斯顾问公司对 15 个不同国家/地区 505 个顶级网站的调查表明，从全球化的角度来看，Facebook 是失败的。我们的评测采用以下两个标准，它们一般用于确定互联网资产 GDP 的受欢迎程度和经济潜力：（1）“可用性系数（AQ）”是我们对全球可在线访问的、特定网站的网民比例的客观排名，最大值是 1000；（2）该网站总活跃用户数所代表的全球在线国内生产总值（GDP）的比例，我们将这个数字定性为“在线 GDP”或“电子 GDP”（Sargent & DePalma，2007）。

由于 Facebook 在 2007 年 8 月仅提供英文版，因此它的可用性系数非常低，排名在 277 位，电子 GDP 得分为 48.4%（Sargent & DePalma，2008：32）。这一得分衡量的是在线语言人口的经济潜力，Facebook 所占的份额不到我们所说的“世界电子钱包”（即世界在线 GDP）的一半。Facebook 社区翻译项目开始于 2007 年 12 月。在 2008 年 2 月，该公司宣布推出西班牙语版本的翻译项目，并于这年年底不同程度地开发了 63 种不同的语言版本。到 2009 年 9 月，Facebook 已经产生了 65 种不同的语言版本，还有 40 多种仍在继续开发。

当我们回顾 2008 年 8 月 Facebook 的可用性系数和电子 GDP 排名时，它还在生产 20 种不同的语言版本，现在它的可用性系数得分已升至 851 分（最高为 1000 分），电子 GDP 全球占比为 90.7%，这就使得它与谷歌和微软有了更大的可比性，后两者的可用性系数分别为 989 分和 921 分，电子 GDP 分别为 100%和 99.9%。

一个在 2007 年仅有 1.5 亿美元收入的公司是如何在 2008 年的网站全球化中成为领头羊的呢?原来 Facebook 同时利用最初依赖的翻译公司和想在 Facebook 上发展语言技能的热心社区，并形成了包含四个步骤的翻译流程。

① 翻译。Facebook 用户在用户界面和帮助文件中翻译字符串和句子。由于这个网站有很多成员，它可以给同一个英语文本提供多种不同的翻译。

② 投票。社区成员投票决定被提议的翻译。受到欢迎的翻译将上升到选择库顶部。Facebook 有一个领先榜，上面会显示志愿译员中的佼佼者。Facebook 成员可以推翻最流行的翻译，但只能是在有令人信服的理由的情况下——因为这些最终用户是事实上的专家。

③ 协作。Facebook 的用户译员可以在讨论板上一起审阅和解决一些更为棘手或难度更大的翻译。

④ 审校。专业翻译人员审校所有翻译。他们会判断哪些社区成员提供了最受欢迎的翻译和分数。Facebook 有时会跳过这一步，但如果在没有审校的情况下启用某语言，会标注该语言为“试用版语言”。

应用开发平台使得翻译更加简单

Facebook 提供了一个开发应用的平台，供网站成员安装和运行。Facebook 通过该平台交付了 Translation 应用程序，并以此为基础构建了协作翻译流程。Translation 应用程序成了翻译社区的主页和中转站。它突出了 Facebook 的三大本地化步骤——创建术语表、内容翻译、测试和验证——并会显示各自的进度。

例如，如果我们登录到 Translation 应用程序，并选择爱尔兰（盖尔语），屏幕上就会显示术语表创建阶段已经完成，翻译阶段正在进行，而投票和验证阶段尚未开始（参见图 4-8）。程序还会显示有 80 名爱尔兰语翻译、39179 个已翻译的短语和 10975 个未翻译的短语。即使翻译完成，这些报告依然会显示出来，方便用户参与维护。

图 4-8　Facebook 翻译应用程序的爱尔兰（盖尔语）主页面

（来源：Facebook，Inc.）

Translation 应用有两个模式：语境翻译和批量翻译。

● 语境翻译。社区翻译工作者在部分本地化的 Facebook 版本中工作。已本地化的用户界面（UI）元素用绿色标注下划线，而未被本地化的则用红色标注下划线。译员可以为任何未翻译的元素提供对应的目标语内容。在这种模式下工作的一个主要优点是在上下文中显示要翻译的内容，从而最大限度地减少误译的风险。另一个优点是，基于使用频率安排翻译的优先级，因为最常使用的 UI 元素总是第一个出现和完成翻译。Facebook 的众包翻译创建人员需要非常小心，因为网站是动态的，因此不可能同时在一个特定页面上显示所有可能的文本。为了解决这种情况并最大限度地降低可译内容被忽略的风险，语境模式中还提供了一个名为“从这个页面查看更多短语”的选项。这个选项能让用户访问可能会在该页面上显示的其他字符串列表。

- 批量翻译。此模式采用的是更常规的翻译框架，且独立于 Facebook 运行时环境。它会逐个呈现内容元素。译员可以选择不同的选项卡，循环浏览不同的用户界面元素，如未翻译单元、自己的翻译和最受欢迎页面中的元素。

Facebook 在 Translation 应用程序中构建了几种质量控制机制：（a）为每个翻译元素中的技术术语自动提供词汇表条目、定义和批准的译法；（b）生成令牌，并将其用作字符串中变量元素的占位符；（c）验证大写和标点符号是否遵循了不同元素类型的样式规范。专业审校人员使用的应用程序与社区译员相同。

内容和语言的战略分类

对任何公司而言，确定哪些内容要翻译以及译成哪些语言都是一个艰巨的挑战。为了更好地制定计划，Facebook 在它的决策流程中增加了两个分类步骤。

- 优先考虑翻译哪些内容。Facebook 首先确定必须以其他语言提供哪些翻译内容。根据分析，发现有 30 万个单词的内容需要翻译，其中包括 12.5 万个单词的用户界面元素，12.5 万个单词的法律和帮助内容，以及 5 万个单词的其他内容。这些类别反映的是翻译优先级最高的内容，即用户界面文本是首选待译内容，有时甚至是唯一的翻译内容。截至 2009 年年底，可译单词的数量已经增长到了近 50 万个，即 25 万个单词的主用户界面、20 万个单词的法律与帮助内容和一些其他功能的内容。

- 确定最重要的语言。在 Facebook 中，并非所有语言都是平等的。每种语言都根据其战略重要性受到相应程度的支持，这主要由互联网用户的数量决定。受到支持的语言会得到充分的内部支持，不受支持的语言则得到较少甚至没有内部支持。长期以来，卡门森斯顾问公司一直建议 Facebook 把重点放在对业务目标最有意义的语言和内容上，并使用在线语言群体的信息，以便根据在线人口的规模制定本地化决策。Facebook 确实这样做了。

三大激励因素：速度、质量和范围

Facebook 希望通过其社区翻译计划实现三个具体目标。值得注意的是，降低成本计划并不在其中。

- 速度。以远低于传统方式所需的时间交付本地化网站。
- 质量。使用目标用户首选的术语进行本地化。
- 范围。让 Facebook 为世界各地更多的社区服务。积极地在最高优先级语言上使用协作工具，以便 Facebook 对这些语言进行测试和微调，这样在公司决定添加语言时，能让这些高优先级语言稳妥地与尚未支持的语言一起使用。

协作式翻译可满足速度的需要

Facebook 发现，协作翻译极大地提高了翻译速度。与语言服务提供商的初步讨论表明，在传统流程中，第一次翻译需要几个月的时间，而在协作翻译模式下，根据社区的大小及其可以动员的人员数量，这一翻译周期可以减少到数天或数周。

Facebook 的组织者是正确的。使用协作翻译，志愿者们在一周内就完成了西班牙语和德语的本地化，而法国队只花了 24 小时就完成了它的法语版本。即使有额外的激励措施，大多数语言服务提供商也难以在一周内完成 30 万个单词的人工翻译项目，更不用说在一天之内，除非服务提供商也采取了类似的众包模式。

终端用户参与翻译流程提高了翻译质量

Facebook 的翻译系统实现了人员、流程和技术的独特组合。公司需要译员具有语言技能和专业知识，这两者都可以在其用户社区中找到。Facebook 发现协作翻译的质量十分优异，因为它的社区提供了专家评审，翻译出来的结果符合公司的要求：译文清晰而明确，传达了原文的意思，读起来也没有不自然或拗口。

Facebook 设计的系统中包括许多传统的翻译步骤，如风格规范、术语提取和语言质量控制。组织者还加了两个重要元素——即时反馈和修正。Facebook 也想简化志愿译员的工作，所以它的软件平台删除了需要手动处理的翻译。

协作翻译方法扩展了公司的全球影响力

由于使用了协同翻译，Facebook 得以将本地化优势扩大到更大的国际社区中。现在，越来越多的 Facebook 用户可以用他们自己的语言与提供的服务互动；

这个流程本身就有利于通过社交网络和口碑营销制造更大的品牌知名度。例如，一位在哥伦比亚西班牙语翻译项目工作的美国会员可以轻松邀请其他国家的朋友加入该网络并参与翻译项目。

应用程序开发人员也可从 Facebook 进军国际市场中受益。公司给那些对本地化应用程序感兴趣的 Facebook 成员提供访问相同的技术、语言资产和本地化工作流程的权限。

建立强大的社区：Facebook 做得最好的事情

Facebook 运用其社交网络愿景和专业知识构建了庞大的翻译用户社区。其中四个方面比较突出。

●在社区发生的事情停留在社区。当语言处于翻译阶段时，只有担任该翻译项目译员的社区成员用户才可以查看目标语进展。

● 保持特定国家和特定语言的内容。Facebook 提供了拉丁美洲西班牙语的多个变体版本。这种方法不仅可为不同的用户组定制内容，还降低了社区内斗的概率，即一个国籍的成员在选择术语和习语上起支配作用，而其他成员不得不被动接受可能出现的冲突。

● Facebook 实时追踪翻译。公司密切监控翻译流程，实时掌握译员翻译进度的信息，并确保参与者们专注于手头的任务。同时它会让志愿者知道谁做得最多。

● 参与人员获得公开认可。每种语言都有一个排行榜，通过显示译员提交的单词和短语的总数和他们收到的投票数，监控进度和发现主要的翻译贡献人员。

志愿者费尔南多·佩雷斯（Fernando Pérez Chercoles）位列西班牙语排行榜榜首达六个月，他为西班牙项目贡献了 36824 个单词的翻译。这意味着佩雷斯先生在那个时期贡献了社区翻译总量约八分之一的单词量。如果这些成果只有他自己一人知道，他还会充满动力吗?不太可能。对于非营利性的贡献，获得认可是唯一的动力，所以社区参与和实时进度更新是 Facebook 协作翻译模式成功的重要因素。

社区翻译面临新旧双重挑战

Facebook 项目揭露了新问题和以新面貌呈现出来的旧挑战。

● 社区成员的兴趣。Facebook 需要保持翻译用户的兴趣，让他们参与翻译和维护的各个阶段。它必须保证有足够的参与者，特别是较少使用的语言。

● 动机因素。通过翻译进行破坏这个问题一直存在，事实上，不是所有的志愿者都是善良无私的。

● 技术挑战。任何多用户联网平台都会出现问题，包括访问控制、可扩展性和安全问题。

● 传统的翻译问题。任何翻译项目必须关注质量保证、重复和译文复用，以及语言的复杂性。考虑到他们的高度动态特性，Web 2.0 站点将这些问题进行了整合。

● 可扩展性和增长性。大量和越来越多的语言需要重新设计翻译应用程序，并重新评估语言的选择流程。它还需要进行更多的错误检查和报告，以确保熟练掌握多种语言的译者不会出现混淆，并为收费的语言专业人士提供发现问题和解决问题的能力。

Facebook 基于用户的翻译工作也遭到了批评。这些批评主要来自一些观察人士，他们认为这些举措是廉价翻译的一种形式。然而，Facebook 并没有实现最低成本或零成本，它花费了巨额投资与技术，这抵消了大部分通过其成员翻译所节省的资金。通过翻译不受支持的语言、将本地化流程自动化和优先翻译文本段，它确实是获得了经济利益，缩短了本地化网站的上线运营时间。

最后，语言服务提供商根据更传统的付费服务协议将超过一半的 Facebook 内容翻译为支持的语言。Facebook 借助语言服务提供商评估志愿译员的工作。然而，得到认可才是现实问题；同时，尝试社区翻译项目的每个小组都将面临这样一个批评，即采用众包方法只不过是为了将语言服务提供商排挤出去。

案例分析：终端用户的热情引领着微软社区

作为社区推广工作的一部分，微软已经进行了两个语言计划。其中之一就是微软语言门户网站（http：//www.microsoft.com/language），用于提供通用的语言资源，如术语库搜索和可下载的语言风格指南。它还支持以工具的形式参与社区，让用户对微软产品不同语言版本中所用的术语提供反馈。

微软创建了术语社区论坛

微软公司的卓越语言委员会创办了微软术语社区论坛（MTCF，http://www.microsoft .com/language/mtcf/mtcf_default.aspx），这一创新有益于终端用户，并有助于改进公司的产品（参见图 4-9）。该论坛包括以下几个方面。

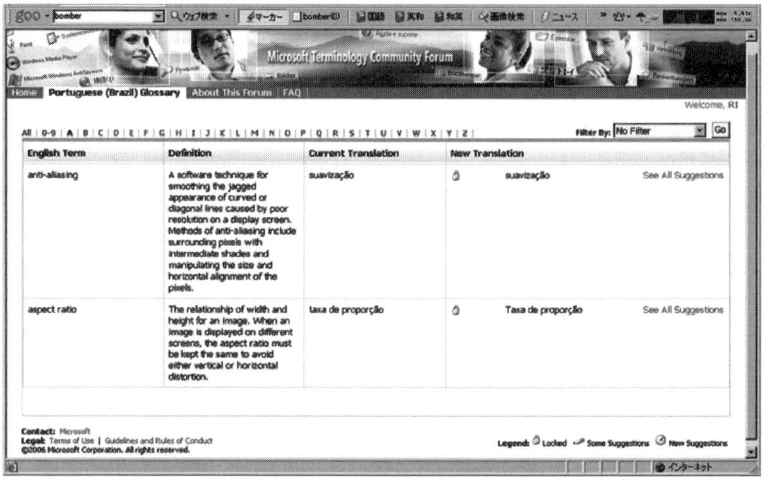

图 4-9 微软术语社区论坛（使用需获得微软许可）

- 开放社区讨论。微软术语社区论坛可让社区成员制定、讨论和批准新的微软产品术语。它还允许产品组和单个的本地化团队获得用户对旧术语和新术语的反馈。

- 限制或无限制的访问。论坛的组织者可以在 microsoft.com 上向公众开放微软术语社区论坛，或仅向受邀请的专业领域专家群体开放。微软术语社区论坛已被翻译成 12 种语言。

- 公司沟通工具。论坛将听取社区对微软产品本地化的意见，这突显出微软听从用户的事实。用户社区参与未来产品的术语建设也有助于提高未来产品发布的预见性。

- 现有术语的质量及其一致性。微软术语社区论坛平台利用当地专业领域专家的专业知识和客户来验证术语、提高一致性。

● 加强开发新术语。微软术语社区论坛能促进新产品所有语言的术语开发，还有助于增加现有产品的其他（支持不太广泛的）语言的术语。

微软术语社区论坛翻译项目遵循定义明确的流程

微软通过一系列有计划的重点项目参与微软术语社区论坛。根据产品（从消费者使用的软件到高度技术性的服务器系统）的受众和特定用户社区，微软可向公众开放这个项目，或仅邀请小群体的当地专业领域专家参与。微软 Windows 7 和 Office 2010 产品目前的本地化版本已超过 90 种语言，这些语言都是社区工作的候选语言。社区工作的流程包括四个基本步骤。

● 创建术语表。将源语术语、源语术语定义和目标语术语添加到项目术语中。也可以将本地化术语定义和截图合并到术语表中。

● 社区建设。微软确定一个本地社区然后邀请他们参与其中。

● 翻译和投票。用户可以提供替代翻译，对已提出的译文进行评论，并投票支持他们喜欢的翻译。社区项目通常保持约四周的开放时间。

● 定稿。术语学家、工程师和市场营销专家审阅翻译。然后，他们基于译文的受欢迎程度选择最终术语，这些翻译包括原来的翻译以及从社区得到的建议翻译。

完成这些步骤之后，微软会更新所有产品组和本地化团队所使用的主术语库，并将修改后的术语表转交给语言服务提供商。

运行一个成功的社区项目所遇到的挑战

基于微软术语社区论坛的项目需要微软提供一个实质性的承诺，项目经理必须首先定义微软术语社区论坛流程和网站的规范。然后 Web 开发人员开始设计和构建网站。开发、测试和本地化工程师在网站推出后对其进行维护，项目经理则管理论坛的运行。术语变更必须经过所有相关的小组同意，然后在现有产品的用户界面和用户援助（UA）中实施。一旦接受术语更改，就必须记录在适当的数据库里。

微软认为微软术语社区论坛整体是成功的，但承认它仍存在的一些问题。

● 如何建立一致的术语?社区反馈的许多术语继承了现有的应用软件或在产品之间共享。对于已在市场发布的软件，想通过更改使之反映社区的偏好，微软基本上就无能为力了。类似地，不能轻易更新共享的术语，使之反映社会偏好，同时又不损害术语的一致性和本地化产品的整体可用性。正是因为这一现实，导致难以在实施社区偏好和出于可用性与向后兼容目的而保留现有术语之间进行权衡。

● 如何评估社区参与水平?微软发现很难衡量特定用户反馈的相关性。部分原因在于难以确定用户参与的程度是否足够，统计上是否相关，并真正反映更广泛的用户社区的目标。

● 如何提高当地市场参与率?在参与率低的地区很难建立术语社区论坛和为即将到来的项目计划进行广告宣传。

● 如何减少繁琐流程?参与者必须事先同意并签署相关的法律声明，这会减慢整个流程的速度，形成参与壁垒。同时，要求志愿者签署一份声明会让一些人不太想参与。

微软使用社区反馈测试术语

协作翻译让微软有机会了解其产品中使用的术语是否不同于专门的社区建立的术语。为了验证这一点，Windows Live 团队在 2008 年初进行了案例研究。这个术语社区项目帮助团队确保市场的期望得到满足，以及产品术语能密切反映当地文化。与客户亲密接触大有益处，原因如下。

● 大量的新词来源。社交网络应用程序（如 Windows Live Messenger & Windows Live Spaces）提供了丰富的互联网通用词汇和术语。这些词汇和术语在集成环境的电子邮件、即时沟通、博客和其他用户网络沟通互动中发展很快。

● 用户首选项的统治地位。一些市场的用户，如德国、俄罗斯和巴西，首选项一致倾向于英语。然而，在当地市场没有发现英语术语“在线”的使用模式，但它对于验证的确有用。例如，在其他国家，包括广泛使用“在线”一词的意大利，这个词也只获得了一票。

● 改进源语术语。社区项目可以对过时的术语或不清楚的定义提供反馈。模糊或难以理解的源语术语会在很多语言中引发讨论。以“离线”为例，超过六种语言更倾向于将其直接译为“隐身”。

● 访问多种语言。微软推出了面向 Windows Live 所有语言版本的微软术语社区论坛，包括 35 种西欧语言、东亚语言、东欧语言和双向语言。Windows Live 的微软术语社区论坛网站已本地化为阿拉伯语、巴西葡萄牙语、简体中文、繁体中文、荷兰语、法语、德语、意大利语、日语、韩语、西班牙语和俄语。

● 快速发展。Windows Live 产品遵循敏捷的开发模型，每年会有三到四个版本。这意味着相关微软术语社区论坛流程必须从第一天开始就保持集中和高效。公司在 2008 年 3 月 31 日开放了 Windows Live 微软术语社区论坛，使得用户术语反馈成了现实。仅仅两个月后，微软已经收到大量有价值的评估反馈的用户建议。根据这个社区的反馈批准的术语更改会在下一个版本中实施，并重新开始整个循环。

建立社区成败皆有可能

Windows Live 本地化团队需要找到有效的论坛用户招募方法。尽管微软在所有适用的市场开展了微软术语社区论坛启动活动和持续的公关努力，但该公司在宣传中仍面临以下挑战。

● 缺乏整合。微软术语社区论坛是一个独立的网站，没有与 Windows Live 产品本身整合，因此，许多 Windows Live 用户并不了解微软术语社区论坛的行动。

● 本地人员优先。大部分微软术语社区论坛的公关责任分配给了当地的子公司，他们需要兼顾微软术语社区论坛公告和不断履行其他工作职责。在 35 个不同的市场找寻正确的联系人会非常耗时。

参与水平面临挑战，却也鼓舞人心

微软术语社区论坛虽然是最近才实施的，但 Windows Live 团队发现参与情况十分鼓舞人心，于是决定继续提供机会将客户主动反馈作为本地化流程的一部分。微软认为与客户更紧密的接触是很重要的，使用紧密反映当地文化的术语将会帮助公司实现市场预期。对一些传统的小市场，如保加利亚、克罗地亚、罗马尼亚，语言方面的参与表现尤其积极。

在社区翻译经验的基础上，微软公司得出结论，成功的众包需要以下三种方式的积极参与。

● 投资项目。不要低估支持社区参与计划，并提供质量保证所需的努力。选择并实施最好的术语需要本地化专家、语言专家和当地销售代表的共同努力。

- 促进工作。在计划阶段建立公共关系框架。为每一个市场定制不同的策略，因为用户在不同的市场可能对同一活动的反应不同。
- 识别参与者。为参与反馈的用户开发一个识别模块，以此证明他们的反馈在实际产品中得到了实现。

案例分析：社区经验对 Plaxo 翻译的促进作用

作为 Plaxo 的联网地址簿和社交网络平台，Pulse 可让用户从多个社交媒体中分享内容。Plaxo 天生就带有社区参与的倾向，在启动其项目时具有如下目标。

- 社区建设。协作翻译可让 Plaxo 提供翻译，同时强化这样一个认识，即它的网站在每个意义上都是一种社会结构。参与者感觉到对翻译文本拥有强烈的所有权，这也让他们感觉到自己参与社区并为其做出贡献。
- 市场渗透。Plaxo 的社区翻译让它进军到欧洲语言广泛使用地区之外的市场，包括使用率较低的语言，如克罗地亚语。
- 专业领域专家。协作翻译能提高翻译质量。Plaxo 的志愿译员经常使用 Pulse 及其他 Web 2.0 站点，所以他们已经熟悉社会协作的基本概念，并乐意接受这种方式。
- 速度。Plaxo 上的社区翻译可以更快完成小型网站的更新。

翻译门户变身聚会场所

除帮助文本以外，Plaxo 网站有 6.5 万个单词。协作翻译项目的主要目标是翻译该网站上使用的信息。在 Plaxo 协作翻译的第一阶段，公司的工作基本上是围绕翻译门户进行（参见图 4-10）。这个门户网站为所有社区参与者（包括译员、版主和管理员）提供了一个中心工作区，促进翻译工作的开展。在第一阶段，荷兰语是唯一翻译完成的语言。

角色分派：让不同的团队成员在门户站点上分工协作

该门户网站会根据项目团队成员在项目中的角色，为不同的协作成员提供各种定制的功能。还可让译员与管理员、版主进行一对一交流，并与整个翻译社区进行一对多交流。

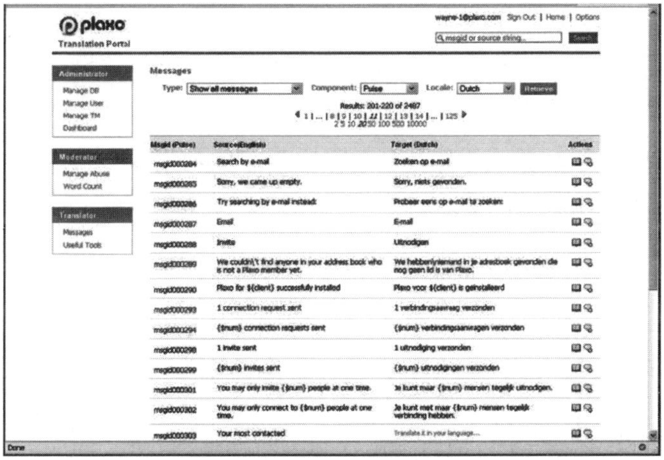

图 4-10　Plaxo 翻译入口

（来源：Plaxo，Inc.）

● 译员。个人译员来自志愿者或来自商业语言服务提供商提供的语言专家。译员可以浏览给定项目中的消息列表，查看现有的翻译，并与术语表和其他匹配信息作比较。他们可以评价翻译和/或提出自己的翻译（参见图 4-11），即使这些消息已完成翻译。

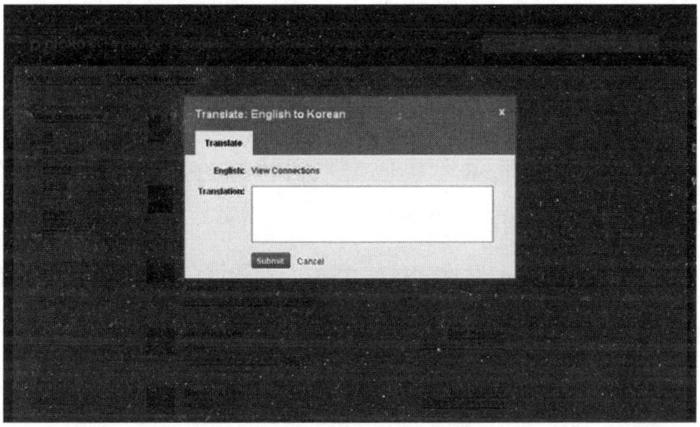

图 4-11　Plaxo 的内嵌翻译

（来源：Plaxo，Inc.）

● 网站管理者。他们由 Plaxo 全球化工程师组成，处理社区的所有权限问题，例如，启用和禁用用户访问、授予和撤销版主权限等。管理员还负责管理翻译记忆以及显示项目状态、翻译评级和译员贡献信息的内部社区控制面板。

● 版主。每种语言都有版主，他们是志愿者或专业的语言专家。翻译门户使得版主可以监督翻译质量，当有许多译员参与同一个项目或者志愿译员提供了大量翻译时，这点尤其重要。顾名思义，版主也监控和指导论坛社区的讨论，在必要时解决不可接受的参与人员行为。

● 供应商。供应商是语言服务提供商，负责完成各项外包工作。语言服务提供商会执行大量的翻译工作，是项目初始阶段的关键构成部分。他们也参与对翻译门户的测试和改进。

用户建议增强未来翻译门户功能

对于 Plaxo 翻译门户网站的未来，志愿译员和语言服务提供商提出了一系列改进措施，公司计划将其中一些加入下一代核心技术。

● 翻译记忆库支持。目前，在将翻译资源导入翻译门户前，Plaxo 会加载翻译记忆匹配内容。而用户更喜欢翻译门户和翻译记忆管理器之间能够提供实时连接。

● 语境化。志愿者们希望提供更好的上下文信息，以便开展相关翻译工作。他们向 Plaxo 表示，如果能看到信息的上下文语境，而不仅仅是阅读如何使用及在哪里使用术语的解释信息，将可以更快、更准确地进行翻译。

● 改进控制面板。Plaxo 的商业翻译供应商要求提供工作流管理和项目控制面板。例如，他们想要一个可显示单语言项目状态的控制面板，以及理想情况下还可显示同一面板内多种语言的状态指示器。

● 上下文编辑器。Plaxo 将在 Plaxo Pulse 网站内直接应用翻译编辑器，从专用的独立式翻译环境转向采用集成方法。新编辑器配有基于 AJAX 的应用程序编程接口，可与现有的 Pulse 平台混搭使用。翻译门户仍是一个独立存在的翻译工具，但它也将为新的语境翻译编辑器提供后端功能。

在 Plaxo 用户界面内整合语境翻译编辑器不是一件容易的事情，所以，公司要将其推迟到下一个发展阶段。由于用户界面必须能够更新使用已批准和已发布的内容，因此公司目前开始从数据库生成用户界面。Plaxo 工程师正在研究一种方法，将新的语境翻译工具对生产源代码的影响降到最低。

Plaxo 面临的主要问题

与其他先驱公司一样，Plaxo 的协作翻译经验还存在许多问题，需要进行大量探讨。大部分组织者十分注意以下三个问题。

● 它将支持哪种语言？Plaxo 尚未确定它将支持的完整目标语集合。然而，它确定了战略翻译优先等级：Pulse（个人新闻页面）永远是社区翻译的首要内容，然后是地址簿和日历。Plaxo 也决定从社区工作中去掉公司网页部分，如服务条款和隐私政策。

● 商业供应商如何参与进来？Plaxo 已经决定让挑选出来的语言服务提供商在社区翻译工作中发挥重要作用。这些供应商将帮助制定术语表条目，并提供术语的上下文解释。他们将负责项目管理和制定众包翻译的审校时间表。他们还将承担 Plaxo 公司网站大量内容的主要翻译责任。

● 这是否有财务意义？Plaxo 已开始计算这种模式与传统语言服务提供商外包模式相比到底可节约多少成本。虽然现在情况还不明确，但公司预计可在前六个本地化网站的更新上节约一些成本，目前的成本约为每年 15 万美元。Plaxo 也预计在新语言的批量翻译上节省相应的成本，其成本目前是每种语言约 3 万美元。

然而，这种模式将增加一些其他成本，包括常规的供应商监控成本和新翻译模式下的其他活动的成本。据估计，将新的语境翻译编辑器的质量提高到测试版的水平需要两个人一个月的工作量。尽管 Plaxo 成本看起来很高，而且能降低的成本也极其有限，但这一举措的好处远远超过其成本。正是由于采取了协作翻译，Plaxo 现在能够更快地进入其他市场了。

Plaxo 从实验中得出了什么结论

虽然众包为翻译提供了巨大的希望，但 Plaxo 的众包组织者认为并非所有的项目都可采用社区方法。

他们的结论是：

- 品牌比成员参与更重要。大公司的知名品牌需要保护，写作风格和术语惯例需要遵循，因此社区翻译可能会失去意义。
- 表彰胜过物质补偿。众包项目参与者不受传统补偿形式的激励。这些项目的组织者需要注意应如何组织、表彰和奖励社区翻译项目的参与者。
- 社区翻译项目不是孤立的。它们的成功取决于其他活动、公司质量模型和参与者对项目和对彼此的承诺（即情感投资）。
- 发起人必须是具有实践经验的管理者。社区翻译要求组织公司连续、高效地筛选出合格的译文。内部项目经理必须管理各个译员的翻译，分辨出好坏，并及时有效地采取适当的应对措施。

案例分析：太阳计算机系统公司打造虚拟翻译社区

太阳计算机系统公司的 Web 2.0 本地化模式几乎在所有方面都否定了传统的翻译和本地化模式。太阳计算机系统公司的本地化模式的主要参与者有客户、社区、合作伙伴和供应商。其中一些仍遵循传统模式，仅以新的方式工作而已。太阳计算机系统公司所使用的工具和流程的灵感来自于 Web 2.0 世界，与翻译—编辑—校对模式的工具和流程有本质上的不同，其中包括讨论列表、文件共享、维基、聊天室和特殊工具，例如，面向翻译项目的 Pootle 和面向协作开源工作的社区翻译界面（Community Translation Interface，CTI）（参见图 4-12）。[1]

成员优秀，社区项目才优秀

在项目发起人公司，社区翻译工作的领导者往往负责招募参与者。社区领导者必须决定招募对象，并了解谁最有可能对社区或产品感兴趣。从逻辑上讲，目

[1] Pootle 是一个基于网络的开源翻译门户，可部署为互联网或局域网站点。有关详情，请参见 http://translate.sourceforge.net/wiki/pootle/index?redirect=1。Pootle 可以和翻译工具包一起使用。翻译工具包是一组用于翻译和本地化项目的文件转换工具与应用程序界面，允许在整个项目中使用单一的文件格式和单一的翻译编辑器。更多信息请参见 http：//translate.sourceforge.net/wiki/toolkit/index。CTI 是一款基于网络的翻译工具，能够让用户通过网页浏览器翻译 NetBeans IDE（集成开发环境）的用户界面字符串。更多信息请参见 http：//wiki.netbeans.org/TFGetStartWithCTI。

标群体可能包括开发人员、客户、最终用户、专业领域的语言专家以及大学生。一旦太阳计算机系统公司确定目标群体，它必须制定相应的策略，从这些社区中进行招募，并让他们在项目进行中参与进来。

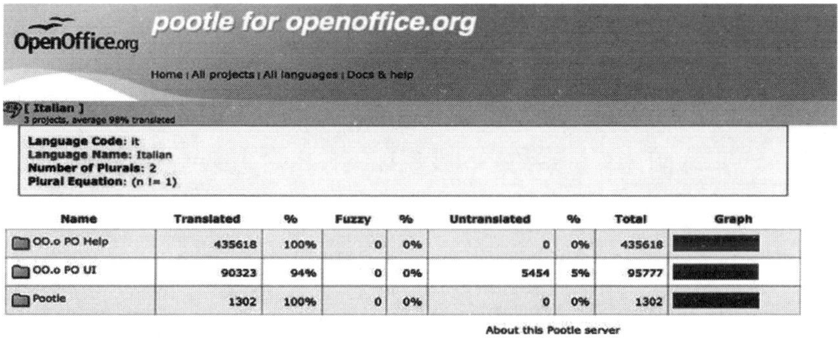

Name	Translated	%	Fuzzy	%	Untranslated	%	Total	Graph
OO.o PO Help	435618	100%	0	0%	0	0%	435618	
OO.o PO UI	90323	94%	0	0%	5454	5%	95777	
Pootle	1302	100%	0	0%	0	0%	1302	

图 4-12　通过 Pootle 进行的太阳计算机系统公司社区翻译监控

（来源：太阳计算机系统公司）

发起人和参与者的动机不同

发起人和参与者在翻译社区有着不同的目标和动机。

● 发起人的目标。作为组织者，太阳计算机系统公司的关注点集中在以下几个方面，包括全方位提高翻译质量、从 NetBeans 用户社区获取功能需求、增加客户群、扩大市场以及为没有资金预算、经济意义不显著的语言获取支持。

● 参与者的动机。很多事情都有可能激励人们自愿贡献他们的时间和专业知识。就太阳计算机系统公司而言，是一种热情，即希望扩大产品的使用范围。有些人想分享他们的专业知识，有些人则想寻找更多的专业认可、网络机会和职业发展。另外，利他主义也促使一些人加入其中，而支持开放源码同样激励了其他人的参与。

太阳计算机系统公司大力维系社区翻译项目成员的参与度

一旦翻译社区启动并运行，太阳计算机系统公司就努力让参与者持续参与并进行激励，同时，将重点放在对他们的积极关注上，特别是在社区成员的表彰和奖励形式上。例如，太阳计算机系统公司高度重视项目成员翻译的内容，向参与者们展示其译文的使用情况，并通过网站、活动、公告、新闻、博客公开表彰社区成员。

翻译社区的管理需要亲力亲为

从太阳计算机系统公司的经验中我们知道，社区建设只是第一步，给他们成功的工具是下一步。太阳计算机系统公司发现以下技术对志愿者社区的成功至关重要：

- 协作工具。社区需要一个项目的登录页面，作为所有社区活动的一个主页。维基、讨论列表、聊天室之类的协作工具都能满足这种需求。

- 开发工具。如果社区要对软件应用程序进行本地化，就需要使用软件开发工具。在软件开发的生命周期中，要使用各种应用程序提供支持，例如数据库管理系统、代码和资源编辑器、工作区、版本控制系统、文件格式转换器和脚本、文件过滤器、验证脚本和漏洞跟踪系统。

- 管理工具。即社区参与者和主管使用的各种项目管理软件和其他工具，有助于促进沟通和简化工作流程。另外，还有与之配套的知识库、操作指南和说明。太阳计算机系统公司希望所有志愿者都能轻松地为这些知识库贡献自己的力量，但发现在不使用匿名时，翻译的质量更高。为了使活动更容易识别和找出那些没有认真对待手头任务的人，太阳计算机系统公司要求其志愿者们订阅邮件清单，注册使用协作工具，或签署贡献者协议。

- 翻译工具。社区翻译项目中经常使用传统的翻译工具，如术语管理系统、风格指南、翻译工作流程和翻译编辑器。这些工具是专门为安排个人翻译从事小型工作组工作的同步“翻译—编辑—校对（T-E-P）”环境优化的，并不适合在众包翻译项目里使用。虽然太阳计算机系统公司为各种翻译社区提供了开源 CTI & Pootle，但它们自己的志愿者不主动开发自己的工具，社区也不愿意使用专有的或商用工具进行翻译活动。

太阳计算机系统公司在社区项目中采用量化指标

为了跟踪和报告进度，太阳计算机系统公司需要衡量总成本，包括基础设施成本和总消耗时间。它还计算了在提供工具、信息、项目说明、本地化包、漏洞修复、返工、测试构建和管理方面所需的工作量。太阳计算机系统公司还采用多种量化措施来评估翻译社区参与者的水平（参见表 4-1）。

表 4-1 衡量社区翻译成功情况的量化指标

指　标	指标含义
本地化项目订阅人数	社区规模
本地化邮件列表的帖子数量	社区活跃水平
本地化网页点击数量	社区兴趣与活动模式
本地化参与人员人数	社区增长模式
太阳计算机系统公司与社区对本地化项目的贡献比例	贡献量

注：资料来源于太阳计算机系统公司。

众包需要有效的项目管理

率先开拓众包翻译领域的公司在与我们分享经验时，都提到一个重大特征：它们都有翻译或本地化方面的业务实践经验。因此，它们可以将自己的传统全球化流程经验应用到这一新的翻译模式中。

它们都遵循一个非常相似的道路，先是认识到社区志愿者愿意付出他们的时间和专业知识，以换取一些不是通过时间和字数来计量的额外利益。然后积极打造社区、优化流程、整合技术和管理工作。

通过这些努力，我们看到了众包翻译和典型公司之间的相似之处，即他们都将本地化视为商业战略的一个组成部分（DePalma、Beninatto & Sargent，2006）。他们首先是制定规划，以此响应志愿者们愿意提供帮助这一形势；然后通过社区建设和培育提高众包做法的可重复性；进而采取措施，通过技术和其他资源整合更好地管理各项活动。

第一步：众包翻译计划

每个社区翻译项目都始于“发现”，即公司意识到其网站、产品开发或内容基础设施吸引了大量技术用户、网站访问者或社交网络的成员，且他们有意自愿贡献自己的时间和专业知识。有了这个认识，公司就可以进行一些艰难的思考和项目规划，确定接下来该做什么。在这个阶段，以下几点尤为重要。

● 确定社区。通过面对面的交谈、邮件会话、互动会议和在线调查，使项目组织公司相信它们能够将用户社区转化为一股进行网站本地化和内容翻译的力量。项目组织公司必须判断出社区成员愿意以公司的名义付出劳动和专业技能的理由。一旦了解了他们的动机，就必须弄清楚如何满足他们的期望。

● 确定目标。要让社区参与翻译，就要考虑三个充分的商业理由，包括：希望支持不太达标的语言、计划增加翻译的信息量[比如加入用户生成的内容（UGC）]或考虑加快市场进入步伐。忽略旁观者偏执的各种说法，如“免费翻译”或“免费劳动”之类。

● 明确定义任务。选择好内容和代码，并不是每一个翻译或本地化项目都需要社区参与。虽然社区参与做法适合用来翻译文本块、用户界面中的外部字符串、用户原创内容和术语，但建议安排内部团队和商业语言服务提供商翻译品牌元素、帮助、常见问题、法律文本（如条款和条件）、代码本地化以及进行最后的审阅和质量保证。

● 分配管理时间和资源。不要认为社区翻译会自动进行。《项目管理 101》告诉我们，每个项目都有一个开始，还有大量的离散任务、结束和事后分析。众包的翻译也不例外：给志愿者团队选一个项目经理，然后，确保有足够的内部资源来支持这项工作。最后，给出任务分工，向语言服务提供商合作伙伴介绍一下你打算如何使用志愿者的劳动，以及需要语言服务提供商在哪些方面提供支持。

● 建立工作负责制。从一开始，就让每个人都知道谁负责哪一部分。对于员工和承包商，则需制定“雇佣工作”条款，目前规定雇佣期间完成的工作都由该公司负责。志愿者可另作安排，有些项目需要志愿者签署贡献者协议，有些要求他们与公司签署权利协议，而另一些项目则只需较少的控制。无论最终决定是什么，都应与公司法律顾问一起进行审查。

● 找出问题的原因和出处。起步阶段的项目可能会反映一些新兴社区的特殊安排性质、组织运行的不确定性以及技术的拼凑状态。一旦决定了待译内容，就必须将需要翻译的内容呈现给社区成员，接下来就是分配工作、接受反馈、衡量质量和管理流程的其他方面。随着众包工作的开展，大多数公司会采用各种协作工具，如邮件会话、维基、即时消息、Google Docs 和基本签入/签出功能。同时，使用开源翻译工具（如 Omega T & Pootle）支持在线翻译、工作分配、统计数据收集和志愿者的工作奉献。

第二步：建立和支持社区

我们分析的四家公司的共同特征是它们在与现有社区合作方面都拥有专业技能。微软和太阳计算机系统公司已经有一大群人在网上讨论他们的产品和服务。在 Facebook & Plaxo 上，公司给他们的用户提供了非常重要的平台和价值定位，而其中最重要的部分是会员资格。在每个案例中，这些公司都开发了一个社区，然后遵循统一的原则来管理和发展它们。

众包社区的翻译管理原则

社区翻译计划的成功源于管理的质量、深度和全面性。我们发现了优秀众包项目具有的五个管理特征。

- 透明性。营造一个开放的沟通氛围——始终保持开放、诚实和透明。目标应是建立一种信任感，这对于每一个虚拟社区都是至关重要的。
- 指导性。寻找主管和有才华的参与人员，让有经验的成员培训新人。这种方法有助于发展人际关系，强化“社区是值得信赖的”这一概念。
- 参与性。让志愿者了解和参与众包流程，并尽可能提供帮助。让他们计划自己的工作并提供支持。各方的积极参与是非常重要的，包括来自赞助公司的个人。
- 文件。翻译质量源于经过验证的质量控制流程（Kelly、Beninatto & DePalma，2008）。支持在社区分享最佳实践、文件翻译的流程和方法。帮助社区成员在社区传播他们的经验，而不是强行指定工具或方法，让成员坦率讨论他们希望使用的技术的利弊。
- 激励性。了解社区成员参与项目的原因（参见表 4-2）。无论是重在学习，需要获得专业认可，还是希望促进职业生涯，都要发现他们的动机，并不断通过奖励和激励培养他们。一个简单的证书就可以是一种强有力的认可形式。

表 4-2　翻译志愿者的动力

动力	驱动
忠诚	对公司或产品的奉献 对某项事业的奉献 产品的主人翁精神
利他	回馈社区的愿望 分享专长的愿望 不追求金钱回报
成长	得到专业认可的愿望 建立专业关系网络的愿望

注：资料来源于卡门森斯顾问公司。

最佳做法：如何创建一个强大的、可持续发展的社区

无论社区有多么强大，它都不能靠一己之力实现超越。每一个众包组都需要进行定义、培育和管理。

● 使社区组织结构正式化。无论是招募开发人员、合作伙伴、用户、语言专家，还是大学生，重要的是确定好项目经理、内部人员沟通以及语言服务提供商。列出所有的层次结构、流程图和程序，使每个人都了解预期内容、时间和项目人员。与社区保持不断的沟通。随着时间的推移，志愿者将上升到顶层，并自愿领导社区。

● 制定招聘策略。捕捉翻译志愿者的兴趣，去他们聚集的地方，并制定相关计划，鼓励他们参与其中。可使用各种招聘技巧，比如，用户组、广泛而频繁地发布公告、通过潜在志愿者聚集的网站发布广告（包括自己的网站）、寻找志愿者聚集的组织和场所、参与相关社区、积极参与 Lauchpad 和其他开源项目所在的社区以及让当地子公司参加招聘工作。

● 设立表彰机制。突出介绍并展示社区成员的贡献。本章讨论的众包翻译先驱们发现“排行榜”是一种有效识别最有成效的成员的工具。但请记住，不是所有人都有时间和能力做出如此重大的贡献，所以一定要表彰不同参与程度的社区成员。具体如何操作呢?可以试着展示个人贡献，邀请他们参与当地公司的活动，或赞助用户群体。但也不要忘记简单的方法，如 T 恤、比萨饼派对优惠券和以志

愿者的名义赞助当地活动以及慈善机构。

● 必要时安排专业人员。可让语言服务提供商执行大量的翻译质量评估、术语和风格指南的统一以及与源语内容的集成。我们就听说过这样一个项目，项目的组织者发现初始翻译的质量完全不可接受，然后，安排了一家语言服务提供商从头到尾整理了一遍，几乎重新翻译了所有的内容。及时检查才可确保及时发现错误，纠正错误，质量才能达到预期水平。

第三步：建立一个协作平台

社区翻译项目的技术基础取决于任务的复杂性。简而言之，量少且易完成的任务只需最低限度的软件支持，例如，使用维基提供平台支持、使用电子邮件和聊天软件进行沟通、使用电子表格进行工作控制以及使用 Google Docs 进行实时协作。然而，如果内容、代码和语言增加了，就需要更复杂的软件来管理项目。在培育社区的同时，还必须设计一个方便项目管理的基础设施，为赞助商和会员提供各种便利，包括：

● 集中处理各项事宜。每个项目都需要拥有自己的登录页面，以便发布各种通知，让社区了解各类信息，包括项目、会员注册、账户管理、条款和条件、发布的任务和角色、成员认可和其他特定应用程序细节。开始时，这个页面可能只是一个信息发布点，让现有的和潜在的成员了解计划内容。随着时间的推移，它会变成一个真正的“社区集会”场所，让赞助人和成员之间、同一项目的工作成员之间进行双向沟通。

● 参与。对于任何众包环境而言，最重要的是提供参与或注册功能。在登录后，可以看到登录页上包括用于基本项目管理的门户，并能够分配角色，如译员、管理员、项目经理、版主、审校人员和语言服务提供商。项目管理部分包括任务的描述、分配和监控。它还将定义成员的访问控制、要翻译或本地化的内容类型与数量甚至违约的补救措施。然而，对大多数组织者来说，在众包翻译项目中确定违约的含义是一个富有挑战性的任务。

● 合作。众包的组织者必须提供基本的协作工具支持。许多 Web 2.0（和“自封的”Web 2.0）公司可能已具备一些必要的基础设施要素，为社区翻译提供支持。

例如，直接沟通工具（如电子邮件、即时消息）和聊天、共享工作空间、网络广播和 Google Docs。添加术语表和风格指南，恰如其分地展示品牌形象。

- 翻译。大多数社区翻译项目都会使用基本的翻译工具，但很快就发现需要在目标应用程序中嵌入翻译框架。否则，志愿者将无法看到翻译内容的最终上下文。像任何其他翻译项目一样，众包组织者需要挑选一系列核心工具，供术语提取和搜索、翻译记忆库、国内审校和专业审校使用。工具的选择范围很大，从开源产品到商业解决方案的运行时变种版本，再到 Elanex、Lingotek 和莱博智（Lionbridge）等公司提供的类似于 Gmail 的新兴开放式翻译环境（DePalma，2007）。
- 本地化。志愿者在全球化内容和代码生命周期中参与的程度越深入，就越有可能接触工程工具（如文件格式转换器）和更先进的、触及软件开发堆栈的工具（如数据库、版本控制系统、漏洞跟踪系统），以及生成的产品或网站用户文档。大多数公司会保留在内部执行集成的权利，并对社区翻译的内容或代码类型和级别进行限制，使之仅限于文档、用户界面文本、外部字符串和消息。
- 管理。对于更复杂的项目，登录页面更像是一个翻译管理系统（TMS），而不是一个简单的协作平台（DePalma & Sargent，2008），其中配有语言工具组件、系统化项目管理、业务和供应商管理模块、公司系统记录和网站数据来源链接和用于更详细地进行工作分析的业务流程监控工具。虽然很多众包翻译项目不太可能让志愿者进入他们的翻译管理系统，但大多数人仍会利用这些资源来补充他们的术语库和翻译记忆库。

防火墙内部的众包：公司模型

如果不想在项目中纳入外部社区的翻译，或你任职的语言服务提供商认为受到了这种方法的威胁，该怎么办呢?答案很简单，只需调整征募外部志愿者的技巧，就可以应用于公司情形了。例如，IBM 全球的许多员工通过众包方法来纠正或验证机器翻译的输出译文（Cohen，2009）。在语言服务提供商方面，一些机构已经开始尝试使用异步模型翻译大量信息。

对于防火墙后社区计划，其寓意在于：不一定非要成为一家高科技公司才能实现众包翻译的成功。然而，Facebook、微软、Plaxo 和太阳计算机系统公司的经验证明：确实需要具备灵活管理在线社区及其产生的和维护的信息的能力。

参考文献

Beninatto, Renato S. and DePalma, Donald A. 2007a. “The end of localization Taylorism.” *The Global Watchtower* [Common Sense Advisory blog], Oct. 16. http://www.globalwatchtower.com/2007/10/16/end-of-tep/.

——. 2007b. *Collaborative Translation*. Lowell, MA: Common Sense Advisory.

Cohen, Noam. 2009. “A translator tool with a human touch.” *New York Times*, Nov. 22: B5.

DePalma, Donald A. 2007. “A Gmail model for translation memory.” *The Global Watchtower* [Common Sense Advisory blog], Dec. 12. http://www.globalwatchtower.com/2007/12/12/gmail-tm/.

DePalma, Donald A., Beninatto, Renato S. and Sargent, Benjamin B. 2006. *Localization Maturity Model*. Lowell, MA: Common Sense Advisory.

DePalma, Donald A. and Sargent, Benjamin B. 2008. *Evolution and Revolution in Translation Management*. Lowell, MA: Common Sense Advisory.

Howe, Jeff. 2006. “The Rise of Crowdsourcing.” *Wired* 14 (6): 176–183. http://www.wired.com/wired/archive/14.06/crowds.html.

Kelly, Nataly, Beninatto, Renato S. and DePalma, Donald A. 2008. *Buyer-Defined Translation Quality*. Lowell, MA: Common Sense Advisory.

Sargent, Benjamin B. and DePalma, Donald A. 2007. *Unleashing the Global Customer Experience*. Lowell, MA: Common Sense Advisory.

——. 2008. *Website Globalization: The Availability Quotient*. Lowell, MA: Common Sense Advisory.

其他资源

行业协会

法语国家项目管理协会（AFITEP），http://www.afitep.org.

全球项目绩效能力标准联盟（GAPPS），http://www.globalpmstandards.org.

项目与项目管理国际协会，http://www.iappm.org.

复杂项目管理国际中心（ICCPM），http://www.iccpm.com.

国际项目管理协会（IPMA），http://www.ipma.ch.

国际项目管理协会在 50 多个国家拥有会员组织。有关更多信息，请参见 http://www.ipma.ch/membership/memberassociations/Pages/default.aspx.

产品开发和管理协会（PDMA），http://www.pdma.org.

美国项目管理协会（PMI），http://www.pmi.org.

目前美国项目管理协会在全球65多个国家拥有250多个活跃分会。有关更多信息，请参见 http://www.pmi.org/Get-Involved/Chapters-PMI-Chapters.aspx.

在线资源

国际学习协会网站：http://www.allpm.com.

“项目管理模块”，这是欧盟资助的 eCoLoTrain 项目（为专业翻译培训人员和教师提供创新式电子内容本地化培训机会）中的在线翻译项目管理课程：http://ecolotrain.uni-saarland.de/index.php?id=1924&L=1.

IT 项目经理社区：http://www.gantthead.com.

NASA 挣值管理网站，提供教程、词汇表、时间表和工作分解结构（WBS）手册：http://evm.nasa.gov.

NASA 总部图书馆入门项目管理书目：www.hq.nasa.gov/office/hqlibrary/ppm/ppm1.htm.[1]

"项目经理之路"（计划、项目组合和项目管理）门户网站：http://www.pmblvd.com.

《项目经理：今日世界》（全球项目管理电子期刊）：http://www.pmworld-today.net.

PMForum（国际项目管理信息资源）：http://www.pmforum.org.

"项目智能"（项目管理文章、模板和讨论论坛）：http://www.projectsmart.fsnet.co.uk.

ProjectsAtWork（项目组合、计划与团队管理的项目管理资源和敏捷开发方法）：http：//www.projectsatwork.com.

"风险诊断"（风险管理专家 David Hillson 的网站）：http://www.risk-doctor.com.

"100 强企业的项目管理博客"（全面的在线项目管理资源）：http://construc-tionmanagementdegree.org/blog/2010/top100-project-management-blogs.

"Max 的项目管理智慧"（项目管理专家 Max Wideman 的网站）：http://www.maxwideman.com.

扩展阅读建议

Binder, Jean Carlo. 2007. *Global Project Management: Communication, Collaboration and Management across Borders*. Aldershot, UK/Burlington, VT: Gower.

Cleland, David I. 2004. *Field Guide to Project Management.* 2nd ed. Hoboken, NJ: John Wiley & Sons.

Cleland, David I. and Gareis, Roland (eds). 2006. *Global Project Management Handbook: Planning,Organizing, and Controlling International Projects*. New York:

[1] 另请参见 NASA 网页上挣值管理、管理沟通、管理核心竞争力、项目预算和成本控制，以及项目风险管理等相关参考文献。

McGraw-Hill.

Cleland, David I. and Ireland, Lewis L. 2008. *Project Manager's Handbook: Applying Best Practices across Global Industries*. New York: McGraw-Hill.

Cockburn, Alistair. 2006. *Agile Software Development: The Cooperative Game*. Upper Saddle River, NJ: Addison-Wesley.

DeMarco, Tom and Lister, Timothy. 2003. *Waltzing with Bears: Managing Risk on Software Projects*. New York: Dorset House.

Edwards, Peter J. and Bowen, Paul A. 2005. *Risk Management in Project Organisations*.

Amsterdam/Boston: Elsevier/Butterworth-Heinemann.

Fähndrich, Ursula. 2005. "Terminology project management." *Terminology* 11 (2): 225–260.

Frame, J. Davidson. 2002. *The New Project Management: Tools for an Age of Rapid Change, Complexity, and Other Business Realities*. 2nd ed. San Francisco: Jossey-Bass.

Highsmith, James. 2010. *Agile Project Management: Creating Innovative Products*. Upper SaddleRiver, NJ: Addison-Wesley.

Hillson, David. 2004. *Effective Opportunity Management for Projects: Exploiting Positive Risk*. New York: Marcel Dekker.

International Project Management Association (IPMA). 2006. *IPMA Competence Baseline (ICB) Version* 3. http://www.ipma.ch/Documents/ICBV. 3.0.pdf.

Jonasson, Hans. 2008. *Determining Project Requirements*. Boca Raton, FL: Auerbach.

Kendrick, Tom. 2003. *Identifying and Managing Project Risk: Essential Tools for Failure-Proofing Your Project*. New York: AMACOM.

——. 2006. *Results without Authority: Controlling a Project When the Team Doesn't Report to You*. New York: AMACOM.

Kerzner, Harold. 2009. *Project Management: A Systems Approach to Planning, Scheduling, and Controlling*. 10th ed. Hoboken, NJ: John Wiley & Sons.

——. 2010. *Project Management Best Practices: Achieving Global Excellence*. 2nd ed. New York: John Wiley & Sons.

——. 2011. *Project Management Metrics, KPIs, and Dashboards: A Guide to Measuring and Monitoring Project Performance*. Hoboken, NJ: John Wiley & Sons.

Lewis, James P. 2007. *Fundamentals of Project Management*. 3rd ed. New York: AMACOM.

——. 2010. *Project Planning, Scheduling & Control: The Ultimate Hands-On Guide to Bringing Projects in on Time and on Budget*. 5th ed. [New York]: McGraw-Hill.

McKethan, Kenneth Jr. 2003. "Controlling project churn: A case for reality-based project management." *The ATA Chronicle* 23:9 (September): 19–22. ftp://ftp.software.ibm.com/software/globalization/documents/controllingproject_churn.pdf.

——. 2004. "Project churn: Counting the cost." *The Guide to Project Management*. Supplement to *MultiLingual Computing & Technology* 15 (4): 15–16. http://www.multilingual.com/downloads/printSupp63.pdf.

Morris, Peter and Pinto, Jeffrey K. (eds). 2007. *The Wiley Guide to Project, Program, and Portfolio Management*. Hoboken, NJ: John Wiley & Sons.

Office of Government Commerce [of the United Kingdom] (OGC). 2009. *Managing Successful Projects with PRINCE2*. N.p.: TSO (The Stationery Office).

——. "P3M3 [Portfolio, Programme, and Project Management Maturity] Model." http://www.p3m3-officialsite.com/P3M3Model/P3M3Model.aspx.

Richardson, Gary L. 2010. *Project Management Theory and Practice*. Boca Raton, FL: CRC.

Shenhar, Aaron J., Milosevic, Dragan, Dvir, Dov and Thamhain, Hans. 2007. *Linking Project Management to Business Strategy*. Newtown Square, PA: Project Management Institute.

Turner, J. Rodney. 2009. *The Handbook of Project-Based Management: Leading Strategic Change in Organizations*. 3rd ed. New York: McGraw-Hill.

United States Government Accountability Office (GAO). 2009. *GAO Cost Estimating and Assessment Guide*. http://www.gao.gov/new.items/d093sp.pdf.

——. 2010. “Draft revised scheduling best practices.” [Draft addendum to *Cost Estimating and Assessment Guide* to be published as a separate appendix to the *Guide*]. http://www.houstonscea.org/GAOHQ-4115068-v2-COST_ GUIDE_ SCHEDULE_ APPENDIXBEST_PRACTICES_REVISEDDRAFT.pdf.

Wideman, R. Max. 2004. *A Management Framework for Project, Program and Portfolio Integration*.Victoria, BC: Trafford.

Wysocki, Robert K. 2006. *Effective Software Project Management*. Indianapolis, IN: Wiley.

——. 2009. *Effective Project Management: Traditional, Agile, Extreme*. 5th ed. Indianapolis, IN: Wiley.

——. 2010. *The Business Analyst/Project Manager: A New Partnership for Managing Complexity and Uncertainty*. Hoboken, NJ: John Wiley & Sons.

——. 2011. *Executive's Guide to Project Management: Organizational Processes and Practices for Supporting Complex Projects*. Hoboken, NJ: John Wiley & Sons.

作者简介

艾兰•查姆斯（Alain Chamsi）是 JiveFusion 科技公司（JiveFusion Technologies Inc.）的首席执行官。这家公司专注于计算机辅助翻译软件的开发。艾兰拥有计算机工程学士学位，在电信行业从业长达 21 年。之后，他加入加拿大最大的语言服务提供商，任区域经理，从而进入语言行业。再之后他接管 JiveFusion 科技公司，将语言行业与软件开发经验相结合。艾兰于 2005 年成为加拿大语言行业协会（AILIA）董事会的一员，并于 2006 年成为董事长。他曾任加拿大语言协会（Languages Canada）和加拿大语言技术研究协会（Language Technologies Research of Canada）董事。

凯伦 • R.库姆（Karen R. Combe）是 PTC 本地化副总裁，负责产品本地化以及全球服务、技术支持和营销的本地化支持工作。凯伦曾任国际化与本地化公司库姆咨询公司（Combe Consulting）总裁，以及国际语言工程公司（International Language Engineering）高级副总裁，负责管理客户服务、销售与市场营销。凯伦拥有加州大学伯克利分校语言学学士学位和剑桥大学社会人类学硕士学位。她曾在塞内加尔为美国和平队服务，也曾在阿尔及利亚为联合国国际志愿服务（International Voluntary Services）效力。

唐纳德 • A.德帕尔玛（Donald A. DePalma）是卡门森斯顾问公司（Common Sense Advisory）的创始人和首席战略官。卡门森斯顾问公司是一家专门从事线上线下运营，以推进公司经营全球化、国际化、翻译、本地化和口译的调查咨询公司。唐纳德曾是 Interbase Software 软件公司的共同创始人之一，曾任翻译技术供应商 Idiom Technologies 公司的公司战略副总裁，也是福雷斯特研究公司（Forrester Research）最早的分析师之一。任职福雷斯特期间，唐纳德拓展了公司在多个领域的工作，包括内容管理、战略互联网系统的应用开发、数字营销技术与客户关系管理、族群营销（ethnic marketing）、知识管理、公司经营全球化。唐纳德拥有布朗大学语言学博士学位，研究方向为生产语法、计算机语言学和南斯拉夫语语音史，著有《商业无边界：全球化营销战略指南》（2002）。

埃琳娜 • S.邓恩（Elena S. Dunne）是高级语言翻译公司（Advanced Language Translation Inc.）的客户经理。自 2003 年进入该公司之后，她经手管理的项目多达数百个，在公司的专有术语管理和 ISO 9001 质量管理体系的研发中扮演重要角色。她也志愿参与美国项目管理协会统一性词库项目（Unified Lexicon Project）的咨询工作。埃琳娜拥有语言学与跨文化沟通学士学位和心理学学士学位，以及翻译硕士学位。她目前在肯特州立大学攻读翻译学博士学位，主要研究兴趣是项目管理、风险管理和术语管理。

凯瑞 • J.邓恩（Keiran J. Dunne）是肯特州立大学法语副教授，同时也是该校应用语言学研究所成员，讲授研究生的计算机辅助翻译、本地化、项目管理和语言行业课程。凭借十多年的法语本地化经验，以及为财富 500 强公司和其他合作客户提供技术翻译服务的经验，凯瑞的研究兴趣包括本地化、项目管理、术语管理和质量管理，并编有论文集《本地化视角》（2006）。

萨瓦托 • 加姆玛瑞斯（Salvatore Giammarresi）是雅虎公司的本地化主管。曾任 HomeGain 网站的产品副总裁、Homestore 网站的国际产品管理主管、卡纳软件公司（Kana Software）的高级本地化经理、美国电子影像公司（Electronics for Imaging）的工程项目经理，同时他也是一名独立本地化顾问。萨尔瓦托拥有巴勒莫大学应用语言学博士学位，同时也是该校的访问教授，讲授本地化、计算机辅助翻译工具和全球产品营销等课程。他著有一本关于计算机辅助翻译工具的教程，发表过多篇本地化和应用语言学相关的论文。

娜塔莉 • 凯利（Nataly Kelly）是卡门森斯顾问公司的首席研究官，主要研究远程语言中介服务，如电话口译、视频口译和其他形式的请求式语音转换（on-dem 和 speech-to-speech language conversion）。她自 1996 年起从事语言服务业的工作，做过认证法庭口译员、自由译员，并曾在几家世界上最大的笔译、口译供应商担任高级管理层。娜塔莉曾就读于厄瓜多尔、爱尔兰和美国的大学，是西班牙语社会语言学方面的富布赖特学者，并著有《电话口译》（2008）一书。

马克·拉莫斯（Mark Lammers）自1999年进入微软公司，参与软件和内容本地化的项目管理，以及网站开发工作。他持有美国项目管理协会颁发的项目管理专业人员资格证书，以及华盛顿大学颁发的软件本地化项目管理证书。他同时拥有麦卡利斯特学院人类学文学学士学位和伊利诺斯大学厄巴恩斯-香槟分校图书馆情报学的理科硕士学位。现居西雅图。

娜塔莉娅·利维蒂娜（Natalia Levitina）持有项目管理专业人员资格证书，是美国参数技术公司（PTC）的本地化项目经理，负责管理市场营销和技术支持方面的本地化项目，以及翻译管理系统的实施。娜塔莉娅拥有15年的本地化工作经验，既有供应商经验，也有客户经验，涉猎领域从运营到业务拓展，从产品管理到项目管理，非常广泛。她先前的工作包括桌面排版团队管理、本地化工具和流程的用户培训，还有测试与技术写作等。娜塔莉娅拥有莫斯科国立大学新闻学硕士学位。

理查德·塞克斯（Richard Sikes）拥有超过25年的技术翻译和本地化经验。在多个业界领先的软件公司管理本地化团队，因经常在行业大会上发言，在《多语言》（*MultiLingual*）杂志上发表文章而广为人知。他现任MultiCorpora公司的解决方案专家，主要关注翻译技术、行业最佳实践和项目管理解决方案等方面。理查德拥有加利福尼亚大学的美术学士学位、海德堡高等专业学院公司经济学硕士学位，以及多伦多大学罗特曼管理学院工商管理硕士学位。

威勒姆·斯托拉（Willem Stoeller）持有项目管理专业人员资格证书，现任Lingotek公司董事，拥有20年的翻译行业从业经验。作为认证的项目管理专业人员，他也是美国项目管理协会的积极志愿者。同时，他也是翻译自动化用户协会（TAUS）的活跃分子，是TAUS数据联盟的共同创始人之一。

娜塔莉娅·茨维特科夫（Natalia Tsvetkov）持有项目管理专业人员资格证书，是微软Windows本地化小组的国际项目经理。她拥有20多年的IT和本地化从业经验，为惠普和微软成功交付了35种语言的100多个复杂项目。她曾出席众多项目管理和跨文化沟通主题的国际会议。娜塔莉娅拥有学士学位与硕士学位，目前正在攻读工商管理硕士学位。她熟练掌握英、法、俄和意大利语。

维罗妮卡·茨维特科夫（Veronica Tsvetkov）是Translated本地化公司的项目

经理和网站营销经理，同时也是一位管理与线上营销的自由职业顾问，帮助创业型公司和小型公司明确本地化，优化线上营销策略。她在康考迪亚大学约翰莫森商学院完成学业，现在罗马居住工作。她在美国、加拿大和欧洲多国公司均有过工作经历。

周萍（Ping Zhou）持有项目管理专业人员资格证书，她的职业生涯始于游戏中文本地化管理。早年参与管理的项目包括第一批从西方国家引进中国的电子游戏。其后，她负责亚洲市场（日本、韩国和中国）的技术本地化项目管理，后又转入游戏开发，成为联合制作人，管理日常游戏制作。她参与制作的游戏有《魔法门之英雄无敌 2》（PC 游戏，中文），《金刚》（PS2，日语），《细胞分裂：明日潘多拉》和《细胞分裂：混沌理论》（Xbox/PS2，日语/韩语），《幽灵行动 3 尖峰战士》（Xbox/PS2）。现居多伦多，从事航空航天业工作。

亚历山德拉·佐恩库瑞德斯-拉尔（Alexandra Zouncourides-Lull）是 Double Masters 有限责任公司（Double Masters LLC）的创始合伙人、项目管理模拟与工作坊开发员。在软件全球化领域，管理过数百万美元的全球化和本地化国际项目。凭借近二十年的经验，她在波士顿大学教授项目管理课程，还在美国项目管理协会担任讲师。亚历山德拉拥有国际关系学士学位、法语翻译学士和硕士学位、工商管理硕士，并获得项目管理专业人员资格证书。

作者索引

D

E

F

G

H

I

J

K

Z

后　记

在风起云涌的技术变革时代，大数据、云计算、移动互联网、人工智能等新技术层见叠出，赋予本地化更加强劲的生命力。无论是中国的企业、产品、服务“走出去”，还是中国的传统、思想、文化“走进去”，大至国家经济建设、文化发展和“一带一路”倡议，小至项目管理和语言翻译，本地化理念都在其中发挥着越来越重要的作用。新时代赋予本地化新的历史使命，同时也呼吁我们要加强本地化研究。

然而，与国际学术界相比，国内对本地化与本地化管理的研究相对不足。面对新的机遇和挑战，如何深入研究翻译和本地化的普遍本质和各要素之间的实践逻辑，如何运用本地化项目管理的理念和方法服务国家语言能力建设，如何根据时代发展需求培养多元化的本地化服务人才，这些是多年来我们一直思考的问题。基于对上述问题的思考，我们翻译并出版《翻译与本地化项目管理》一书，这也是国内引进翻译的第一本翻译与本地化项目管理的学术著作。我们希望通过陆续引介国外本地化相关著作，提升人们对本地化和本地化项目管理知识的整体认知，促进本地化理论体系的不断完善，推动本地化学科的创新发展。

在本书的选题、翻译和出版过程中，我们得到诸多方面的帮助和支持，饮水思源，在此一并致谢：

本书获得广东外语外贸大学高水平大学建设项目的资助，特此致谢！

特别感谢中国翻译协会本地化服务委员会的指导和支持!感谢广东外语外贸大学外语研究与语言服务协同创新中心和翻译学研究中心以及广东翻译协会本地化服务委员会的大力支持!

衷心感谢中国翻译协会本地化服务委员会副主任、对外经济贸易大学国际语言服务与管理研究所副所长崔启亮老师多年来对我们的鼓励、指导和启迪!衷心感谢广东外语外贸大学外语研究与语言服务协同创新中心常务副主任李瑞林教授、高级翻译学院院长赵军峰教授以及翻译学研究中心莫爱屏教授在学术上高屋建瓴的指导!衷心感谢知识产权出版社翻译事业部处长胡新华先生对本书选题和出版工作的大力支持!最后特别感谢彭松虎、黄杨勋、许明、王少爽、刘明、李双燕、吴萍、李智、林世宋、廖颖、陆彩云、田姝、彭喜英等各位同仁在翻译策略、语言风格、编辑校对及制图排版等多方面的竭诚帮助和辛苦付出!

本地化具有鲜明的跨学科特征，该书研究涉及翻译学、语言学、符号学、传播学、经济学、管理学、信息科学、软件工程等诸多学科，其翻译颇为复杂，可谓“一名之立，旬月踟蹰”。在翻译过程中，我们愈发感慨翻译是一门令人遗憾的艺术，不过我们尽可能在“忠”与“美”之间达到一种平衡，并在必要的地方做了注释说明。由于项目周期和能力所限，成书仓促，书中难免存在不足，我们诚恳期待行业专家及广大读者批评指正。恳望学界和业界的同仁共同努力，一起为国内本地化研究和教学的发展贡献力量。

王华树

广东外语外贸大学翻译学研究中心

广东外语外贸大学外语研究与语言服务协同创新中心

2017年3月30日